Mirjam Aeschbach
Bilder nationaler Zugehörigkeit

Religion und Medien | Band 5

Editorial

Die Gegenwart der Religionen wird heute in starkem Maße durch die Formen ihrer medialen Repräsentationen geprägt. Aber auch Religionsgeschichte war immer schon Mediengeschichte. Medien sind zentral für die Vermittlung religiöser Ideen und ritueller Praktiken. Zudem sind Religionen in modernen Gesellschaften auch Gegenstand der dokumentarischen Berichterstattung und der Unterhaltung.

Die Reihe **Religion und Medien** soll ein Forum für die kulturwissenschaftliche Erforschung der religionsspezifischen Nutzung von Medien und für die medienspezifische Analyse der Darstellung religiöser Sujets bieten. Ebenso sind theoretische und methodologische Abhandlungen willkommen, die zum Verständnis rezenter und historischer Medienphänomene im Feld der Religionen beitragen und die Vielschichtigkeit des Medienbegriffes diskutieren.

Der offene Begriff der »Medien« bezieht sich in diesem Zusammenhang sowohl auf die klassischen Printmedien (Zeitungen, Zeitschriften), auf die populäre Publizistik, Belletristik und Literatur, auf technische Bildmedien (Fotografie), auf Kommunikationsmedien wie dem Telefon und seinen Weiterentwicklungen, als auch auf neue Medien wie Radio, Film, Fernsehen und schließlich Internet und computergestützte Medienanwendungen. Die außerordentliche Dynamik des Feldes – man denke an die bereits einsetzende Konvergenz traditioneller Textmedien und audiovisueller Medien im Internet – spricht im Sinne einer »Archäologie der medialen Kommunikation« für die Berücksichtigung einer medienhistorischen Perspektive. Die Reihe wird herausgegeben von Oliver Krüger in Verbindung mit Peter J. Bräunlein, Anne Koch, Isabel Laack, Jürgen Mohn, Anna Neumaier, und Andrea Rota.

Mirjam Aeschbach (Dr. phil.), geb. 1990, ist interdisziplinäre Sozial- und Geisteswissenschaftlerin. Sie wurde in der Religionswissenschaft und den Gender Studies mit medienwissenschaftlichem Fokus an der Universität Zürich promoviert. Ihre Forschungsschwerpunkte sind Religion und Zugehörigkeit, (digitale) Medien, (nationale) Identität, Gender und Diskurstheorie.

Mirjam Aeschbach
Bilder nationaler Zugehörigkeit
Muslimische Frauen und »akzeptable Differenz«
in Deutschschweizer Mediendiskursen

Die Open-Access-Ausgabe wird publiziert mit Unterstützung des Schweizerischen Nationalfonds zur Förderung der wissenschaftlichen Forschung.

Bibliografische Information der Deutschen Nationalbibliothek
Die Deutsche Nationalbibliothek verzeichnet diese Publikation in der Deutschen Nationalbibliografie; detaillierte bibliografische Daten sind im Internet über http://dnb.d-nb.de abrufbar.

Dieses Werk ist lizenziert unter der Creative Commons Attribution 4.0 Lizenz (BY). Diese Lizenz erlaubt unter Voraussetzung der Namensnennung des Urhebers die Bearbeitung, Vervielfältigung und Verbreitung des Materials in jedem Format oder Medium für beliebige Zwecke, auch kommerziell.
https://creativecommons.org/licenses/by/4.0/
Die Bedingungen der Creative-Commons-Lizenz gelten nur für Originalmaterial. Die Wiederverwendung von Material aus anderen Quellen (gekennzeichnet mit Quellenangabe) wie z.B. Schaubilder, Abbildungen, Fotos und Textauszüge erfordert ggf. weitere Nutzungsgenehmigungen durch den jeweiligen Rechteinhaber.

Erschienen 2024 im transcript Verlag, Bielefeld
© Mirjam Aeschbach

Umschlaggestaltung: Maria Arndt, Bielefeld
Druck: Majuskel Medienproduktion GmbH, Wetzlar
https://doi.org/10.14361/9783839470015
Print-ISBN: 978-3-8376-7001-1
PDF-ISBN: 978-3-8394-7001-5
Buchreihen-ISSN: 2703-1403
Buchreihen-eISSN: 2703-1411

Gedruckt auf alterungsbeständigem Papier mit chlorfrei gebleichtem Zellstoff.

Inhalt

Einführung und Ausgangspunkte

1 Einleitung 13
1.1 Thema und Forschungsdesiderat 13
1.2 Aufbau 19

2 Theoretische Perspektiven 23
2.1 Diskursive Konstruktion nationaler Identität 23
2.2 Intersektionalität 28
2.3 Medien und Öffentlichkeit(en) 37
2.4 Abschließende Bemerkungen 44

3 Kontext: Die Schweiz und ihre ›Anderen‹ 45
3.1 Koloniale ›Andere‹ 45
3.2 Das Konzept der ›Überfremdung‹ im 20. Jahrhundert 53
3.3 Islam als ›das Fremde‹ in Schweizer Mediendiskursen 66
3.4 Abschließende Bemerkungen 72

4 Daten und Methode 75
4.1 Forschungsproblem und Gegenstand 76
4.2 Datenerhebung und Materialkorpus 95
4.3 Datenanalyse 100
4.4 Abschließende Bemerkungen 108

Empirie A:
Nationalisierende Differenzdarstellungen in hegemonialen und individuellen Diskurslinien

5 Darstellung geografischer Differenz: Ethnisierung und Migrantisierung 113
5.1 Begriffsreflexion: ›Geografie‹, ›Herkunft‹, ›Ethnie‹ 114
5.2 ›Religion‹ und ›Herkunft‹ in hegemonialen Diskurslinien 116
5.3 (Fremd-)Positionierungen muslimischer Diskursakteurinnen 127
5.4 ›Religion‹ und ›Herkunft‹ in individuellen Diskurslinien muslimischer Diskursakteurinnen 136
5.5 Abschließende Bemerkungen 145

6. Geschichtliche Differenzdarstellungen in Fortschrittsnarrativen: ›säkular‹, ›individuell‹, ›gleichberechtigt‹ 147
6.1 Begriffsreflexion: ›Geschichte‹, ›Fortschritt‹ und ›Moderne‹ 148
6.2 ›Religion‹ und ›Geschichte‹ in hegemonialen Diskurslinien 151
6.3 (Fremd-)Positionierungen 162
6.4 Geschichtliche Differenzdarstellungen in individuellen Diskurslinien................. 165
6.5 Abschließende Bemerkungen 191

Empirie B:
Mechanismen des Mediensystems: Legitimation, Ein- und Ausschluss

7 Legitimation muslimischer Diskursakteurinnen 195
7.1 Partizipationspositionen 196
7.2 (De-)Legitimation via Partizipationspositionen 202
7.3 (De-)Legitimation via normativer Bewertungen 211
7.4 Subjekte oder Objekte des Diskurses? 220
7.5 Abschließende Bemerkungen 225

8 Ein- und Ausschluss: Alternative Diskurslinien in Online-Öffentlichkeiten 229
8.1 Online-Medienpräsenz muslimischer Diskursakteurinnen 230
8.2 Diskurslinien in sozialen Medien und auf Webseiten 231
8.3 Abschließende Bemerkungen 250

Schluss

9 Fazit 253
9.1 Nationalisierende Differenzdarstellungen und ihre Verhandlung 253
9.2 Diskursive Machteffekte und strukturelle Verfestigungen 260

10 Epilog: (Un)masking Change: Wenn Pandemie auf Islamdiskurs trifft 265

11 Bibliografie 271

Anhänge

Anhang 1: Quellenverzeichnis Printmedien 289

Anhang 2: Quellenverzeichnis SRF Radio- und Fernsehen 319

Anhang 3: Quellenverzeichnis Webseiten und Social Media Profile 325

Anhang 4: Tabellen- und Abbildungsverzeichnis 329

Anhang 5: Kodebuch Partizipation und Sprecher*innenpositionen 331

Danksagung

Für die Begleitung bei der Fertigstellung dieses Bandes danke ich den konstruktiven Rückmeldungen der Herausgeberschaft der Reihe Religion und Medien und insbesondere Prof. Oliver Krüger und Prof. Anna Neumaier. Für die finanzielle Ermöglichung der Forschungsarbeit und Buchpublikation danke ich dem Schweizerischen Nationalfonds (SNF).

Besonders bedanken möchte ich mich zudem bei den Professor*innen, die mich während des gesamten Forschungsprojekts tatkräftig unterstützt haben. Vielen herzlichen Dank an Prof. Dorothea Lüddeckens für ihre konstante Unterstützung, Ermutigung, unverzichtbare Anleitung und die stets gewinnbringenden Gespräche. Bei Prof. Bettina Dennerlein bedanke ich mich für ihre äußerst hilfreichen, kritischen Lektüren meiner Texte und den anregenden und aufschlussreichen Austausch. Zudem gilt ein großer Dank Prof. Oliver Krüger, der mir eine wertvolle Einbindung in Diskussionsrunden im Fachbereich Religionswissenschaft an der Universität Freiburg ermöglichte und die Arbeit durch seine stets zielführenden Rückmeldungen wesentlich voranbrachte.

Weiter geht mein Dank an Prof. Beverly Weber, die mir nicht nur einen Austausch an der University of Colorado Boulder ermöglicht hat, sondern mich auch in zahlreichen Gesprächen auf meinem persönlichen und professionellen Weg maßgeblich unterstützt und begleitet hat. An dieser Stelle bedanke ich mich zudem bei den Mitgliedern des Center for Media, Religion and Culture (CMRC) an der University of Colorado Boulder für meinen herzlichen Empfang als Visiting Fellow und für den inspirierenden Austausch.

Mein Dank geht weiter an die Professor*innen, Mittelbaukolleg*innen und Student*innen am Religionswissenschaftlichen Seminar der Universität Zürich, in der GRC Gruppe Religion und Politik sowie im interuniversitären Doktoratsprogramm Gender Studies für die zahlreichen Möglichkeiten für Austausch und Diskussion. Ein besonderer Dank geht an Andrea Suter-Bieinisowitsch, Schirin Ghazivakili und Hélène Coste für unzählige konstruktive Textdiskussionen und ihre substanzielle Hilfe beim sprachlichen Feinschliff der Publikation.

Und nicht zuletzt macht eine wissenschaftliche Publikation nicht vor dem Privatleben halt. In diesem Sinne bedanke ich mich ganz herzlich bei Stecy Kalumba und Yuvviki Dioh für die vielen nächtelangen Diskussionen, bei meiner wunderbaren Familie für den stets gefühlten und erlebten Rückhalt, bei meiner Mutter, Barbara Hertig, für ihren abschließenden Blick fürs Detail und bei dir, Fabian, für deine unerschütterliche Unterstützung und Rückendeckung durch alle Höhen und Tiefen und mehr als ein Jahr Homeoffice.

Einführung und Ausgangspunkte

1 Einleitung

1.1 Thema und Forschungsdesiderat

»Das Burka-Verbot in Zeiten der Maskenpflicht« titelte ein Artikel des Schweizer Hotellerie-, Gastronomie- und Tourismusverbandes im Februar 2021.[1] Am 7. März 2021, fast ein Jahr nach Beginn der Covid-19-Pandemie, nahmen Schweizer Stimmberechtigte die Initiative »Ja zum Verhüllungsverbot« mit 51,2 % an. Ausgehend von dem rechts-konservativen Egerkinger Komitee, das bereits 2009 mit der Minarettverbotsinitiative Erfolg hatte, zielte die Verhüllungsverbotsinitiative darauf ab, dass niemand sein Gesicht in der Öffentlichkeit verhüllen dürfe. Mit der öffentlichen Maskenpflicht gerate das Verhüllungsverbot nicht in Konflikt, so der Mitinitiant und Nationalrat der Schweizerischen Volkspartei (SVP) Walter Wobmann, denn zu den Ausnahmen gehören »gesundheitlichen Gründe«. Weitere Ausnahmen umfassen im angenommenen Initiativtext »Gründe […] der Sicherheit, der klimatischen Bedingungen und des einheimischen Brauchtums« (Bundesverfassung der Schweizerischen Eidgenossenschaft, Art. 10a).[2]

Das Verhüllungsverbot benennt muslimische Gesichtsverschleierungen wie Niqab und Burka nicht direkt. Der Fokus auf muslimische Kleidungspraktik ist in den öffentlichen Debatten aber zentral präsent. So konzentrierte sich das Initiativkomitee in seiner Kampagne spezifisch auf muslimische Frauen mit Slogans wie »Burka und Niqab: Keine ›normalen Kleidungsstücke‹: Freiheit, Gleichberechtigung«.[3] Auf einem der zwei Wahlplakate stehen zudem die Worte »Extremismus stoppen!« neben der Zeichnung einer zornig blickenden, niqabtragenden Frau auf rotem Hintergrund. Und auch in verschiedenen Medienpublikationen verweist der häufig verwendete Titel »Burkaverbot« darauf, dass das Verhüllungsverbot auf muslimische Gesichtsverschleierungen abzielt. Nachdem 2020 die Thematisierung

---

1   *Das Burka-Verbot in Zeiten der Maskenpflicht*, https://www.htr.ch/story/das-burka-verbot-in-z eiten-der-maskenpflicht-30324.html, letzter Zugriff 27.04.2021.
2   Bundeskanzlei Volksinitiativen. 2021. Eidgenössische Volksinitiative ›Ja zum Verhüllungsverbot‹, https://www.bk.admin.ch/ch/d/pore/vi/vis465t.html, letzter Zugriff 27.04.2021.
3   Argumentarium Verhüllungsverbot. 2020. *Ja zum Verhüllungsverbot*, https://verhuellungsver bot.ch/argumente/, letzter Zugriff 27.04.2021.

von Muslim*innen[4] in der Schweiz im Verhältnis zu den fünf Jahren davor weniger Medienpräsenz erhielt und gegenüber der schlagzeilenbeherrschenden Covid-19 Pandemie beinahe marginal erschien, verwundert es daher nicht, dass die Berichterstattung im Vorfeld und Nachhall der Abstimmung zum Verhüllungsverbot wieder anstieg.[5]

Eine der grundlegenden Prämissen des Verhüllungsverbotes blieb dabei meist unhinterfragt: Muslimische Gesichtsverschleierung muss als in der Schweiz ›fremd‹[6] verstanden werden, damit sie hinsichtlich der Ausnahmeregelung »aus Gründen des einheimischen Brauchtums« verboten werden kann. Diese Prämisse ist anschließbar an verschiedene Darstellungen niqabtragender Frauen als in der Schweiz ›fremd‹ in Politkampagnen der Schweizerischen Volkspartei (SVP). Ein Beispiel ist ein 2009 von der SVP im Kanton Aargau verwendetes Wahlkampagnenplakat mit der Überschrift »Maria statt Scharia!«.[7] Das Plakat zeigt auf der linken Seite das Bild einer jungen, Weißen[8] Frau mit offenen blonden Haaren, die lächelnd in die Kamera blickt. Auf der rechten Seite, getrennt durch den Schriftzug »Maria statt Scharia!« und das SVP-Logo, ist das Bild einer dunkelhäutigen Frau in schwarzem Niqab mit Gitterstäben über dem Sichtfeld. Sie blickt in die

---

4   Der Begriff *Muslim*innen* umfasst alle Personen, die als muslimisch identifiziert werden oder sich selbst als solche identifizieren. Debatten rund um das »Burkaverbot« drehen sich zwar insbesondere um die Kleidungspraktiken muslimischer Frauen, in ihnen werden aber auch muslimische Männer sowie generell Personen muslimischen Glaubens problematisiert. Nonbinäre sowie andersgeschlechtliche Muslim*innen werden in den analysierten medialen Darstellungen zwar selten explizit erwähnt, dennoch wirken generalisierende Diskurse über muslimische Personen potenziell auch auf sie. Diesem Umstand wird im Folgenden mit der Schreibweise *Muslim*innen* Rechnung getragen. Um geschlechtsspezifische Darstellungen zu erläutern oder geschlechtsspezifische Positionalitäten zu diskutieren, benutze ich die Begriffe *muslimische Frauen, muslimische Männer* oder *Muslimin* bzw. *Muslim*.

5   Die Einschätzung basiert auf Stichwortsuchen zu »Muslim*innen in der Schweiz« in der Printmediendatenbank Factiva.

6   In dieser Studie werden Begriffe, die auf der Ebene des emischen Sprachgebrauchs analysiert werden, durch ›einfache Anführungszeichen‹ visualisiert. Direkte Zitate werden mit »doppelten Anführungszeichen« und analytische Konzepte, aus den Daten herausgearbeitete Schlüsselkategorien sowie Betonungen werden durch *Kursivsetzung* markiert.

7   Zum Plakat siehe Rhetorik.ch Artikel *SVP gewohnt provokativ*, http://www.rhetorik.ch/Aktuell/09/02_10/index.html, letzter Zugriff 27.04.2020. Die Plakatidee wurde seither von der deutschen NPD innerhalb einer Plakatkampagne mit Slogans wie *Geld für Oma anstatt Sinti und Roma* oder auf die nationalsozialistische Vergangenheit zurückweisende *Gas geben* wiederverwendet (siehe Zeit.de Artikel *Mit Menschenrechten gegen Hetzplakate der NPD*, https://www.zeit.de/politik/deutschland/2015-12/heiko-maas-npd-wahlplakate-gutachten, letzter Zugriff 27.04.2021).

8   Ich schließe mich Forscher*innen an, die Weiß und Schwarz großschreiben, »um die soziale Konstruktivität dieser Kategorien zu unterstreichen (die mehr bedeuten, als nur Bezeichnungen für eine Hautfarbe zu sein)« (Auga et al. 2017, 85).

Kamera, die großen, mit Augenringen versehenen Augen, die hinter den Gitterstäben hervorblicken, untermalen das im Plakat suggerierte Leiden der ›unfreien‹, muslimischen Frau. In diesem Plakat werden die Frauen religiös (durch den Niqab, das Wort ›Scharia‹ und den Namen ›Maria‹) sowie rassifiziert (im Bild durch Haut- und Haarfarbe) dargestellt. Ein weiteres Beispiel ist in der Plakatkampagne gegen eine Initiative für die Erleichterung der Einbürgerungsprozesse für Dritte-Generation-Migrant*innen (2017) ersichtlich. Das Plakat zeigt die Zeichnung einer Frau im schwarzen Niqab neben dem Schriftzug »Unkontrolliert einbürgern? Nein zur erleichterten Einbürgerung«.[9] Die Verwendung der Figur der niqabtragenden Frau in der Thematisierung von erleichterter Einbürgerung sieht die Schweizer Sozialgeografin Nadia Baghdadi als beispielhaft für die Tendenz, »›die Muslimin‹ als Inbegriff der fremden Frau« (Baghdadi 2010, 214–216) darzustellen und durch religiöse Kleidung zu visualisieren.

Diese Beispiele weisen auf zweierlei Charakteristiken derzeitiger öffentlicher Debatten rund um Muslim*innen in der Schweiz hin; in ihnen wird Identität verhandelt und muslimische Frauen stehen als Diskursobjekte im Zentrum.

In diesem Sinne werden *erstens* in vielen dieser Diskussionen Muslim*innen als in der Schweiz, zumindest potenziell, ›fremd‹ dargestellt und problematisiert. Dabei etablieren mediale Debatten verschiedentlich Darstellungen von Differenz und Gleichheit bzw. ›akzeptabler‹ und ›problematischer‹ Differenz innerhalb der Schweiz. Die monatlich erscheinende Zeitschriftenausgabe »Folio« der *Neuen Zürcher Zeitung* (NZZ) titelte 2016 beispielsweise *Muslime in der Schweiz: Wie viel Islam verträgt das Land?* (02.08.2016) und im Schweizer Fernsehen wurden quotenstarke Diskussionssendungen von Fragen wie *Toleranz ohne Grenzen?* (SRF Club 12.07.2016) oder *Bedroht der Islam den freien Westen?* (SRF 2 Kultur Kontext 09.09.2016) angeleitet. Explizit wurde das Thema auch im von der Lehrerin, Autorin und in der Öffentlichkeit als Muslimin aktiven Jasmin El-Sonbati publizierten Buch *Gehört der Islam zur Schweiz?* (2016),[10] welches in Deutschschweizer Medien wiederholt diskutiert wurde.

In solchen Thematisierungen wird auf verschiedenen Ebenen zwischen einem ›Schweizerisch-Sein‹ bzw. einem Schweizer ›Selbst‹ und einem muslimischen ›Anderen‹ unterschieden,[11] wobei die muslimischen ›Anderen‹ als potenziell be-

---

9 Siehe Swissinfo Artikel 2017, *Mit umstrittenem Plakat gegen die Einbürgerung*, https://www.swissinfo.ch/ger/abstimmung-vom-12-februar-2017_mit-umstrittenem-plakat-gegen-die-einbuergerung/42821800>, letzter Zugriff 27.04.2021.
10 Dieses sowie weitere von muslimischen Diskursakteurinnen geschriebene Bücher wurden für die vorliegende Studie angesehen, jedoch nicht systematisch analysiert. Die Literaturangaben finden sich im Anhang 3: Weitere Quellen.
11 Die Begriffe ›selbst‹ und ›andere‹ sowie ›fremd‹ und ›eigen‹ verstehe ich als Darstellungen kollektiver Identität auf der Ebene des analysierten Diskurses. Sie werden im Folgenden synonym verwendet.

drohlich und ›inkompatibel‹ problematisiert werden. Vor diesem Hintergrund werden bestimmte muslimische Positionalitäten als ›problematisch‹ und andere als ›akzeptabel‹ dargestellt und die Spezifika ›akzeptabler‹ muslimischer Positionalitäten ausgehandelt.[12] In den analysierten Mediendiskursen auftauchende Begriffe wie ›Fremdheit‹, ›(In-)Kompatibilität‹, ›Assimilation‹ oder ›Integration‹ markieren immer eine vorausgesetzte Differenz zwischen Menschengruppen. Kurz gesagt: Während ›Fremdheit‹ auch positiv konnotiert sein kann und ›Integration‹ die Möglichkeit einer potenziellen Koexistenz suggeriert, wird immer gleichzeitig das Bild von sich unterscheidenden Menschengruppen etabliert.[13] Diese werden entlang verschiedener Differenzkategorien unterschieden, so beispielsweise in Darstellungen, die Schweizer*innen anhand von religiösen Attributen (z.B. als ›säkular‹ oder ›christlich‹) Muslim*innen gegenüberstellen oder aber das Bild einer ›eigenen‹ sowie ›fremden‹ ›Kultur‹ etablieren.

In der vorliegenden Studie werden mediale Darstellungen von Differenz und Gleichheit entlang verschiedener Differenzkategorien als *nationalisierende Identitätsprozesse* analysiert. Dieser Herangehensweise liegt ein konstruktivistisches Verständnis von Identität als in diskursiven Prozessen hergestellt zugrunde.[14] Damit wird Identität nicht als ontologische Realität, sondern als eine aus Diskursen gewachsene und kontinuierlich wandelbare Vorstellung verstanden, die auf verfügbare Identitätspositionen, Identifikationen und Deutungen wirkt. Mediale Öffentlichkeiten sind ein spezifisches diskursives Feld, in welchem nationale Identität konstruiert wird.[15] Vor diesem Hintergrund liegt der Fokus der vorliegenden Studie auf der diskursiven Darstellung nationaler Identität und als ›akzeptabel‹ dargestellter muslimischer Positionalitäten darin im deutschsprachigen Mediendiskurs zu Muslim*innen in der Schweiz. Konkret liegt das Erkenntnisinteresse in der empirischen Herausarbeitung der spezifischen, diskursiven Herstellung nationaler Identität inklusive der im Diskurs herangezogenen, konkreten Differenzkategorien. Welche Differenzdarstellungen sind in zeitgenössischen medialen Diskursen zu Muslim*innen in der Schweiz ersichtlich? Auf welche konkreten Dif-

---

12 Der Begriff *Positionalität* wird in der vorliegenden Studie für die diskursspezifische Situiertheit der Personen verwendet, die durch verschiedene Fremd- und Selbstpositionierungen konstituiert wird. Positionalitäten sind dabei als Resultat multipler Positionierungen vielschichtig und wandelbar.

13 ›Fremdheit‹ kann beispielsweise positiv hervorgehoben werden, wenn stereotypisch von der außergewöhnlichen Gastfreundschaft gewisser Bevölkerungsgruppen oder regionalen ›Kulturen‹ gesprochen wird. Eine Differenzdarstellung via den Begriff ›Fremdheit‹ kann aber auch explizit problematisiert werden, so beispielsweise vor dem Hintergrund des Schweizer Politkonzeptes der ›Überfremdung‹ (siehe Kapitel 3.2).

14 Mehr zum Diskursbegriff siehe Kapitel 2.1.

15 Siehe z.B. Studien in Wodak et al. (2009).

ferenzkategorien beziehen sich mediale Akteur*innen? Wie werden Darstellungen von ›fremd‹ und ›eigen‹ etabliert und adaptiert?

Zweitens ist die hervorgehobene Sichtbarkeit muslimischer Frauen als Diskursobjekte und visuelle Marker kollektiver Differenz ein Charakteristikum derzeitiger Diskurse rund um Muslim*innen in der Schweiz (Baghdadi 2010; Barras 2013; Moors und Salih 2009). Wie in den eingehenden Beispielen illustriert, fungieren Bilder von verschleierten muslimischen Frauen in gegenwärtigen europäischen Polit- und Medienöffentlichkeiten als Visualisierungen ›des Islams‹ sowie als »crucial markers of national belonging and [...] boundary markers between communities« (Moors und Salih 2009, 376). Auf diese Zentralität von Frauen als Signifikanten kollektiver und spezifisch nationaler Identität hat die Soziologin Yuval-Davis bereits auf der Basis verschiedener Fallstudien hingewiesen (2011, 1997, 1993). Geschlecht wird dabei herangezogen, um Differenz zu markieren. Gleichzeitig werden in nationalisierenden Unterscheidungen zwischen ›fremd‹ und ›eigen‹ häufig geschlechtsspezifische Normen instrumentalisiert (Ahmed 1992, 150). So haben diverse Forscher*innen festgestellt, dass in derzeitigen europäischen Debatten zu Islam und Muslim*innen Thematisierungen von Geschlecht, Geschlechterverhältnissen und Sexualität im Vordergrund stehen, wenn Vorstellungen von ›fremd‹ und ›eigen‹ verhandelt werden (El-Tayeb 2011; Fassin 2012, 2010; Fassin und Salcedo 2015; Korteweg 2008; Korteweg und Yurdakul 2014). Dies ist beispielsweise in der wiederholt artikulierten Sorge um die Situation ›der muslimischen Frau‹ ersichtlich, mit welcher eine geschlechtsspezifische Problematik in Bezug auf Muslim*innen dargestellt wird. Diese Problematik wird gleichzeitig teilweise explizit mit einer Situation der Geschlechtergleichberechtigung in europäischen Nationen kontrastiert. Die Zentralität von Frauen als Marker kollektiver Differenz und die Dominanz der Thematisierung von Geschlechterverhältnissen als Differenzkategorie zwischen ›fremd‹ und ›eigen‹ können dabei miteinander zusammenhängen, so in der Darstellung ›unterdrückter‹ Frauen im Islam, müssen es aber nicht zwingend, so können muslimische Frauen im Niqab auch als Aggressorinnen dargestellt werden.

In bisheriger Forschung zu öffentlichen Islamdebatten wurde oftmals von der »[muslimischen] ›verschleierten‹ Frau [als] ein passiver Akteur – ein Marker« (Barras 2013, 88) gesprochen und untersucht, weshalb muslimische Frauen häufig im Mittelpunkt von Differenzdarstellungen stehen. Der entscheidende nächste Schritt besteht darin, die aktive Beteiligung muslimischer Frauen an der öffentlichen Verhandlung darüber, wie und welche Art von Muslim*innen in europäischen Gesellschaften als ›akzeptabel‹ dargestellt werden, in den Blick zu nehmen (Barras 2013; Fernando 2009; Rommelspacher 2009). Diese Perspektive auf die Selbstdarstellung und aktiven Beiträge öffentlich aktiver muslimischer Frauen war in bisheriger Forschung marginal.[16] Um zur Schließung dieser Forschungslücke bei-

---

16 Zu Ausnahmen siehe z.B. Fernando (2009) und Rommelspacher (2009).

zutragen, liegt der Fokus der vorliegenden Studie auf den aktiven Auftritten und Beiträgen muslimischer Frauen im öffentlichen Deutschschweizer Mediendiskurs zum Thema Muslim*innen in der Schweiz. Wie positionieren sich einzelne muslimische Frauen in einem medialen Diskurs, in welchem sie als Musliminnen potenziell als ›fremd‹ thematisiert werden? In welchem Verhältnis stehen solche Selbstdarstellungen zu Fremdpositionierungen und übergreifenden Diskurslinien?

Um diesen Fragen nachzugehen, wurde eine qualitativ-empirische Mediendiskursanalyse durchgeführt, welche muslimische Frauen als Akteurinnen in nationalen Identitätsprozessen in der Schweiz zentral betrachtet.[17] Der untersuchte Zeitrahmen schließt an bestehende Untersuchungen zur medialen Thematisierung von Muslim*innen in der Schweiz an und umfasst die Jahre zwischen 2016 und 2019.[18] Die Datengrundlage ist der Deutschschweizer Mediendiskurs zu Muslim*innen in der Schweiz. Dazu gehören einerseits Print-, Fernseh- und Radiopublikationen, in denen Akteurinnen als muslimische Frauen auftreten, und andererseits relevante Online- und Social-Media-Dokumente. Um die konkreten Charakteristika zeitgenössischer Differenzdarstellungen im Diskurs zu Muslim*innen in der Schweiz herauszuarbeiten, wird auf Intersektionalität als Analyseperspektive der Gender und Queer Studies zurückgegriffen. Diese Perspektive weist darauf hin, dass Identitäten immer mehrdimensional sind, das heißt auf verschiedenen eigenständigen und sich gleichzeitig gegenseitig konstituierenden Differenzkategorien basieren (Knapp 2005, 259). In der vorliegenden Untersuchung liegt der Fokus daher auf den diskursiven Differenzdarstellungen, den darin herangezogenen Differenzkategorien sowie auf deren Verbindung zueinander. Wann wird beispielsweise ›Religion‹ in medialen Diskursen zu einer relevanten Differenzkategorie gemacht? Welche Kategorien hängen damit zusammen bzw. wie wird ›Religion‹ in Differenzdarstellungen z.B. herkunfts- und/oder geschlechtsspezifisch kodiert?

Die vorliegende Untersuchung trägt dabei auf dreifache Weise zur aktuellen Forschung bei:

Erstens ermöglicht der Fokus auf individuelle muslimische Frauen in Mediendiskursen, die empirische Untersuchung auf Mediendokumente, in denen Akteurinnen als muslimische Frauen auftreten, einzugrenzen. Auf der Grundlage dieses relativ eng gehaltenen Datensatzes können im Rahmen einer qualitativen Mediendiskursanalyse (Kapitel 4) die Einzelheiten der nationalisierenden Differenzdarstellungen in der Schweiz exemplarisch untersucht werden. Dabei kann einerseits die

---

17   Diese empirische Analyse ist die Grundlage für theoretische und konzeptionelle Überlegungen der vorliegenden Studie. Der Fokus liegt dabei explizit auf der empirischen Analyse nationalisierender Identitätsprozesse im Mediendiskurs. Aufgrund dieser Gewichtung wurden potenziell relevante, aber in dieser Studie nicht berücksichtigte Theoriebezüge zum Teil nicht weiter ausgeführt.

18   Mehr zur Eingrenzung des Forschungsgegenstandes siehe Kapitel 3.

Schweiz als spezifischer Kontext identifiziert werden, andererseits wird ersichtlich, wie problematisierende Differenzdarstellungen von Muslim*innen an transnationale Diskurse anschließen.

Zweitens eröffnet die Perspektive auf individuelle Akteurinnen den Blick für Darstellungen von Differenz und Gleichheit aus den spezifischen Diskurspositionen muslimischer Frauen. Dadurch können konkrete Aneignungen und Adaptionen von in hegemonialen Diskurslinien herangezogenen Differenzkategorien herausgearbeitet werden, die durch muslimische Diskursakteurinnen geäußert werden. Sowohl hegemoniale Differenzdarstellungen als auch individuelle (Re-)Produktionen, Adaptionen und Aneignungen solcher Darstellungen sind Teil diskursiver Identitätsprozesse. Um die Wechselwirkungen zwischen den Ebenen gezielt herauszuarbeiten, werden Aspekte intersektionaler Identitätsprozesse in Form einer Mehrebenenanalyse (Degele und Winker 2007) untersucht. Konkret werden Vorstellungen von ›fremd‹ und ›eigen‹ in hegemonialen Diskurslinien als erste Ebene sowie die individuellen Identitätsdarstellungen muslimischer Frauen in öffentlichen Mediendokumenten als zweite Ebene des nationalisierenden Identitätsprozesses miteinbezogen.

Zuletzt leistet die Studie einen Beitrag zum Forschungsbereich Religion und Medien, der innerhalb der Religionswissenschaft lange Zeit marginal war und erst im letzten Jahrzehnt an Bedeutung gewonnen hat (Krüger 2016, 2012). Mit dem analytischen Einbezug von massenmedialen *und* Online-Medienpublikationen reagiert diese Studie zudem auf Forscher*innen, die ein spezifisches Forschungsdesiderat hinsichtlich der trans- bzw. crossmedialen Natur zeitgenössischer Öffentlichkeiten identifizieren (Fraas, Meier und Pentzold 2014; Hasebrink und Hepp 2017). Der gleichzeitige Blick auf massenmediale und Online-Publikationen ermöglicht die Identifikation von Diskurslinien, die ausschließlich oder hauptsächlich in Online-Medienöffentlichkeiten vorkommen. Dies gibt Aufschluss auf die Wirkungsweise massenmedialer Diskurse als vermachtete Struktur, welche spezifisches Wissen hervorbringt, indem einerseits gewisse Vorstellungen von ›fremd‹ und ›eigen‹ als hegemonial dargestellt und andererseits andere Diskurslinien entweder nur marginal erwähnt, teilweise negativ bewertet oder komplett ausgeschlossen werden. Auf diese Weise werden letztlich strukturelle Ein- und Ausschlussmechanismen des massenmedialen Diskurses als dritte Ebene der analysierten Identitätsprozesse in den Blick genommen.

1.2 Aufbau

Nach der Erläuterung der theoretischen Perspektiven (Kapitel 2), des schweizspezifischen historischen und zeitgenössischen Kontextes nationalisierender Identitätsprozesse (Kapitel 3) und der konkreten Datengrundlage sowie methodischen Herangehensweise (Kapitel 4) werden die empirischen Ergebnisse der Untersuchungen in zwei Teilen präsentiert.

Im ersten Ergebnisteil (Kapitel 5 und 6) liegt der Fokus auf der Aufarbeitung nationalisierender Identitätsprozesse, die in Deutschschweizer Mediendiskursen rund um muslimische Diskursakteurinnen ersichtlich sind. Dabei stellt sich *erstens* die Frage nach den spezifischen, miteinander verschränkten Differenzkategorien, entlang derer Darstellungen eines nationalen ›Selbst‹ sowie muslimischer ›Anderer‹ konstituiert werden. In anderen Worten, wie und entlang welcher Differenzkategorien werden Muslim*innen in hegemonialen Diskurslinien derzeitiger Mediendiskurse als ›fremd‹ dargestellt? *Zweitens* wird gefragt, wie die Fremd- und Selbstpositionierungen sowie die individuellen Beiträge muslimischer Diskursakteurinnen im Verhältnis zu diesen Diskurslinien stehen. Tragen muslimische Frauen zu hegemonialen Darstellungen von Differenz und Gleichheit bei oder äußern sie alternative Vorstellungen nationaler Identität?

Diese Fragen werden in Kapitel 5 aufgegriffen, welches aufzeigt, dass in hegemonialen Diskurslinien ›Religion‹ als mit ›geografischer Herkunft‹ verknüpft konzipiert wird, so beispielsweise in der Darstellung von Muslim*innen als ›von woanders‹. In ihren massenmedialen Auftritten werden die im Fokus stehenden muslimischen Diskursakteurinnen wiederholt mit einer herkunftsspezifisch kodierten Darstellung von Differenz konfrontiert, indem beispielsweise ihr Migrationshintergrund oder jener ihrer Eltern thematisiert und als relevant hervorgehoben wird. Wie werden im Diskurs religiöse Zugehörigkeit und Konzeptionen geografischer Differenz miteinander in Verbindung gebracht? Wie verhalten sich diese Kategorien zu der Darstellung von Muslim*innen als ›fremd‹ in der Schweiz? Und wie verhandeln muslimische Diskursakteurinnen Problematisierungen von Muslim*innen als migrantisch?

Daran anschließend behandelt Kapitel 6 die zweite als zentral herausgearbeitete Differenzkategorie: Darstellungen von normativ-zeitlicher bzw. geschichtlicher Differenz. Anhand verschiedener Fortschrittsdarstellungen wird dabei ›die Schweiz‹ als ›fortschrittlich‹ von ›Muslim*innen‹ als ›rückschrittlich‹ unterschieden. Konkret werden Darstellungen eines Wandels von ›religiös‹ zu ›säkular‹, von ›gemeinschaftlich‹ zu ›individualisiert‹ sowie von ›patriarchal‹ zu ›geschlechtergleichberechtigt‹ wiederholt als Fortschrittsnarrative angebracht, entlang derer Muslim*innen und Schweizer*innen unterschieden werden. In diesem Zusammenhang können Selbstpositionierungen muslimischer Frauen als ›fortschrittliche‹ oder ›säkulare Musliminnen‹ als gleichzeitige Subversion und Verfestigung dieser Diskurslinien gelesen werden. Zudem ergibt der Blick auf Selbstdarstellungen als ›selbstbestimmt‹ und ›individuell religiös‹ ein nuancierteres Bild einzelner Aneignungen und Adaptionen hegemonialer Diskurslinien.

Der zweite empirische Ergebnisteil (Kapitel 7 und 8) der Studie konzentriert sich auf den massenmedialen Diskurs als spezifisch produktives Bedingungsgefüge.

Dieses schafft in Wechselwirkung mit hegemonialen Diskurslinien und individuellen Adaptionen davon den Rahmen dafür, welche Identitätsdarstellungen angebracht werden können und wie diese Äußerungen sowie damit verbundene Positionalitäten bewertet werden. In Kapitel 7 liegt der Fokus dabei auf der im massenmedialen Diskurs konstruierten Legitimität der muslimischen Diskursakteurinnen. Welche Akteurinnen werden beispielsweise als Expertinnen dargestellt? Wem wird Authentizität zu- oder abgesprochen? Und welche Äußerungen werden positiv bewertet? Dabei kann herausgearbeitet werden, welche Diskurslinien von als legitim bewerteten Subjekt- und Sprecherpositionen geäußert werden und wie Legitimitätszuschreibungen mit hegemonialen Darstellungen von ›fremd‹ und ›eigen‹ zusammenhängen.

Kapitel 8 behandelt schließlich die öffentliche Präsenz der im Fokus stehenden muslimischen Diskursakteurinnen in sozialen Medien und auf Online-Plattformen. Diese Online-Öffentlichkeiten sind nicht an massenmediale Zugangsbeschränkungen gebunden und stehen potenziell außerhalb der herausgearbeiteten Legitimitätszuschreibungen. Die Online-Medienpublikationen dienen als Kontrastbeispiel, um alternative und im massenmedialen Diskurs marginalisierte Diskurslinien zu identifizieren. Wie stellen sich die in massenmedialen Diskursen präsenten, muslimischen Diskursakteurinnen online dar? Äussern sie dort dieselben Inhalte, abgeänderte Inhalte oder völlig andere Inhalte? Die Beantwortung dieser Fragen gibt Aufschluss auf die Ein- und Ausschlussmomente der massenmedialen Öffentlichkeit.

Die aus diesen Analysefoki gewonnenen Erkenntnisse werden im Schlusskapitel zusammengebracht, um darzulegen, entlang welcher Differenzkategorien Muslim*innen in der Schweiz in derzeitigen massenmedialen Diskursen als ›fremd‹ dargestellt werden und welche nuancierteren sowie alternativen Darstellungen in den medialen Äußerungen muslimischer Frauen in den Blick kommen. Dabei leistet die vorliegende Untersuchung einerseits die Erarbeitung eines historisch und situativ spezifischen nationalisierenden Identitätsprozesses, andererseits kann anhand dieses Beispiels aufgezeigt werden, wie derzeitige massenmediale Debatten Differenzvorstellungen hervorbringen, hierarchisieren und strukturell verfestigen.

2 Theoretische Perspektiven

In diesem Kapitel werden die drei wichtigsten theoretischen Ansätze erläutert, die der vorliegenden Untersuchung zugrunde liegen. Als *erster* zentraler Punkt wird im Folgenden zuerst ein Verständnis von nationaler Identität als diskursiv konstruiert herausgearbeitet. Anschließend an eine kurze Ausführung der Diskursbegrifflichkeit liegt dabei der Fokus auf dem kontinuierlichen Charakter von nationalisierenden Identitätsprozessen, in welchen laufend verhandelt wird, wer als ›fremd‹ und ›eigen‹ gilt. Als *zweite* signifikante Analyseperspektive wird auf Intersektionalität zurückgegriffen. Diese Perspektive schärft den Blick dafür, dass Identitäten immer entlang mehrerer Differenzkategorien gleichzeitig markiert werden. Aufbauend auf dem Plädoyer von Intersektionalitätsforscher*innen, Identitätsprozesse auf mehreren Ebenen zu analysieren, werden *drittens* abschließend der Medienbegriff und Theorien von Öffentlichkeit(en) diskutiert, um die spezifischen Ebenen des vorliegenden Untersuchungsgegenstandes Mediendiskurs zu konkretisieren.

2.1 Diskursive Konstruktion nationaler Identität

2.1.1 Diskurs

Aktuelle Ansätze auf dem Gebiet der Diskursanalyse werden stark von der Arbeit und den Terminologien des französischen Philosophen Michel Foucault beeinflusst (z. B. Diaz-Bone 2006; Fraas und Klemm 2005; Miczek 2014). In Foucaults Konzeptualisierung des Diskurses als soziale Praxis wurde der Begriff aus seinem ursprünglichen, sprachlichen Kontext heraus erweitert (Hall 2001, 72; Wodak et al. 2009, 9). In der vorliegenden Studie werden Diskurse als kollektive Prozesse der Wissensproduktion verstanden (Diaz-Bone 2006, 251), die forschungspraktisch als »a group of statements which provide a language for talking about – a way of representing the knowledge about – a particular topic at a particular historical moment« (Hall 2001, 72) definiert werden.[1]

Während es eine Vielzahl unterschiedlicher wissenschaftlicher Konventionen in der Verwendung des Diskursbegriffs gibt, greift die vorliegende Untersuchung auf zwei Überlegungen zurück, die dem Foucault'schen Begriffsverständnis innewohnen.

Erstens ist eine zentrale Signatur von Foucaults Werken seine konstruktivistische Auffassung von Realität; Diskurse sind produktiv (Diaz-Bone 2006, 252; Pieper 2006, 271). Das heißt, dass menschliche Vorstellungen der Realität sich nicht direkt aus objektiven Tatsachen ableiten, sondern vielmehr durch bestimmte, historische und kontextspezifische Diskurse produziert werden. In diesem Sinne bestimmen Diskurse die Möglichkeit des Sagbaren, sie stellen eine »language for talking about« (Diaz-Bone 2006, 252; Hall 2001, 73) bereit. Die Machtwirkungen des Diskurses sind dabei unpersönlich und dezentralisiert (Hall 2011, 67–77). Für die vorliegende Studie heißt das konkret, dass der analysierte Mediendiskurs durch diskursive Darstellungen eine bestimmte Vorstellung von Realität, hier spezifisch von nationaler Identität, produziert. Die Spezifika dieser diskursiv produzierten Vorstellung werden empirisch auf der Ebene von medialen Repräsentationen von Gleichheit (wer sind ›Schweizer*innen‹?) und Differenz (wer ist in der Schweiz ›fremd‹?) herausgearbeitet.

Das *zweite* zentrale Merkmal von Foucaults Realitätsverständnis ist seine Sicht auf das Subjekt. In seiner späteren Arbeit beschäftigte sich Foucault immer mehr mit Fragen nach dem Subjekt (Foucault 1982, 778). Dabei ging es ihm darum, die verschiedenen »modes by which [...] human beings are *made* subjects« (Foucault 1982, 777) zu untersuchen. Mit diesem Fokus auf Subjektivierungsprozesse schließt sich Foucault der konstruktivistischen Kritik des als autonom begriffenen Subjekts an und konzeptualisiert Subjekte als diskursiv produziert im Bereich der Möglichkeiten spezifischer, historisch situierter Machtverhältnisse (Hall 2001, 79; Pieper 2006, 280).[2] Kurz gesagt: Diskurse wirken sich nicht nur darauf aus, was sinnvoll gesagt werden kann, sondern etablieren damit auch die möglichen Identitätspositionen, die eingenommen werden können. So zeigt Foucault in seiner Genealogie der Sexualität, dass der Diskurs zu Perversion sogenannte ›Perversionen‹ nicht unterdrückt, sondern einen solchen Klassifikationsmodus, und somit die Möglichkeit

---

1   Foucault historisiert Diskurse konsequent, was bedeutet, dass er Sinn und Wahrheit immer als spezifisch für einen bestimmten historischen Kontext sieht (Hall 2011, 74).
2   Es ist insbesondere die Vorstellung eines Subjekts als souveräner Ursprung von Wissen (meaning), die Foucault kritisiert, da er Wissen nicht als von einem individuellen Bewusstsein, sondern als im Diskurs produziert sieht (Hall 2001, 79). In diesem Sinne ist auch das Subjekt als autonome individualisierte Form der Subjektivität das Ergebnis eines sehr spezifischen (Wissens- und Deutungs-)Musters der Individualisierung (Foucault 1982, 785).

der Identifikation damit, auch produziert hat (Foucault 1977, 59). In der vorliegenden Studie ist die produktive Wirkung des Diskurses in spezifischen Subjekt- bzw. Diskurspositionen von muslimischen Frauen ersichtlich. So wird beispielsweise die Fremd- und Selbstpositionierung als ›säkulare Muslimin‹ erst vor dem Hintergrund der diskursiven Problematisierung ›nicht-säkularer‹ Muslim*innen in den analysierten Mediendebatten sinnhaft.

Letztlich blieb es für Foucault, auch wenn er dem Subjekt in späteren Arbeiten ein gewisses reflexives Bewusstsein zuschrieb, der Diskurs und nicht das Subjekt, der Bedeutung produziert (Hall 2001, 79).[3] Da aus dieser Perspektive die Adaptionen und Interpretationen von Diskurslinien, die aus einzelnen Subjektpositionen geäußert werden, nicht konkret fassbar werden (Pieper 2006, 284),[4] greife ich in der vorliegenden Studie auf akteur*innenorientierte Weiterführungen des Diskurskonzeptes zurück. Aus Sicht der Wissenssoziologie betrachtet, plädiert Keller für ein Verständnis des Subjekts, die es als in historisch verorteten Diskursen sozial und handlungsfähig gemacht, jedoch gleichzeitig als Diskurse verwirklichend und produzierend sieht (2012, 74). Dies ist anschließbar an Butlers Betrachtung des Subjekts als gleichzeitig »addressed«, also performativ konstituiert durch die Benennung im Diskurs, als auch »addressing«, im Sinne der Fähigkeit, einmal benannt, innerhalb des Diskurses zu handeln und selbst zu benennen (Butler 1997, 29).[5] Mit diesem Ansatz können Akteur*innen sowohl als adressierte Subjekte, d.h. als diskursiv generierte und verfügbare Sprech- und Subjektpositionen, als auch als Subjekte betrachtet werden, die selbst Diskurslinien generieren, verändern oder sogar umbestimmen können (Youdell 2006, 519). Zusammenfassend können mit Kellers und Butlers Konzeptualisierungen Subjekte sowohl als Adressat*innen als auch als handlungsmächtige Mitwirkende am Diskurs betrachtet werden.

Diese Perspektive ermöglicht es mir, mich aus zwei verschiedenen Blickwinkeln auf die im Diskurs auftretenden muslimischen Frauen zu konzentrieren: *Einerseits* wird die ›muslimische Frau‹ als Diskursposition innerhalb eines Deutschschweizer

---

3   Keller nennt dies einen »Diskurskonstruktivismus ohne Konstrukteure« (2011, 98).
4   Foucaults Konzeptualisierung des Subjekts wird oft als diskursiv determiniert interpretiert. Dies scheine unvereinbar mit interpretativen Forschungsansätzen, die sich auf subjektive Perspektiven konzentrieren (Miczek 2014, 58; Keller 2012). Im Zentrum vieler poststrukturalistischer wissenschaftlicher Diskussionen der letzten Jahre steht laut Keller »die Frage, welches Subjektverständnis angemessen ist, um einerseits der Foucaultschen Analyse der diskursiven und dispositiven Subjektformation Rechnung zu tragen und andererseits das Potenzial einer kritischen Widerständigkeit der formierten Subjekte bewahren zu können« (2012, 72–73). Diese Spannung zwischen Determination und Freiheit wurde in verschiedenen wissenschaftlichen Traditionen aufgegriffen und thematisiert (Keller 2012, 74).
5   Butler weist darauf hin, dass »the very possibility of naming another requires that one first be named« (Butler 1997, 29). Die durch Benennung erhaltene Fähigkeit, im Diskurs zu nennen und dadurch selbst zu produzieren, nennt sie *diskursive Agency*.

Mediendiskurses analysiert. Dabei liegt der Fokus auf dem Subjekt, wie es im Diskurs adressiert wird, also darauf, wie und wann einzelne Akteurinnen als muslimische Frauen benannt werden, und auf der Frage, wie sich die ›muslimische Frau‹ als Sprech- und Subjektposition im Deutschschweizer Mediendiskurs konstituiert. *Andererseits* kommen muslimische Frauen als Akteurinnen in den Blick, die mit ihrer Aneignung und potenziellen Verhandlung der verfügbaren Sprech- und Subjektpositionen sowie mit den spezifischen Inhalten, die sie in öffentlichen Mediendiskursen ausdrücken und weiterverbreiten, zu Darstellungen nationaler Identität beitragen.

2.1.2 Nationale Identität

Im Laufe des 19. Jahrhunderts etablierte sich die Nation zur zentralen Einheit von Staatsorganisation und damit einher gingen Vorstellungen einer innerhalb der Nation geteilten, kollektiven Identität (Kury 2003a, 100–101). Wissenschaftliche Studien dazu wurden seit den 1980er Jahren publiziert (Ichijo und Uzelac 2005, 1). Dabei entwickelte sich Benedikt Anderson zu einem der einflussreichsten Theoretiker zu Nationalismus und nationaler Identität. Insbesondere sein Werk *Imagined Communities: Reflections on the Origin and Spread of Nationalism* (Erstausgabe 1983) wurde zu einem viel zitierten Hauptwerk. Ausgehend von Andersons Annahmen wird im Folgenden die dieser Studie zugrunde liegende Konzeption nationaler Identität aufgearbeitet. Dabei starte ich mit seiner grundlegenden Konzeption nationaler Identität als diskursiv konstruiert und führe seine Ansätze durch die intersektionale Herangehensweise der Soziologin Nira Yuval-Davis fort.

Anderson definiert die Nation als »an imagined political community« (2006, 6) und weist darauf hin, dass eine Gemeinschaft auf der Ebene einer Nation imaginiert sein muss, da sich nie alle Menschen, denen Zugehörigkeit zugeschrieben wird, treffen können. Basierend auf einem historisch-genealogischen Blick auf die Region Süd-Asiens erläutert er zudem, dass die Vorstellung einer gemeinsamen, der Nation zugrunde liegenden Essenz nicht auf einer solchen Gegebenheit beruht, sondern eine Menschengruppe erst retrospektiv als geografisch fassbare Einheit dargestellt wird (2006, 6–7). Damit legte Anderson die Basis für eine konstruktivistische Konzeption nationaler Identität, die spätere Forscher*innen zu Nationalismus größtenteils aufnahmen (Ichijo und Uzelac 2005, 4) und weiterführten (De Cillia, Reisigl und Wodak 1999; Wodak et al. 2009; Wodak und Meyer 2009; Yuval-Davis 2011).

Die vorliegende Studie basiert auf einer solch konstruktivistischen Konzeption von Identität als diskursiver Prozess, in welchem Differenz und Gleichheit entlang verschiedener Differenzkategorien dargestellt werden. Während kollektive Identität beispielsweise an verschiedenen Bezugspunkten festgemacht werden kann (z.B. Mitglieder einer Religionsgemeinschaft, Anhänger*innen eines Fußballvereins, Bewohner*innen einer Stadt usw.),⁶ widmet sich der vorliegende Beitrag jenen Identitätsprozessen, die sich auf die Nation als Referenzebene beziehen. Dies ist beispielsweise ersichtlich, wenn in medialen Debatten die ›Kompatibilität‹ von Migrant*innen oder Muslim*innen mit ›der Schweiz‹ in Frage gestellt wird oder wenn vom ›Zusammenleben mit Schweizer*innen‹ die Rede ist. Solche Äußerungen etablieren die Idee einer Nation (Schweiz) und von Menschen, die via ihrer Mitgliedschaft zu der Nation (z. B. Schweizer*innen) identifizierbar und von anderen unterscheidbar sind. In dieser Studie nenne ich die diskursive Darstellung solcher Unterscheidungen *nationalisierende Identitätsprozesse*.

Dabei wird in nationalisierenden Identitätsprozessen »immer das Eigene und das Fremde zugleich definiert« (Kury 2003a, 101) bzw. nationale Charakteristiken werden immer auch in Bezug auf das konstruiert, was nicht dazugehört (Wodak et al. 2009, 7; Wodak und Meyer 2009, 3–4; Yuval-Davis 2011, 17). Diese Identitätsprozesse geschehen entlang zweier miteinander verknüpfter Abläufe: in der diskursiven Konstruktion einer Vorstellung von Gleichheit innerhalb der Gruppe einerseits und von Differenz zwischen teils antagonistisch gedachten Gruppen andererseits (Bucholtz und Hall 2003, 2005; De Cillia, Reisigl und Wodak 1999; Wodak et al. 2009).⁷ Dabei soll hier erneut darauf hingewiesen werden, dass in der vorliegenden Herangehensweise an Identität sowohl Gleichheit als auch Differenz nicht als vordiskursive Realitäten gehandhabt, sondern als in diskursiven Darstellungen von gemeinsam geteilten bzw. nicht-geteilten Merkmalen konstruiert verstanden werden. Da in nationalisierenden Identitätsprozessen sowohl die Identität des ›Selbst‹ als auch jene der ›Anderen‹ konstituiert wird,⁸ werde ich im Folgenden das Begriffs-

---

6   Diese kollektiven Identitäten können unter Umständen als mit einer ›nationalen Identität‹ zusammenhängend konzipiert werden, so beispielsweise wenn die Mitgliedschaft in gewissen Religionsgemeinschaften als Zeichen der Zugehörigkeit zur Nation verstanden wird oder aber wenn die Anhänger*innen des nationalen Fußballteams potenziell als (loyale) Mitglieder der Nation gewertet werden.

7   Buchholtz und Hall nennen diese Prozesse »tactics of adequation and distinction« (2005, 599), während Wodak et al. (2009) von Strategien der Assimilation und Dissimilation sprechen. In dieser Studie verwende ich weder »Taktiken« noch »Strategien«, da diese Begrifflichkeiten eine grundlegende Intentionalität evozieren. Ich spreche von Identitätsprozessen sowie von Darstellungen von Differenz und Gleichheit. Damit soll darauf hingewiesen werden, dass es normative Differenzdarstellungen gibt, die möglicherweise ohne eine spezifische Intention und teilweise vielleicht ohne Bewusstsein des differenzzuschreibenden Charakters der Aussage geäußert werden. Zudem bleibt die bewusste oder unbewusste Natur der diskursiven Differenzdarstellung im Rahmen dieser Studie unbestimmt, da Intentionen nicht im Fokus stehen und im Rahmen einer Mediendokumentanalyse nur sehr bedingt mitgedacht werden können.

8   In Anlehnung an Baumann und Gingrich sehe ich dabei die Konstruktion von Gleichheit innerhalb der Gruppe und von Differenz gegenüber einer ›anderen‹ als zwei Seiten desselben Prozesses, den Baumann und Gingrich »selfing/othering« nennen (2005, 19). Anschließbar

paar ›selbst‹/›andere‹ sowie die auf den emischen Wortlaut zurückgehenden Worte ›fremd‹/›eigen‹ verwenden.

2.2 Intersektionalität

Ich schließe ich in der vorliegenden Studie an eine zentrale Weiterführung von Andersons Theorien nationaler Identität durch Yuval-Davis an. Sie erläutert in ihrer Arbeit zu nationalistischen Projekten (u.a. in Großbritannien), dass nationale Identität immer entlang verschiedener Differenzparameter etabliert wird. Dabei weist sie darauf hin, dass die Kategorien ›Gender‹ sowie ›Ethnizität‹/›Rasse‹ in allen von ihr analysierten nationalisierten Identitätsprozessen einen hohen Stellenwert haben (Yuval-Davis 1997, 1993). Auf dieser Grundlage kritisiert sie Anderson, der in seinem Werk weder die Bedeutung von Gender und Geschlechtervorstellungen in nationalisierenden Differenzdarstellungen mitdenkt noch die Kategorie ›Rasse‹ als relevant erachtet. So interpretiert Anderson beispielsweise nationalistische Rhetorik, die von gemeinsamen »Blutlinien« spricht, ausschließlich als Klassenargumentation (z.B. »blue-blood«) (2006, 149).[9]

Im Gegensatz zu Anderson basiert Yuval-Davis Herangehensweise grundlegend auf einem intersektionalen Ansatz, der alle für ein bestimmtes historisch und situativ spezifisches gesellschaftliches Phänomen relevanten Differenzkategorien miteinbezieht. In der vorliegenden Studie wird Intersektionalität als Analyseperspektive verstanden, mit welcher Identitäten nicht als eindimensional, sondern als mehrdimensional entlang verschiedener Differenzkategorien konstituiert begriffen werden können. Ziel intersektionaler Analysen ist die Untersuchung der Wechselwirkung sowie der gegenseitigen Ko-Konstitution verschiedener Differenzkategorien und deren Bedeutung in Identitätsprozessen (Degele und Winker 2007, 1).[10]

Spätestens seit den Werken Crenshaws (1989), auf welche der Begriff der Intersektionalität zurückgeführt wird, hat sich Intersektionalität zu einem der aktuellsten und wichtigsten Forschungs- und Theoriebeiträge der Frauen- und Geschlechterforschung entwickelt (McCall 2005, 1771; Purtschert und Meyer 2010, 130).[11] Inter-

---

an (postkoloniale) Konzeptionen des Otherings (Purtschert und Fischer-Tiné 2015; El-Tayeb 2016) liegt der Mehrwert der Begrifflichkeit »selfing/othering« meines Erachtens in der Unterstreichung des relationalen Charakters des Prozesses, in welchem immer zugleich ›fremd‹ und ›eigen‹ konstituiert werden.

9 Diese Auslassung wurde seither insbesondere von Seiten der Postcolonial Studies kritisiert (Ozkirimli 2000, 191–194).

10 Der Fokus von intersektionalen Analysen liegt also auf den »relationships among multiple dimensions and modalities of social relations and subject formations« (McCall 2005, 1771).

11 Der Begriff ›Intersektionalität‹ selbst wurde 1989 von Crenshaw, einer Schwarzen amerikanischen Feministin, Critical-Race-Theoretikerin und Rechtsgelehrten eingeführt. Basierend

2 Theoretische Perspektiven

sektionalitätsansätze haben eine lange Geschichte, die eng mit frühen Sklav*innenbefreiungs- und Frauenbewegungen zusammenhängt. Als illustratives Beispiel der frühen Äußerungen zentraler Elemente der Intersektionalitätsdebatte wird häufig auf Sojourner Truth verwiesen, die im 19. Jahrhundert als Schwarze Arbeiterin die gängige Vorstellung von fragiler Weiblichkeit mit den Worten »Ain't I a Woman?« als spezifisch Weiß konnotiert entlarvte (Purtschert und Meyer 2010, 132; Winker und Degele 2015, 11; Yuval-Davis 2011, 4).[12] Seither haben Interventionen von insbesondere Schwarzen feministischen Forscher*innen wiederholt die Limitationen von Geschlecht als singuläre analytische Kategorie aufgezeigt und dazu geführt, dass Intersektionalität als »analytic sensibility« (Cho, Crenshaw und McCall 2013, 795) etabliert werden konnte.

Entsprechend dem Ursprung der Intersektionalitätsbegrifflichkeit in einem Antidiskriminierungsumfeld befasst sich eine Vielzahl intersektionaler Analysen mit Marginalisierungsprozessen (Yuval-Davis 2011, 8). Diese Herangehensweisen greifen unter anderem auf Crenshaws Definition von Intersektionalität als »the multidimensionality of marginalized subjects ›lived experiences‹« (1989, 139) zurück. Gelehrte, so beispielsweise Yuval-Davis und Floya Anthias, kritisieren diese Perspektiveneinengung und plädieren dafür, in intersektionalen Herangehensweisen alle Mitglieder einer Gesellschaft in den Blick zu nehmen, denn »everybody, not just racialized minorities, have ›ethnicities‹ and [...] are not just ›human being‹ but are also gendered, classed, ethnocized etc.« (Yuval-Davis 2011, 8). In der vorliegenden Studie möchte ich an diese Kritik anschließen und darauf hinweisen, dass in intersektionalen Analysen von marginalisierenden Differenzdarstellungen mitgedacht werden muss, dass in solchen immer gleichsam auch hegemoniale Gesellschaftsmitglieder identifiziert werden. So findet beispielsweise in den Darstellungen von Muslim*innen als ›fremd‹ in Schweizer Mediendiskursen immer auch eine Selbst-Identifikation des schweizerischen ›Selbst‹ statt, wobei beide gleichsam entlang verschiedener

---

auf der Analyse von mehreren Gerichtsverhandlungen erläuterte sie, dass die Diskriminierung Schwarzer Frauen in juristischen Anklagen nicht anerkannt wird, da Diskriminierung juristisch nur entlang singulärer Differenzachsen gedacht wurde. Die erlebte Benachteiligung konnte aber weder als lediglich rassistisch noch als lediglich sexistisch etabliert werden (Crenshaw 1989, 141–143). Das Problem, so Crenshaw, ist, dass »in race discrimination cases, discrimination tends to be viewed in terms of sex- or class-priviledged Blacks; in sex discrimination cases, the focus is on race- and class-priviledged women« (1989, 140). Crenshaw zeigte dabei auf, dass Diskriminierung nicht entlang einer einzigen, sondern vielmehr entlang mehrerer, sich überschneidender Differenzkategorien geschieht und deshalb in Praktiken der Rechtsprechung ein »single-axis framework« unzureichend ist.

12 Die Rahmung ihrer Aussage zitieren Purtschert und Meyer wie folgt: »That man over there say a woman needs to be helped into carriages and lifted over ditches and to have the best place everywhere. Nobody ever helped me into carriages or over mud puddles or gives me a best place [...] Ain't I a woman?« (Truth 1993, 38, zitiert in Purtschert und Meyer 2010, 132).

Differenzkategorien konstituiert werden. Spezifisch weist dabei die ungleichmäßige Erwähnung der charakterisierenden Differenzkategorien auf die Machteffekte von Diskursen hin, die gewisse Positionierungen als unbenannte Normen etablieren.[13]

In bisherigen Auseinandersetzungen mit Intersektionalität als wissenschaftliche Perspektive sowie konkrete Methode können drei Diskussionsfelder als wiederkehrend etabliert werden: (1) Wie viele und welche Differenzkategorien sind relevant? (2) Wie stehen die Kategorien in Relation zueinander? und (3) Welche Analyseebenen sollen in intersektionalen Ansätzen miteinbezogen werden? Der in der vorliegenden Studie gewählte Ansatz soll im Folgenden entlang dieser drei Debatten konkretisiert werden.

2.2.1 Festsetzung der Differenzkategorien

Die erste dieser Fragen ist jene nach der numerischen und inhaltlichen Fixierung von analyseleitenden Differenzkategorien (Purtschert und Meyer 2010, 130). Klassische Ansätze zu Intersektionalität drehen sich dabei um die Kategorien-Triade »race, class and gender«, die als zentral verstanden werden (McCall 2005; Klinger 2003; Knapp 2005).[14] Dabei ist es Vertreter*innen dieser Herangehensweise ein Anliegen, die potenzielle Vielzahl von Differenzkategorien zu begrenzen, um eine gemeinsame Grundlage intersektionaler Analysen und Vorstöße zu schaffen (z.B. Butler 2011, 196; Klinger 2003, 17–25).[15] Der zentralste Kritikpunkt an der Fixierung von als relevant erachteten Differenzkategorien ist, dass Relevanz und

---

13 Zum Beispiel wenn von ›Arbeiterinnen‹ und ›Schwarzen Arbeiterinnen‹ gesprochen wird und somit die Attribution ›Weiß‹ unausgesprochen bleibt, oder wenn von ›Schweizer*innen‹ und ›muslimischen Schweizer*innen‹ gesprochen wird und somit die Attribution ›nicht-muslimisch/christlich/säkular‹ unausgesprochen bleibt.

14 Knapp führt aus, dass die Ankunft der Triade »Rasse – Klasse – Geschlecht« eine besondere Herausforderung für den deutschsprachigen akademischen Kontext darstellte. Insbesondere die Erwähnung des Begriffs ›Rasse‹ als Identitätsgrundlage wurde sowohl in der allgemeinen Öffentlichkeit als auch in der wissenschaftlichen Arbeit seit der NS-Geschichte tabuisiert (Knapp 2005, 258). Knapp weist jedoch darauf hin, dass im deutschen Kontext »underlying the striking taboo connected to *Rasse* there is a uncanny continuity in the imaginary of an ethnically homogeneous nation« (2005, 258). Diese Thematik wird in der vorliegenden Studie in Kapitel 3.1 genauer ausgeführt.

15 Butlers Skepsis bezüglich der schieren Unendlichkeit möglicher Differenzkategorien bezieht sich insbesondere auf die Möglichkeit politischer Intervention, so erklärt sie: »The theories of feminist identity that elaborate predicates of color, sexuality, ethnicity, class, and ablebodiedness invariably close with an embarrassed ›etc.‹ at the end of the list [...] what political impetus is to be derived from the exasperated ›etc.‹ that so often occurs at the end of such lines?« (2011, 196).

Anzahl verschiedener Differenzkategorien vom historisch und situativ spezifischen Untersuchungsgegenstand sowie der Untersuchungsebene abhängen.

In ihrer intersektionalen Analyse nationalisierender Identitätsprozesse argumentiert Yuval-Davis beispielsweise dafür, dass »in specific historical situations and in relation to the daily lives of specific people there are some social divisions which are more important than others in constructing their specific positionings relative to others around them« (2011, 9). Gleichzeitig aber sieht sie dennoch gewisse Differenzkategorien, spezifisch beispielsweise »gender, stage in the life cycle, ethnicity and class« als global relevant in der Art und Weise, wie sie Menschen betreffen (2011, 9). In ähnlicher Weise weisen Winker und Degele (2015, 16) darauf hin, dass unterschiedliche Differenzkategorien kontextspezifisch verschieden wirksam sind, und plädieren in ihrem Vorschlag einer intersektionalen Mehrebenenanalyse dafür, auf der Ebene individueller Identitätskonstruktion und symbolischer Repräsentation für eine Pluralität solcher Kategorien offen zu sein. Auf der Ebene gesellschaftlicher Strukturen, in ihrem Beispiel auf der Ebene »des inzwischen weltweit dominierenden kapitalistischen Systems« (Winker und Degele 2015, 37) und der strukturellen Verhältnisse des darin etablierten Arbeitsmarktes, begrenzen sie sich jedoch auf die vier deduktiv erarbeiteten Differenzkategorien »Klasse, Geschlecht, ›Rasse‹ und Körper« (2015, 38).

Während die Wahl dieser vier Kategorien durchaus nachvollziehbar aufgearbeitet wird (Winker und Degele 2015, 38–41), stimme ich Purtschert und Meyer zu, die darauf hinweisen, dass eine Analyse mit dem Anspruch, die emisch gesellschaftspolitischen Bedeutungen von Differenzkategorien empirisch zu ermitteln, einer zirkulären Schlussfolgerung zu verhaften scheint, wenn sie Anzahl und Relevanz von Differenzkategorien vorgängig festlegt (Purtschert und Meyer 2010, 137). Daher sehen Purtschert und Meyer die empirische Offenheit für verschiedenste, kontextbedingt relevante Differenzkategorien als »Bedingung, nicht Grenze einer kritischen intersektionalen Forschung« (2010, 139).[16] Wenn die vorliegende Studie also auf Degele und Winkers intersektionale Mehrebenenanalyse zurückgreift, werden auch auf der Ebene der Medienstruktur die wirksamen Kategorien induktiv aus dem Datenmaterial herausgearbeitet.[17]

Differenzkategorien werden dabei als »category of practice« (Brubaker 2013, Boulila 2019) verstanden und auf der Ebene des emischen Diskurses analysiert.

---

16 Dieser Studie liegt daher ein qualitativ-induktives Vorgehen zugrunde, mit welchem die spezifischen inhaltlichen Kategorien identifiziert wurden, die in der Darstellung von Differenz in Islamdebatten in der Schweizer Öffentlichkeit herangezogen wurden (zum methodischen Vorgehen siehe Kapitel 4).

17 Nina Degele, Soziologin und Professorin für Gender Studies, und die Sozialwissenschaftlerin und Professorin für Arbeitswissenschaft und Gender Studies, Gabriele Winker, konzentrieren sich in ihrer gemeinsamen Forschung auf die Analyse sozialer Ungleichheiten unter Einbezug der Ebenen Struktur, Identität und Repräsentation (mehr dazu siehe Kapitel 2.2.3).

Dies gilt für Kategorien wie ›Kultur‹, ›Herkunft‹, ›Geschlecht‹, aber auch ›Religion‹.[18] Yuval-Davis sieht Religion als »major principle around which both national and transnational political projects of belonging are being organized« (2011, 44). Dies steht im starken Kontrast zu Andersons funktionalistischer Konzeption von Religion. So versteht Anderson den Nationalismus unter anderem als Ablösung des kulturellen Systems »religiöse Gemeinschaft« (2006). In ähnlicher Weise haben auch andere Theoretiker*innen den Zusammenhang zwischen Religion und Nationalismus als funktionale Ablösung oder als evolutionäre Sequenz konzipiert (Zubrzycki 2010, 606–608). Diese Konzeptionen beruhen jedoch auf fragwürdigen Vorannahmen bezüglich Religion und verhindern eine empirische Analyse der Art und Weise, in welcher Religion und religiöse Zugehörigkeit als relevant hinsichtlich nationaler Identität dargestellt wird (Zubrzycki 2010, 619–620). Mit Yuval-Davis' Herangehensweise kann Religion als eine diskursiv konstituierte Differenzkategorie in den Blick genommen werden, welcher in nationalisierenden Identitätsprozessen potenziell Relevanz zugeschrieben wird.

Gerade hinsichtlich des dieser Studie zugrunde liegenden Fokus ist dies relevant, denn »identifying one's object of analysis as ›Muslims‹, for example, highlights religious affiliation and, at least implicitly, religiosity; it also marks the population of interest as different from the surrounding population in both religion and religiosity. This risks foregrounding religion (and religious difference) as a frame of reference« (Brubaker 2013, 5). Dies unterstreicht einen wesentlichen Punkt dieser Studie: Im Blick stehen nicht von der Forscherin als muslimische Frauen identifizierte Akteurinnen (category of analysis), sondern vielmehr solche, die in diskursiven Fremd- oder Selbstdarstellungen als muslimische Frauen markiert werden (category of practice). In diesem Sinne geht es genau um jene Momente in medialen Debatten, in denen »religion (and religious difference) as a frame of reference« (Brubaker 2013, 5) in den Vordergrund gerückt wird.

2.2.2 Relation zwischen den Differenzkategorien

Dies führt uns zu der zweiten zentralen Debatte innerhalb intersektionaler Literatur, und zwar der Frage, wie die verschiedenen Differenzkategorien in Relation zueinander stehen. Während Crenshaws Arbeit das Bild einer Verkehrskreuzung (intersection) aufbringt, in welcher verschiedene Differenzkategorien zusammenkommen, um mehrfache Unterdrückungsszenarien zu kreieren (Yuval-Davis 2006,

---

18 ›Religion‹ ist in der vorliegenden Studie immer als emische Diskurskategorie im Blick, das heißt, der Begriff sollte immer in einfachen ›Anführungszeichen‹ stehen. Der Einfachheit halber werden die Begriffe ›Kultur‹, ›Herkunft‹, ›Geschlecht‹ und ›Religion‹ jedoch im Folgenden ohne Anführungszeichen verwendet. Anführungszeichen werden lediglich an Stellen angeführt, an denen die diskursive Konstruiertheit der Kategorien hervorgehoben werden soll.

196), wurde diese additive Herangehensweise seither vermehrt kritisiert (Dietze 2008). Alternativ schlägt Kulturwissenschaftlerin Gabriele Dietze vor, die Differenzkategorien als interdependent im Sinne von »voneinander abhäng[ig]« (2008, 28) zu denken, und Knapp weist darauf hin, dass Kategorien nicht nur individuell, sondern immer auch in Relation zueinander analysiert werden müssen, um herauszuarbeiten, wie sie in Bezug zueinander wirken und konstituiert werden (2005, 259). Leslie McCall unterscheidet in ihren sozial- und politikwissenschaftlichen Forschungsansätzen zwischen »intra-categorical« und »inter-categorical« Herangehensweisen, wobei sich Erstere mit der inhaltlichen Konstitution einer Differenzkategorie befassen und Letztere sich auf die Verhältnisse zwischen den Kategorien konzentrierten (2005, 1773–1774).[19]

In der vorliegenden Studie sind daher folgende Fragen analyseleitend: Welche Differenzkategorien sind in den analysierten nationalisierenden Identitätsprozessen ersichtlich? Wie werden sie dabei inhaltlich definiert (intra-categorical)? Und wie stehen die Kategorien im Verhältnis zueinander bzw. konstituieren sie sich in Relation zueinander (inter-categorical)? In der vorliegenden Studie zeigt sich durch diese Perspektive konkret, wie in Diskursen zu Muslim*innen in der Schweiz die Differenzkategorien Religion, Herkunft und Geschlecht in Differenzdarstellungen hinzugezogen werden und wie sie dabei in unterschiedlicher Weise miteinander verbunden sind.

2.2.3 Intersektionalität als Mehrebenenanalyse

Während anfängliche Forschungsansätze sich meist nur auf die Ebene individueller Identitätsbildung oder alternativ auf jene gesellschaftlicher Repräsentationen konzentriert haben (Degele und Winker 2007, 2), gab es seither vermehrt Vorstöße, Identitätsprozesse auf mehreren Ebenen zu untersuchen (Knapp 2005; McCall 2005). Die vorliegende Studie beruht auf der Konzipierung von *Intersektionalität als Mehrebenenanalyse*, wie sie Degele und Winker ausgeführt haben (2007, 2015). Sie berücksichtigen die Bedeutung verschiedener Differenzkategorien auf drei konkreten Ebenen: *Sozialstruktur*, Prozesse der *individuellen Identitätskonstruktion* sowie in *symbolischen Repräsentationen (hegemonialen Diskurslinien)*. Der Fokus dabei liegt auf diskursiven Identitätsprozessen (individuell und kollektiv), in welchen Differenzkategorien herangezogen werden, um Differenz und Gleichheit zu markieren, sowie auf den Strukturen und Repräsentationskontexten, in welchen diese Diskurspraxen eingebunden sind (Degele und Winker 2007, 3–4). Auf diese Weise kommen

---

19 McCall unterscheidet zusätzlich eine dritte Kategorie, und zwar die »anti-categorical approaches« (McCall 2005, 1773–1774). Diese bezieht sich auf die Dekonstruktion von Differenzkategorien.

die Wirkungen und Wechselwirkungen von Differenzkategorien auf unterschiedlichen Ebenen in den Blick. Der Fokus der intersektionalen Analyse liegt dabei, wie bereits von Cho, Crenshaw und McCall (2013, 797) erwünscht, »[on] the way things work rather than who people are«. Im Folgenden stelle ich die drei Ebenen kurz vor und erläutere, wie sie in der vorliegenden Studie für den Gegenstand Mediendiskurs konkretisiert werden.

1. Sozialstruktur

Auf der Ebene der *Sozialstruktur* (Makro- und Mesoebene) konzentrieren sich Degele und Winker auf Organisationen und Institutionen, die für den untersuchten Gegenstand relevant sind (2015, 19; 2007, 4). In der vorliegenden Studie geht es dabei um Strukturen des Mediendiskurses, d.h. Medieninstitutionen, die Diskursöffentlichkeiten konstituieren und die den Zugang dazu in unterschiedlicher Weise regulieren. Dabei wird zwischen massenmedialen Print-, Fernseh- und Radioinstitutionen, die komplexe und professionalisiert geregelte Öffentlichkeiten bilden, und Online-Medienplattformen unterschieden, in denen Zugang (mehr oder weniger) voraussetzungslos gestaltet ist (mehr dazu siehe Kapitel 2.3). Indem beide in die Analyse einbezogen werden, ist es möglich, die spezifische Machtwirkung massenmedialer Diskurse als »ermöglichende und begrenzende Rahmen für die Konstruktion und Inszenierung von Identitäten« (Winker und Degele 2015, 74) zu erfassen.

Zusätzlich zu Medieninstitutionen werden in der vorliegenden Studie auf struktureller Ebene Vereine in die Analyse miteinbezogen. In diesen Vereinen organisieren sich Muslim*innen und spezifisch muslimische Diskursakteurinnen. Zudem wird über sie der Zugang zur institutionalisierten Medienöffentlichkeit als repräsentative Ansprechpersonen geregelt. Dabei wirkt die staatliche Regelung von Religion(en) in Wechselwirkung mit der jeweiligen Organisationsstruktur. So wird die Vielfalt an muslimischen Organisationen einerseits zum Hindernis zur staatlichen Anerkennung des Islams als Religion (z.B. keine klare Ansprechperson) erklärt und gleichzeitig eröffnet die staatliche Nicht-Anerkennung des Islams die Möglichkeit einer vielfältigen Vereinsbildung, die verschiedenste Ansprechpersonen für Medieninstitutionen bereitstellen. Dies führt zu einer Pluralität muslimischer Diskurspositionen in den analysierten Mediendokumenten.

2. Symbolische Repräsentationen (hegemoniale Diskurslinien)

Unter *symbolischer Repräsentation* verstehen Winker und Degele Darstellungen von Normen und Werten bzw. »Bilder, Ideen, Gedanken, Vorstellungen oder Wissenselemente, welche Mitglieder in einer Gruppe, Gemeinschaft oder Gesellschaft kollektiv teilen. Dazu gehört etwa das Alltagswissen zu Geschlecht und Sexualität, die als natürliche Tatsachen erscheinen« (2015, 21). Dabei bleibt die konkrete empirische Untersuchungsebene solcher *symbolischer Repräsentationen* in ihren Ausführungen unspezifisch.[20] Referenzen zu »gesellschaftlichen Diskursen« als »wiederholende und zitierende sprachliche Praxis« (Degele und Winker 2007, 9) lassen darauf schließen, dass sie symbolische Repräsentationen auf der Ebene von Diskursen ansetzen, wobei verschiedentliche Aussagen hinzugezogen werden, um darin vorhandene *hegemoniale Diskurslinien* herauszuarbeiten. In einem explizierten Beispiel besteht das von Winker und Degele hinzugezogene Material, aus welchem sie symbolische Repräsentationen gesellschaftlicher Schönheitsideale herausarbeiten, aus »Daily Soaps, Werbetexten, Zeitungen mit Millionenauflage oder populäre[n] Internetforen« sowie »Massenmedien« (2015, 93). Ob die Hegemonialität bestimmter Repräsentationen jedoch beispielsweise aus ihrer quantitativen Wiederholung (in verschiedenen Formaten) oder ihrer antizipierten Reichweite (»Millionenauflage«) geschlossen wird, bleibt unklar.[21]

Gerade weil die vorliegende Studie sich explizit auf (massen)mediale Diskurse konzentriert, die oftmals als Beispiele gesamtgesellschaftlicher Repräsentationen angebracht werden, erachte ich es als notwendig, klar zu establieren, was ich auf der Ebene *symbolischer Repräsentationen* in den Blick nehme. Unter dem Begriff *symbolische Repräsentationen* werden in der vorliegenden Studie die *hegemonialen Diskurslinien* innerhalb der komplexen, massenmedialen Mediendiskursöffentlichkeit verstanden.[22] Dabei wird nicht ausgeschlossen, dass auch innerhalb von Print-, Fernseh- und Radiobeiträgen alternative Diskurslinien geäußert werden können. Als hegemonial werden in der vorliegenden Studie spezifisch jene Diskurslinien bezeichnet, die durch mindestens eine der folgenden drei Kriterien identifizierbar sind:

(1) Sie sind in übergreifenden Medienrepräsentationen, also in Titelsetzungen, Einleitungen oder Schlusssetzungen von Medienpublikationen ersichtlich.
(2) Sie wirken diskussionsleitend, beispielsweise wenn sie in zentralen Fragestellungen von Mediendokumenten auftauchen oder durch Moderator*innen wiederholt aufgegriffen werden.[23]

---

20 So erklären sie beispielsweise, dass »Normen, Ideologien und Repräsentationen den Status hegemonial abgesicherter Begründungen [erhalten]« und es »solche Repräsentationen wie auch Strategien ihrer Rechtfertigung [...] zu identifizieren [gelte]« (Degele und Winker 2007, 4), jedoch bleibt die empirische Grundlage, auf welcher sie identifiziert werden, vage (2007, 4, 9–10).

21 Dies ist auch insofern zu kritisieren, als damit in solchen Diskursen bereits vorkommende Alternativvorstellungen möglicherweise unbeachtet bleiben oder aber zumindest nicht expliziert wird, inwiefern diese in die Analyse einfließen.

22 Mehr zur Konzeption medialer Öffentlichkeiten siehe Kapitel 2.3 und zu der Konkretisierung des Forschungsgegenstandes entlang relevanter Medienplattformen in der Schweiz siehe Kapitel 4.

23 Der Hauptfokus der vorliegenden Studie liegt auf einer qualitativen Analyse des Mediendiskurses. Wenn von »wiederholt« gesprochen wird, meint dies, dass gewisse Argumentations-

(3) Sie werden in Medienpublikationen als größtenteils unhinterfragtes Wissen bzw. als Fakten dargestellt, so beispielsweise in erklärenden Videoeinspielungen in Diskussionssendungen oder wenn sie von institutionell angebundenen Medienexpert*innen (z.B. SRF-Religionsexpert*innen) geäußert werden.

Dabei soll nicht abgesprochen werden, dass auch weitere Diskursakteur*innen hegemoniale Diskurslinien (re)produzieren können. Die vorgestellte Operationalisierung dient jedoch dazu, gerade solche individuellen (Re-)Produktionen und davon abweichende Diskurslinien identifizieren zu können. Bezogen auf den vorliegenden Untersuchungsgegenstand wird in hegemonialen Diskurslinien ein bestimmtes Wissen davon etabliert, was Muslim*innen (in der Schweiz) bzw. Schweizer*innen sind, und zwar unabhängig davon, ob dieses Wissen in konkreten Einzelfällen zutrifft oder nicht.

3. Individuelle Identitätskonstruktion

Als dritte Ebene konzentrieren sich Winker und Degele auf Prozesse der Identitätskonstruktion auf der Mikroebene (2015, 19–20). Sie betrachten dabei die individuellen Darstellungen von Identität entlang verschiedener Differenzkategorien, die sie empirisch auf der Grundlage von Interviews fassen (2015, 72). In der vorliegenden Studie werden individuelle Identitätskonstruktionen von muslimischen Frauen in Medieninterviews und Diskussionen, so beispielsweise in Fernseh- und Radiosendungen oder in Zeitungsinterviews, sowie anderweitige mediale Fremd- und Selbstrepräsentationen analysiert. Konkret geht es darum, welche Subjektpositionen in den Medien dargestellt werden und wie diese als Diskurspositionen eingeführt und bewertet werden. Dabei ist mitzudenken, dass diese Interaktionen und Darstellungen immer bereits innerhalb des Mediendiskurses, also innerhalb institutionalisierter Strukturen und hegemonialer Diskurslinien stattfinden. Während qualitative Forschungsinterviews Identitätskategorien abfragen könnten, welche für Individuen in bestimmten alltäglichen Lebenssituationen eine – oder auch keine – Rolle spielen, geht es in dieser Analyse explizit darum, herauszuarbeiten, wie individuelle Identitätskonstruktionen im Sinne von Fremd- und Selbstpositionierungen innerhalb eines spezifisch eingegrenzten, vermachteten Diskurses geschehen und bewertet werden. Dies ermöglicht es, das Spannungsverhältnis zwischen individuellen Subjektpositionen und hegemonialen

---

linien mehrere Male (mehr als zwei) vorkommen. Wichtig ist dies im Vergleich zu anderen, die nur ein- oder zweimal im Datensatz ersichtlich sind.

Darstellungen kollektiver Identität sichtbar zu machen und (Re-)Produktionen,[24] Adaptionen, aber auch Subversionen hegemonialer Diskurslinien zu identifizieren. Im Zentrum der abschließenden Analyse stehen somit die Wechselwirkungen zwischen den verschiedenen Ebenen. Diese werden in dieser Studie vom Schwerpunkt der *symbolischen Repräsentationen* bzw. der *hegemonialen Diskurslinien* her analysiert. Sie bilden den »normativen Rahmen für Intelligibilität, [...] soziale Sinnhaftigkeit und Anerkennung« (Winkler und Degele 2015, 75).[25] Damit verfügen hegemoniale Diskurslinien über ein begrenzendes, aber auch über ein produktives Potenzial, indem sie im Diskurs anerkannte Subjektpositionen schaffen und andere als nicht intelligibel etablieren. Zudem macht der konsequente Blick auf die Wechselwirkungen eine induktive Herangehensweise realisierbar, da jene Kategorien, die auf mehreren Ebenen vorkommen und miteinander in Verbindung stehen, in den Vordergrund rücken. Diese Perspektive schränkt die Anzahl relevanter Differenzkategorien ein und ermöglicht es, potenzielle zusätzliche Kategorien, die beispielsweise auf der Ebene individueller Identitätskonstruktionen vorhanden sind, in Relation (z.B. als Adaptionen, Ergänzungen, Subversionen) zu den in hegemonialen Diskurslinien vorhandenen Differenzkategorien zu interpretieren.

2.3 Medien und Öffentlichkeit(en)

Die Frage, welche Personen zu der diskursiv konstituierten nationalen Identität gehören, also als Mitglieder einer Nation gehandhabt werden und welche nicht, wird kontinuierlich auf verschiedenen Ebenen ausgehandelt. Die Verfestigung und Verbreitung einer bestimmten Darstellung nationaler Identität sieht Anderson durch die Entstehung eines »printing press capitalism« begünstigt, in welchem in der Verbindung von kapitalistischer Marktwirtschaft und Drucktechnologie eine weit rezipierte, gemeinsame Öffentlichkeit entstand. Nur durch die Etablierung dieser Öffentlichkeit hätten sich Vorstellungen nationaler Identität verbreiten können (Anderson 2006, 37). In diesem Sinne liegt der Fokus bei Anderson auf Top-down-(Re-)Produktionen nationaler Identität. Die Printmedien sind jedoch lediglich eine mögliche Ebene nationaler Identitätskonstruktionen. In der vorliegenden Studie liegt der zentrale Fokus auf einer weit rezipierten, gemeinsamen massenmedialen

---

24 Winker und Degele (2015) sprechen hier von Reproduktionen. In der vorliegenden Studie soll mit der Klammersetzung (z.B. (Re-)Produktionen) visualisiert werden, dass der aktive Beitrag muslimischer Akteurinnen in der Etablierung von Diskurslinien als hegemonial nicht nur eine lediglche Reproduktion, sondern immer auch eine aktive Produktion ist. Die Vorsilbe (Re-)markiert hier lediglich das Verhältnis zwischen geäußerten Inhalten und hegemonialen Diskurslinien.

25 Zu Genauerem zur Verhandlung von Anerkennung und Legitimität siehe Kapitel 7.

Öffentlichkeit in der Deutschschweiz. Zusätzlich werden Online-Öffentlichkeiten auf Webseiten und sozialen Medien miteinbezogen. Die spezifischen Ebenen medialer Öffentlichkeit(en) werden im Folgenden herausgearbeitet.

2.3.1 Medienbegriff

Seit den 1980er Jahren und in den damals entstehenden Medien- und Kommunikationswissenschaften wird der Medienbegriff für Vermittelndes bzw. für Vermittlungsinstanzen verwendet. Dabei kann mit dem Begriff ›Medium‹ jegliche Erweiterung der Sinnesorgane und der körperlichen Fähigkeiten gemeint sein; so beinhaltet ein breiter Medienbegriff neben Sprache und Schrift auch Kleidung, Häuser oder Computer (Krüger 2012, 14; Künzler 2013, 54). Für die vorliegende Studie wird dieses Medienverständnis auf die Vermittlungsinstanzen von Kommunikation begrenzt. So werden Medien im Folgenden spezifisch als Hilfsmittel zur »Behebung der raum-zeitlichen Beschränkung ›natürlicher‹ Kommunikation« (Fraas und Klemm 2005, 5) verstanden. Als Medien gelten somit einerseits Übertragungs-, Verarbeitungs- und Speicherungstechniken und andererseits Instanzen zur Vermittlung von Bedeutung via Kommunikationsnachrichten (Künzler 2013, 54–55). In dieser Definition wird zwischen Medien erster und zweiter Ordnung unterschieden. Erstere stellen die der Informationsvermittlung zugrunde liegenden Techniken bereit (z.B. die Druckpresse oder das Internet), während Letztere Kommunikation zwischen Menschen herstellen (z.B. die Printpresse oder Soziale-Medien-Plattformen wie Facebook) (Beck 2010, 16–19; Künzler 2013, 54–55). Medien zweiter Ordnung wiederum sind »technisch basierte Zeichensysteme, die im sozialen Zusammenleben von Menschen zum Zwecke der Verständigung in institutionalisierter und organisierter Form verwendet werden« (Beck 2010, 16).

Massenmedien sind in diesem Sinne eine bestimmte Form von Medien zweiter Ordnung, die häufig durch drei Charakteristiken identifiziert werden. *Erstens* ermöglichen Massenmedien gemäß der einflussreichen Begriffsdefinition Maletzkes (1998) *indirekte* Kommunikation bei räumlicher oder zeitlicher Distanz zwischen Kommunikationspartner*innen. *Zweitens* ist massenmediale Kommunikation *öffentlich*, wendet sich also an eine unbegrenzte Empfängerschaft (Maletzke 1998, 45–46). Neben diesen zwei Merkmalen wird in der klassischen Definition von Massenmedien *drittens* die Einseitigkeit der Kommunikation bzw. die statische Rollenverteilung zwischen Sprecher*innen und Rezipient*innen als Merkmal aufgeführt (Dreesen, Kumięga und Spieß 2012; Maletzke 1998). Die zunehmende Digitalisierung[26] stellt diese Engführung des Massenmedienbegriffs auf einsei-

---

26 Wissenschaftler*innen argumentieren, dass ein wachsender Prozentsatz der heute verwendeten Medien digital ist. Oft wird der Begriff der »Mediatisierung« angebracht, um den zentralen Stellenwert dieser Digitalisierung in gesellschaftlichen Entwicklungen zu unterstrei-

tige Kommunikation jedoch in Frage. So bedeuten Entwicklungen im Bereich digitaler und neuer Medien, dass Medienkommunikation nicht mehr nur linear, sondern zunehmend interaktiv und dialogisch ist (Beck 2010; Fraas und Klemm 2005). Dies führt zu einer potenziellen Entdifferenzierung der Rollenverteilung und zu einer crossmedialen Praxis (Hasebrink und Hepp 2017). In sozialen Medien wird beispielsweise auf Zeitungsinhalte reagiert und in dem Sinne plattformübergreifend kommuniziert. In dieser Weise finden heute öffentliche Diskussionen vermehrt medien- und plattformübergreifend statt (Altheide und Schneider 2013; Fraas und Klemm 2005; Fraas, Meier und Pentzold 2014). Dabei bleiben jedoch sowohl strukturelle Zugangsbeschränkungen institutionalisierter Medien als auch Ungleichheitsverhältnisse hinsichtlich der Reichweite verschiedener Plattformen bestehen.

2.3.2 Öffentlichkeit(en)

Um dem Gegenstand eines öffentlichen Mediendiskurses theoretisch und empirisch zu begegnen, ist es notwendig, sich mit dem Konzept der Öffentlichkeit zu befassen. In seinem einflussreichen Artikel *Publics and Counterpublics* unternimmt der amerikanische Sozialtheoretiker Warner (2002) den Versuch, Öffentlichkeit jenseits einer Habermas'schen Konzeption von Öffentlichkeit als rational-kritischer »Basis für gesellschaftliches Wissen und als modus operandi eines demokratischen Zusammenlebens« (Bieber 2016, 67) zu definieren. Dabei sind zwei Überlegungen Warners für die vorliegende Studie relevant:

Erstens konzipiert er Öffentlichkeit als relational durch die Zirkulation von Texten[27] entstehend. In diesem Verständnis ist Öffentlichkeit »a space of discourse organized by nothing other than discourse itself [...] it exists *by virtue of being addressed*« (Warner 2002, 50, originale Hervorhebung). Somit hängt Öffentlichkeit davon ab, dass es zirkulierbare Inhalte gibt, die von verschiedenen Menschen zeitlich und örtlich unabhängig voneinander gelesen bzw. gesehen oder gehört werden (Warner 2002, 51). In ähnlicher Weise wie Maletzke, der massenmediale Öffentlichkeit als an »eine unbegrenzte Empfängerschaft« gerichtete Kommunikation fasst, versteht Warner Öffentlichkeit als »a relation amongst strangers« (2002, 55). Auf diese Idee von Öffentlichkeit basiert Anderson seine erwähnte Konzeption von

---

chen (Couldry und Hepp 2016; Hepp 2013; Hjarvard 2011, 2013, 2008). Vermehrt gibt es jedoch auch Stimmen, die eine kritischere Bewertung des Konzeptes und dessen empirischer Fundierung fordern (Deacon und Stanyer 2014; Krüger 2018). In der vorliegenden Studie wird Digitalisierung im Sinne einer medialen, also technisch speicher- und verwertbaren Bereitstellung von Kommunikationsinhalten gebraucht.

27 Text wird hier im weitesten Sinne verstanden, es gehören also auch beispielsweise Audio- sowie Video-Texte zu Inhalten, deren Zirkulation eine Öffentlichkeit entstehen lässt (Warner 2002, 51).

nationaler Identität als zu einem substanziellen Teil mittels Printmedienkapitalismus konstituiert, denn dieser »made it possible for rapidly growing numbers of people to think about themselves, and to relate themselves to others, in profoundly new ways« (2006, 36). Während die Engführung auf Printmedien sicherlich zu kurz greift, gehe ich im Folgenden davon aus, dass potenziell hegemoniale Repräsentationen nationaler Identität unter anderem in massenmedialen Diskursen produziert und via öffentliche Medienplattformen verbreitet werden.

Da die folgende Analyse jedoch nicht als empirische Rezeptionsforschung konzipiert ist, kann über Reichweite und Effekt massenmedialer Diskurse hier nur spekuliert werden. Zudem blendet die Idee einer »unbegrenzten Empfängerschaft« die in jeder text- oder sprachbasierten Publikation vorhandenen Zugangseinschränkungen aus, wie beispielsweise Sprachverständnis, Lesekompetenz, finanzielle Ressourcen sowie technischer Zugang zum Internet. In diesem Sinne untersucht die vorliegende Studie die in verschiedenen Medienöffentlichkeiten ersichtlichen Darstellungen nationaler Identität sowie die Verhandlung von muslimischen Diskurspositionen in Bezug dazu, ohne eine abschließende Aussage zu der über den Mediendiskurs hinausgehenden Wirkungsmacht der erarbeiteten Diskurslinien machen zu können.

Zweitens unterscheidet Warner zwischen *der* Öffentlichkeit vis-à-vis *einer* Öffentlichkeit, eine Unterscheidung, an der im emischen Sprachgebrauch nicht immer klar festgehalten werde (2002, 49). *Die* Öffentlichkeit sieht er als Idee einer sozialen Totalität bzw. Einheit, »it might be the people organized as the nation, the commonwealth, the city, the state, or some other community« (2002, 49). Solche Öffentlichkeiten existieren zwar im Plural, aber »whenever one is addressed as *the* public, the others are assumed not to matter« (Warner 2002, 49).[28] In dieser Weise kann die Konzeption *der* »Schweizer Öffentlichkeit«, wie sie beispielsweise durch die *Schweizerische Radio- und Fernsehgesellschaft* (SRG) produziert wird,[29] per se als nationalisierender Identitätsprozess verstanden werden, in welchem *eine spezifische* mediale Öffentlichkeit als Äquivalent zu *der* Öffentlichkeit bzw. als »imagined community« der Schweizer Nation gehandhabt wird.

Wenn in dieser Weise eine adressierte Öffentlichkeit als *die* Öffentlichkeit konzipiert wird, ist es wichtig, herauszuarbeiten, wer im Adressat*innenkreis miteinbezogen ist und welche Personen als Repräsentant*innen dieser Öffentlichkeit auftreten können. Somit ist das, was unter *der* Öffentlichkeit verstanden wird, Resul-

---

28 Warner sieht die Tendenz, dass *eine* Öffentlichkeit als *die* Öffentlichkeit verstanden wird, als Vorstellungen einer »bourgeois public sphere« verschuldet, die es uns ermöglichten »to think of a discourse public as a people and, therefore, as an actually existing set of potentially enumerable humans« (2002, 51).

29 Es ist Teil des öffentlichen Auftrages des SRGs, einen »Beitrag zur Festigung der nationalen Identität und Integration« (Künzler 2013, 111) zu leisten. Mehr dazu siehe Kapitel 4.1.

tat von oftmals unsichtbaren Zugangseinschränkungen sowie institutionalisierten Strukturen (Warner 2002, 77). Strukturen wie institutionalisierte Massenmedien bilden den Rahmen »that allows some activities to count as public or general, while others are thought to be merely personal, private, or particular. Some publics, for these reasons, are more likely to stand in for *the* public, to frame their address as the universal discussion of the people« (Warner 2002, 84). Es gibt also eine Pluralität von Öffentlichkeiten, die in unterschiedlichen Verhältnissen zueinander und zu Konzeptionen einer gesamtgesellschaftlichen Öffentlichkeit stehen.

2.3.3 Medienplattformen und (Teil-)Öffentlichkeiten

Um die verschiedenen Öffentlichkeiten und ihre Zusammenhänge zueinander zu fassen, hat die Soziologin und Kommunikationswissenschaftlerin Elisabeth Klaus ein Modell von Teilöffentlichkeiten entwickelt (2001). Darin werden verschiedene mediale Teilöffentlichkeiten, die am gesellschaftlichen Selbstverständigungsprozess teilhaben, entlang der Komplexität ihrer Kommunikationsformen unterschieden. Diese Perspektive ermöglicht es, die Teilöffentlichkeiten in ihrer Relation zueinander und somit hegemoniale Öffentlichkeiten sowie konkrete Teil- sowie Gegenöffentlichkeiten[30] gezielt zu identifizieren.

Spezifisch unterscheidet Klaus zwischen drei Ebenen der Öffentlichkeit (siehe Tabelle 1): der einfachen, der mittleren und der komplexen Öffentlichkeit, die entlang Kommunikator*innenrolle, Beziehung zwischen Kommunikator*in und Publikum sowie gesellschaftlicher Funktion differenziert werden (2001, 22).

Einfache Öffentlichkeiten bilden sich in spontanen, alltäglichen und interpersonalen Kommunikationen und sind durch die physische Kopräsenz der Kommunizie-

---

30 Strukturelle Ein- und Ausschlussmechanismen können zu der Bildung von Gegenöffentlichkeiten (counter-publics) führen (Warner 2002; Beltrán 2009; Brighenti 2010). Diese Öffentlichkeiten konstituieren sich durch ein explizit konflikthaftes Verhältnis mit jener (massenmedialen) Öffentlichkeit, die als dominant bezeichnet wird (Warner 2002, 84–85). Gemäß Warner steht insbesondere Reichweite als Maßstab dafür, was als Öffentlichkeit und was als Gegenöffentlichkeit identifiziert wird. Wie alle Öffentlichkeiten entstehen auch Gegenöffentlichkeiten durch die Adressierung einer unbestimmten Anzahl unbekannter Personen (Warner 2002, 86). Dies wird jedoch im Bewusstsein getan, dass die ausgesprochenen Inhalte und Akteur*innen der Gegenöffentlichkeit in der hegemonialen Öffentlichkeit einen untergeordneten Status innehaben und ihnen dort vielleicht mit einer gewissen Feindseligkeit, zumindest aber mit einem Vorwurf der Unangemessenheit begegnet, oder gar als unzulässig ausgeschlossen würden (Beltrán 2009, 609; Dahlberg 2018, 39; Warner 2002, 87). Im Konzept von Gegenöffentlichkeiten kommen massenmediale Institutionen als begrenzende Struktur in den Blick, die eine bestimmte Form der Öffentlichkeit produzieren. In der vorliegenden Studie werden Soziale-Medien-Plattformen als Kontrastbeispiel zum massenmedialen Diskurs hinzugezogen, um potenzielle Gegenöffentlichkeiten identifizieren zu können.

renden charakterisiert. Auf dieser Ebene werden alltägliche Relevanzen und Deutungen ausgehandelt (Klaus 2001, 24).

Tabelle 1: Typologie der Teilöffentlichkeiten

Ebene von Öffentlichkeit	KommunikatorInnenrolle	Beziehung zwischen KommunikatorInnen und Publikum	Funktion
einfach	Voraussetzungslos	Interpersonal und gleichberechtigt	Festlegung der Bedeutung und Wirkung von Themen
mittel	Statuarisch geregelt, Sachkompetenz gefordert	Direkt, bei gleichzeitiger Rollendifferenzierung	Vermittlerrolle: Bündelung und Bereitstellung von Themen
komplex	Anspruchsvoll und professionalisiert	Einseitig und indirekt	Themenselektion, -verarbeitung und -verbreitung

(Klaus 2001, 22)

In *mittleren Teilöffentlichkeiten* hingegen bestehen mehr oder weniger stabile Organisationsstrukturen und Rollendifferenzierungen, in denen z.B. Vortragende und Zuhörende differenziert und, trotz eines direkten Kontakts zwischen Kommunikator*innen und Publikum, durch erfordertes Sachwissen als Rollen strukturell gefestigt werden (Klaus 2001, 22–23). Dieser Ebene der Öffentlichkeit kommt für Klaus vorwiegend eine Vermittlerrolle zu, und zwar bestehen hier direkte Verbindungen zu einfachen Öffentlichkeiten, was dazu führe, dass Themen aufgenommen, in einen allgemeineren Kontext eingebettet und für komplexere Öffentlichkeiten wahrnehmbar gemacht werden (Klaus 2001, 24).

Auf der Ebene der *komplexen Öffentlichkeiten* schließlich bilden sich komplexe und stabile Organisationsstrukturen, wie sie beispielsweise in massenmedialen Öffentlichkeiten und den professionellen Öffentlichkeitsarbeiten von Regierungen oder größeren Unternehmen erkennbar sind. Das Publikum dieser Kommunikationsebene bleibt eine abstrakte und gedachte Menge, wobei die zeitliche und räumliche Distanz zwischen Kommunizierenden und Rezipient*innen vorhanden bleibt (Klaus 2001, 23). Klaus sieht die gesellschaftliche Funktion dieser Öffentlichkeiten darin, bestimmte Themen zu verarbeiten und zu verbreiten, wobei ein Austausch mit mittleren Öffentlichkeiten notwendig sei, um relevante Themen auszuwählen (2001, 23–24). Die verschiedenen Teilöffentlichkeiten stehen in Klaus' Konzept in einer hierarchischen Beziehung zueinander, wobei die komplexe Öffentlichkeit hinsichtlich ihrer Reichweite als die potenziell einflussreichste und gleichzeitig hinsichtlich der Zugangsvoraussetzung als die strukturell eingeschränkteste verstanden wird.

In diesem Modell verschiedener Teilöffentlichkeiten sind Online- und Soziale-Medien-Plattformen einfache und mittlere Teilöffentlichkeit zugleich (Katzenbach 2016, 2010). So geschieht die Kommunikation auf sozialen Medien oft mehr oder weniger voraussetzungslos und potenziell gleichberechtigt (einfache Öffentlichkeit) und gleichzeitig kann die digitale Bereitstellung einzelner Themen dazu führen, dass ihnen überindividuelle, gesellschaftliche Relevanz zugeschrieben wird (Vermittlerrolle mittlere Öffentlichkeit) (Katzenbach 2016, 9).

Insbesondere anhand von Hashtags, die explizit die Möglichkeit bieten, Themen und Aussagen zu größeren Kommunikationszusammenhängen zu verknüpfen, kann ein ebenen-übergreifender Kommunikationsprozess entstehen, in dem sich vermeintlich individuelle Artikulationen (einfache Öffentlichkeit) zu gemeinsamen Meinungsäußerungen (mittlere Öffentlichkeit) entwickeln und schlussendlich von massenmedialen Organisationen als Themenschwerpunkte aufgenommen werden (komplexe Öffentlichkeit). Eine kommunikative Verflechtung der Öffentlichkeitsebenen ist exemplarisch in den Mediendebatten rund um #metoo (EN), #Aufschrei (DE) oder #balancetonporc (FR) zu sehen oder in der Entwicklung des Hashtags #WhatBritishMuslimsReallyThink.[31]

Aufgrund der technischen Voraussetzungen des Internets kommt es zu einer vermehrten wechselseitigen Durchdringung bzw. einer »Intensivierung der Interaktion und Austauschprozesse« (Schrape 2017, 5) zwischen verschiedenen Teilöffentlichkeiten. Gleichzeitig haben Forschende darauf hingewiesen, dass dieser Wandel keinesfalls zu einer »Disintermediation aller sozial kristallisierten Rollendifferenzierungen und Selektionsstufen in der gesellschaftlichen Wirklichkeitsbeschreibung« (Schrape 2017, 8) geführt habe. In diesem Sinne sei die hierarchische Struktur, entlang derer die Teilöffentlichkeiten geordnet sind, noch immer wirkungsvoll (Klaus 2001, 24).

So wird komplexen Öffentlichkeiten mit einer größeren Reichweite mehr Deutungsmacht zugeschrieben als mittleren oder einfachen (Klaus 2001, 25). Die vermehrten kommunikativen Anschlussmöglichkeiten, die mit der Digitalisierung ein-

---

31 Mit dem Hashtag reagierten einzelne britische Muslime auf Twitter mit individuellen und überwiegend humorvollen Äußerungen (einfache Öffentlichkeit) auf einen negativen Artikel in der Sunday Times (komplexe Öffentlichkeit). Die Menge an Tweets, die den Hashtag beinhalteten, machte die einzelnen Aussagen der tweetenden britischen Muslime als gemeinsame Meinungsäußerung ersichtlich (mittlere Öffentlichkeit) und erreichte schließlich auch die Aufmerksamkeit der massenmedialen bzw. komplexen Öffentlichkeit, als die Medienorganisationen BBC und CNN über den Inhalt des Twitter-Hashtags berichteten (Aeschbach 2017, 2018).

hergehen, erleichtern zwar potenziell die Verschränkungen der Ebenen und die Diffusion von Meinungen und Inhalten, der Zugang zu den komplexen Öffentlichkeiten ist jedoch noch immer reduziert. Somit ist die Selektion von zur Sprache kommenden Akteur*innen und Themen hinsichtlich der Pluralität vorhandener Sinnvariationen nach wie vor wirklichkeitskonstituierend (Schrape 2017, 8–9). Der Mediensoziologe Schrape verwirft daher die oftmals utopische Vorstellung einer mit der Digitalisierung einhergehenden Demokratisierung der Öffentlichkeitsstrukturen und zeigt auf, dass es nicht zu einer Ablösung klassischer massenmedialer Öffentlichkeiten durch internetbasierte Medien, sondern vielmehr zu einer Koexistenz verschiedener Öffentlichkeiten gekommen ist (2017, 4–6). Dies kann einerseits Teilöffentlichkeiten, die alternative Diskurslinien bereitstellen (Plaß und Schetsche 2001, 524), sichtbar machen, unterstreicht aber andererseits die Macht institutionalisierter Massenmedien, spezifische Diskurslinien als hegemonial zu etablieren bzw. Alternativen zu marginalisieren (Brighenti 2010, 64–65).

2.4 Abschließende Bemerkungen

Zusammenfassend wird der Untersuchungsgegenstand Mediendiskurs als auf mehreren Ebenen angesiedelt konzeptualisiert. Dabei werden mediale Diskurse als Orte verstanden, an denen nationale Identitäten verhandelt und entlang verschiedener Differenzkategorien diskursiv produziert werden. In nationalisierenden Identitätsprozessen müssen Selbst- und Fremdpositionierung nicht per se übereinstimmen; so ist es möglich, dass marginalisierte Personen in gewissen Mediendiskursen als nicht-zugehörig bzw. als ›fremd‹ dargestellt werden, sie sich jedoch selbst als Teil der Nation verstehen (vgl.Yuval-Davis 2011, 17). Diese Asymmetrie weist sowohl auf die Machtverhältnisse hin, die in medialen Identitätsprozessen wirken, als auch auf die Möglichkeit alternativer Darstellungen von Identität.

Für die vorliegende Studie werden Momente hegemonialer und nicht hegemonialer Identitätskonstruktionen innerhalb massenmedialer Dokumente und innerhalb von Online-Teilöffentlichkeiten analysiert. Dabei wird die Hegemonialisierung gewisser Darstellungen von nationaler Identität als Resultat spezifischer Zugangsbeschränkungen sowie Legitimationsprozesse innerhalb einer massenmedialen, oft als gesamtgesellschaftlich gehandhabten Öffentlichkeit durch die Analyse von Online-Teilöffentlichkeiten herausgearbeitet. Diese Überlegungen sind konstitutiv für die konkreten Untersuchungsdaten, die im Kapitel 4 erläutert werden. Zuerst werden jedoch Darstellungen nationaler Identität in der Schweiz historisch aufgearbeitet und der derzeitige mediale Diskurs zum Thema Islam in der Schweiz wird mit Blick auf vorhandene Sekundärliteratur als ein zeitgenössischer Kontext nationalisierender Identitätsprozesse aufgezeigt.

3 Kontext: Die Schweiz und ihre ›Anderen‹

In diesem Kapitel werden die verschiedenen diskursiven Darstellungen nationaler Identität in der Schweiz historisch aufgearbeitet. Dabei werden in der Schweiz vorhandene koloniale Repräsentationen von ›fremd‹ und ›eigen‹ nachgezeichnet sowie das Konzept der ›Überfremdung‹ in der Schweizer Ausländer- und Migrationspolitik erläutert. Ein Exkurs zum zeitgeschichtlichen Kontext des Schweizer Kulturkampfes weist zudem darauf hin, wie Konflikte rund um Religion in der Schweiz Bilder von Identität seit dem Konfessionalismus prägen. Letztlich wird der mediale Diskurs zum Thema Islam in der Schweiz als ein Kontext nationalisierender Identitätsprozesse aufgezeigt.

3.1 Koloniale ›Andere‹

Identitätsbildung wird in postkolonial angelegten Studien zentral über Prozesse der VerAnderung (Othering) durch, in und über koloniale Kontakte konzeptualisiert (Purtschert, Lüthi und Falk 2012, 40; Brunotte 2007, 219). Zurückgehend auf eine der Gründungsfiguren derartiger postkolonialer Ansätze, Edward Saïd, wird der Diskurs über das ›koloniale Andere‹ als wirklichkeitsgenerierend angesehen (1978, 5). Saïd untersucht dabei unter dem Begriff *Orientalismus* spezifisch den Diskurs über den ›Orient‹ als eines der ältesten Kolonialgebiete Europas. In seiner Studie zeigt er auf, dass Darstellungen des ›Orients‹ »despite or beyond any correspondance, or lack thereof, with a ›real‹ Orient« stattfinden (1978, 5).[1] In diesen Fremdheitsdarstellungen wird gleichzeitig innereuropäische Identität etabliert. Said sieht darin, dass »the idea of Europa, a collective notion identifying ›us‹ Europeans« immer in Relation und im Vergleich zu als ›inferior‹ bewerteten ›non-Europeans‹ konstituiert ist (1978, 7). Die vorliegende Studie hat nicht den Anspruch, die Feinheiten der Prozesse kolonialer Differenzdarstellungen herauszuarbeiten. Vielmehr soll im

---

1 Said sagt hierzu: »geographical sectors [as both geographical and cultural entities – to say nothing of historical entities –] as ›Orient‹ and ›Occident‹ are man-made« (1978, 5).

Folgenden konkret aufgezeigt werden, wie koloniale Differenzkonzepte wie ›Rasse‹, ›Geschichte‹, ›Religion‹, ›Geschlecht‹ und die immer vorausgesetzte Vorstellung ›geografischer Differenz‹ auch in der Schweiz verbreitet waren und teils auch in zeitgenössischen Differenzdarstellungen noch vorhanden sind.

3.1.1 La Suisse Coloniale

Während die Auseinandersetzung mit der europäischen Kolonialgeschichte in der Schweiz sowohl in der Geschichtsschreibung (Boulila 2019, 1401) als auch in öffentlichen und politischen Selbstverständnissen marginal ist, zeigen jüngere Studien das beständige Vorhandensein kolonialer Bilder und Differenzvorstellungen.² Forscher*innen wie Purtschert, Falk und Lüthi weisen mit der analytischen Begrifflichkeit *Colonialism without Colonies* auf die kolonialen Verflechtungen von Ländern wie der Schweiz und Schweden hin, die zwar selbst nicht als Kolonialmächte fungierten, jedoch kolonial involviert und beeinflusst waren (und sind) (2016). In ähnlicher Weise weist der Historiker Patrick Minder mit dem Begriff *La Suisse coloniale* auf die Einbindungen von Schweizer*innen und der Schweiz in koloniale Projekte sowie die Anwesenheit kolonialer Diskurse in der Schweiz hin (2011). Aufgrund seiner empirischen Analysen, beispielsweise der kolonialen Bilder und Vorstellungen in Schweizer Mediendiskursen zwischen 1870 und 1945,³ erklärt er:

> La Suisse, bien que n'ayant jamais possédé de territoire colonial, n'a pour autant pas rejeté l'idée coloniale, en cultivant un discours et en véhiculant des représentations nourrissant un esprit colonial [...] partagée par une grande majorité de la population. (Minder 2016, 41)⁴

Ersichtlich ist die Eingebundenheit der Schweiz im Kolonialismus dabei auf verschiedenen Ebenen. Einerseits zeugen verschiedene wirtschaftshistorische Untersuchungen von der Involviertheit Schweizer Akteur*innen am transatlantischen Sklaven- und Kolonialhandel, andererseits gab es auch in der Schweiz Ende des 19. Jahrhunderts explizit Stimmen, die eine aktive Beteiligung des Bundes zum Schutze von Schweizer*innen in kolonialisierten Ländern forderten (Purtschert,

---

2   Eine Auswahl an Studien hierzu sind Lüthi, Falk und Purtschert (2016), Michel (2015), Minder (2006, 2009, 2016), Pinto (2013), Purtschert, Lüthi und Falk (2012), Purtschert, Falk und Lüthi (2016) sowie Speich Chassé (2012).
3   Minder sieht die Pressemedien in der Schweiz in einer »rôle capital« in der Verbreitung »d'une certaine vision colonial du monde« (2016, 40).
4   »Obwohl die Schweiz nie koloniales Territorium besessen hat, hat sie den Kolonialismus nicht abgelehnt, sondern einen Diskurs gepflegt und Darstellungen vermittelt, die einen kolonialen Geist nähren [...], geteilt von einer großen Mehrheit der Bevölkerung« (Minder 2016, 41, Übersetzung der Autorin).

Lüthi und Falk 2012, 14–16).⁵ Hinsichtlich der wirtschaftlichen Verflechtungen werden die Schweiz und Schweizer Firmen in solchen Studien als »tertius gaudens« verstanden, die während der Zeit des aktiven Kolonialismus in Geschäfte verwickelt waren und sich in darauffolgenden Dekolonialisierungsprozessen auf ihren Status als außerhalb der formalen Kolonialmächte berufen konnten, um ihre Stellung zu sichern (Purtschert, Lüthi und Falk 2012, 16; Purtschert, Falk und Lüthi 2016, 6).⁶ Eine Kontinuität solch wirtschaftlicher Interessen sehen Purtschert, Falk und Lüthi in der bleibenden Einbettung Schweizer Firmen in Südafrika und der daraus resultierenden mangelnden Bereitschaft, von offizieller Seite Widerstandsbewegungen gegen das südafrikanische Apartheitsregime zu unterstützen (2016, 16–17).

Neben der wirtschaftlichen Einbettung der Schweiz in kolonialisierten Ländern sieht Minder die Beteiligung der Schweiz »à l'esprit colonial« in den ›Völkerschauen‹, die im ganzen Land »sans grande distinction entre cantons, frontières religieuses et barrières linguistiques« (2016, 49) organisiert wurden.⁷ Dokumentiert sind in der Schweiz ›Völkerschauen‹ seit Anfang des 19. Jahrhunderts bis Mitte des 20. Jahrhunderts; so war eine der ersten bekannten Veranstaltungen die »Ausstellung des westafrikanischen Mannes« um 1835 und eine der letzten die »afrikanische Tier- und Völkerschau« des Zirkus Knie im Jahr 1960 (Purtschert, Lüthi und Falk 2012, 36). In dieser Tradition wurden Menschen »ausgestellt«, so beispielsweise im Basler Zoo ab 1879 in Form von »spectacles à caractère ethnologique sur une place située au milieu des cages d'animaux« sowie in einer 1896 errichteten und gut besuchten Schweizer Nationalausstellung in Genf mit Namen »Le Village ›[mot en n]‹«⁸ (Minder 2011, 96–108, 2016, 49).⁹ Diese Genfer Ausstellung wurde unter anderem mit Hinweis auf die Anzahl ausgestellter Menschen, »200 indigènes«, sowie mit dem Titel »Grande Attraction!! Le Continent Noir au Parc de Plaisance : Fêtes musulmanes et fétichistes« als Freizeitaktivität beworben.

---

5   So etablierte beispielsweise Henry Dunant, der Gründer des Roten Kreuzes, 1852 eine Genfer Kolonie im algerischen Sétif (Purtschert, Lüthi und Falk 2012, 33–34).

6   Dies zeigt beispielsweise Witschis (1987) Studie zu den schweizerischen Handelsbeziehungen in kolonialisierten Ländern des östlichen Mittelmeerraumes im ausgehenden 19. und beginnenden 20. Jahrhundert oder Behrendts (1932) Analyse der Stellung der Schweiz in kolonialen Geschäftsbeziehungen.

7   Auf die ›Völkerschauen‹ als Paradebeispiel für die Schweizer Teilnahme am Kolonialismus sowie kolonialer Wissens(re)produktion wird auch von Michel (2015), Pinto (2013), Purtschert, Lüthi und Falk (2012) sowie Purtschert, Falk und Lüthi (2016) hingewiesen.

8   In der vorliegenden Studie wird bewusst davon abgesehen, das N-Wort (französisch ›mot en n‹) zu verwenden, um eine Reproduktion des rassistischen Sprachgebrauchs zu vermeiden (Kilomba 2009).

9   Während es keine genauen Zahlen des Bevölkerungsanteiles gibt, der die Ausstellung besucht hat, berichtet Minder von insgesamt 2.300.000 Ausstellungseintritten bei einer damaligen Schweizer Bevölkerung von ungefähr 3 Millionen und einer Genfer Bevölkerung von 80.000 Personen (Minder 2016, 49).

Eingebettet in eine koloniale Repräsentationspraxis, »welche die Welt als Ausstellung versteht« (Purtschert, Lüthi und Falk 2012, 36), ermöglichte die Zelebration von Exotismus als Spektakel die Zirkulation stereotypisch kolonialer Fremdheitsbilder über Nationsgrenzen hinweg auch in der Schweiz. Die Aufführung religiöser Rituale im Rahmen solcher ›Völkerschauen‹ zeigt, dass koloniale ›Andere‹ nicht ausschließlich über phänotypische Rassifizierungen der »Ausgestellten«, sondern auch anhand von als religiös oder kulturell markierten Unterschieden konzeptualisiert wurden. Aus religionswissenschaftlicher Perspektive wurde darauf hingewiesen, dass die Kernkonzepte der vergleichenden Religionswissenschaft, so die konzeptionellen Kategorien von Religion und Religionen selbst, zu einem bedeutenden Maß im kolonialen Kontext etabliert wurden (Brunotte 2007, 219).[10] Für diese Studie ist diese Einsicht insofern von Relevanz, als sie auf die lange Geschichte der Verwendung von ›Religion‹ als Marker von Differenz hinweist und somit derzeitige Vorstellungen des ›religiös-säkularen Selbst‹ vis-à-vis einem muslimischen ›Anderen‹ nicht als Novum, sondern als historisch und situativ spezifische Variationen nationalisierender Differenzdarstellungen via ›Religion‹ in den Blick genommen werden können.[11] Darüber hinaus weist die Gleichzeitigkeit der Darstellung von kolonialen ›Anderen‹ entlang rassifizierender sowie religiöser Differenzkategorien auf die intersektionale Natur von Identitätsprozessen hin.

Solche Ausstellungen waren aber nicht nur als Spektakel des ›Anderen‹ gedacht, sondern wurden von Naturwissenschaftler*innen (insbesondere sogenannten ›Rassenforscher*innen‹) und Ethnolog*innen als Mittel zur Informations- und Wissensbeschaffung gebraucht (Pinto 2013, 152). Neben Afrikareisen waren so auch schweiz- und europaweit tourende ›Völkerschauen‹ Möglichkeiten, die ausgestellten ›Völker‹ zu untersuchen (Pinto 2013; Purtschert, Lüthi und Falk 2012). Wissenschaftliche Ansätze in dieser Zeit verbanden ›Rassentheorien‹ mit menschlichen Evolutionstheorien und waren geprägt von einem methodologischen Reduktionismus, indem sie

---

10 In dieser Hinsicht ruft Brunotte zu einer kritischen Selbstreflexion der Religionswissenschaft hinsichtlich der Genealogie von ›Religion‹ als vergleichende Wissenskategorie auf, die die Rolle von ›Religion‹ in (post)kolonialen Identitätsprozessen mitdenkt (2007, 219).

11 Exemplarisch für die Verwendung von Religion als koloniales Differenzkonzept kann die Begriffsgeschichte des ›Hinduismus‹ werden, welche von Forscher*innen als ›orientalistisches‹ Konstrukt kritisiert wird, »das in erster Linie westlichen Interessen und Hegemonieansprüchen dient und mit der Geschichte und der Realität hinduistischer Religion wenig zu tun hat« (Malinar 2009, 15). So zeichnet Malinar die Entstammung des Begriffs aus einer sprach- und kulturgeschichtlichen Außenperspektive nach und erläutert, dass ›Hinduismus‹ erst im Zuge der britischen Kolonialherrschaft und der Etablierung einer kolonialen Wissensproduktion inkl. wissenschaftlicher (insbesondere indologischer, ethnologischer und religionswissenschaftlicher) Studien zu einem Überbegriff für vielfältige Praktiken, Traditionen und Deutungsmuster wurde (2009, 16–18).

ihre scheinbar objektiven Untersuchungen menschlicher Differenz auf der Vorstellung einer »unhinterfragten Überlegenheit der ›europäischen Rasse‹« (Purtschert, Lüthi und Falk 2012, 42) aufbauten.[12] Ein Beispiel einer solchen Untersuchung ist jene des Schweizers Carl Passavant Ende des 19. Jahrhunderts, der für seine Dissertation im Gebiet der Anatomie und physischen Anthropologie Schädelvermessungen vornahm. Diese Messungen nahmen »bei der Bestimmung der Wertigkeit von Menschengruppen einen wichtigen Platz« ein und dienten in seiner Arbeit als »Beweis für die Überlegenheit der ›eigenen‹ Kultur« (Purtschert, Lüthi und Falk 2012, 41–42). Auf ähnlichen Vermessungen basierte die Arbeit des Zürcher Professors Otto Schlaginhaufen, der sich explizit der Untersuchung des »Ursprungs der Schweizer« widmete, wobei die Idee eines biologisch determinierbaren »Homo alpinus helveticus« bereits im 18. Jahrhundert ersichtlich war (Purtschert, Lüthi und Falk 2012, 43). Diese Beispiele belegen die aktive Rolle Schweizer Akteur*innen in der Konstruktion von ›Rasse‹ als koloniale Wissenskategorie biologisierter Differenz.[13]

Ein weiterer Aspekt kolonialer Differenzkategorien ist die sich im Laufe des 19. Jahrhunderts etablierende *Frauenfrage* mit Fokus auf kolonisierte ›muslimischen Länder‹ (Ahmed 1992, 150). Ahmed sieht den Fokus auf die Stellung der Frau als Resultat verschiedener Denkrichtungen, die sich in der zweiten Hälfte des 19. Jahrhunderts im ›Westen‹ entwickelten (1992, 150). Das Narrativ verband dabei nicht nur bereits vorhandene Vorstellungen vom Islam mit umfassenden Ideen der Unterlegenheit kolonialisierter ›Anderer‹, sondern kombinierte diese mit »the language of feminism, which also developed with particular vigor during that period« (Ahmed 1992, 150).[14] Kolonialmächte sahen dabei die eigenen Vorstellungen

---

12 Auch Mahmud sieht koloniale Wissensproduktionen »contrary to the fiction of pure uninterested reason« als von vornherein bereits »conditioned by prevailing views of race in Europe, imperatives of colonial rule, and a distrust of native knowledge« (1998, 1226).
13 Als gesellschaftsstrukturierende Wissenskategorie erlaubte ›Rasse‹ die Klassifikation von Menschen in Gruppen und die Darstellung dieser Klassifikation als unabänderlich und biologisch-natürlich gegeben (Chin et al. 2009; Mahmud 1998). Um Menschen und deren Attribute zu klassifizieren, befassten sich im 19. und frühen 20. Jahrhundert diverse Disziplinen, wie Anthropologie, Ethnologie, physische Anthropologie und vergleichende Philologie, mit Techniken »like finger printing, cranial measurements, facial angles, nasal and caphalic indexes, brain volume and brain weight« (Mahmud 1998, 1227). Solche Herangehensweisen suchten nach biologischen Differenzmerkmalen, denen negative Attribute (z.B. negative Verhaltensweisen, vorhandene oder nicht vorhandene Fähigkeit, rational zu denken etc.) zugeschrieben werden konnten (Mahmud 1998, 1222).
14 Ahmed erläutert, dass insbesondere »practices of Islam with respect to women have always formed part of the Western narrative of the quintessential otherness and inferiority of Islam« (1992, 149). Vor dem 17. Jahrhundert kamen solche Narrative insbesondere über Erzählungen von Reisenden und Kreuzrittern nach Europa und repräsentierten vorwiegend eine Interpretation männlicher Reisender mit wenig Zugang zu Frauen in den respektiven Gesellschaften (Ahmed 1992, 149). Obwohl im 18. Jahrhundert gewisse Autor*innen, wie beispielsweise Lady

von Geschlechterrollen als Maßstab für evolutionären Fortschritt und Zivilisation, wobei sie einerseits die »notion of men's oppressing women with respect to itself« von sich wiesen und andererseits diese feministischen Ideen »redirected [...] in the service of colonialism, toward Other men and the cultures of Other men« (Ahmed 1992, 151).[15] Dabei war die Tendenz ersichtlich, dass europäische Kolonialnationen die eigenen Geschlechterungleichheitsverhältnisse minimiert darstellten und eine problematische Unterdrückung von Frauen kolonialen Ländern zuwiesen. Der gute Umgang mit bzw. Schutz der Frauen wurde in solchen Darstellungen zum Marker einer ›fortschrittlichen‹ Gesellschaft. Dieses der Legitimation kolonialistischer Projekte zugrunde liegende Narrativ fasst Spivak im vielzitierten Satz »[w]hite men are saving brown women from brown men« (1988, 93) zusammen.

Neben der Thematisierung der Stellung der Frau als Differenzkategorie haben verschiedene Forscher*innen auf die geschlechtsspezifischen Aspekte kolonialer Differenzdarstellungen hingewiesen.[16] So zirkulierten beispielsweise Bilder von hypersexualisierten Schwarzen Frauen, verkörpert in der Figur Sarah Baartmans als Hottentot Venus (Gilman 1985), sowie von gleichzeitig teils effeminiert und teils sexuell aggressiv dargestellten kolonialisierten Männern. Geschlechtspezifische Darstellungen kolonialisierter Menschen funktionierten dabei gleichsam als Kontrastfläche in der Konstitution Weißer Männlichkeiten sowie sittsamer Weißer Weiblichkeit.

Mary Wortley Montague, das Bild der unterdrückten verschleierten Frau hinterfragten, hatten solche Einwände wenig nachhaltigen Effekt »on the prevailing views of Islam in the West« (Ahmed 1992, 150).

15 Dabei variieren die spezifischen ›Probleme‹, die in den Blick genommen wurden, je nach kolonialer Situation. So zeigt sich die Instrumentalisierung eines feministischen Fortschrittsnarratives während der britischen Kolonialherrschaft in Indien beispielsweise durch die Abschaffung des Brauches der Witwenverbrennung (sati) (Spivak 1994, 93–94), während sich Kolonialdiskurse in Ägypten (Ahmed 1992) und Algerien (El-Tayeb 2015, 201) auf die Praktik des Kopftuchtragens fokussierten. All diesen Situationen gemeinsam ist, dass das Motiv der Frau und ihrer Praktik sowohl vonseiten der Kolonialisierenden als auch der Kolonialisierten als Differenzmerkmal kollektiver Identitäten herangezogen wurde (Ahmed 1992; El-Tayeb 2015, 201; Spivak 1994, 94). So erklärt Sabsay bezüglich der Witwenverbrennung in Indien Folgendes: »From the point of view of the native ›colonial subject‹ also emergent from the feudalism-capitalism transition, sati is a signifier with the reverse social charge: ›Groups rendered psychologically marginal by their exposure to Western impact [...] had come under pressure to demonstrate, to others as well as to themselves, their ritual purity and allegiance to traditional high culture. To many of them sati became an important proof of their conformity to older norms at a time when these norms had become shaky within‹.« (1988, 94)

16 McClintock zeichnet Gender, ›Rasse‹ und Klasse als artikulierte Kategorien im kolonialen Kontext nach, die nicht unabhängig voneinander etabliert wurden, sondern vielmehr »come into existence *in and through* relation to each other – if in contradictory and conflictual ways« (2013, 5).

Die Konstruktion Weißer Männlichkeit vis-à-vis der Darstellung von kolonialen ›Anderen‹ in der Schweiz zeigt Purtschert (2016) exemplarisch anhand der Film- und Buchpublikationen von Walter Mittelholzer (1894–1937), einem Schweizer Luftfahrtreisenden. So weist sie auf Textstellen und Illustrationen Mittelholzers hin, in denen insbesondere Darstellungen Schwarzer Frauen unberührte Wildnis verkörpern und im Kontrast zu Bildern Weißer Männer stehen: »While [...] positioned in a scenic wilderness, their activities mostly point out that they belong to a different, modern world: They stand next to their car or aeroplane, write down something in front of their tent or act as doctors treating black patients. This way, the African landscape is crafted as an all-white-men's place of adventure.« (Purtschert 2016, 60) Darüber hinaus werden Schwarze Männer oft als weiblich und kindlich dargestellt, als »boys«, die Pflege- und Küchenarbeiten erledigen (Purtschert 2016, 60). Diese Beispiele weisen auf die vielschichtige Art und Weise hin, in denen hierarchisierte Darstellungen von ›Selbst‹ und ›Anderen‹ entlang geschlechtsspezifischer Parameter etabliert wurden.

3.1.2 Commodity Racism: Diffusion kolonialer Differenzdarstellungen via Konsumgüter

In Mittelholzers Berichten seiner Luftfahrtreisen ist bereits ersichtlich, dass koloniale Darstellungen via kultureller Güter in die Schweizer Gesellschaft gelangten. Einen weiteren essenziellen Faktor in der Diffusion kolonialer Bilder sehen Forschende in der Vermarktung von Konsumgütern. So habe es im ausgehenden 19. Jahrhundert einen für breite Gesellschaftsschichten zugänglichen »shift from *scientific racism* [to] *commodity racism*« (McClintock 2013, 33) gegeben. Konsumverhalten begann um 1900 anzusteigen, und koloniale Güter wurden bei breiteren Teilen der europäischen Bevölkerung angepriesen. Verbunden mit der Entwicklung dieses kolonialen Warenkapitalismus verbreiteten sich rassifizierende Vorstellungen von ›fremd‹ und ›eigen‹ via Konsumgüter an Konsument*innen in (West-)Europa (Purtschert, Lüthi und Falk 2012, 37).

Ein prominentes Beispiel in der Schweizer Werbegeschichte sind die Inserate des Schweizer Warenhauses Globus, in denen 1933 mit der Figur eines »weissen [N-Wortes]« weiße Textilwaren angepriesen wurden. Die Werbekampagne startete im *Tagesanzeiger* als Comic, in welchem Globi, ein blauer Papagei, der 1932 vom Globus als Warenhaus-Maskottchen eingeführt wurde, die Hauptfigur spielte. Globi ruft im Comic aus einem »African holiday-country« in die Schweiz an, um seine Idee einer Werbekampagne für weiße Textilwaren mitzuteilen. Die finale Zeichnung und die anschließenden Werbeplakate legen dar, dass sich die Werbekampagne um eine Person dreht, deren Hände und Füße schwarz sind, deren Gesicht jedoch weiß gezeichnet ist. Gemäß Globi sei diese Person »as much unusual and above the ordinary to the African tribes as the ›white linen‹ events are to all economical housewives'«

(Purtschert, Lüthi und Falk 2012, 11).[17] Das Beispiel zeigt dabei mehrere Diskurslinien auf, in welchen ›fremd‹ und ›eigen‹ dargestellt wurden. *Erstens* konstituiert sich im Zusammenbringen der phänotypisierten Darstellung des »weissen [N-Wortes]« und der Evokation von weißem Leinen als saubere, hygienische und erfolgreiche Arbeit einer Hausfrau eine sowohl rassifizierende als auch vergeschlechtlichte Darstellung vom kolonialen ›Selbst‹ und ›Fremden‹ (Purtschert, Lüthi und Falk 2012, 11).

Zweitens greift die Kampagne auf ein Bild von »Afrika« als zeitlich rückschrittlich zurück, indem Globi in einem Baumhaus in der Wüste telefoniert und eine Schwarze Person ihn und sein Telefon dabei bestaunt (Purtschert, Lüthi und Falk 2012, 10).[18] Damit (re)produziert die Werbekampagne Fortschrittsnarrative, die koloniale ›Moderne‹ einer kolonialisierten ›Vormoderne‹ gegenüberstellen.[19] Ein weiteres Beispiel von Werbestrategien, die auf ein koloniales Begriffs- und Bildrepertoire zurückgreifen, ist in der Vermarktung von Schokolade zu finden. Die Schokoladenvermarktung wurde Ende des 19. Jahrhunderts von einer Werbung geprägt, die »Bilder der modernen Schweiz [...] mit kolonialen Vorstellungen einer vormodernen, exotischen und als Rohstofflieferant dienenden Welt« (Purtschert, Lüthi und Falk 2012, 39) verband.

Das Heranziehen kolonialer Bilder in Schweizer Werbekampagnen ist auch im 21. Jahrhundert noch evident. So wirbt beispielsweise ein 2004 in der *Neuen Zürcher Zeitung* (NZZ) gedrucktes Werbeinserat für Textilien des Warenhauses Globus mit

---

17 Zum Bild der Schaufensterwerbung im Globus 1933 siehe Purtschert 2012, 38.

18 Des Weiteren weisen Purtschert, Lüthi und Falk auf die kindliche Darstellung der Figur des »weissen [N-Wortes]« hin, die auf eine mentale Zurückgebliebenheit hindeutet (2012). Dies deckt sich mit verbreiteten Darstellungen kolonialisierter Menschen als »unproduktiv, kindlich, primitiv und wertlos« (Brunotte 2007, 220), wie dies beispielsweise in Darstellungen des »afrikanischen Fetischismus« der Fall war. In gewissen Instanzen wurde in der Darstellung von kolonialisierten Personen als geistig zurückgeblieben auch explizit ›Religion‹ als Erklärungsgrundlage herangezogen; so erklärte der Viktorianische Kolonialherr Lord Cromer die islamische Religion zur (Mit-)Ursache für die ›Irrationalität‹ »of the Oriental« (Ahmed 1992, 152).

19 Mahmud erklärt, dass eine Vorstellung europäischer ›Moderne‹ vis-à-vis der kolonialen ›Vormoderne‹ ein zentrales und notwendiges Konzept der kolonialen Expansion gewesen sei (1998, 1220–21). Dabei etablierte sich ein Verständnis von Geschichte, in welchem Europa und seine kolonialen ›Anderen‹ in ein zeitliches Verhältnis zueinander gesetzt wurden: »The age of colonial expansion of Europe also saw the consolidation of History – the unilinear, progressive, Eurocentric, teleological history – as the dominant mode of experiencing time and being. In History, time overcomes space – a process whereby the geographically distant Other is supposed to, in time, become like oneself; Europe's present becomes all Other's future« (Mahmud 1998, 1221). In dieser kolonialen Differenzsemantik werden ›selbst‹ und ›andere‹ via Zeitreferenzen dargestellt, wobei kolonisierte Regionen nicht nur als ›zeitlich rückständig‹ gegenüber Europas Fortschritt, sondern mitunter auch als »outside History« dargestellt wurden (Mahmud 1998, 1221).

den Worten »Verbringen Sie Ihre Nächte im Orient [...] Träumen Sie von der guten, alten Kolonialzeit« (Falk und Jenni 2012, 405). Auch wird die Begrifflichkeit ›Kolonialwaren‹ weiterhin zu Werbezwecken verwendet, so beispielsweise in der »delicatessa«-Abteilung in Globus-Geschäften (Falk und Jenni 2012, 404) oder von dem in der Zürcher Altstadt gelegenen Geschäft »Schwarzenbach Kolonialwarenladen«.[20] Diese Beispiele zeigen, dass Vorstellungen von ›fremd‹ und ›eigen‹ in der Schweiz bis heute durch koloniale Bilder geprägt werden.[21]

3.2 Das Konzept der ›Überfremdung‹ im 20. Jahrhundert

Ein weiterer gesellschaftlicher Kontext, der einen zentralen Stellenwert für nationalisierende Identitätsprozesse einnimmt, ist der Bereich der Migrations- und Ausländerpolitik. In diesem Bereich werden Vorstellungen von Gleichheit und Differenz ausgehandelt, aufrechterhalten und reproduziert (Fischer und Dahinden 2016, 5; Kury 2010, 1). Als Beispiel zeigen Fischer und Dahinden in ihrer genealogisch angelegten Studie von der Schweizer Migrations- und Einbürgerungspolitik die »underlying notions of ›the other‹ in Switzerland« (2016, 3) auf.[22] In diesem Sinne erläutert auch der Historiker und Soziologe Kury, dass durch die Darstellung eines ›fremden Anderen‹ gleichzeitig die Idee eines schweizerischen Selbst im Sinne eines »nationalen Kernes« *ex negativo* konstituiert wird (2003a, 102–109).[23] Von spezifischer Relevanz in Debatten um Migrations- und Ausländerpolitik in der Schweiz hat sich das Ende des 19. Jahrhunderts entstandene Konzept der ›Überfremdung‹ etabliert. Die-

---

20 Zur Anpreisung der »Kolonialwarenhandlung« gehört unter anderem die geschichtliche Selbst-Einordnung des Unternehmens als eine »traditionsreiche Kolonialwarenhandlung [...] seit 150 Jahren«, Webseite Schwarzenbach, https://www.schwarzenbach.ch/, letzter Zugriff 30.04.2020.

21 Eine Ausprägung solch kolonialer Diskurse sieht Purtschert in den Schweizer Selbstkonzeptionen via Fortschritt und Technologie. Am Beispiel der Aviation zeigt sie dabei den zentralen Stellenwert auf, welcher dieser »Techno-Kolonialismus« in populären Repräsentationen nationaler Identität innehat (2016).

22 Carolin Fischer ist Sozialanthropologin an der Universität Bern und Janine Dahinden Professorin für Transnationale Studien an der Universität Neuchâtel. Beide forschen mit Fokus auf Migration, Mobilität und Grenzziehungsprozesse.

23 Dass die Frage nach dem »Wesen« der nationalen Einheit ex negativo beantwortet wurde (und wird), hält Kury sogar explizit für ein Merkmal des Schweizer Nationalismus, in welchem angesichts der »ungewöhnlichen kulturellen Heterogenität der Eidgenossenschaft [...] jede monothetische, kulturalistische [...] Beantwortung unweigerlich zur Zerreissprobe geführt hätte« (2003b, 102).

ses Konzept beeinflusst die Thematisierung von ›fremd‹ und ›eigen‹ in der Schweiz bis heute (Fischer und Dahinden 2016; Kury 2010, 2006, 2003a, 2003b).[24]

Konkret wurde der Begriff der ›Überfremdung‹ im Jahr 1900 in einer Schrift mit dem Titel *Unsere Fremdenfrage* des Zürcher Armensekretärs Carl Alfred Schmid erstmals verwendet (Kury 2010, 2, 2003, 99). Der Text folgte einer Preisausschreibung (1899) der Zürcher Stiftung *von Schnyder von Wartensee*, die Vorschläge auf dem Gebiet der Ausländergesetzgebung verlangte, inklusive »Würdigung der Bedeutung der ausländischen Bevölkerung in der Schweiz, Kritik an der bestehenden Gesetzgebung und Rechtspraxis sowie Vorschläge zur Erleichterung der Einbürgerung« (Kury 2010, 2). Verfasst wurde die Preisausschreibung im Kontext wachsender Immigration in die Schweiz im späten 19. Jahrhundert, in welchem vermehrt Arbeitende aus Italien, Deutschland und Österreich in die Schweiz kamen (Fischer und Dahinden 2016, 7). Gefördert wurde die wachsende Immigration durch Wirtschaftswachstum, großräumige Infrastrukturprojekte und die auf bilateralen Abkommen basierende Personenfreizügigkeit (Kury 2010, 2).

Vor dem Hintergrund der Zuwanderung von Migrant*innen und dem damals wachsenden Ausländeranteil konzipierte Schmid mit dem Begriff der ›Überfremdung‹ einen demografischen Wandel, in welchem Schweizer*innen im Endeffekt zu einer Minderheit würden. Dies führe, so die These, zu einem »Untergang der Schweiz« (Kury 2010, 2). Schmids Konzept der ›Überfremdung‹ fand vor dem Ersten Weltkrieg jedoch wenig Anklang und auch die Juror*innen der Preisausschreibung befanden die Schrift als nicht auszeichnungswürdig, da sie wenig inhaltliche Substanz besitze (Kury 2010, 2). Politisch war die ›Fremden- oder Ausländerfrage‹ zwar ein Thema damaliger Debatten, doch überwog die Ansicht, dass der Ausländeranteil durch erleichterte und verstärkte Einbürgerung gesenkt und die Frage damit beantwortet werden konnte (Kury 2010, 2). Ein hoher Ausländeranteil wurde damals »nicht als ein ethnisch-kulturelles, sondern vielmehr als ein politisches Problem [für die Demokratie] betrachtet« (Kury 2010, 2), welches im Ausschluss von Ausländer*innen von politischen Rechten gesehen wurde.[25] Einbürgerung wurde in dieser Herangehensweise als Vorbedingung von Assimilation verstanden.[26] Eine Ausnahme war die Debatte rund um die angenommene Schächtverbotsinitiative

---

24 Der Überfremdungsdiskurs basiert dabei immer auf einer Differenzdarstellung zwischen »Swissness« und »Foreigness« (Michel und Honegger 2010) und kann in diesem Sinne als Paradebeispiel *nationalisierender Identitätsprozesse* verstanden werden.

25 Siehe Kury: »Dass ein immer grösserer Teil der Bevölkerung von den politischen Rechten ausgeschlossen sei, bedeute eine ernst zu nehmende Gefahr für die Demokratie und nicht deren Herkunft« (2010, 3).

26 Diese Ansicht vertraten beispielsweise Basler Nationalrat Emil Göttisheim oder Zürcher Staatsschreiber Rudolf Bollinger, beides damals führende Experten der ›Ausländerfrage‹ (Kury 2010, 3). Assimilation wurde dabei tendenziell als politisch und nicht als ethnisch-kulturell verstanden.

im Jahr 1893, in der bereits in der Zeit vor dem Ersten Weltkrieg die Idee ethnischkultureller Assimilation aufgeworfen wurde (Kury 2010, 3).

Dem eingeführten Konzept der ›Überfremdung‹ war die Vorstellung von ›fremd‹ und ›eigen‹ nicht nur inhärent,[27] sondern gleichzeitig gekoppelt an die Problematisierung des ›Fremden‹ als potenziell ›inkompatibel‹ und ›zu viel‹ (*Über*fremdung). Welche Menschengruppen im Rahmen dieses Konzeptes als das potenziell bedrohliche ›Fremde‹ wahrgenommen werden, ist dabei kontextspezifisch und wurde (und wird) immer wieder neu ausgehandelt. Während sich der Überfremdungsdiskurs in der Schweiz historisch zuerst auf ›Ostjuden‹ und später ›Südeuropäer‹ konzentriert hat, bezieht er sich seit der Jahrtausendwende vermehrt auf ›Muslim*innen‹ (Kury 2010, 1). Gleichzeitig schließen Darstellungen und Problematisierungen von ›Fremden‹ in der Schweiz an verschiedene transnationale Diskurse an, allen voran an postkoloniale Differenzdarstellungen sowie an jeweils historisch etablierte und normativ bewertete Vorstellungen von Geschlecht und Geschlechterverhältnissen (Fischer und Dahinden 2016, 3). In der folgenden historischen Nachskizzierung des Überfremdungskonzeptes in der schweizerischen Migrations- und Ausländerpolitik soll daher die intersektionale und kontextspezifische Natur von nationalisierenden Identitätsprozessen aufgezeichnet werden.

3.2.1 Die Problematisierung von ›Ostjuden‹ in der Zwischenkriegszeit

Die Ausländerpolitik änderte sich als Konsequenz des Ersten Weltkrieges, so folgten europaweit, aber auch in der Schweiz wachsende nationalistische und protektionistische Bestrebungen, in denen Personenfreizügigkeit durch Grenzsperrungen ersetzt und die Niederlassungs- und Einbürgerungspolitik überdacht wurde (Fischer und Dahinden 2016, 8; Kury 2010, 3, 2006, 209). Gefördert durch die Publikation zahlreicher weiterer Aufsätze, Vorträge und Zeitungsartikel von Schmid zur ›Fremdenfrage‹, in welchen er wachsende Ausländer*innenanteile als Bedrohung darstellte, etablierte sich in der Zeit während und kurz nach dem Ersten Weltkrieg der Begriff der ›Überfremdung‹ zum neuen Schlagwort in ausländerpolitischen Debatten (Kury 2006, 208).[28]

Obwohl ›Überfremdung‹ ein zentrales Konzept der Schweizer Ausländerpolitik wurde, blieben gemäß Kury die damit gemeinten Inhalte oft unspezifisch (2006,

---

27 Fischer und Dahinden bemerken hierzu: »The very notion of fremd (foreign/alien), indicates that persons from abroad are different and not part of the Swiss society. Although not explicitly stated, the idea of ›Überfremdung‹ is based on a static understanding of who does or does not belong to the community of Swiss nationals.« (Fischer und Dahinden 2016, 8)

28 In dieser Zeit wurde Schmid zudem zu einem der wichtigsten Experten des Bundes in ›Ausländerfragen‹ (Kury 2006, 208).

208). Diese begriffliche Ungenauigkeit sieht Kury als Stärke des Überfremdungskonzeptes, die es ermöglichte, dass der Begriff über Parteien und soziale Schichten hinweg Identifikationsmöglichkeiten gewährte und Orientierung bot (Kury 2006, 208–209). 1914 fand der Begriff durch einen Bericht des *Eidgenössischen Politischen Departements* Eingang in die Amtssprache. Der Kampf gegen die ›Überfremdung‹ wurde daraufhin zum Kerngeschäft der 1917 gegründeten eidgenössischen Zentralstelle für die Fremdenpolizei (Kury 2006, 208).

Damit veränderte sich mit dem Ersten Weltkrieg der Umgang mit Ausländer*innen in Richtung Abwehrpolitik, wobei immer wieder neu ausgehandelt werden musste, »wen und was es auszuschliessen galt [...] doch dass die Gefahr von aussen kam, darüber herrschte Konsens« (Kury 2006, 209). Als ›fremd‹ erachtete Personen wurden somit per se zum Problem gemacht und Einbürgerungskriterien wurden vermehrt entlang ›Assimilierbarkeit‹ sowie ›volkswirtschaftlichem Nutzen‹ konzeptualisiert (Kury 2006, 209). Während sich der Begriff ›Überfremdung‹ grundsätzlich gegen jegliche Ausländer*innen richten konnte, kamen in den damit verbundenen Debatten meist nur einzelne Gruppen und auch nicht unbedingt die zahlenmäßig größte Gruppierung von Zugewanderten in den Blick (Kury 2003b, 104). So konzentrierte sich in der Zwischenkriegszeit der Überfremdungsdiskurs in der Schweiz hauptsächlich auf Juden und Jüdinnen aus Osteuropa, die zwar eine sehr kleine Minderheit bildeten, jedoch zu der Zeit als besonders ›fremd‹ und grundsätzlich ›nicht-assimilierbar‹ galten (Kury 2006, 209–213, 2003b, 104).

Die Identifizierung gewisser Gruppen als ›nicht-assimilierbare Fremde‹ ermöglichte es in der damaligen Herangehensweise, der ›Überfremdung‹ durch ›Auslese‹ entgegenzuwirken. So riet die Bundesverwaltung aufgrund einer Warnung der eidgenössischen Zentralstelle für die Fremdenpolizei und mit Referenz auf die Bedrohung der ›Überfremdung‹, »ganz besonders vorsichtig bei der Entgegennahme von [...] Einreisegesuchen [polnischer Juden und Jüdinnen] zu sein und diesen äußerst unerwünschten Elementen den Weg in die Schweiz zu sperren« (Brief aus dem Schweizerischen Bundesarchiv an die Schweizerische Gesandtschaft in Wien, zitiert in Kury 2003b, 105).[29] Durch die Praktik der ›Auslese‹ bei Aufenthalt und Niederlassung wurden somit diskriminierende Diskurse »mit antisemitisch, ethnisch hierarchisierendem und biologistischem Gehalt« (Kury 2003, 104) in der Schweizerischen Ausländerpolitik anschlussfähig. Kury endet seine Ausführungen zu den unter dem Begriff ›Überfremdung‹ gegen osteuropäische Jüd*innen gerichteten Ausgrenzungsdiskursen mit der Erläuterung, dass sie selbst »über die unablässigen Negativzuschreibungen [...] zum Zeichen« (2003b, 112), »zum Signum des ›Auszugren-

---

29 Ein weiteres Beispiel dieser Ansicht zeigt sich in der Aussage des damaligen Leiters der Fremdenpolizei, Hans Frey, der 1919 die ›Ostjuden‹ als »weit unerwünschter und schädlicher [...] als Deserteure und Refraktäre« bezeichnete (weitere Details siehe Kury 2003b, 110).

zenden«« (Kury 2003b, 113) wurden; sie wurden zu ›Ostjuden‹, das Attribut ›ostjüdisch‹ markierte ›Fremdheit‹.[30]

Der Überfremdungsdiskurs in der Zwischenkriegszeit konzentrierte sich somit auf die Etablierung von ›Ostjuden‹ als das ›Fremde‹ in der Schweiz (Kury 2010, 4). Diese Vorstellung prägte nicht nur die Niederlassungs- und Einbürgerungspolitik vor 1933, sondern auch die antisemitisch geprägte Flüchtlingspolitik der Schweiz zwischen 1933 und 1939. Beides basierte auf der rechtlichen Grundlage des ersten »Gesetzes über Aufenthalt und Niederlassung von Ausländern« (ANAG), welches ab 1924 verfasst, 1931 genehmigt wurde und 1933/34 in Kraft trat (Fischer und Dahinden 2016, 8; Kury 2010, 4). So sah der damalige Polizeichef Heinrich Rothmund dieses Gesetz als »schärfste Waffe im Kampf gegen Überfremdung« (zitiert in Kury 2010, 4). Der Ausschluss von als ›fremd‹ markierten ›Ostjuden‹ setzte sich in der teilweise praktizierten Ausgrenzung jüdischer Flüchtenden während des Zweiten Weltkriegs fort (Kury 2010, 5, 2003b, 113).[31] Erst im Jahr 1944 hoben die Bundesbehörden die Weisungen auf, Jüd*innen als »unerwünschte Elemente« nicht einwandern zu lassen, indem sie neu vorgaben, nicht mehr »Flüchtlinge nur aus Rassengründen z.B. Juden« (Kury 2003b, 113) an den Grenzen zurückzuweisen.

3.2.2 Die Kulturalisierung von ›Südländern‹ in der Nachkriegszeit

Nach dem Zweiten Weltkrieg änderte sich die Ausländer- und Migrationspolitik. Am Arbeitsmarkt orientierte Einwanderung (oft temporär zugelassener Gastarbeiter*innen) wurde erlaubt, während gleichzeitig die Einbürgerungsfristen in der Schweiz von sechs auf zwölf Jahre verdoppelt wurden.[32] Dies geschah im gleichen Zeitraum, in dem andere europäische Länder ihre Einbürgerungspolitik lockerten (Kury 2010, 5). Das Zusammenspiel der steigenden Arbeitsmigration und der restriktiven Einbürgerungspraktik führte zu einem Anstieg des Ausländeranteils von 5,8 % im Jahr 1950 auf 17 % im Jahr 1970 (Kury 2010, 5). In dieser Zeitspanne begannen sich ab den 60er Jahren politische Klein- und Splitterparteien mit Rückgriff auf die vorher hauptsächlich von Behördenvertreter*innen durchgesetzte Idee der Überfremdungsbekämpfung für die Begrenzung des Ausländeranteils stark zu machen (Kury 2010, 5–6). Der Überfremdungsdiskurs richtete sich nun aber

---

30 Mehr dazu siehe Kury (2003b).
31 Dies beispielsweise mit der Erklärung des Bundesrates Steiger, die Schweiz sei ein »stark besetztes Rettungsboot«, selbst wenn der Ausländeranteil zu dem Zeitpunkt (1942) den tiefsten Stand des 20. Jahrhunderts erreicht hatte (etwas mehr als 5 %) (Kury 2010, 5). Die Wirkungsmacht des Überfremdungsdiskurses im Zweiten Weltkrieg zeigten Beispiele von ›ausgeheirateten‹ Schweizerinnen, die während des Krieges staatenlos geworden waren, deren Wiedereinbürgerung aber mit teilweise lebensbedrohlichen Konsequenzen verweigert wurde (Kury 2006, 231–216).
32 Die Verdoppelung der Einbürgerungsfristen trat 1952 in Kraft (Kury 2010, 5).

nicht mehr gegen Jüd*innen, sondern thematisierte in den 60er und 70er Jahren hauptsächlich Menschen aus dem europäischen Süden als ›fremd‹ (Fischer und Dahinden 2016, 12–13; Kury 2010, 7).

Die Ausprägung des Überfremdungsdiskurses in dieser Zeit zeigen Kury (2010), Fischer und Dahinden (2016) und der Historiker, Philosoph und Politikwissenschaftler Angelo Maiolino (2011) an verschiedenen Quellen der restriktiven Einbürgerungspolitik sowie anhand der im Jahr 1968 lancierten Schwarzenbach-Initiative exemplarisch auf. Initiiert von dem Schweizer Politiker James Schwarzenbach war das Ziel der Initiative, die Schweiz vor ›Überfremdung‹ zu schützen, indem ausländische Bevölkerungsanteile beschränkt würden.[33] Die Initiative wurde 1970 per Volksabstimmung abgelehnt, jedoch etablierte sich durch die geführten Diskussionen rund um die Initiative der Begriff der ›Überfremdung‹ zu einem weiterhin zentralen politischen Schlagwort (Kury 2010, 6). Die politische Kampagne der Schwarzenbach-Initiative konzentrierte sich in den Darstellungen des abzuwehrenden ›Fremden‹ auf südeuropäische Personen und insbesondere auf Italiener*innen (Maiolino 2011).[34] Diese wurden als mit der Schweiz ›kulturell inkompatibel‹ sowie ›nicht-assimilierbar‹ dargestellt (Fischer und Dahinden 2016, 13). Im Rahmen der Debatte rund um die Initiative wurde darüber hinaus ein Bericht des Bundesrates verfasst, der die demografischen und ökonomischen Effekte der steigenden Ausländeranteile erfassen soll (Bundesrat 1967). In diesem Bericht wurde darauf hingewiesen, dass bei der Zulassung von Migrant*innen zwischen deren verschiedenen Herkunftsländern und ihrer jeweiligen ›kulturellen Ähnlichkeit‹ mit der Schweiz differenziert werden solle:

> Bei der Frage der Zulassung solcher Ausländer muss berücksichtigt werden, dass es sich um Personen handelt, die aus Staaten stammen, welche *ganz andersartige* wirtschaftliche, soziale oder kulturelle Verhältnisse aufweisen. Ihre Betreuung, Unterstützung und allfällige Eingliederung in unsere gesellschaftliche und wirtschaftliche Ordnung stellt begreiflicherweise besondere Probleme. (Bundesrat 1967, 101, Hervorhebung der Autorin)

Als Paradebeispiel solcher problematischen kulturellen ›Andersartigkeit‹ wurden im späten 20. Jahrhundert insbesondere die ›Südländer‹ angebracht (Kury 2010, 6–7). Dies erläutert der Vorsteher der damaligen Fremdenpolizei des Kanton Berns, Marc

---

33   Neben der Beschränkung des Ausländeranteils ging es Schwarzenbach auch darum, die Schweiz vor »fremden Einflüssen wie Kommunismus, Grosskapitalismus, der Frauenemanzipation und einer wachsenden Arbeitsmigration zu schützen« (Kury 2010, 6).

34   Maiolino handelt diese Fremdheitsdiskurse unter einem Buch mit dem Titel *Als die Italiener noch Tschinggen waren. Der Widerstand gegen die Schwarzenbach-Initiative* ab, wobei er bewusst die gegenüber Italiener*innen polemisch gebrauchte Begrifflichkeit »Tschingge« aufnimmt (2011).

Virot, 1969 in seinem Leitfaden zum Thema *Vom Anderssein zur Assimilation*, wobei nun Assimilation, anders als im ausgehenden 19. Jahrhundert, explizit nicht mehr als politische, sondern als kulturelle und auf der Basis von Verhalten angesiedelte Anpassung verstanden wurde.³⁵ Die ›Fremdheit‹ der ›Südländer‹ zeige sich gemäß Virot insbesondere in konkreten Verhaltensweisen; so sah er beispielsweise das Aufstellen von Vogelfallen oder das Verwenden von Olivenöl in der Küche als »Kennzeichen einer gering entwickelten Assimilationsfähigkeit« (zitiert in Kury 2010, 7).³⁶ Insbesondere der ›Süditalienere‹ sei ›unassimiliert‹, da er »emotional und vor allem schwärmerisch-sentimental bei uns das Gefühl ha[be], es sei in seiner Heimat alles schöner und besser« (Virot 1969 zitiert in Kury 2010, 7).

In der Fremdkonzipierung von Südeuropäer*innen in den 60er und 70er Jahren sieht Kury, »dass die ethnischen und teilweise rassischen Kriterien der Zwischenkriegszeit zumeist ethnisch-kulturellen Kriterien gewichen waren, die einen vermeintlich schweizerischen Lebensstil entwarfen« (2010, 7). Auch Fischer und Dahinden sprechen von einer Kulturalisierung des Überfremdungsdiskurses in dieser Zeit (2016, 12) und die kulturwissenschaftlich arbeitende Forscherin Stefanie Boulila spricht von einem »epistemic move from race to culture« (2019, 1403). Der Wandel in der Konzeptualisierung von ›Fremdheit‹ kann als Konsequenz der Ablehnung der ›Rassenbegrifflichkeit‹ im Verlauf des 20. Jahrhunderts und insbesondere nach dem Zweiten Weltkrieg gewertet werden.³⁷ Gleichzeitig wird von zahlreichen Forschenden darauf hingewiesen, dass der begriffliche Wandel nicht zu einem durchlässige-

---

35 Dies zeigt folgender Ausschnitt aus dem Bericht des Bundesrates: »Unter Assimilation ist die Anpassung an unsere Lebensweise, an unsere Anschauungen, Sitten und Gebräuche zu verstehen. Der Assimilationsvorgang spielt sich im Innenleben des Menschen ab und benötigt längere Zeit. Die Assimilation wird gefördert durch Toleranz, gleiche wirtschaftliche Chancen und kulturelle Ähnlichkeiten. Verhindert oder erschwert wird sie durch Absonderung, allzu grosse Kulturunterschiede, Überlegenheitsgefühle sowie durch die Befürchtung, die Ausländer würden das Eigenleben der einheimischen Bevölkerung bedrohen.« (Bundesrat 1967, 102)

36 Grundsätzlich ging es in diesem Leitfaden darum, dass Ausländer*innen die eigenen »Leitbilder« vergessen sollten und sich Schweizer Dogmen anpassen sollen, so z.B. »Pünktlichkeit, Genauigkeit, Gründlichkeit, Ordnung, Perfektion, Ehrlichkeit, Sauberkeit, Ruhe, Gewissenhaftigkeit, Zucht, Disziplin, Bürgerlichkeit, Solidarität, Verantwortungssinn, sozialer Friede« (Kury 2010, 6–7). In diesem Sinne sind die Ausführungen im Leitfaden *Von Andersartigkeit zu Assimilation* als exemplarisch für Darstellungen von ›fremd‹ und ›eigen‹ und damit für diskursive Identitätsprozesse zu sehen.

37 In derzeitigen deutschsprachigen Diskursen und in der Schweizer Öffentlichkeit ist diese Widerlegung von ›Rasse‹ als Wissenskategorie größtenteils unumstritten und die explizite Referenz zu ›rassischer‹ Differenz weitgehend inexistent (Boulila 2019, 1407). Zusammen mit einer post-1945 etablierten Ablehnung des nationalsozialistischen ›Rassenprojekts‹ resultierte dies in einer expliziten Abwendung von und Tabuisierung der Rassenbegrifflichkeit in der westdeutschen Öffentlichkeit (Chin et al. 2009, 3–19). Siehe auch Kapitel 5.3.2.1.

ren oder weniger statischen Konzept von ›Fremdheit‹ geführt hat.³⁸ So wird davon ausgegangen, dass Rassismus nicht verschwunden, sondern »nach den Erfahrungen des Nationalsozialismus und der Shoah seit den 1970er-Jahren ›kulturalisiert‹ wurde, indem biologische Komponenten durch kulturelle Zuschreibungen ersetzt wurden« (Kury 2010, 7).³⁹ Dies bezeichnet die unter anderem im Bereich Ethnic und Gender Studies tätige Professorin El-Tayeb als »new racism«; »the rise of ›Culture‹ with a capital C [...] may be most notable in the extent to which it has replaced race in discourses directed at migrants and minorities« (2011, 83).⁴⁰ Die diskursive Darstellung herkunftsspezifisch konzipierter ›Fremdheit‹ via ›Kultur‹ beruht dabei häufig auf essentialistischen und homogenen Konzeptionen von ›Kultur‹, in welchen Differenz als unabänderbar und über Generationen hinweg vererbbar gedacht wird (Fassin 2012, 288; Yuval-Davis 2011, 21).⁴¹

---

38   Dies könnte unter anderem daran liegen, dass das Verschwinden der Begrifflichkeit aus öffentlichen Diskursen oft nicht mit einer Aufarbeitung der langjährigen, wirklichkeitskonstituierenden Wirkungsweisen des Konzeptes ›Rasse‹ einherging (Boulila 2019, 1406). Forschende wie Goldberg und El-Tayeb haben darauf hingewiesen, dass in europäischen Identitätsprozessen trotz expliziter Ablehnung des Rassenbegriffs oft weiterhin gleichsam Gruppen, die historisch via biologisch-rassifizierenden Differenzdarstellungen anvisiert wurden, ausgeschlossen werden (El-Tayeb 2015; Goldberg 2008). Michel und Honegger sprechen in den Kontexten von Frankreich und der Schweiz von einem »shift« nach dem Zweiten Weltkrieg, wobei ›Rasse‹ zwar einerseits tabuisiert wurde, aber andererseits bestehende Vorstellungen von ›rassischer‹ Differenz insbesondere in der Darstellung des nationalen ›Selbst‹ als Weiß weiterwirkte (Michel und Honegger 2010, 428). Die Bestrebungen, explizite Referenzen zum Konzept ›Rasse‹ aus politischen, akademischen und alltäglichen Öffentlichkeiten in Europa zu entfernen, wird von diesen Kritiker*innen »nicht als Zeichen der Abwesenheit von Rassismus, sondern als [...] Hindernis für dessen wirksame Adressierung« (El-Tayeb 2015, 24) gewertet.

39   Weedon spricht in dieser Hinsicht beispielsweise von »cultural racism« (Weedon 2004, 157), Stoler von »new racism« (Stoler 1995, 24), Kury bringt, mit Rückgriff auf den französischen Philosophen Pierre-André, den Begriff »differentieller Rassismus« an (2010, 7). Zu weiterer Literatur zu »new racism« siehe Fassin (2012), Modood und Werbner (1997), Stolcke (1995).

40   In diesem Sinne spricht die Eidgenössische Kommission gegen Rassismus von »modernem Rassismus«: »Der moderne Rassismus tendiert dazu, das Unterscheidungskriterium einer biologischen ›Rasse‹, welches durch die genetische Forschung als inexistent belegt wird, mit dem des ›kulturellen Unterschieds‹ zu ersetzen. Dabei wird ein totalisierender Kulturbegriff verwendet, der sich besonders auch für qualitative Vergleiche und Hierarchisierungen verschiedener Kulturen eignet. [...] Kultur [wird] als eine statische, homogene und abgrenzbare Einheit konzipiert. Dadurch werden Migrantinnen und Migranten auf bestimmte ›Traditionen‹ und ›Eigenarten‹ oder eben ›kulturelle Identitäten‹ festgeschrieben.« (EKR 1996, 3)

41   Yuval-Davis weist hier beispielsweise darauf hin, dass, obwohl die »verdiente Staatsbürgerschaft« in Europa angeblich nichts mit ›Rasse‹ zu tun habe und sich vielmehr auf ›Kultur‹ beziehe, es in Wirklichkeit oft nicht möglich ist, zwischen den beiden zu unterscheiden, denn: »Different discourses of belonging can be collapsed together or reduced down to each other in specific historical cases« (2011, 21).

Darüber hinaus stützte sich der Überfremdungsdiskurs der 60er und 70er Jahre auf geschlechtsspezifische Vorstellungen der neu kulturalisierten Differenz zwischen dem Schweizerischen ›Selbst‹ und den problematisierten ›Fremden‹ (Fischer und Dahinden 2016, 13). So waren es beispielsweise für Schwarzenbach und seine Mitstreiter*innen die »braunen Söhne des Südens« (Maiolino 2011), die als (sexuelle) Bedrohung für Schweizer Frauen und Mädchen dargestellt wurden, und gleichzeitig die italienischen Frauen, die für den prophezeiten demografischen Wandel verantwortlich seien, da sie »prone to having more children than native Swiss women« (Fischer und Dahinden 2016, 13) seien.[42] Diese Darstellungen weisen darauf hin, dass zwar das Konzept der ›Überfremdung‹ eine Schweizer Partikularität darstellte und der Fokus auf Italiener*innen als ›Fremde‹ im Kontext der Arbeitsmigration in der Nachkriegszeit anzusiedeln ist, sich jedoch Konkretisierungen von Fremdheitsdarstellungen auf transnationale Diskurse berufen. Spezifisch sehen Fischer und Dahinden in der erwähnten Darstellung dunkelhäutig-phänotypisierter (»braune Söhne des Südens«) italienischer Männer als sexuelle Aggressoren eine Parallele zu kolonialen Differenzsemantiken (2016, 13).

In der kulturalisierten Fremdkonzipierung von Südeuropäer*innen wurde letztlich auch die Religion als Differenzkategorie herangezogen:

> Gerade Südländer haben etwas die Tendenz zur Übertreibung: sie singen zu laut und sind etwas theatralisch. Dies fällt aber nur auf, wenn sie in Gruppen auftreten, so sie Gelegenheit haben, einem übertriebenen Bilderkult zu huldigen oder öffentliche Prozessionen mit Lamentationen durchzuführen. (Virot 1969 zitiert in Kury 2010, 7)

Der negative Verweis auf einen »übertriebenen Bilderkult« und »theatralische« Emotionalität erinnert an ähnliche Vorwürfe gegenüber als ›kulturell inkompatibel‹ dargestellten Katholik*innen in innerschweizerischen Kulturkampf-Debatten des 19. Jahrhunderts (Behloul 2012; Bitter und Ullmann 2018; Bürgin 2021; Stadler 1984).

3.2.3 Exkurs: Der Schweizer Kulturkampf

Mit dem Begriff Kulturkampf in der Schweiz werden Konflikte zwischen Staat und katholischer Kirche im Nachgang des ersten Vatikanischen Konzils (1864–1870) gefasst. Die im Konzil als Dogma festgelegte Unfehlbarkeit des Papstes führte zu Wi-

---

42   Mit Blick auf derzeitige Diskurse soll hier angemerkt werden, dass in damaligen Darstellungen von ›Fremdheit‹ Geschlechterdifferenzen und Geschlechterverhältnisse nicht in derselben Weise herangezogen wurden. Vielmehr war die gesellschaftliche Differenzierung und klassische Rollenzuschreibung zwischen Männern und Frauen in Selbstdarstellungen der Schweizer*innen als auch in der Darstellung von Migrant*innen gleichermassen präsent (Fischer und Dahinden 2016, 10).

derstand vonseiten ›liberaler‹ politischer Strömungen und zu einer konfliktbehafteten Auseinandersetzung hinsichtlich der politischen Stellung von Katholiken (Bürgin 2021). Die Konflikte spiegelten sich auch in vermehrten Spannungen innerhalb des katholischen Lagers, insbesondere zwischen romtreuen (›ultramontanen‹) und romkritischen (›liberalen‹) katholischen Strömungen (Bürgin 2019, 313–315). Übergreifend ging es beim Kulturkampf, den Stadler als »Investiturstreit des 19. Jahrhunderts« (1984, 21) bezeichnet, um die Frage nach dem Verhältnis zwischen Kirche und Staat, wobei gerade die Stellung der katholischen Kirche in den Fokus rückte.

Der Kulturkampf als »grosse Auseinandersetzung zwischen Staat und Katholischer Kirche« (Stadler 1984, 21) führte bei einem großen Teil der Schweizer Bevölkerung zu einer Wahrnehmung der Katholik*innen als »foreign or owing allegiance to foreign authorities« (Bitter und Ullmann 2018, 3). Behloul weist darauf hin, dass sich die Thematisierung von Religion als wichtige Wahrnehmungs- und Bewertungskategorie hinsichtlich eines ›friedlichen Zusammenlebens‹ sowie der normativen Einbindung in die Gesamtgesellschaft in damaligen antikatholischen Diskursen in Deutschland und der Schweiz verfestigte (2012, 11). So zitiert er Robert Virchow, einen linksliberalen Politiker aus Deutschland, der 1872 die Katholiken als ›antimodern‹ und ›fremdartig‹ (»undeutsch« und »römisch«) bezeichnete (Behloul 2012, 11). Während in dieser Zeit das Christentum generell als »the most civilized and highly developed historic form of ›religion per se‹« (Behloul 2012, 12) dargestellt wurde, zeigen Kulturkampf-Narrative, dass die Vorstellung des ›modernen‹ Christentums sich teils auf eine spezifisch protestantische, individualisierte Version der christlichen Religion bezog (Stadler 1984). Diese Instrumentalisierung einer spezifischen Konfessionszugehörigkeit in der Repräsentation eines ›problematischen‹ Anderen wird als Konfessionalismus bezeichnet (Bürgin 2020).

In den für die vorliegende Studie analysierten Mediendebatten rund um Muslim*innen in der Schweiz sind Hinweise auf das normative Heranziehen einer individualisierten Version von Religion (siehe Kapitel 6.2) ersichtlich, es fehlt jedoch weitgehend die explizite Erwähnung einer spezifischen Konfession. In der vorliegenden Studie wurden die Feinheiten und Hinweise auf Schweizer-Kulturkampf-Diskurse in den analysierten Mediendebatten nicht vertieft untersucht. Es soll an dieser Stelle jedoch hervorgehoben werden, dass die Instrumentalisierung von religiöser Zugehörigkeit in Auseinandersetzungen mit ›dem Anderen‹ eine lange Geschichte hat und die zeitgenössischen Debatten vor dem Hintergrund dieser Geschichte angesehen werden sollten. Entsprechende Forschungen haben das Potenzial, die Konstruktionen von nationaler Zugehörigkeit entlang selektiver Momente kollektiven Erinnerns herauszuarbeiten (Bürgin 2021, 113ff.) und aufzuzeigen, wie historische Kontinuität als Legitimationsgrundlage für gewisse »Othering«-Narrative herangezogen werden kann.

3.2.4 Die Negativbewertung von Migrant*innen seit den 80er Jahren

Seit den 80er Jahren haben sich verschiedene Entwicklungen in der Schweizer Ausländerpolitik gleichzeitig durchgesetzt. So gab es erfolgreiche Bestrebungen, Einbürgerung zu vereinfachen, indem beispielsweise im Jahr 1991 die doppelte Staatsbürgerschaft anerkannt wurde. Dies führte zu einem raschen und nachhaltigen Anstieg bei den Einbürgerungen (Kury 2010, 8). Zudem hoben Bundesrat und Parlament 1990 die offizielle Assimilationsforderung auf, denn es könne nicht verlangt werden, dass ein*e Einbürgerungsbewerber*in die »bisherige Identität ablegt und in eine andere Haut schlüpft« (Bundesrat 1990, zitiert in Kury 2010, 8).[43]

Gleichzeitig hat sich seit 1991 die Schweizerische Volkspartei (SVP) von einer konservativ-bürgerlichen zu einer rechtsnationalistischen Partei gewandelt und als führende Akteurin in der Migrationspolitik etabliert, die spätestens seit 2000 zur größten Partei der Schweiz wurde (Kury 2010, 8; Fischer und Dahinden 2016, 14). Durch die dauerhafte Negativbewertung der Migration als Problem und Konfliktthema führte die SVP, so Kury, die Tradition der Überfremdungsbekämpfung weiter, ohne dass der Begriff an und für sich weiterhin im Zentrum steht (2010, 9).[44] Auch seltener wurde die Zuschreibung ›nicht assimilierbar‹ verwendet und stattdessen über ›Kompatibilität‹ und ›Integrationswille‹ diskutiert. In der Problematisierung von Migration waren weiterhin kulturalisierte Vorstellungen von ›Überfremdung‹ zentral, die sich spätestens seit 1991 nicht mehr auf populistische Initiativen oder Kampagnen der SVP beschränkten, sondern in offiziellen Debatten auf Parlaments- und Bundesratsebene Verwendung fanden (Fischer und Dahinden 2016, 14). Ein Beispiel hierfür sehen Fischer und Dahinden (2016, 14) in dem 1991 vom Bundesamt für Wirtschaft und Arbeit herausgegebenen Bericht zur Ausländer- und Flüchtlingspolitik, insbesondere in dem darin vorkommenden Drei-Kreise-Modell.

Dieses Modell teilte die Länder der Welt in drei Kreise ein, mit denen mehr oder weniger Freizügigkeit im Personenverkehr angestrebt werden sollte. Freizügigkeit respektive teilgeregelte Mobilität wurde mit Staaten aus dem ersten Kreis (Europäische Union (EU) und Mitglieder der Europäischen Freihandelsassoziation (EFTA)) und dem zweiten Kreis (USA, Kanada, Australien und Neuseeland) angestrebt. Aus dem dritten Kreis war Migration grundsätzlich nicht vorgesehen, außer im Falle hochqualifizierter Fachkräfte. Dies wurde unter anderem damit begründet,

---

43 Seither hat sich in der staatlichen Ausländerpolitik der Begriff der ›Integration‹ als Terminus etabliert (Kury 2010, 8).

44 Beispielsweise weist Kury darauf hin, dass vonseiten der SVP wiederholt auf Argumentarien der Überfremdungsbekämpfung, wie die Bedrohung durch demografischen Wandel sowie der Grundsatz angeblicher ›Integrationsunfähigkeit‹, zurückgegriffen wird (2010, 10).

dass Personen aus diesen Ländern kulturell ›andersartig‹ und potenziell ›inkompatibel‹ seien, weil sie nicht aus dem »gleichen, im weitesten Sinne europäisch geprägten Kulturkreis« (Bundesratsbotschaft, zitiert in EKR Stellungnahme 1996, 2) stammen.[45]

Das Konzept wurde seither von diversen Seiten kritisiert, so beispielsweise in einer Stellungnahme der Eidgenössischen Kommission gegen Rassismus im Jahr 1996, welche die »Begründung der angeblichen Nichtintegrierbarkeit von Angehörigen des Dritten Kreises [über den] Begriff ›kulturelle Distanz‹« als Argument delegitimierte: Es sei »historisch [...] bereits derart oft aufgeführt und später von den Tatsachen widerlegt worden, dass ihm aus wissenschaftlicher Sicht keinerlei Beweiskraft zukommt« (EKR 1996, 3). Die Kritik am Drei-Kreise-Modell weist einerseits explizit auf das langjährige Vorhandensein der Vorstellung räumlich-zeitlicher ›Fremdheit‹ hin, mit welchem seit der Kolonialzeit verschiedene Menschengruppen jeweils spezifisch als ›fremd‹ positioniert wurden. Andererseits wird mit Rückgriff auf ehemals als ›nicht assimilierbar‹ dargestellte Menschen, so in der Schweiz prominenterweise die ›Südländer*innen‹ aus Italien, darauf hingewiesen, dass die Zuschreibung von ›Inkompatibilität‹ bzw. ›Nicht-Assimilierbarkeit‹ bereits mehrfach empirisch widerlegt worden ist.[46]

3.2.5 Die Ethnisierung von Geschlechter(un)gleichheit zwischen 1990 und 2005

In der anhaltenden Problematisierung von als ›fremd‹ dargestellten Menschengruppen haben sich Geschlechterverhältnisse zwischen 1990 und 2005 immer mehr zu einem »important signifier of cultural difference« (Fischer und Dahinden 2016, 12) etabliert. Die Thematisierung von ›erfolgreicher Integration‹ betonte dabei vermehrt geschlechtsspezifische Aspekte; so lag der Blick zunehmend auf der Kriminalitätsprävention hinsichtlich migrantischer Männer sowie den Bedürfnissen migrantischer Frauen (Fischer und Dahinden 2016, 15). Im Vergleich zu den geschlechtsspezifischen Darstellungen der ›Überfremdungsbedrohung‹ in den 60er und 70er Jahren verschob sich der Fokus nun auf die Frage der Geschlechter(un)gleichheit innerhalb migrantischer Gruppen, die mit der neu als typische

---

45 Fischer und Dahinden weisen nicht nur darauf hin, dass das Modell zwischen ›desirable‹ und ›undesirable‹ Migrant*innen unterscheidet, sondern erwähnen auch, dass diese Unterscheidung zu einem Unterschied in der begrifflichen Benennung von Einwanderbewegungen führt: Die Bewegung ›akzeptabler‹ Personen des ersten und zweiten Kreises wird häufig als ›Mobilität‹ bezeichnet, jene von Personen des dritten Kreises als ›Migration‹ (Fischer und Dahinden 2016, 14).

46 In diesem Sinne scheint es mir sinnvoll, die kolonialen Darstellungen von einer tendenziell im ›Süden‹ und ›Osten‹ situierten ›Fremdheit‹ per se zu überdenken, anstatt die problematisierte ›Fremdheit‹ durch ein neues Kreismodell geografisch zu konkretisieren.

Schweizer Eigenschaft etablierten Geschlechtergleichheit kontrastiert wurden (Fischer und Dahinden 2016).

Im Rahmen des NCCR-Forschungsprojekts »on the move« untersuchen Dahinden et al. (2018) diese Entwicklung unter dem Stichwort *Gendernationalismus*. Sie sehen die Heranziehung von normativen Vorstellungen von Geschlechter(un)gleichheit in nationalisierenden Identitätsprozessen beispielsweise in Darstellungen eines Emanzipationsdefizits bei Migrantinnen und von Geschlechterungleichheitsverhältnissen in migrantischen Familien (Dahinden et al. 2018). Als konkretes Beispiel hiervon geben sie die Broschüre »Grundregeln des Zusammenlebens des Kantons Luzern« an, die an Asylsuchende ausgegeben wird. Diese Broschüre beinhaltet die erklärenden Worte »Frauen und Männer sind in der Schweiz gleichberechtigt« (Dahinden et al. 2018). Damit wird geschlechtsspezifische Gleichberechtigung explizit als Merkmal der Schweiz hervorgehoben sowie im Rahmen der Belehrung/Bildung von Asylsuchenden als erklärungsrelevant postuliert.

Die Selbst-Identifikation mit Geschlechtergleichberechtigung sowie Darstellung einer problematischen Stellung der Frau bei Migrant*innen erinnert an koloniale Instrumentalisierungen der ›Frauenfrage‹. Darüber hinaus ist das Heranziehen von geschlechtsspezifischen Normen in der Ausländer- und Migrationspolitik nicht ein schweizspezifisches Phänomen, sondern vielmehr Teil eines transnationalen Diskurses. So zeichnet Abu-Lughod im Kontext der US-amerikanischen post-9/11 »war on terror« eine Rhetorik nach, in der unter anderem die Befreiung afghanischer Frauen zur Legitimation militärischer Intervention hinzugezogen wurde (2002, 784).[47] In dieser zeitgenössischen Fokussierung auf »*Muslim* women [who] need saving« (Abu-Lughod 2002, 788–789, Hervorhebung der Autorin) ist eine spezifisch säkularistische Weiterführung kolonialer Instrumentalisierungen der ›Frauenfrage‹ zu sehen, in welcher spezifisch religiöse und insbesondere muslimische Frauen als rettungsbedürftig dargestellt werden. Dasselbe Fortschrittsnarrativ kann in derzeitigen Ausschlussmechanismen Europas, und individueller europäischer Nationen, gegenüber muslimischen Migrant*innen aufgezeigt werden (Amir-Moazami, Jacobsen und Malik 2011; El-Tayeb 2011; Fassin 2012, 2010). Geschlechterungleichheit als Differenzmerkmal kann dabei generell gegenüber migrantischen Gruppen verwendet werden, es wird jedoch im Rahmen derzeitiger transnationaler Diskurse vermehrt in Relation zu Muslim*innen platziert.

---

47 Als illustratives Beispiel nennt Abu-Lughod die Ansprache von US-Präsidentengattin Laura Bush, in der sie sagte: »Because of our recent military gains in much of Afghanistan, women are no longer imprisoned in their homes. They can listen to music and teach their daughters without fear of punishment. The fight against terrorism is also a fight for the rights and dignity of women.« (2002, 784)

3.3 Islam als ›das Fremde‹ in Schweizer Mediendiskursen

Während in der Schweiz historisch verschiedenste Menschengruppen als ›fremd‹ dargestellt worden sind, haben sich in den letzten drei Jahrzehnten insbesondere Differenzdarstellungen vis-à-vis muslimischen Personen etabliert. Im Folgenden steht daher zuerst ein kurzer demografischer Überblick über in der Schweiz lebende Personen muslimischer Religionszugehörigkeit. Daran anschließend wird der derzeitige Forschungsstand zu medialen Debatten zum Islam und zu Muslim*innen in der Schweiz erläutert.

3.3.1 Demografischer Kontext: Muslim*innen in der Schweiz

Der muslimische Bevölkerungsteil in der Schweiz ist seit den 1970er Jahren angestiegen und machte im Jahr 2019 5,3 % der Wohnbevölkerung aus (Bundesamt für Statistik 2019). Dieser Kategorie gehören Personen mit vielfältigen religiösen Praktiken und Glaubensformen sowie vielfältigen Nationalitäten an (Bundesamt für Statistik 2019). Im Folgenden soll der Wandel und momentane demografische Stand der muslimischen Bevölkerung in der Schweiz skizziert werden. Dies erfolgt basierend auf mehreren zwischen 2000 und 2010 publizierten Überblicksstudien zu Muslim*innen in der Schweiz (Allenbach und Sökefeld 2010; Behloul und Lathion 2007; Gianni und Lathion 2010; Gianni et al. 2005; Purdie, Gianni und Jenny 2009) sowie auf aktuellen Erhebungen der Religionslandschaft in der Schweiz durch das Bundesamt für Statistik (Bundesamt für Statistik 2021, 2020b, a, 2019).

Die Präsenz von Muslim*innen in der Schweiz ist spätestens durch die seit 1946 dokumentierte Ahmadiyya-Bewegung ersichtlich, die in Zürich im Jahr 1963 die erste Moschee in der Schweiz eröffnete (Allenbach und Sökefeld 2010, 12). Während 1970 16.300 Muslim*innen (0,26 % der Bevölkerung) in der Schweiz lebten, wuchs diese Zahl auf 2,21 % im Jahr 1990, 4,26 % im Jahr 2000 (Allenbach und Sökefeld 2010, 12) und 5,3 % im Jahr 2019 (Bundesamt für Statistik 2010). Gewachsen ist die muslimische Bevölkerung in der Schweiz vor allem durch verschiedene Migrationsbewegungen (Behloul und Lathion 2007, 197–198). In den Sechzigerjahren immigrierten Arbeitskräfte mit muslimischer Religionszugehörigkeit aus der Türkei und bald darauf aus dem damaligen Jugoslawien (Gianni und Lathion 2010, 17). Die zweite Migrationsbewegung war in einer Gesetzesänderung begründet, die den Familiennachzug bewilligte, womit in den 70er Jahren vermehrt Familienangehörige der immigrierten Arbeitskräfte zuzogen. Der zahlenmäßig größte Anstieg in den 1990er Jahren ist schließlich auf die Balkankonflikte zurückzuführen, aufgrund derer Exilsuchende aus dem früheren Jugoslawien, vorwiegend aus Bosnien und Kosovo und in einem kleineren Maße auch albanische Muslim*innen aus Mazedonien in die Schweiz kamen (Allenbach und Sökefeld 2010, 13; Gianni und Lathion 2010, 18). Seither sind weitere Muslim*innen nicht nur durch Kinder und Enkelkinder hinzugekommen, sondern auch durch Konversionen zum Islam (Allenbach und Sökefeld 2010, 13; Gianni und Lathion 2010, 18).

Der Blick auf die Migrationsbewegungen weist bereits auf ein erstes wichtiges Merkmal der muslimischen Bevölkerung in der Schweiz hin: ihre Heterogenität. Bezüglich ihrer nationalen Zugehörigkeit stammte 2019 der größte Teil der nicht-schweizerischen Muslim*innen in der Schweiz aus Balkanstaaten[48] (36 % der muslimischen Bevölkerung), ein kleinerer Teil aus der Türkei (11 %) und jeweils ein geringer Anteil aus dem Mittleren Osten[49] (4 %), nordafrikanischen Ländern[50] (3,5 %), Subsahara-Afrika (2,5 %) sowie aus übrigen europäischen Ländern (4 %) und anderen Regionen der Welt (3 %) (Bundesamt für Statistik 2019, 9). Die Vielfalt zeigt sich dabei nicht nur in den verschiedenen Nationalitäten, sondern auch in der Vielzahl verschiedener religiöser Glaubensvorstellungen und Praktiken; so waren 2007 ungefähr drei Viertel Sunniten,[51] gefolgt von Schiiten, Aleviten und Sufis (Behloul und Lathion 2007, 198). Die zitierten Untersuchungen unterstreichen die Heterogenität der Muslim*innen in der Schweiz insbesondere »angesichts des homogenisierenden Diskurses über ›den Islam‹ in der Schweiz« (Allenbach und Sökefeld 2010, 17). Hinzufügend möchte ich hier darauf hinweisen, dass Muslim*innen in der Schweiz lediglich zu einem sehr kleinen Anteil aus nordafrikanischen Ländern oder dem Mittleren Osten stammen. Dies steht in einem wiederkehrenden Kontrast zu medialen Darstellungen ›arabischer Gesellschaften‹ als Muslim*innen in der Schweiz prägend (mehr dazu in Kapitel 6).

Während bei Muslim*innen in der Schweiz lange Zeit eine Nationalität aus verschiedenen Balkanstaaten am weitesten verbreitet war, hat sich dies in der Zeit seit 2014 verändert.[52] Derzeit, im Jahr 2019, besitzt mit 40 % der anteilsmäßig größte Teil der Muslim*innen in der Schweiz eine Schweizer Staatsbürgerschaft (Bundesamt für Statistik 2019, 9).[53] Dies ist ein starker Anstieg im Vergleich zu 1980 und 1990

---

48 Das Bundesamt für Statistik zählt hierzu Albanien, Serbien, Bosnien und Herzegowina, Montenegro, Nordmazedonien, Kosovo.
49 Das Bundesamt für Statistik zählt hierzu Irak, Iran, Israel, Jemen, Jordanien, Katar, Kuwait, Libanon, Oman, Vereinigte Arabische Emirate, Saudi-Arabien, Syrien, Palästina.
50 Das Bundesamt für Statistik zählt hierzu Algerien, Libyen, Marokko, Tunesien, Ägypten.
51 Allenbach und Sökefeld (2010, 14) weisen zu Recht darauf hin, dass auch der sunnitische Islam keine homogene Einheit bildet, sich an diesem Punkt die Vielfalt also weiter unterstreichen lässt.
52 Der kumulierte Anteil an Muslim*innen mit Schweizer Staatsbürgerschaft zwischen 2014 und 2018 betrug gemäß Bundesamt für Statistik 35,4 % (2020a).
53 Es gibt keine offiziellen Zahlen zur Anzahl Konvertit*innen in der Schweiz, da diese Zahl vom Bundesamt für Statistik nicht erhoben wird. Die Religionswissenschaftlerin Susanne Leuenberger ging 2010 in einer Schätzung davon aus, dass ca. 2,5 % aller Muslim*innen in der Schweiz Konvertit*innen sind (Bazonline, 28.06.2010).

(5,2 bzw. 5,1 %) und 2000, als der Anteil Muslim*innen mit Schweizer Staatsbürgerschaft noch 11,75 % betrug. Auf welche Faktoren dieser Anstieg zurückzuführen ist, kann hier nicht abschließend beurteilt werden. Ein möglicherweise damit zusammenhängender Umstand ist, dass die muslimische Bevölkerung in der Schweiz relativ jung ist, wobei 15- bis 34-Jährige 48 % der Muslim*innen in der Schweiz ausmachen (Bundesamt für Statistik 2019, 7–9). Diese jüngeren Generationen von Muslim*innen sind zum allergrößten Teil in der Schweiz geboren und sozialisiert und könnten eine größere Motivation zur Einbürgerung mit sich bringen. Egal aus welchen Umständen der Anstieg geschah, soll hier die Tatsache hervorgehoben werden, dass im analysierten Zeitraum zwischen 2016 und 2019 bereits mehr als ein Drittel (35–40 %) der Muslim*innen in der Schweiz Schweizer*innen waren (Bundesamt für Statistik 2020b, 2019). In einem medialen Diskurskontext, in welchem Muslim*innen oft als Synonym für Ausländer*innen gehandhabt werden und die ›Kompatibilität‹ von Muslim*innen mit der Schweiz in Frage gestellt wird, verdeutlicht diese Gegebenheit das Spannungsverhältnis zwischen problematisierenden Fremdheitsdarstellungen und der Realität von Schweizer Muslim*innen.

3.3.2 Forschungsstand: Muslim*innen in Schweizer Mediendiskursen

Im Kontext von Europa und spezifisch von westeuropäischen Ländern wurden in den letzten Jahren zahlreiche wissenschaftliche Untersuchungen publiziert, die sich insbesondere mit der Frage befassen, wie Bezüge zu religiöser und spezifisch muslimischer Zugehörigkeit in Debatten um nationale Identität vorkommen (Behloul, Leuenberger und Tunger-Zanetti 2013; Edensor 2002; El-Tayeb 2011; Korteweg und Yurdakul 2014; Weedon 2004; Yuval-Davis 2011). So haben beispielsweise Studien in Großbritannien umrissen, wie nationale Gleichheit und Differenz in Mediendiskursen rund um Muslim*innen repräsentiert werden (Aeschbach 2017; Meer, Dwyer und Modood 2010; Modood und Werbner 1997; Modood 1994). In Frankreich weist der französische Soziologe Eric Fassin auf die Verflechtung zwischen einer bestimmten, spezifisch islamkritischen Version des Säkularismus (laicité) und einer Vorstellung von ›Französischsein‹ hin (2012, 2010). Die Soziologinnen Anna Korteweg und Gökçe Yurdakul haben zudem gezeigt, wie in den Debatten rund um die Frage des Kopftuchtragens in Frankreich, den Niederlanden und Deutschland nationale Identität diskutiert und diskursiv produziert wurde (2014). Die vertieft im Bereich Islam in Deutschland forschende Literaturwissenschaftlerin Beverly Weber skizziert weiter, wie Muslim*innen das kulturell ›Fremde‹ in öffentlichen Diskursen über geschlechtsspezifische Gewalt in Deutschland verkörpern (2016, 2013). Diese Gegenüberstellung von Islam und nationaler Zugehörigkeit zeigt sich schließlich auch in kürzlich erschienenen Studien zu niederländischen respektive Schweizer Konvertit*innen zum Islam, die sich aufgrund ihrer Konversion vermehrt damit konfrontiert sehen, dass sie als Muslim*innen als nicht ›zugehörig‹ zu der jeweiligen Nation gesehen werden (Leuenberger 2013a, b; Midden 2018).

Öffentliche Diskurse, in denen die nationale ›Zugehörigkeit‹ von Muslim*innen verhandelt wird, wurden in der Schweiz bisher qualitativ wenig untersucht (Behloul 2013, 14). Dies, obwohl Problematisierungen, in welchen der Islam nicht nur als ›fremde‹, sondern als ›gefährliche‹ und ›problematische‹ Religion dargestellt wird, spätestens im Anschluss an die Terroranschläge in den USA vom 11. September 2001 (9/11) in der Schweizer Öffentlichkeit nachgezeichnet werden können (Allenbach und Sökefeld 2010; Ettinger und Imhof 2011).[54]

In einer ersten Analyse der medienvermittelten Kommunikation in Schweizer Leitmedien zwischen dem 01.01.2001 und dem 30.03.2002 erklären Medienwissenschaftler Mario Schranz und Kurt Imhof (2002) 9/11 zu einem Schlüsselereignis, welches durch eine zeitweilige Beherrschung der Schlagzeilen zu einer Kommunikationsverdichtung rund um das Thema Islam geführt hat. Als Konsequenz davon finden den »Vorgänge, die vorher keine Chance hatten, in der öffentlichen Kommunikation auf Resonanz zu stoßen, nun plötzlich Beachtung […] zum Beispiel auch der Alltag von Muslim[*inn]en in der Schweiz« (Schranz und Imhof 2002, 2). Zwischen 2001 und 2002 stellten sie dabei erst vereinzelte Berichterstattungssequenzen fest, in denen Muslim*innen negativ konnotiert oder als ›fremd‹ markiert wurden (Schranz und Imhof 2002, 4).

Zu einem ähnlichen Ergebnis kommen auch Patrik Ettinger und Kurt Imhof (2011) in ihrer im Rahmen des Nationalen Forschungsprogramms zu *Religionsgemeinschaften, Staat und Gesellschaft* (NFP 58) durchgeführten kommunikationswissenschaftlichen Längsschnittstudie der Thematisierung muslimischer Akteur*innen in Schweizer Leitmedien von 1960 bis 2009. Dabei zeigen sie auf, dass zwar in der Berichterstattung um die Iranische Revolution 1979 erstmals Muslim*innen und Islam in den Fokus rücken, sich jedoch noch kaum eine »Differenzsemantik im Sinne eines grundsätzlichen Wertekonfliktes zwischen einem fundamentalistischen Islam und westlich-demokratischen Überzeugungen« (2011, 10) findet.[55] Einer der bekanntesten Vertreter dieser Perspektive ist Samuel Huntington, der seine Thesen in den 90er Jahren mehrfach publizierte, am einflussreichsten in seinem Buch *The Clash of Civilizations and the Remaking of World Order* (Der deutsche Titel: *Kampf der*

---

54   Ettinger und Imhof zeigen auf, dass Muslim*innen in der Schweiz vor September 2001 nur äußerst selten ein Thema in der Medienberichterstattung waren und wenn, dann wurden sie als kompromissbereit dargestellt und der Umgang mit dem Islam innerhalb einer »aus der Erfahrung eigener Fundamentalismen gewachsene[n] schweizerische[n] Toleranz in Religionsangelegenheiten« (2011, 14) situiert.

55   Auch in der Berichterstattung zum Afghanistankrieg ab Ende 1979 sehen Ettinger und Imhof eher das dualistische Weltbild des Ost-West-Konfliktes als zentrale Differenzsemantik (2011, 10).

Kulturen. Die Neugestaltung der Weltpolitik im 21. Jahrhundert) (1996).[56] Huntingtons stellte in seinen Arbeiten ›den Westen‹ und ›den Islam‹ mit dem Wegfall des Kommunismus als gegenseitige Gegner dar und »als die deutliche Hauptbedrohung des jeweils anderen« (Huntington zitiert in Wäckerlig 2019, 28). Sein Paper »Clash of Civilizations« in der Zeitschrift *Foreign Affairs* führte bereits 1993, so Ettinger und Imhof, zu einer »weltweite Feuilletondebatte mit viel Widerspruch« (2011, 11). Auch in der Schweiz wurde Huntingtons These aufgegriffen, aber gleichzeitig wurde nach wie vor die Ost-West-Perspektive in der Thematisierung der Konflikte in Bosnien 1993 und Ex-Jugoslawien 1995 und 1996 herangezogen (2011, 11). Dies zeigt, dass zu diesem Zeitpunkt Huntingtons Differenzdarstellung (noch) nicht gänzlich übernommen wurde.

Die schlussendliche Durchsetzung der »clash of civilization«-Diskurslinie und damit einer grundsätzlichen Differenzdarstellung zwischen »westlichen, christlichen, schweizerischen Werten einerseits und muslimischen Werten andererseits« (2011, 6) erkennen Ettinger und Imhof jedoch erst als langfristiges Resultat einer Aufmerksamkeitsfokussierung auf muslimische Akteur*innen nach 9/11 in der Schweizer Medienöffentlichkeit. Explizit haben sie mehrere Schlüsselkommunikationsereignisse, wie die Terroranschläge in Madrid und London (2004 und 2005) und den dänischen Karikaturenstreit (2006), herausgearbeitet, welche die Opportunitätsstruktur geschaffen hätten, »die es schweizerischen politischen Akteuren – insbesondere Exponenten der SVP – sowie Medienakteuren (Die Weltwoche, Sonntagsblick) erlauben, der Problematisierung von Muslim[*innen] und des Islams an sich Resonanz zu verschaffen« (2011, 13, Hervorhebung im Original). Insbesondere den Karikaturenstreit identifizieren sie als Wendepunkt, der zu einer »nachhaltigen innenpolitischen Anschlusskommunikation führte, die eine grundsätzliche Inkompatibilität religiöser Werte *des Islams* mit dem schweizerischen Selbstverständnis und schweizerischen Institutionen behauptete« (2011, 13, Hervorhebung im Original).

Spätestens der Erfolg der Minarett-Initiative im November 2009 wird als Schlüsselkommunikationsereignis in der Dynamik der Berichterstattung gesehen, in welcher die problematisierende Differenzperspektive auf Muslim*innen in der Schweiz mehrheitsfähig wird (Ettinger und Imhof 2011, 14). Die am Minarett festgemachte Sichtbarkeit einer Minderheit wird dabei oft als »massgeblich zur Wahrnehmung von dauerhafter Anwesenheit, Differenz und damit Fremdheit« (Lüddeckens, Uehlinger und Walthert 2010, 4) beitragend konzeptualisiert. Die Lancierung der Debatte gegen den Bau von Minaretten zeigt jedoch gleichzeitig, dass Differenzwahrnehmung nicht konflikthafte Fremdheitswahrnehmung nach sich ziehen muss und es bei der Minarettdebatte nicht um eine allgemeine Ablehnung als ›fremd‹ konzipierter Religionen geht. So wurden in derselben Zeitspanne

---

56 Mehr dazu siehe Wäckerlig (2019).

unangefochtene Bauprojekte von Hindu- und Sikh-Tempeln eingereicht, die mit »wohlwollendem Exotismus« (Lüddeckens, Uehlinger und Walthert 2010, 4) begrüßt oder gar als »Beispiel für Pluralität und Weltoffenheit der Schweiz gefeiert wurden« (Allenbach und Sökefeld 2010, 11). Diese islamspezifische Thematisierung des problematisierten ›Fremden‹ wird auch in einer quantitativen Studie zur Berichterstattung zu Religionen in den Schweizer Printmedienausgaben zwischen Dezember 2007 und 2008 bestätigt,[57] die themenunabhängig negative Diskurslinien spezifisch in Bezug auf den Islam und Muslim*innen findet (Dahinden und Wyss 2009; Koch 2009, 380). Dabei wird ›der Islam‹ zu der einen, explizit ›fremden Religion‹ stilisiert.

Gleichzeitig findet in der Schweiz eine Kategorisierung von bisher ›ethnisch Anderen‹ als ›religiös‹ bzw. als ›muslimische Andere‹ statt. So zeigt der Religionswissenschaftler Oliver Wäckerlig in seiner Untersuchung der Debatte um den Minarettbau in Wangen bei Olten, dass »mit zunehmender räumlicher Distanz zu den lokalen Konflikten, [die] sich ausdrücklich ethnisch definierenden Migrant[*inn]engruppen den Minarettgegner[*innen] einheitlich als ›Muslim[*innen]‹ [erschienen], denen als ein Kollektivsubjekt konspirative Handlungsabsichten unterstellt wurden« (2014, 57–58). Dies bestätigt Samuel Behloul, der mit seinen unzähligen Studien und Publikationen eine zentrale Figur in der religionswissenschaftlichen Forschung zu Fremd- und Selbstdarstellungen von Muslim*innen in der Schweizer Öffentlichkeit ist.[58] Er zeichnet eine »Tendenz zur Überbetonung der Rolle von Religion in Kategorisierung von Migrant[*innen] und ihren Nachkommen« nach, in welcher Religion als vornehmliches »Erklärungsmuster für negative und positive Verhaltensweisen« in der Schweizer Öffentlichkeit herangezogen wird (2010, 48). In diesem Sinne habe sich Religionszugehörigkeit zu einer neuen Wahrnehmungskategorie entwickelt, mit welcher Personen in der Schweiz als ›fremd‹ dargestellt werden; so haben sich die diskursiven Zuschreibungen »vom ›Gastarbeiter‹ und ›Ausländer‹ zum ›Muslim‹« (Behloul 2010, 44) gewandelt.[59] Letztlich erklären auch die Religionsforscher Tunger-Zanetti und Rohrer in ihren jeweiligen Aufsätzen in Behloul, Leuenberger und Tunger-Zanettis Sammelband *Debating Islam: Negotiating Religion, Europe and the Self* (2013), dass Referenz zu der religiösen Identität von Muslim*innen als Marker des »paradigmatic ›others‹« in

---

57 Koch identifiziert zudem die Medienberichterstattung bezüglich Religion und Religionsgemeinschaften im Allgemeinen als unausgewogen und zeigt auf, dass die häufigsten Schweizer Berichterstattungen zu Religion(en) jene Medienbeiträge sind, in denen der Islam oder Muslim*innen thematisiert werden (2009, 367).

58 Eine Auswahl siehe Behloul (2013, 2012, 2011, 2010) sowie Behloul und Lathion (2007). Hervorzuheben ist zudem der 2013 erschienene Sammelband *Debating Islam: Negotiating Religion, Europe and the Self*, herausgegeben von Behloul, Leuenberger und Tunger-Zanetti (2013).

59 Einen sehr ähnlichen Wandel sieht Spielhaus in Deutschland, wo »zunächst eben nicht ›Muslime‹, sondern ›Gastarbeiter‹ nach Deutschland kamen« (2013, 172).

einem öffentlichen Diskurs um (Staats-)Zugehörigkeit fungiert (Tunger-Zanetti 2013, Rohrer 2013, 263).[60]

Ettinger (2017) stellt in einer von der Eidgenössischen Kommission gegen Rassismus beauftragten Studie zur Medienberichterstattung zu Muslim*innen in der Schweiz im Zeitraum zwischen 2009 und 2017 eine weitere Intensivierung der Berichterstattung spezifisch seit 2014 fest, in der sich Radikalisierung«, »Terror«, »Sicherheit« sowie »Sichtbarkeit« als politisierte Themen zu dominanten thematischen Kontexten entwickeln. Insbesondere in der Deutschschweiz ist dabei der Anteil der Berichterstattung, in der Muslim*innen problematisiert werden, gestiegen (Ettinger 2017). Ettinger sieht die mediale Thematisierung von Muslim*innen in der Schweiz als einerseits primär geprägt von politischen Kampagnen rund um Volksinitiativen; so verweist er zurück auf die Abstimmungsdebatte und den Nachhall der Minarett-Initiative 2009, sieht aber auch ähnliche Problematisierungen in der Volksinitiative für das Verhüllungsverbot im Kanton Tessin 2013 (2017, 69). Andererseits bewirken (Gewalt-)Ereignisse in Europa (Charlie Hebdo 2015, Anschläge in Paris 2015, Anschläge in Brüssel 2016) jeweils eine Intensivierung der Berichterstattung zu Muslim*innen in der Schweiz (Ettinger 2017, 69). Als seitherige Schlüsselereignisse können unter anderem die Annahme des Verhüllungsverbotes im Kanton St. Gallen (2018) und die Kampagne der im September 2017 eingereichten und 2021 angenommenen Volksinitiative für ein nationales Verhüllungsverbot interpretiert werden. Die vorliegende Studie führt die Untersuchungen mit Fokus auf den Zeitraum zwischen 2016 und 2019 fort und konzentriert sich dabei auf eine qualitative Inhaltsanalyse der spezifischen Art und Weise, in welcher Darstellungen von Muslim*innen in den Auftritte von muslimischen Frauen in öffentlichen Mediendebatten konstituiert und verhandelt werden.

3.4 Abschließende Bemerkungen

Religion wurde in der Schweiz historisch bereits seit der Kolonialzeit immer wieder als eine Differenzkategorie hinsichtlich nationaler Identität genutzt. So wurden koloniale ›Andere‹ beispielsweise entlang geschlechtsspezifischer Bilder, biologisierter Differenzmerkmale und anhand von religiösen Ritualen in ›Völkerschauen‹ dargestellt. Auch im Diskurs der ›Überfremdung‹ haben sich politische Akteur*innen bei der Darstellung gewisser Menschengruppen als ›fremd‹ und potenziell ›unassimilierbar‹ auf religiöse Verhaltensweisen bezogen. Der Fokus auf Religionszugehö-

---

60 Rohrer zeigt in der Analyse eines Antrags der Schweizerischen Volkspartei (SVP) »concerning the withdrawal of residence permits of parents keeping their children from attending obligatory swimming lessons« (2013, 277), dass der Vorstoß nicht auf einem Versuch beruht, das ›Bildungsproblem‹ zu lösen, sondern auf einer spezifischen Idee der Staatszugehörigkeit.

rigkeit und konkret auf das Muslimischsein als primärer Identifikationsfaktor von Differenz und Gleichheit auf der Ebene nationaler Identität hat sich jedoch erst in den letzten drei Jahrzehnten entwickelt. In der vorliegenden Studie wird herausgearbeitet, wie und anhand welcher Differenzkategorien Muslim*innen in hegemonialen Diskurslinien als in der Schweiz ›fremd‹ konstituiert werden und wie muslimische Frauen in der medialen Öffentlichkeit auf solche Differenzdarstellungen reagieren bzw. dazu beitragen oder sie adaptieren.

4 Daten und Methode

Der Schwerpunkt dieser Untersuchung liegt auf dem Mediendiskurs zum Thema Islam bzw. Muslim*innen in der Schweiz und insbesondere auf den Auftritten und Äußerungen von Akteurinnen, die als ›muslimische Frauen‹ positioniert an diesem Diskurs teilnehmen. Konkret analysiert diese Untersuchung dabei die Mediendokumente, in denen muslimische Frauen auftreten, die daraus hervorgehenden Diskurslinien hinsichtlich nationaler Identität und des Verhältnisses muslimischer Positionalitäten dazu sowie die Konstitution der Diskurspositionen muslimischer Frauen darin. Darüber hinaus können die inhaltlichen Beiträge, die aus der Subjekt- bzw. Diskursposition der muslimischen Frau geäußert werden, in den Blick genommen werden. Der Analysegegenstand der vorliegenden Studie ist dabei ein thematisch gefasster Deutschschweizer Mediendiskurs, in welchem nationale Identität diskursiv produziert wird.

Mein Ansatz zur Datenerhebung und -analyse kombiniert das schrittweise Vorgehen der wissenssoziologischen Diskursanalyse (Bormann und Hamborg 2016, 101–103)[1] mit David Altheides Forschungsvorgehen in der Qualitativen Medienanalyse,[2] auch Ethnographische Inhaltsanalyse (ECA)[3] genannt (Altheide und Schneider 2013; Altheide 1987a, 1987b). Resultierend aus der Synthese dieser zwei Methodenansätze gliedert sich die angewandte Mediendiskursanalyse in die drei folgenden Schritte: (1) die Identifizierung des Forschungsproblems und

---

1 Spezifisch wird die wissenssoziologische Diskursanalyse in vier Etappen durchgeführt: (1) Identifizierung des Gegenstandsbereichs, des Zeitraums und der Fragestellung, (2) die Erstellung eines umfangreichen Materialkorpus, (3) die Grobanalyse, um einen handhabbaren Analysekorpus zu erstellen, (4) die Feinanalyse (Bormann und Hamborg 2016, 101–103).

2 Altheide und Schneider beschreiben fünf Schritte: (1) die Identifizierung des Forschungsproblems und der Analyseeinheit, (2) die Entwicklung eines Datenerhebungsprotokolls und die Datenerhebung, (3) die erste Datenkodierung und Datenorganisation, (4) die qualitative Datenanalyse und (5) das Verfassen des Forschungsberichts (2013, 39).

3 Dieser Forschungsprozess ist explizit für qualitative Untersuchungen von Medienkontexten entwickelt worden und ermöglicht »tracking discourse« bzw. das Verfolgen transmedialer Diskurse (Altheide und Schneider 2013). Dabei verfolgen Altheide und Schneider bestimmte Akteur*innen, Themen und Wörter »over a period of time [and] across different news media« (2013, 117).

Konkretisierung des Gegenstandes, (2) die Datenerhebung und Erstellung eines umfangreichen Materialkorpus und (3) die Datenanalyse, bestehend aus einer Mixed-Method-Kodierung zur Erarbeitung der Partizipationspositionen und Legitimitäten muslimischer Diskursakteurinnen sowie einer qualitativen Feinanalyse zur Identifikation der Schlüsselkategorien nationalisierender Identitätsprozesse.

4.1 Forschungsproblem und Gegenstand

Um den Forschungsgegenstand praktisch zu fassen, greife ich auf ein Verständnis von Diskurs als »eine Menge von Aussagen, die dem gleichen Formationssystem zugehören« (Pieper 2006, 271) zurück. Klassische, auf Foucault zurückgehende Diskursanalysen beschränken sich dabei oftmals in der »Empirie im Wesentlichen auf Printmedien-Korpora« (Fraas et al. 2014, 104). Dabei wird einerseits das Verständnis von Diskursen als thematisch zusammengehörige Texte aufgegriffen und andererseits der Diskurs-Begriff häufig auf einer gesamtgesellschaftlichen Ebene der Interaktion angesiedelt (Fraas und Klemm 2005, 4). In der vorliegenden Herangehensweise wird der Diskursgegenstand über ein konkretes Thema sowie über eine spezifische Konzipierung öffentlicher Kommunikation eingegrenzt. Der Blick auf individuelle muslimische Diskursakteurinnen sowie der gewählte Zeitraum zwischen 2016 und 2019 grenzen den analysierten Gegenstand abschließend ein.

4.1.1 Diskurs als Perspektive

4.1.1.1 Thematische Eingrenzung

Als thematisch zusammenhängende Ensembles sind Diskurse »virtuelle Textkorpora, deren Zusammensetzung durch inhaltliche Kriterien [aus der Perspektive der Forscherin] bestimmt wird« (Fraas und Klemm 2005, 4). In einem Diskurs setzen sich dabei alle Texte mit einem gemeinsamen Thema auseinander und stehen in einem Kommunikationszusammenhang miteinander (Fraas, Meier und Pentzold 2014, 12; Konerding 2005, 9). Was mit dem Begriff des Themas genau gemeint ist, wird in verschiedenen Disziplinen diskutiert, wobei nach wie vor kein Votum einvernehmliche Zustimmung erfährt (Konerding 2005, 10). In dieser Studie wird der Forschungsgegenstand via Klaus-Peter Konerdings Ausführungen zu Diskursthemen gefasst, die er als »*spezifikationsbedürftige Wissensbestände* bei Interaktionspartnern« (2005, 10–11) definiert. Solche Themen kommen in expliziten Fragen zum Ausdruck, mit denen das zu beantwortende Spezifikationsbedürfnis ersichtlich gemacht wird (Konerding 2005, 11–12).

Um das Diskursthema im Zentrum der vorliegenden Analyse zu definieren, wurden in einer anfänglichen explorativen Forschungsphase Printmedienartikel und Fernsehsendungen zum Thema Islam in der Schweiz durchgesehen. Darauf folgte eine erste inhaltliche Analyse von drei argumentativen Mediendokumenten aus dem Jahr 2016: der Zeitschriftenausgabe des Folios der *Neuen Zürcher Zeitung* (NZZ) mit dem Titel *Muslime in der Schweiz: Wie viel Islam verträgt das Land?* (02.08.2016), der *Schweizer Radio und Fernsehen* (SRF) *Arena*-Sendung zum Thema *Angst vor dem Islam* sowie der *SRF 2-Kultur-Kontext*-Debatte *Bedroht der Islam den freien Westen?* (09.09.2016). Als gemeinsames Diskursthema identifizerte die Analyse die Verhandlung von nationaler Identität und die Darstellung von Muslim*innen im Verhältnis. Dieses Thema kann exemplarisch durch die folgende Frage charakterisiert werden:

»Gehört der Islam zur Schweiz?« (Buchtitel Jasmin El-Sonbati, 2016)

Die Formulierung dieser Frage impliziert bereits gewisse wiederkehrende Aspekte, die in der politisch öffentlichen Thematisierung rund um Muslim*innen zum Tragen kommen, so eine oft singuläre und homogenisierende Darstellung von ›dem Islam‹ sowie ein Konzept ›der Schweiz‹ als nationale Einheit, welcher Individuen und Kollektive zugehören können. Zu dieser übergreifenden Frage gehören Teilfragen, die weitere Explikationen erfordern, wie beispielsweise »Wie viel Islam verträgt das Land [die Schweiz]?« (NZZ Folio 02.08.2016), oder die Frage nach der Attribuierung (welche) und Anzahl (wie viele) Muslim*innen, die zu der Schweiz gehören (sollen/können). Die dieses Thema charakterisierenden, übergreifenden Fragestellungen im Mediendiskurs leiteten die Dokument- und Textstellenauswahl an (mehr dazu in Kapitel 4.2 und 4.3).

Die Forschungsfrage der vorliegenden Analyse hebt sich dabei von diesen emischen Fragestellungen insofern ab, als nicht nach dem Verhältnis von Muslim*innen zur Schweiz gefragt wird, sondern sich das Erkenntnisinteresse vielmehr darauf bezieht, wie in der medialen Verhandlung dieses vermeintlichen Verhältnisses konkrete Darstellungen von ›fremd‹ und ›eigen‹ bzw. vom Schweizer ›Selbst‹ sowie von muslimischen Positionalitäten darin dargestellt werden.

4.1.1.2 Zeitliche Eingrenzung: Anfang 2016 – Mai 2019

Die vorliegende Untersuchung konzentriert sich auf den Zeitraum zwischen Anfang 2016 und Mai 2019. Während der Endpunkt forschungspragmatisch durch die Laufzeit des Forschungsprojekts festgesetzt wurde, basiert der Startpunkt auf den Ergebnissen quantitativer Suchvorgänge auf der Printmediendatenbank Factiva und im SRF-Radio- und Fernseharchiv zu »Muslim*innen in der Schweiz« und »Islam in der Schweiz«. In diesen Suchvorgängen wurde eine Zunahme der Berichterstattungen seit Ende 2015/Anfang 2016 identifiziert (siehe Abb. 1).

Die Intensivierung der Medienberichterstattung zu Muslim*innen in der Schweiz schließt einerseits an bestehende Diskursthemen an (siehe Kapitel 3.3.2), wie beispielsweise ›Gewalt‹ und ›Terror‹ und die Thematisierung eines übergreifenden ›Kampf der Kulturen‹-Narrativs, und geht andererseits mit der Thematisierung prominenter Medienereignisse einher.

Abb. 1: Zeitachse Printdokumente »Islam/Muslim*innen in der Schweiz«[4]

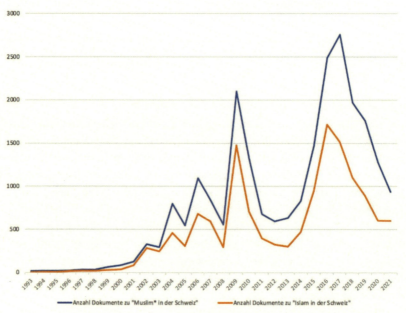

Insbesondere zwei prominent zirkulierende Medienereignisse haben den Zeitraum geprägt. Dies waren zum einen die Silvestervorkommnisse in Köln (DE) 2016, bei denen eine Reihe von sexuellen Übergriffen und Raubüberfällen gemeldet wurden, die angeblich von jungen Männern vorwiegend »nordafrikanischer oder arabischer Herkunft« (SRF Club 12.01.2016) begangen wurden.[5] Die Thematisierung dieses Vorfalls im gesamten deutschsprachigen Raum weist dabei auf den länderübergreifenden Charakter derzeitiger Islamdebatten hin. Zum anderen

---

4   Die Abbildung basiert auf Stichwortsuchen zu »Islam/Muslim*innen in der Schweiz« in der Datenbank Factiva für die Region Schweiz in deutscher Sprache. Die letzte Erhebung wurde am 31. März 2021 durchgeführt. Neben dem Anstieg an Publikationen ab Ende 2015, Anfang 2016 ist zudem ein Rückgang seit 2017 zu sehen. Ein ähnlicher Rückgang ist bei Publikationen rund um die Begriffe ›Flüchtling‹ sowie ›Flüchtlingskrise‹ zu sehen. Der Spitzenwert der Publikationen rund um 2009 ist auf die Debatte um die Minarett-Initiative zurückzuführen. Zudem ersichtlich ist eine graduell ansteigende Thematisierung von »Islam/Muslim*innen in der Schweiz« seit 2001.
5   Für einen genauen Überblick über das ›Ereignis Köln‹ siehe z.B. Dietze (2016).

wurde ein Vorfall in der Kleinstadt Therwil in Basel, bei dem zwei Schuljungen sich aus religiösen Gründen weigerten, ihrer Lehrerin die Hand zu schütteln, zu einem Schwerpunkt medialer Aufmerksamkeit.[6] In beiden Debatten erregten geschlechtsspezifische Darstellungen vom schweizerischen ›Selbst‹ und muslimischer Differenz Aufmerksamkeit und wurden mit Repräsentationen von Muslim*innen als ›Flüchtlinge‹ und Migrant*innen im Kontext eines allgemeinen deutschsprachigen Mediendiskurses über die sogenannte ›Flüchtlingskrise‹ verknüpft. Gemeinsam war diesen zwei Debatten insbesondere der neue bzw. wiederaufgefrischte Fokus auf geschlechtsspezifische Diskussionspunkte, anhand derer kollektive Gleichheit und Differenz dargestellt wurde, so beispielsweise in der Thematisierung vermeintlich unterschiedlich ausgeprägter Geschlechterverhältnisse oder dem ›Frauen- bzw. Männerbild‹ im Islam.

4.1.2 Diskurs als Gegenstand: Deutschschweizer Medienplattformen

Neben der thematischen und zeitlichen Fokussierung wird der Forschungsgegenstand in der vorliegenden Untersuchung über die Ebene der Medienöffentlichkeit eingegrenzt. Wie in Kapitel 2 erläutert gehören dazu Medieninstitutionen der komplexen, massenmedialen Öffentlichkeit sowie Teilöffentlichkeiten auf Online-Plattformen wie Webseiten, Blogs und soziale Medien. Im Folgenden wird der thematisch eingegrenzte Mediendiskurs im historisch und situativ spezifischen Kontext des gegenwärtigen Deutschschweizer Mediensystems und -konsums eingeordnet und als empirischer Gegenstand konkretisiert.

4.1.2.1 Eingrenzung Deutschschweiz

Der Fokus auf ausschließlich deutschsprachige Mediendebatten basiert auf Überlegungen hinsichtlich der Kleinstaatlichkeit sowie der Mehrsprachigkeit des Schweizer Mediensystems (Künzler 2013, 25–35). Charakteristisch für Kleinstaatlichkeit ist eine geringe Marktgröße, die zu einer Ressourcenknappheit führt. In der Schweiz wird diese Knappheit aufgrund der weiteren Aufteilung des Medienmarktes in die vier Sprachregionen (Deutsch, Französisch, Italienisch und Rätoromanisch) noch weiter verschärft (Künzler 2013, 28). Des Weiteren begünstigt die Nähe zu großen, gleichsprachigen Nachbarländern eine relativ hohe Nutzung ausländischer Medieninhalte (*Spill-over-Effekt*) (Künzler 2013, 30–32). Gemeinsam mit einer potenziell engen Wirtschaftsbeziehung zu diesen Ländern kann die Vielzahl ausländischer Medienprogramme zu einer vermehrten Auslandsorientierung kleinstaatlicher Medienmärkte führen (Künzler 2013, 34).

---

6   Zu Genauerem zur nationalen sowie transnationalen medialen Thematisierung des Vorfalls in Therwil siehe Aeschbach (2021) und Stahel (2021), (2018).

In der Schweiz wurde diese Nähe zu den sogenannten *Next-Door-Giants*, die Nähe also zu je nach Sprachregion Deutschland, Frankreich oder Italien, empirisch selten geprüft (Künzler 2013, 34). Eine Studie, welche die Nähe im Sinne einer vermehrten Referenz zu dem besagten Land untersuchte, konnte eine solche Tendenz nur für die in der Westschweiz untersuchte Zeitung »Le Journal« bestätigen (Künzler 2013, 34). Andere Studien kommen jedoch zum Schluss, dass sich die Medienberichterstattungen der einzelnen Sprachregionen, zumindest in bestimmten inhaltlichen Debatten, unterscheiden. So hat Ettinger 2017 in Schweizer Printmedien eine Zunahme der distanzierenden Tonalität gegenüber Muslim*innen festgestellt und gezeigt, dass insbesondere in der deutschsprachigen Schweiz der Anteil der distanzbildenden Berichterstattung, die ›den Islam‹ als homogene und ›fremde‹ Einheit problematisiert, deutlich gestiegen ist (Ettinger 2017). Ein ähnlich sprachregional spezifisches Bild zeigt die Debatte zum erwähnten Therwil-Fall. Dieser Fall der zwei Schüler, die ihrer Lehrerin die Hand nicht reichen wollten, wurde in den Deutschschweizer Medien breit thematisiert, fand in der französischsprachigen Schweiz jedoch weniger Beachtung.[7] Die Hypothese liegt nahe, dass die inhaltlichen Unterschiede zwischen den Sprachregionen sich, zumindest teils, aus einer Orientierung an ähnlichen thematischen Diskursen in den gleichsprachigen Next-Door-Giants ergeben könnten. Zudem berichtet das 2019 erschienene *Jahrbuch Qualität der Medien* des Forschungsinstituts Öffentlichkeit und Gesellschaft der Universität Zürich (fög), dass sich die Medienberichterstattung innerhalb der Sprachregionen der Schweiz zu einem großen Teil selbstreferentiell verhält (fög 2019, 70). Insbesondere in der Deutschschweiz werden in den Medien dabei fast ausschließlich andere Deutschschweizer Medientitel zitiert (93 %), publizierte Inhalte anderer Sprachräume werden in der Regel selten aufgenommen (fög 2019, 70).

Für die vorliegende Studie bedeutet die relative Geschlossenheit der verschiedenen Sprachräume und die Präsenz relevant unterschiedlicher Inhalte, zumindest in der Thematisierung von Muslim*innen in der Schweiz, dass sich der Fokus dieser Analyse auf deutschsprachige Diskurse beschränkt. Dies ermöglicht einen fassbaren Umfang des Datensatzes und die qualitative Erarbeitung der konkreten Darstellungen eines ›Schweizer Selbst‹ sowie des Verhältnisses von Muslim*innen dazu. In Anbetracht der schweizweiten Dominanz Deutschschweizer Medien, die auch in der Suisse romande (51 %) und der Svizzera italiana (62 %) zitiert werden (fög 2019, 70), hat die Analyse eines Deutschschweizer Mediendiskurses dabei zumindest ein Potenzial, möglicherweise schweizweit verbreitete Repräsentationen nationaler Identität zu identifizieren. Gleichzeitig limitiert diese Engführung Vergleichsmöglichkeiten zwischen den Sprachregionen, die das Herausarbeiten

---

7 Diese Aussage basiert auf zweisprachigen Stichwortsuchen zum Thema »Therwil« und »Handschlag« in der Datenbank Factiva für die Region Schweiz.

konkreter, sprachraumspezifischer Diskurslinien ermöglicht hätten. Diesem Fokus in zukünftigen Forschungsarbeiten nachzugehen, würde die vorliegenden Ergebnisse ergänzen und zu einem kompletteren Bild der nationalisierenden Identitätsprozesse in der gesamten Schweiz beitragen.

4.1.2.2 Eingrenzung Medienöffentlichkeit

In der Schweiz wird die Ebene der komplexen, massenmedialen Öffentlichkeit in erster Linie durch Presse, Radio und Fernsehen, die sich an ein breites Publikum wenden, hergestellt (Künzler 2013, 63). In seiner Analyse des Mediensystems Schweiz berichtete Künzler im Jahr 2013, dass die Ebene der komplexen, massenmedialen Öffentlichkeit in Nutzung und Reichweite einen hohen Stellenwert einnimmt, mit einer im internationalen Vergleich hohen Auflage an kostenpflichtigen Tages- und Wochenzeitungen und einem starken öffentlichen Rundfunk. In Bezug auf die Nutzungshäufigkeiten der verschiedenen Medienkategorien zeigt die Entwicklung seither einen stetigen Rückgang im Konsum von Radio, Fernsehen sowie diverser Printmedienkategorien (fög 2019, 70). Zugenommen haben demgegenüber Online-Newsangebote und seit 2016 wurde auch eine vermehrte Nutzung von Blogs sowie insbesondere von sozialen Medien zu Newszwecken nachgezeichnet (fög 2019, 70).[8] Diese Verschiebung der Mediennutzung weist auf einen Anstieg in der Relevanz verschiedener Online-(Teil-)Öffentlichkeiten hin. Gleichzeitig nutzten auch 2019 noch mehr als die Hälfte der Befragten regelmäßig Radio und Fernsehen als Informationsquellen, und Pendler- und Abonnementszeitungen gehörten am Anfang des Untersuchungszeitraums (2016) mit über 40 % zu einer regelmäßig genutzten Medienkategorie.[9] In der vorliegenden Studie liegt der Fokus daher auf den durch häufig genutzte massenmediale sowie Online-Medienangebote generierten Deutschschweizer Öffentlichkeiten. Die zugrunde liegende Annahme ist dabei, dass diese Medienkategorien durch ihre Reichweite und die ihnen zugeschriebene Relevanz maßgeblich zur Konstitution und Verbreitung von Darstellungen nationaler Identität in der Schweiz beitragen.[10]

---

8   Insgesamt zeigt die Analyse des fög jedoch, dass bei der Nutzung von sozialen Medien die Konsumation von News nicht im Vordergrund steht. Vielmehr werden soziale Medien insbesondere zur Unterhaltung sowie für Vernetzung und Kontaktpflege genutzt (fög 2019, 12).
9   Seither ist die Nutzungshäufigkeit von Pendler- und Abonnementszeitungen auf 30–40 % gesunken (fög 2019, 10).
10 Da die Untersuchung jedoch keine Daten hinsichtlich expliziter Reichweite und Wirkung der spezifischen analysierten Mediendokumente umfasst, bleibt dies eine empirisch unbestätigte These.

4.1.2.3 Eingrenzung Medienplattformen: Radio und Fernsehen

Konkret ist einer der wichtigsten Pfeiler der massenmedialen Öffentlichkeit in der Schweiz der öffentliche *Schweizer Rundfunk SRG SSR*.[11] Vom Staat beauftragt, soll der öffentliche Rundfunk gleichzeitig staatsunabhängig und im Dienste der Allgemeinheit agieren, ohne nach finanziellem Gewinn zu streben. Dabei werden einerseits konkrete Programmleistungen[12] und andererseits die kostenfreie Versorgung der Bevölkerung mit unabhängiger, fairer und ausgewogener Berichterstattung erwartet (Künzler 2013, 110–111). Damit einhergehend enthält der staatliche Auftrag die Weisung, der öffentliche Rundfunk solle einen »Beitrag zur Festigung der nationalen Identität und Integration« (Künzler 2013, 111) leisten. In diesem Sinne können die Darstellung und Verbreitung einer Vorstellung nationaler Identität als zumindest teilweise intendierter und erwarteter Effekt der Schweizer-Rundfunk-Publikationen verstanden werden. Dass dabei die SRG gemäß ihrem Auftrag die gesamte Schweiz integrieren soll, schafft eine Situation, in der die Öffentlichkeit des SRG anstatt als *eine* Öffentlichkeit unter anderen häufig als *die* Öffentlichkeit der Schweiz angesehen wird (Warner 2002, 49).[13]

Radio und Fernsehen wird in der Schweiz noch immer häufig genutzt, jedoch in der Tendenz immer mehr über digitale Kanäle. 2013 machten die von der SRG produzierten Programme ein Drittel der konsumierten Fernsehsendungen in der Schweiz aus, während die anderen zwei Drittel der Fernsehnutzung zum größten Teil von Programmen aus dem Ausland (vor allem aus den gleichsprachigen Nachbarländern) abgedeckt wurden (Künzler 2013, 180).[14] Auch in der Radionutzung hatten die vom SRG produzierten Programme in allen drei Sprachregionen den größten Marktanteil (Künzler 2013, 183).[15] Durch den digitalen Strukturwandel sinken seither die Zahlen der SRG-Nutzungen, während der Marktanteil neuer, privater Akteure (z. B. die 2019 gegründete Blick TV) steigt (fög 2019, 130). Während im Zeitraum zwischen 2016 und 2019 die SRG nach wie vor einen substanziellen Teil der

---

11 Das Akronym *SRG SSR* steht für die deutsche Bezeichnung **S**chweizerische **R**adio- und Fernsehgesellschaft gefolgt von den französischen, italienischen und rätoromanischen Bezeichnungen **S**ociété **s**uisse de **r**adiodiffusion et **t**élévision, **S**ocietà **s**vizzera di **r**adiotelevisione und **S**ocietad **S**vizra da **R**adio e **T**elevisiun.

12 Zu nennen sind hier unter anderem das Gewähren eines vielfältigen Programms in allen Landessprachen und das Einbeziehen von Minderheiten und ihren Interessen, die in kommerziellen Settings potenziell vernachlässigt werden könnten (Künzler 2013, 110–111).

13 Mehr dazu siehe Kapitel 2.3 in der vorliegenden Studie.

14 Gleichzeitig konnte Künzler in seiner Studie aufzeigen, dass sich die Nutzung ausländischer und SRG-Programme unterscheidet, wobei Erstere vor allem zur Unterhaltung und SRG-Produktionen zur Informationsbeschaffung dienen (2013, 181).

15 Darüber hinaus erläuterte Künzler, dass die von der SRG produzierten Sendungen im Vergleich zu Privatradios einen stark höheren Wortanteil bei keiner geschalteten Werbung aufzeigen, was darauf schließen lässt, dass mehr Zeit der Informationsvermittlung zugutekommt (2013, 164).

Radio- und Fernsehnutzung in der Schweiz ausmacht, könnte sich in Zukunft der Marktanteil der SRG weiter verkleinern. Es ist also in kommenden Forschungsansätzen unverzichtbar, sich bei der Auswahl der Medienplattformen erneut mit der aktuellsten Situation der sich wandelnden Medienlandschaft Schweiz auseinanderzusetzen.

Neben der Nutzungshäufigkeit ist ein weiteres Indiz für die Stellung der von der SRG produzierten Programme die Häufigkeit, mit welcher sie als Informationsmedien in anderen Schweizer Medienpublikationen zitiert werden (fög 2019, 59). Das 2019 veröffentlichte Jahrbuch zur Qualität der Medien weist darauf hin, dass in der Schweiz wenige Medien sehr häufig zitiert werden (fög 2019, 59). Dabei ist das deutschsprachige *Schweizer Radio und Fernsehen* (SRF) der SRG das am meisten genannte und zitierte Schweizer Medium (fög 2019, 63–64). Insbesondere in der Politikberichterstattung bringt das SRF vertieftere Einblicke und neue Informationen in die Schweizer Medienlandschaft ein (fög 2019, 66). In diesem Sinne kann das deutschsprachige SRF im analysierten Zeitraum als Leitmedium sowohl hinsichtlich Reichweite als auch Prestige verstanden werden.

In Bezug auf Radio und Fernsehen beschränkt sich die Erhebung daher auf die Berichterstattung des SRF. Diese beinhaltet die drei deutschsprachigen Fernsehprogramme *SRF 1*, *SRF zwei* und *SRF info* und die sechs Radioprogramme *SRF 1*, *SRF 2 Kultur*, *SRF 3*, *SRF 4 News*, *SRF Virus* (Jugendprogramm) und *SRF Musikwelle*,[16] wobei SRF 3, SRF Virus und SRF Musikwelle in dem analysierten Untersuchungszeitraum keine substanziellen Beiträge publiziert haben, in denen Muslim*innen in der Schweiz thematisiert wurden. Die Erhebung hat ergeben, dass thematisch relevante Medienoutputs, in denen mindestens eine muslimische Diskursakteurin teilnimmt, insbesondere in Sendungen des Radioprogramms SRF 2 Kultur sowie TV-Ausstrahlungen von SRF 1 vorkommen. Konkret konzentrieren sich die erhobenen Daten der vorliegenden Analyse hauptsächlich auf die folgenden acht Radio- und Fernsehformate (für eine genaue Übersicht aller Sendungen siehe Anhang 2):

---

16 Für das französischsprachige Publikum gibt es die Radio- und Fernsehprogramme der *Radio Télévision Suisse (RTS)* und die italienische Schweiz wird durch Programme der *Radiotelevisione svizzera (RSI)* abgedeckt. In der vierten Landessprache, Rätoromanisch, wird im Fernsehen jeweils durch kurze, tägliche Segmente in einigen der SRG-Programme informiert und es besteht ein rätoromanisches Radioprogramm der *Radiotelevisiun Svizra Rumantscha (RTR)*.

Tabelle 2: Übersicht über zentrale SRF-Radio- und Fernsehformate

Sendung	Beschrieb[17]
Fernsehen (SRF 1)	
Sternstunde Religion	Die *Sternstunde Religion* wird jeweils am Sonntag von 10:00 bis 11:00 Uhr ausgestrahlt. Ziel der Sendung ist es, Fragen rund um Religion zu thematisieren, »in Form von Dokumentarfilmen oder Gesprächen«.[18] Das Moderator*innenteam im Untersuchungszeitraum bestand aus Olivia Röllin, Amira Hafner-Al Jabaji und Norbert Bischofsberger.[19] Themen der analysierten Sternstunde-Religion-Sendungen waren unter anderem eine potenzielle Ausbildung für Imame in der Schweiz (17.04.2016), die Frage nach einem *Untergang des Abendlandes? Die Angst vor dem Islam* (18.01.2015) sowie die Positionierung von »liberale[n] Muslime[n]« (19.11.2017).
Club	Der *Club* ist eine ca. 75-minütige Diskussionssendung, die jeweils am Dienstagabend um 22:25 Uhr auf SRF 1 ausgestrahlt wird. Darin diskutieren jeweils 5–6 Gäste über gesellschaftspolitische Themen. Das Ziel der Sendung ist es, Gäste »mit pointierten Standpunkten und einschlägigen Erfahrungen« bzw. mit »authentischen Geschichten und [...] Fachwissen« einzuladen. Damit verbunden wird eine »Gesprächskultur mit Tiefgang« angestrebt.[20] Die für die vorliegende Studie relevanten Clubsendungen haben das Thema »Übergriffe in Köln – Zündstoff der Kulturen« (12.01.2016) sowie den Vorfall der zwei Jungen in Therwil, die ihrer Lehrerin aus religiösen Gründen nicht mehr die Hand reichen wollten, im *Club* »Toleranz ohne Grenzen?« (12.07.2016) behandelt.

---

17   Die Beschreibungen der Sendungen sind dem SRF Play Archiv (siehe https://www.srf.ch/play/tv/sendungen, letzter Zugriff 27.04.2021) sowie einzelnen SRF-Sendungsporträts (siehe z.B. https://www.srf.ch/sendungen/club/sendungsportraet-2, letzter Zugriff 27.04.2021) entnommen.

18   SRF Play Archiv, https://www.srf.ch/play/tv/sendung/sternstunde-religion?id=1451cc43-0b57-4aa2-9700-0bde073a8e25, letzter Zugriff 08.02.2021.

19   Norbert Bischofsberger arbeitet zudem im Redaktions- und Moderationsteam der *SRF 2-Kultur*-Sendung *Kontext* mit.

20   Sendungsporträt SRF *Club*, https://www.srf.ch/sendungen/club/sendungsportraet-2, letzter Zugriff 08.02.2021.

Arena	Als innenpolitische Diskussionsplattform der Schweiz soll die *Arena* einen Raum bieten, um aktuelle »Top-Themen« zu debattieren. Ziel ist es, Politiker*innen, Exponent*innen von Verbänden sowie Meinungsführer*innen aus Wirtschaft und Gesellschaft ihre Standpunkte vertreten zu lassen. Die ungefähr 75-minütigen Debatten finden vor einem Publikum statt, welches sich durch Fragen und Inputs in die Sendung einbringen kann. Im analysierten Zeitraum wurde die Sendung von Jonas Projer moderiert.[21] Im Zentrum der vorliegenden Analyse steht die *Arena*-Sendung *Angst vor dem Islam* (01.04.2016).
10vor10	*10vor10* ist eine ca. 25-minütige Nachrichtensendung, die täglich von Montag bis Freitag um 21:50 Uhr auf SRF 1 über relevante Nachrichten aus dem In- und Ausland berichtet. Die Sendung möchte durch »gut recherchierte Hintergrundgeschichten, überraschende Ansätze und starke Reportagen« Beiträge und Gesprächsstoff für öffentliche Debatten liefern und durch Schwerpunkte und Serien Themen »aus verschiedenen Blickwinkeln beleuchten«.[22] Die in dieser Untersuchung analysierten *10vor10*-Sendungen beschäftigten sich mit »Dschihadisten« (09.02.2018) bzw. Personen, die sich dem IS angeschlossen haben (05.09.2017).
Radio (SRF 2 Kultur)	
Blickpunkt Religion	Die jeweils ca. viertelstündige Radiosendung *Blickpunkt Religion* widmet sich jeden Sonntagmorgen auf SRF 2 Kultur »aktuellen Themen aus Religion, Ethik, Theologie und Kirche«.[23] Die analysierten Sendungen beinhalteten Themensegmente und Interviews zum Thema Ausbildung von Imamen (16.04.2016, 16.06.2016) und »einer Frau als Vorbeterin« (17.09.2017) sowie einer Buchrezension zu Elham Maneas 2018 erschienenem Buch *Der alltägliche Islamismus: Terror beginnt, wo wir ihn zulassen*[24] (08.04.2018).

---

21 Es gab im analysierten Zeitraum einige Stimmen, die das politische Debattenformat der *Arena* und spezifisch die Themensetzung von Jonas Projer als unausgewogen und polarisierend kritisierten (siehe z.B. Infosperber. 2016. *Arena: Das Scheitern an der Politik*, https://www.infosperber.ch/politik/schweiz/arena-das-scheitern-an-der-politik/, letzter Zugriff 27.04.2021 sowie Watson Online. 2016. *SP-Elite macht TV-Kritik und greift Projer an: »Die ›Arena‹ bewegt sich auf SVP-Gelände«*, https://www.watson.ch/schweiz/medien/824585896-sozialdemokraten-nerven-projer-mit-einmischung-in-arena-themenwahl, letzter Zugriff 27.04.2021)
22 Sendungsporträt, https://www.srf.ch/sendungen/10vor10/sendungsportraet, letzter Zugriff 08.02.2021.
23 SRF Audio Archiv, https://www.srf.ch/audio/blickpunkt-religion, letzter Zugriff 08.02.2021.
24 Siehe Anhang 3: Weitere Quellen.

Kontext	*Kontext* ist eine einstündige Hintergrundsendung zu »Themen der Kunst, der Kultur, zu Fragen von Gesellschaft, Wissenschaft, Religion und Politik«.[25] Die Sendung wird täglich vom SRF 2 Kultur übertragen und beinhaltet Reportagen sowie Gespräche und Debatten mit eingeladenen Gästen. Im analysierten Zeitraum wurden in der Sendung unter anderem die Fragen »Hat der Terror eine Religion?« (20.11.2015), »Braucht der Islam eine Reformation?« (31.03.2017), »Welche Werte hat das Abendland?« (26.12.2016) sowie »Bedroht der Islam den freien Westen?« (09.09.2016) thematisiert.
Kultur kompakt	Die jeweils zwischen 15 und 25 Minuten lange Sendung *Kultur kompakt* fasst täglich zwischen Montag und Freitag die »wichtigsten Themen und Ereignisse aus Kultur, Gesellschaft und Wissenschaft« zusammen.[26] Als Themen wurden dabei unter anderem neben Elham Maneas 2018 publiziertem Buch *Der alltägliche Islamismus* (08.04.2018) das 2017 von Saïda Keller-Messahli publizierte Buch *Islamistische Drehscheibe Schweiz* (01.09.2017) aufgegriffen.
Musik für einen Gast	*Musik für einen Gast* ist eine Talkshow, die ca. 1 Stunde dauert und einmal wöchentlich am Sonntag erscheint. In der Sendung wird jeweils eine Person »aus Kultur, Wissenschaft, Sport, Politik oder Wirtschaft« in einem Gespräch porträtiert.[27] Für die vorliegende Untersuchung sind die Porträts von Amira Hafner-Al Jabaji (08.11.2015), Elham Manea (zweifach ausgestrahlt: 14.05.2017 und 26.11.2017), Jasmin El-Sonbati (30.03.2014) und Saïda Keller-Messahli (zweifach ausgestrahlt: 09.04.2017 und 27.08.2017) relevant.

Weitere Radio- und Fernsehsendungen von Relevanz waren vor allem verschiedene Nachrichtensendungen, so beispielsweise des SRF 4-News-Programms sowie punktuelle Publikationen der Sendungen *Kulturplatz*, *Perspektiven*, *SRF Reporter* und der Talkshow *Aeschbacher*.

4.1.2.4 Eingrenzung Medienplattformen: Printmedien

Den zweiten substanziellen Teil der massenmedialen, komplexen Öffentlichkeit machen Printmedien aus. 2013 sah Künzler in der Schweiz Abonnementszeitungen in Form von Tages-, Wochen- und Sonntagszeitung aufgrund der Regelmäßigkeit ihrer Erscheinung und der Vielfalt an Themen, die sie behandeln, für die »Meinungsbildung, Kritik und Forumsbildung für die politische Kommunikation am

---

25   SRF Audio Archiv, https://www.srf.ch/audio/kontext, letzter Zugriff 08.02.2021.
26   SRF Audio Archiv, https://www.srf.ch/audio/kultur-kompakt, letzter Zugriff 08.02.2021.
27   SRF Audio Archiv, https://www.srf.ch/audio/musik-fuer-einen-gast , letzter Zugriff 08.02.2021.

relevantesten« (2013, 72). In der Nutzungshäufigkeit durch Medienkonsument*innen sind Abonnementszeitungen seither zwar von Pendlerzeitungen überholt worden (fög 2019, 31), die Erhebung der Häufigkeit, mit welcher einzelne Medienformate in anderen zitiert werden, weist jedoch darauf hin, dass auch in den Jahren bis 2019 Abonnementzeitungen noch vermehrt als Leitmedien gehandhabt werden (fög 2019, 63). Während das SRF von allen Medien in der Schweiz am häufigsten genannt und zitiert wird (12 % aller Zitationen), sind die reichweitenstärksten Printmedien der *Blick* (11,5 %), die *Neue Zürcher Zeitung* (NZZ) (7,5 %), der *Tagesanzeiger* (7 %), die *SonntagsZeitung* (6,9 %), der *SonntagsBlick* (5,3 %) und die *NZZ am Sonntag* (5,3 %), gefolgt von der Pendlerzeitung *20 Minuten* (4,6 %) (fög 2019, 64). Die schweizweit am meisten zitierten Medien sind also alle deutschsprachig und mit dem Standort Zürich verbunden.

Thematisch zeigt sich, dass der *Blick*[28] insbesondere in den Bereichen Sport und Human Interest zitiert wird. In den für die vorliegende Studie relevanten Themenbereichen Politik und Kultur dominieren hingegen *Tagesanzeiger* und *NZZ* (fög 2019, 67). Dazu kommen die *Aargauer Zeitung* als häufig zitiertes, deutschsprachiges Medium im Bereich Politik sowie *Die Weltwoche* im Bereich Kultur (fög 2019, 67). Die zentralen Printmedienformate, in denen die für die vorliegende Untersuchung gesammelten Dokumente hauptsächlich publiziert wurden, sind die folgenden:[29]

Tabelle 3: Übersicht zentrale Printmedienformate

Tageszeitungen	*Aargauer Zeitung*, Basler Zeitung, Berner Zeitung, Blick*, Bündner Tagblatt, Der Bund, Der Landbote, Die Südostschweiz, Neue Luzerner Zeitung, NZZ*, St.Galler Tagblatt, Tagesanzeiger*, Thurgauer Zeitung, Zofinger Tagblatt, Zürichsee-Zeitung*
Pendlerzeitungen	*20 Minuten*, Blick am Abend*
Sonntagszeitungen	*NZZ am Sonntag*, SonntagsBlick*, SonntagsZeitung**

---

28 Um Begriffsverwirrungen zu vermeiden, wird die Zeitung *Blick* in der weiteren Studie im Fließtext kursiv gesetzt. In derselben Weise werden die Namen der Vereine *Säkulare Muslime* und *Offene Moschee Schweiz* gehandhabt.

29 Es wurden zusätzlich auch vereinzelte relevante Dokumente aus weiteren kleineren Zeitungen in den Datensatz aufgenommen. Zu einer detaillierten Auflistung aller Zeitungsdokumente siehe Anhang 1.

Wochenzeitungen	*Die Weltwoche**30
Zweiwöchentlich	*Der Beobachter*
Zweimonatlich	*NZZ Folio*

* In den Top 10 gemäß den Angaben des fög 2019 Jahresberichtes zu der Zitationshäufigkeit in den Themenbereichen Politik und Kultur.

4.1.2.5 Eingrenzung Medienplattformen: Online-Medien

Neben der komplexen, massenmedialen Öffentlichkeit werden Online-Medien, verstanden als Ebene mittlerer Teilöffentlichkeit, in die Analyse miteinbezogen. Dies ist insofern von Relevanz, als sich die Mediennutzung in der Schweiz in den letzten Jahren stark verändert hat und Online-Plattformen, insbesondere jene sozialer Medien[31], in der Informationsbeschaffung der Bevölkerung zunehmend wichtiger werden (fög 2019). Zudem bewegt sich mediale Kommunikation in zeitgenössischen Diskursen über Plattformen hinweg (Fraas, Meier, und Pentzold 2014; Hasebrink und Hepp 2017). So ermöglichen Hyperlinks in sozialen Medien plattformübergreifende Vernetzungen. Es wird in einzelnen Posts auf massenmediale Publikationen verwiesen oder es werden beispielsweise Hashtags auf mehreren Plattformen und Webseiten gleichzeitig verwendet und ermöglichen somit eine crossmediale Kommunikation. Die Reichweite der sozialen Medien erleichtert potenziell den Austausch zwischen der Ebene mittlerer und komplexer Öffentlichkeit und vervielfältigt die mögliche Auswahl an sichtbaren Diskurslinien. Die exemplarisch vollzogene Analyse von Online-Teilöffentlichkeit(en) ermöglicht es, strukturelle Ein- und Ausschlussmechanismen der massenmedialen Öffentlichkeit zu identifizieren.

Als Hauptkanäle der Online-Mediennutzung zu Zwecken des Newskonsums in der Schweiz wurden nach Umfragen im analysierten Zeitraum Facebook, Twitter (seit 2023 bekannt als X) und, bei den Jüngeren, am häufigsten Youtube und Instagram angegeben (fög 2019, 147, 2018, 16–17). In der Schweiz ist Facebook die am

---

30 Im Untersuchungszeitraum haben sich lediglich Dokumente in der rechts-bürgerlichen *Weltwoche* gefunden, in welchen die in der Schweizer Öffentlichkeit identifizierten muslimischen Diskursakteurinnen auftraten. Damit ist die links-alternative *Wochenzeitung* (WOZ) nicht im Datensatz vorhanden.

31 Forschende haben darauf hingewiesen, dass der Begriff soziale Medien (eine Übersetzung des Englischen Social Media, wobei in der vorliegenden Studie beide Versionen Verwendung finden) »aus sozial- und kommunikationswissenschaftlicher Sicht eigentlich redundant« sei; denn »alle Medien sind insofern sozial, als sie Teil von Kommunikationsakten, Interaktionen und sozialem Handeln sind« (Taddicken und Schmidt 2017, 4). Ich verwende den Begriff in seiner gesellschaftlich verbreiteten Verwendung für bestimmte Online-Medienangebote, die Informationen zugänglich machen und eine Möglichkeit für Beziehungspflege sowie Interaktion bieten (Taddicken und Schmidt 2017, 5).

weitesten verbreitete Soziale-Medien-Plattform mit 4,6 Millionen Nutzer*innen im Jahr 2020, die Zahlen sind aber seit 2017 rückläufig (Statista 2020). Twitter ist zwar im deutschsprachigen Raum noch nicht so weit verbreitet wie im englischsprachigen, die Zahl der Twitter-Nutzer*innen hat in den letzten Jahren jedoch stark zugenommen (Taddicken und Schmidt 2017, 14–15) und beläuft sich in der Schweiz Anfang 2021 auf 1,4 Millionen (aktive und passive) Nutzer*innen (Degenhard 2021). Neben Nutzer*innenzahlen gibt auch der Anteil an Seitenabrufen von Social-Media-Plattformen Aufschluss über die Nutzung verschiedener Plattformen. Dabei entfallen 62 % der Seitenabrufe in der Schweiz auf Facebook, während Twitter ungefähr 10 % aller Social-Media-Aufrufe im Jahr 2020 ausmachte (Statista 2021). Zusätzlich zur weiten Verbreitung gelten Facebook und Twitter als Rückkanäle zu politischen und gesellschaftlichen Themen und Mediendiskussionen und als Orte möglicher Meinungsbildung und Aushandlung (Bruns und Burgess 2011; Emmer 2017; Klinger 2013; Mayr und Weller 2017; Murthy 2013; Salloum et al. 2017). Sie wurden als solche auch in empirischen Untersuchungen in einem Schweizer Kontext identifiziert (Klinger 2013; Metag und Rauchfleisch 2016; Nordhus 2012). Neben Facebook und Twitter nutzen nach letzten Angaben ca. 30 % der 18- bis 24-Jährigen die Plattformen Youtube und Instagram zur Informationsbeschaffung (fög 2019, 147).

Zusammenfassend gehören zu den in der vorliegenden Untersuchung eingeschlossenen Online-Medienöffentlichkeiten jene Soziale-Medien-Plattformen, die zwischen 2016 und 2019 in der Schweiz hauptsächlich gebraucht wurden, um sich über gesellschaftliche Themen zu informieren und auszutauschen. Diese Plattformen, konkret Facebook, Twitter, Instagram und Youtube,[32] werden dabei in dem Ausmaß, in welchem sie von den im Fokus stehenden Akteurinnen genutzt werden (siehe 4.1.4), miteinbezogen. Um ein kompletteres Bild der Online-Medienöffentlichkeiten der muslimischen Diskursakteurinnen zu etablieren, werden zudem ihre Webseiten und Blogeinträge eingeschlossen.[33]

---

32 Seither hat sich TikTok zu einer öffentlich relevanten Social-Media-Plattform entwickelt. Da sich die App jedoch hauptsächlich an sehr junge Menschen zwischen 12 und 14 Jahren richtet, wurde sie in der vorliegenden Untersuchung nicht eingeschlossen. Auch Plattformen wie Whatsapp und Snapchat wurden in der vorliegenden Studie nicht weiter analysiert, da sie zu einem großen Teil für private Kommunikationen gebraucht werden.

33 Der Fokus auf individuelle Personen erhält eine zusätzliche Relevanz in Anbetracht der Tatsache, dass gerade in sozialen Medien Privatpersonen, gefolgt von Politiker*innen und Journalist*innen, »am stärksten in der Lage sind, die gesellschaftspolitische Agenda zu bestimmen« (fög 2019, 14). Inwiefern die im Fokus stehenden Akteurinnen die gesellschaftspolitischen Diskussionen in der Schweiz durch ihre Online-Auftritte mitbestimmen, bleibt in dieser Studie jedoch letztendlich Spekulation.

4.1.3 Akteur*innenspezifische Eingrenzung: Muslimische Diskursakteurinnen

Die vorliegende Untersuchung analysiert den medialen Diskurs zu Islam und Muslim*innen in der Schweiz mit thematischem Fokus auf Darstellungen nationaler Gleichheit und Differenz und einem akteurinnenzentrierten Fokus auf die öffentlichen Auftritte und Beiträge muslimischer Frauen. Ausgehend von der komplexen, massenmedialen Öffentlichkeit wird dabei herausgearbeitet, welche Diskurslinien rund um muslimische Diskursakteurinnen als hegemonial etabliert werden, wie diese von ihnen mitgestaltet und umgestaltet werden und welche potenziell alternativen Diskurslinien die Akteurinnen in ihrer öffentlichen Medienpräsenz innerhalb und außerhalb der Massenmedien äußern. Der Fokus liegt dabei explizit auf Akteurinnen, die in einer Deutschschweizer massenmedialen Öffentlichkeit als muslimische Frauen in Erscheinung treten. Dies bedeutet, dass weitere muslimische Akteurinnen, die nicht in der massenmedialen Öffentlichkeit auftreten oder dort nicht anhand ihrer Religionszugehörigkeit positioniert werden, in der vorliegenden Studie nicht in den Blick genommen werden können. Dieser eng gehaltene Fokus soll verhindern, aus der Perspektive der Forscherin Akteurinnen als ›Musliminnen‹ zu identifizieren und damit die Relevanz von ›Religion‹ in emischen Diskursen zu überschätzen. Gleichzeitig vermag diese Herangehensweise die emischen Relevanzzuschreibungen hinsichtlich Religionszugehörigkeit auch nicht zu durchbrechen, indem beispielsweise auf Frauen verwiesen würde, die muslimisch sind, die aber unabhängig von ihrem Muslimischsein in der Öffentlichkeit unterwegs sind.[34]

Um für diese Untersuchung relevante Diskursakteurinnen zu identifizieren, wurde in der Printmedien-Datenbank Factiva nach allen in den Jahren 2016 und 2017 publizierten Dokumenten gesucht, die sich auf muslimische Frauen beziehen.[35] Diese Vorstichprobe von 704 Dokumenten wurde nach konkreten Akteurinnen

---

34   Ein Beispiel hierfür wäre Sibel Arslan, eine Basler Nationalrätin der Grünen. Sie wurde in der Schweizer Medienöffentlichkeit bereits hinsichtlich ihrer alevitischen Religionszugehörigkeit positioniert (z. B. SRF Kultur Gesellschaft & Religion 15.07.2014, *Sibel Arslan – Politikerin und Alevitin mit Ambitionen*, https://www.srf.ch/kultur/gesellschaft-religion/sibel-arslan-politikerin-und-alevitin-mit-ambitionen, letzter Zugriff 27.04.2021). Eine solche Positionierung bleibt jedoch in ihrer Öffentlichkeitspräsenz sehr marginal und ist im analysierten Zeitraum nicht vorgekommen. Daher soll sie in dieser Studie nicht von der Forscherin via Religionszugehörigkeit fremdpositioniert werden.

35   Die Suche wurde in der Printmediendatenbank Factiva durchgeführt und beschränkte sich auf in der Schweiz veröffentlichte und in deutscher Sprache geschriebene Dokumente zwischen 2016 und 2017. Die Verwendung des Suchbegriffs »Muslimin*« führte zu 704 Dokumenten. In 164 sind muslimische Frauen aktiv oder passiv zu Wort gekommen, und in 155 wurden sie namentlich genannt.

durchsucht, die als muslimische Frauen auftreten und dabei sowohl namentlich erwähnt werden als auch direkt oder indirekt zu Wort kommen. Des Weiteren wurde die Auswahl auf jene Frauen beschränkt, die in einem Schweizer Kontext porträtiert werden und die entweder in mehr als einem Printmediendokument genannt werden oder deren Medienpräsenz über ein einzelnes Printdokument hinaus vorhanden ist, die also in Radio- oder Fernsehsendungen auftreten oder eine Online-Präsenz haben. Die Analyse der Dokumente ergab eine Auswahl von elf muslimischen Diskursakteurinnen. Die Akteurinnen werden in der folgenden Tabelle (Tabelle 4) kurz eingeführt, wobei der Fokus auf der Art und Weise liegt, wie die muslimischen Frauen bei ihren Auftritten im Deutschschweizer Mediendokumenten, die explizit Muslim*innen in der Schweiz thematisieren, charakterisiert werden. Diese Darstellung zeigt daher nur einen sehr spezifischen Teil der Öffentlichkeitspräsenz der Diskursakteurinnen auf und hat keinen Anspruch auf Vollständigkeit.

Tabelle 4: Muslimische Diskursakteurinnen in Deutschschweizer Massenmedien 2016–2019

Amira Hafner-Al Jabaji	... tritt im analysierten Zeitraum als Islamwissenschaftlerin, Publizistin und Moderatorin der SRF-Fernsehsendung *Sternstunde Religion* in die Medienöffentlichkeit. In der vorliegenden Studie stehen jene Mediendokumente im Vordergrund, in denen sie als Muslimin positioniert wurde, als solche auftrat oder aus dieser Position einen Medienbeitrag verfasste. Neben Auftritten in Fernseh- und Radiosendungen gehören Interviews und Zitate in Zeitungsartikeln sowie Online-Publikationen im Rahmen ihres Engagements im *Interreligiösen ThinkTank* in den Datensatz.
Blerta Kamberi	... hat eine Medienpräsenz, die sich auf einen Artikel im *NZZ Folio Muslime in der Schweiz: Wie viel Islam verträgt das Land?* (2016) und einen damit verbundenen Beitrag in der *NZZ* beschränkt. Darin wird sie als kopftuchtragende Muslimin via Migrationshintergrund ihrer Eltern eingeordnet und anhand ihrer Aktivität in der Moschee von Wil porträtiert. Neben dieser Printmedienpräsenz unterhält sie ein privates Facebook-Profil, dessen Inhalte in der vorliegenden Studie aus Datenschutzgründen nicht berücksichtigt wurden.

Elham Manea	... ist im analysierten Zeitraum unter anderem als Politologin, universitäre Dozentin, Muslimin, Autorin des Buches *Der alltägliche Islamismus: Terror beginnt, wo wir ihn zulassen* (2018) und als Teil der Gruppe *Offene Moschee Schweiz* medienpräsent.[36] Sie unterhält zudem sowohl einen Twitteraccount mit 11.100 Followern (Stand 28.04.2021) als auch zwei öffentliche Facebook-Pages, in denen sie regelmäßig Inhalte publiziert. In dieser Studie wurde die Analyse auf die Facebook-Seite beschränkt, in der sie hauptsächlich auf Deutsch und Englisch[37] schreibt.[38] Die Seite verzeichnet 10.649 Abonnent*innen (Stand 28.04.2021).[39]
Ferah Ulucay	... ist öffentlich aktiv als Generalsekretärin des *Islamischen Zentralrats Schweiz* (*IZRS*) und kam im analysierten Zeitraum in dieser Rolle mehrfach in Zeitungsartikeln hinsichtlich Veranstaltungen des *IZRS* und diesbezüglichen Ereignissen zu Wort. Sie unterhält zudem einen Twitteraccount mit 1034 Followern (Stand 28.04.2021) und ein Instagram-Profil mit 1916 Followern (Stand 28.04.2021), in welchen sie sich mit Themen wie dem Recht, eine Kopfbedeckung zu tragen, und der Marginalisierung von Muslim*innen in der Schweiz auseinandersetzt.
Funda Yilmaz	... wurde im Jahr 2017 als »junge Türkin« bezüglich der Ablehnung ihres Einbürgerungsgesuchs bekannt, als sie sich gegen den entsprechenden Entscheid der Gemeinde Buchs zur Wehr setzte. Es folgte eine Mediendebatte (Print und Fernsehen) um das Einbürgerungssystem in der Schweiz, in welcher Funda Yilmaz mehrfach als »nicht-praktizierende Muslima« positioniert wurde.
Janina Rashidi	... ist Pressesprecherin des *IZRS* und trat im Zeitraum seit 2016 in der Fernsehsendung Club *Toleranz ohne Grenzen?* (12.07.2016) auf, in dem unter anderem die Handschlagverweigerung in Therwil und Janinas Position als Konvertitin zur Debatte standen. Als Pressesprecherin des *IZRS* wurde sie zudem mehrfach in Zeitungsartikeln in Bezug auf das Wirken der Organisation befragt.

---

36   Früher war sie zudem als Teil des *Forums für einen fortschrittlichen Islam* (*FFI*) bekannt, im analysierten Zeitraum fehlt diese Referenz jedoch weitgehend.
37   Die andere Facebook-Seite [@ElhamManea] ist in großen Teilen auf Arabisch verfasst und hat 4452 Abonnent*innen (Stand 28.04.2021).
38   Seit Mai 2019 betreibt auch Elham Manea einen Instagram-Account, dieser wurde jedoch in der vorliegenden Studie nicht weiter berücksichtigt, da die Publikationen sich außerhalb des Untersuchungszeitraums befinden.
39   Die genauen Angaben aller analysierten Social-Media-Profile siehe Anhang 3: Quellenverzeichnis Webseiten und Social-Media-Profile.

4 Daten und Methode 93

Jasmin El-Sonbati	... tritt unter anderem als Schweizer Muslimin, Autorin des Buches *Gehört der Islam zur Schweiz?* (2016) und Mitbegründerin der Initiative *Offene Moschee Schweiz* in Fernsehdebatten zum Islam in der Schweiz auf. Anfang 2016 wird sie zudem noch als Mitbegründerin des *Forums für einen fortschrittlichen Islam (FFI)* eingeladen. Neben mehreren Fernsehauftritten wird sie in verschiedenen Printmedienartikeln zum Thema Muslim*innen in der Schweiz, Integration und Reformation des Islams zitiert. Online ist sie mit einem nur selten genutzten Twitter-Profil mit 45 Followern (Stand 28.04.2021) präsent.
Naïma Serroukh	... ist als Muslimin, die sich in Biel und Nidau für Integrationsprojekte engagiert und ein Präventionsprojekt gegen Radikalisierung initiiert hat, in verschiedenen Zeitungsartikeln präsent. Dabei wird unter anderem ihre Wahl, ein Kopftuch zu tragen, ihr Migrationshintergrund als in die Schweiz geflüchtete Marokkanerin sowie ihre familiäre Situation thematisiert.
Nora Illi	... war die Frauenbeauftragte des *IZRS* und wurde als solche regelmäßig in Printmedien, Fernsehen und Radio referiert. 2019 infolge einer Krebserkrankung verstorben,[40] war sie als Person in der breiteren Medienöffentlichkeit bekannt und wurde kontrovers diskutiert, insbesondere auch hinsichtlich ihrer Wahl, den Niqab zu tragen. Sie war zudem auf Twitter und auf Instagram (2036 Follower, Stand 05.04.2019) aktiv, wo sie sich regelmäßig zu Debatten um den Islam und Muslim*innen in der Schweiz sowie Identitäts- und Zugehörigkeitsfragen äußerte. Ihr Profil auf Twitter wird seither als Gedenkseite mit derzeit 1652 Followern (Stand 28.04.2021) weitergeführt.
Rifa'at Lenzin	... wird bei Öffentlichkeitsauftritten verschiedentlich als Religionswissenschaftlerin, Islamwissenschaftlerin und Philosophin eingeführt. Sie setzt sich dabei unter anderem kritisch mit ihrer Fremd- und Selbstpositionierung als Muslimin auseinander. Im Erhebungszeitraum trat sie im Rahmen ihres Engagements im Interreligiösen ThinkTank in die Öffentlichkeit. Darüber hinaus wurde sie insbesondere als Expertin und Muslimin in eine SRF-Kontext-Debatte zum Thema *Welche Werte hat das Abendland?* (26.12.2016), die an die Sendung der *Sternstunde Religion Untergang des Abendlandes? Die Angst vor dem Islam* (18.01.2015) anschloss, eingeladen.

---

40 Nora Illi verstarb nach Abschluss der systematischen Datenerhebung, die Konsequenzen des Wegfallens ihrer Präsenz in der Öffentlichkeit auf die medialen Debatten zu Muslim*innen in der Schweiz können in der vorliegenden Studie also nicht nachvollzogen werden.

Saïda Keller-Messahli	... ist öffentlich aktiv als Gründerin des FFIs und Autorin des Buches *Islamistische Drehscheibe Schweiz* (2017). Zudem mitgegründet hat sie die Interessensgruppe *Säkulare Muslime*. In Printmedien sowie im Schweizer Radio und Fernsehen wurde sie in der Zeit zwischen 2016 und 2019 wiederholt zu Debatten zum Thema Muslim*innen in der Schweiz, Islamisierung, Radikalisierung und politischem Islam eingeladen und wird vorwiegend als Expertin gehandhabt und zitiert. Darüber hinaus unterhält sie ein aktives Twitter-Profil mit 2870 Followern und eine öffentliche Facebook-Page mit 18.955 Abonnent*innen (Stand 28.04.2021), auf der sie sporadisch Inhalte postet.

In der vorliegenden Studie kommen diese elf Akteurinnen, wie erwähnt, ausschließlich im Rahmen ihrer Öffentlichkeitspräsenz innerhalb des im Fokus stehenden, thematisch spezifischen Mediendiskurses im Zeitraum zwischen Anfang 2016 und Anfang 2019 in den Blick. Dabei muss angemerkt werden, dass jeglicher Mediendiskurs immer als Komplexitätsreduktion der Realität zu verstehen ist und die Diskursakteurinnen darin nicht in ihrer Komplexität als Personen dargestellt werden. Dazu kommt, dass die mediale Präsenz gewisser Akteurinnen über die in der vorliegenden Studie analysierten, nationalisierenden Debatten zum Thema Muslim*innen in der Schweiz hinausgeht. So tritt Elham Manea beispielsweise häufig in Bezug auf die Thematisierung der politischen und menschenrechtlichen Situation im Jemen und der MENA-Region an die Öffentlichkeit und Amira Hafner-Al Jabaji behandelt als Moderatorin diverse Thematiken im Schweizer Radio und Fernsehen. In diesem Sinne konzentriert sich die vorliegende Studie auf einen thematisch und zeitlich eingegrenzten Ausschnitt der öffentlichen Medienpräsenz muslimischer Diskursakteurinnen. Dabei liegt das Erkenntnisinteresse darin, wie sie in dem Diskurs zum Thema Muslim*innen in der Schweiz vorkommen, wie sie sich darin positionieren bzw. darin positioniert werden und mit welchen Aussagen sie sich daran beteiligen bzw. zitiert werden.

In der Analyse muss immer mitgedacht werden, dass die in den Medien zitierten Passagen oder Titelsetzungen aus Zitaten jeweils nur Teile eines Gesprächs darstellen und somit Setzungen sein können, die möglicherweise Vereinfachungen der ursprünglichen Aussagen oder Absichten der Akteurinnen beinhalten. Diese Überlegungen sind dabei von dem einflussreichen Text *La Mort de L'Auteur* von Roland Barthes (1984) inspiriert, der in seinem semiotischen Forschungsansatz dafür plädiert, bei der Analyse von Texten mitzudenken, dass sie von der Intention ihrer Urheber*innen unabhängige Aussagen beinhalten können. Es ist also durchaus möglich, dass in Mediendokumenten Diskurslinien und Interpretationsräume entstehen, die von den Intentionen der muslimischen Diskursakteurinnen und auch weiterer Medienakteur*innen abweichen. Die folgenden empirischen Analysen sind daher als

Beschreibung verschiedener Diskurslinien zu verstehen, die im Mediendiskurs geäußert wurden und die von der individuell intendierten Wirkung abweichen können (aber nicht müssen). Die vorliegende Untersuchung gibt dabei keinen Aufschluss auf die effektiven Absichten und unterstellt auch nicht, dass die im Diskurs identifizierten Inhalte und Diskurslinien Resultat direkter Intentionen der sie äußernden (Medien-)Akteur*innen seien.

4.2 Datenerhebung und Materialkorpus

Nach der Identifikation des Forschungsproblems und des konkreten Gegenstandes folgte im zweiten Schritt der qualitativen Mediendiskursanalyse (2) die Datenerhebung. Die Datenerhebung wurde in zwei Schritten durchgeführt: In einem ersten Schritt galt es, die technischen Möglichkeiten der Datenerhebung zu klären und ein Datenerhebungsprotokoll zu erstellen. In einem zweiten Schritt wurden, angelehnt an die Methode »tracking discourse« (Altheide und Schneider 2013, 118), Auftritte und Beiträge der identifizierten muslimischen Diskursakteurinnen über verschiedene Medienplattformen hinweg verfolgt.

4.2.1 »Think before you collect«: Erhebung sozialer Mediendaten

Angesichts der Vielfalt und Quantität von Daten, die online vorhanden sind, sowie der technischen Herausforderungen, mit denen Untersuchungen spezifisch im Bereich sozialer Medien konfrontiert sind, fordern Mayr und Weller Forscher*innen mit Nachdruck auf, sich gut auf die Datenerhebung vorzubereiten; kurz: »think before you collect« (2017). In der vorliegenden Studie hat der Einbezug von Online- und sozialen Medien zwei konkrete Schwierigkeiten mit sich gebracht: *Erstens* musste hinsichtlich der intertextuellen Form von Blogeinträgen und Social-Media-Posts die Frage der Eingrenzung von Mediendokumenten vorab geklärt werden. *Zweitens* war es erforderlich, die Flüchtigkeit digitaler Daten sowie die technisch voraussetzungsvollen Datenerhebungsmethoden in die Erarbeitung des Datenerhebungsprotokolls miteinzubeziehen.

4.2.1.1 Analyseeinheit

Die nicht-lineare und intertextuelle Form von Online- und insbesondere Social-Media-Daten durch die eingebundenen Hyperlinks erschwert die Eingrenzung einzelner Analyseeinheiten. Analyseeinheiten werden in der qualitativen Medienanalyse traditionell als einzelne Mediendokumente (z.B. Zeitungsartikel) definiert, wobei Altheide und Schneiders Definition von Dokumenten sehr breit angelegt ist: »Documents are defined as any symbolic representation that can be recorded or retrieved for analysis« (2013, 5). Für meine Zwecke werden massenmediale Dokumente als einzelne Printmedienartikel oder einzelne Fernseh- oder Radiosendungen verstanden. Ein Dokument im Rahmen von Online-Daten ist in erster Linie als einzelne Publikation definiert, in dieser Studie also beispielsweise ein Blogeintrag, ein Tweet oder ein Facebook-Post. Social-Media-Posts beinhalten jedoch oftmals Links zu weiteren Inhalten, so beispielsweise zu anderen Tweets oder Facebook-Posts, zu online verfügbaren Zeitungsartikeln oder zu Youtube-Videos, die wiederum selbst auf weitere Inhalte verweisen können. Diese Hypertextualität der Inhalte wirft die Frage auf, inwieweit und zu welcher Tiefe verlinkte Dokumente als Teil einer kommunikativen Einheit verstanden werden (Zeller 2017, 402).

Die Setzung der Analyseeinheit hängt dabei vom Forschungsdesiderat ab (Altheide und Schneider 2013, 41). Da der Fokus meiner Analyse auf der Herausarbeitung spezifischer von muslimischen Frauen angebrachter Diskurslinien bezüglich nationaler Identität und der Konzeption und normativen Bewertung von muslimischen Positionalitäten in der Schweiz liegt, geht es bei der Eingrenzung der Analyseeinheit darum, alle für die Bedeutung einer Online-Publikation notwendigen Inhalte einzubeziehen. Forschungspraktisch wurde daher jeder erhobene Beitrag einzeln darauf geprüft, ob verknüpfte Inhalte notwendig waren, um die übergreifende Aussage des Social-Media-Posts oder Blogbeitrags zu verstehen. Verlinkte Dokumente wurde in die Analyseeinheit aufgenommen, soweit sie notwendig waren, um den Beitrag inhaltlich zu verstehen.

4.2.1.2 Flüchtigkeit

Eine weitere Herausforderung bei der Arbeit mit Online-Daten ist die Vergänglichkeit der publizierten Inhalte (Welker und Wünsch 2010, 496; Zeller 2017, 402). Gepaart mit den oftmals technisch und rechtlich limitierten Zugriffsmöglichkeiten auf Daten sozialer Medienplattformen, beeinflusst dieser Faktor die Konzipierung der Datenerhebung erheblich (Mayr und Weller 2017, 108). In dieser Studie ist insbesondere die Vergänglichkeit und der eingeschränkte Zugriff auf Twitter-Daten, die nur in Echtzeit oder maximal bis zu 8 Tage nach ihrer Publikation vollständig erhoben werden können (Gaffney und Puschmann 2014, 56), ein limitierender Umstand. Die Datenerhebung auf Twitter, Facebook und Instagram erfolgte daher regelmäßig einmal wöchentlich über einen Zeitraum von einem Jahr zwischen Mai 2018 und Mai 2019. Im Rahmen dieser Studie wurde sowohl die Datenerhebung als auch die Datenanalyse mithilfe des Computerprogramms NVivo durchgeführt. NVivo ist eine Datenanalysensoftware, welche Forscher*innen bei der Organisation und Analyse von qualitativen Daten unterstützt. NVivo erlaubt durch die Verwendung einer Browser Extension (NCapture) mit direktem Zugriff auf APIs (Application Programming Interface)[41] zudem die Erhebung und Sicherung von Social-Media-Da-

---

41 Zu weiteren Informationen zur Rolle vom APIs in der sozialwissenschaftlichen Datenerhebung siehe Janetzko (2017).

ten. Auch konnten weitere internetbasierte Daten, beispielsweise relevante Webseiten oder Blogeinträge, mithilfe von NCapture als PDFs abgespeichert werden.

4.2.2 Datenerhebung

Die Datenerhebung erfolgte anhand der identifizierten muslimischen Diskursakteurinnen. Dabei wurden die folgenden Dokumente erhoben:

Durch namensbasierte Suchen auf der Datenbank Factiva wurden Deutschschweizer Printmedienartikel im Zeitraum zwischen Januar 2016 und Mai 2019 abgerufen. Insgesamt wurden die Namen der identifizierten Diskursakteurinnen in diesem Zeitraum in 1773 Artikeln erwähnt. Davon waren 887 der Dokumente Duplikate,[42] 113 handelten nicht von den identifizierten Diskursakteurinnen, 219 waren thematisch nicht relevant und 48 sind in deutschsprachigen Zeitungen in Deutschland oder Österreich, also nicht in der Schweiz publiziert worden.[43] Insgesamt wurden 506 Printmedienartikel im weiteren Analyseverfahren eingeschlossen. Davon traten in 25 Artikeln zwei muslimische Diskursakteurinnen, in 5 Artikeln 3 und in einem Artikel 4 Akteurinnen auf (siehe Anhang 1).

Relevante Radio- und Fernsehsendungen wurden dem SRF Online-Archiv entnommen. Insgesamt ergab das namensbasierte Durchsuchen des Archivs 49 Sendungen, in denen die identifizierten muslimischen Akteurinnen auftraten und in denen Muslim*innen in der Schweiz thematisiert wurden (siehe Anhang 2). Zwei davon waren erneute Ausstrahlungen einer vorangegangenen Sendung. Von den 47 originalen Sendungen wurden vereinzelte bereits im Zeitraum vor 2016 publiziert. Da sie jedoch von hoher inhaltlicher Relevanz hinsichtlich der Verhandlung von Darstellungen nationaler Identität sowie der Positionierung der Akteurinnen sind, wurden sie der Vollständigkeit halber in den Datensatz aufgenommen. Insbesondere bei der *Arena*-Sendung zum Thema *Burkaverbot: nötig oder diskriminierend?* (27.09.2013) muss darauf hingewiesen werden, dass Nora Illi seit dieser Sendung im Jahr 2013 keinen so ausführlichen Auftritt in Deutschschweizer Massenmedien mehr hatte. Der Einbezug dieses Dokuments in der Analyse könnte also zu einer Überrepräsentation der

---

42 Als Duplikate aus dem Datensatz herausgenommen wurden Artikel mit demselben Titel, die am selben Datum in derselben Zeitung erschienen sind.

43 Zusätzlich zur Schweizer Presse wurden auf Factiva als Sekundärquellen Dokumente der folgenden Zeitungen angeschaut, jedoch nicht systematisch im Datensatz aufgenommen: Agence France Presse (international), die Presse (Österreich), Berliner Zeitung, Die Zeit, dpa-AFX (deutschsprachige Wirtschaftsnachrichten), epd (evangelischer Pressedienst Deutschland), focus online (focus.de), Hamburger Abendblatt, Handelsblatt online (deutsche Tageszeitung), Kölner Stadtanzeiger, Luxemburger Wort, Metzinger Uracher Volksblatt, Neue Westfälische, Nordwest-Zeitung, Nürnberger Nachrichten, Ostthüringer Zeitung, Rheinische Post, Spiegel Online, Süddeutsche Zeitung, The European, Welt online.

Öffentlichkeitspräsenz von Nora Illis Ansichten in der komplexen, massenmedialen Öffentlichkeit führen, was in den weiteren Erläuterungen bedacht werden muss.

Als Letztes wurden durch namensbasierte Suchen auf Facebook, Twitter, Instagram und Youtube Profile der muslimischen Diskursakteurinnen identifiziert (siehe Tabelle 5). Dabei unterhielt im untersuchten Zeitraum keine der Akteurinnen einen eigenen Youtube-Kanal, somit wurden Youtube-Videos lediglich im Rahmen von relevanten Verweisen in anderen Posts berücksichtigt. Die Datenerhebung auf den Soziale-Medien-Plattformen Facebook und Twitter wurde einmal wöchentlich mit dem Datenerhebungsprogramm NCapture (Facebook und Twitter) im Zeitraum zwischen Mai 2018 und Mai 2019 durchgeführt. Die so erhobenen Posts wurden regelmäßig gescreent, um inhaltlich relevante weiterführende Dokumente sicherzustellen, beispielsweise verlinkte Artikel oder Youtube-Videos.[44] Von thematisch relevanten Posts wurde zudem ein Screenshot abgespeichert, wenn sie visuell relevante Inhalte beinhalteten. Da für Instagram im Computerprogramm NVivo kein entsprechender API-Zugriff vorlag (Stand Mai 2019), wurden die zwei relevanten Profile (Ferah Ulucay und Nora Illi) manuell einmal wöchentlich gescreent und relevante Posts als Screenshots in den Materialkorpus aufgenommen. Letztlich wurden auch relevante Webseiten regelmäßig durchgesehen und als PDF-Dateien gesichert.

Insgesamt ist Twitter die Plattform, die von den Akteurinnen im Fokus am häufigsten benutzt wird; so unterhielten Saïda Keller-Messahli, Nora Illi, Jasmin El-Sonbati, Ferah Ulucay und Elham Manea im analysierten Zeitraum ein Twitterprofil. Über ein Jahr hinweg ergab dies ein Total von 2500 Originaltweets und Retweets, wovon 640 als thematisch relevant in den Gesamtdatensatz aufgenommen wurden. Auf Instagram waren im erhobenen Zeitraum lediglich zwei Akteurinnen aktiv, Nora Illi und Ferah Ulucay. Insgesamt wurden 30 Instagram-Posts als relevant identifiziert. Und letztlich unterhalten zwei muslimische Akteurinnen, nämlich Elham Manea und Saïda Keller-Messahli, eine öffentlich zugängliche Facebook-Seite. Im Zeitraum zwischen Mai 2018 und Mai 2019 wurden darauf 84 thematisch relevante und auf Deutsch verfasste Posts identifiziert und im Datensatz aufgenommen.

4.2.3 Materialkorpus

Der umfangreiche Materialkorpus von 1127 Mediendokumenten teilt sich insgesamt wie folgt auf die verschiedenen Diskursakteurinnen und Medienplattformen auf:

---

44 Um der Flüchtigkeit von Online-Daten gerecht zu werden, wurden Artikel als PDF gespeichert und von Youtube-Videos wurde ein Transkript relevanter Stellen erstellt.

Tabelle 5: Übersicht Materialkorpus

Akteurin	Print	SRF	Twitter	Facebook	Instagram	Total
Amira Hafner-Al Jabaji	17	9	0	0	0	26
Blerta Kamberi	2	0	0	0	0	2
Elham Manea	77	3	136	81	0	297
Ferah Ulucay	42	2	63	0	1	108
Funda Yilmaz	4	0	0	0	0	4
Janina Rashidi	8	1	0	0	0	9
Jasmin El-Sonbati	25	8	0	0	0	33
Naïma Serroukh	10	0	0	0	0	10
Nora Illi	101	6	162	0	29	298
Rifa'at Lenzin	12	2	0	0	0	14
Saïda Keller-Messahli	246	18	99	3	0	366
Total	506*	49**	460	84	30	1167

*Die Summe der Printmedienauftritte (544) muslimischer Diskursakteurinnen übersteigt die Anzahl Dokumente (506), weil in mehreren Artikeln je 2–4 Akteurinnen auftraten.
**Die Summe der SRF-Auftritte (50) muslimischer Diskursakteurinnen übersteigt die Anzahl SRF-Dokumente (47), weil in 3 Sendungen je zwei verschiedene Akteurinnen auftraten.

Darüber hinaus wurden einzelne Dokumente der Online-Öffentlichkeitspräsenz der Diskursakteurinnen in die Analyse miteinbezogen.[45] Dazu gehören Webseiten und Blogs, in denen die Akteurinnen unter ihrem Namen Beiträge veröffentlichen. Spezifisch analysiert wurden erstens ein persönlicher Blog von

---

45 Siehe Anhang 3: Quellenverzeichnis Webseiten und Social-Media-Profile.

Elham Manea,[46] zweitens die Vereinswebseiten des *Forums für einen fortschrittlichen Islam (FFI)*[47] und der *säkularen Muslime*,[48] auf welchen Saïda Keller-Messahli namentlich als (Mit-)Autorin verschiedener Beiträge erwähnt wird, und drittens die Webseite des *Interreligiösen ThinkTanks*,[49] auf welcher Textbeiträge von Amira Hafner-Al Jabaji und Rifa'at Lenzin zugänglich sind. Viele der auf dieser letzten Webseite publizierten Beiträge sind auch als Artikel (z.B. Gastbeiträge oder Kolumnen) in den Printmedien erschienen. Diese Inhalte sind in diesem Sinne bereits Teil des massenmedialen Datensatzes und wurden nicht weiter untersucht. Einige Vortragsmanuskripte gehen jedoch darüber hinaus und wurden ergänzend in die Analyse aufgenommen.

Eine Online-Öffentlichkeitspräsenz haben zudem Vereine wie der *Islamische Zentralrat Schweiz* (Youtube, Instagram, Twitter, Facebook) und die *Offene Moschee Schweiz* (Facebook). Die Publikationen dieser Vereine wurden lediglich im Datensatz aufgenommen, wenn sie entweder namentlich von einer der muslimischen Diskursakteurinnen publiziert wurden oder von einer Akteurin auf ein solches Dokument verwiesen wurde (z.B. durch einen Retweet). Die Webseiten der Organisationen wurden im umfangreichen Datensatz aufgenommen und fließen als Kontextwissen in die vorliegende Studie ein.

4.3 Datenanalyse

Die vorliegende Analyse ist grundlegend an interpretativen und verständnisorientierten Paradigmen der qualitativen Sozialforschung angelehnt. Dabei basiert das konkrete Vorgehen auf einem von der Autorin etablierten Mixed-Method-Ansatz, in welchem sowohl qualitativ-induktive Kodierungen der Grounded Theory (Charmaz 2014; Glaser und Strauss 1967) als auch eine Mixed-Method-Inhaltsanalyse (Mayring 2014, 2000) herangezogen wurden, um einen umfassenden Einblick in die erhobenen Daten zu gewährleisten. Konkret wurde *erstens* zur Datenstrukturierung und quantitativ-deskriptiven Erfassung der Akteurinnen, ihrer Partizipationsrollen sowie ihrer Positionierungen eine teils deduktiv und teils induktiv erarbeitete Inhaltsanalyse durchgeführt. *Zweitens* basierte die inhaltliche Feinanalyse der nationalisierenden Identitätsprozesse auf einer konsequent induktiven Herangehensweise,

---

46 Die Webseite gestaltet sich zweisprachig auf Englisch und Arabisch. Verlinkt sind Blogbeiträge, akademische und literarische Publikationen sowie ausgewählte Vorträge Elham Maneas in Videoformat. Zu finden ist der Blog unter https://www.elham-manea.com/, letzter Zugriff 28.04.2021.
47 Forum für einen fortschrittlichen Islam, https://www.forum-islam.org/de/index.php, letzter Zugriff 28.04.2021.
48 Säkulare Muslime, http://saekulare-muslime.org/, letzter Zugriff 28.04.2021.
49 Interreligiöser ThinkTank, https://www.interrelthinktank.ch/, letzter Zugriff 28.04.2021.

in der in mehreren, computergestützten Kodiervorgängen die Schlüsselkategorien herausgearbeitet wurden, entlang derer in den analysierten Daten zwischen ›fremd‹ und ›eigen‹ sowie zwischen einem Schweizer ›Selbst‹ und darin als ›akzeptabel‹ bzw. als ›problematisch‹ markierten Muslim*innen unterschieden wurde. Im Folgenden wird zuerst das Vorgehen vorgestellt und daran anschließend ein Fokus auf die Erläuterung der herausgearbeiteten Schlüsselkategorien in nationalisierenden Identitätsprozessen gelegt.

4.3.1 Vorgehen

Wie für qualitative Forschungsansätze üblich begann der erste Analyseprozess bereits während der Datenerhebung (Straus und Corbin 1990, 419). So wurden im Prozess der Datensammlung, Datenselektion und Einspeisung aller Daten in das Computerprogramm NVivo, welches zur Datenorganisation und qualitativen Datenkodierung benutzt wurde, alle Dokumente bereits ein erstes Mal durchgesehen. Darauf aufbauend wurden in NVivo erste Memos verfasst, das heißt erste Gedanken und Notizen der Autorin mit den jeweiligen Dokumenten verbunden. Diese Notizen waren besonders ausführlich bei SRF-Radio- und Fernsehsendungen, da diese bei der Datenerhebung bereits zweimal durchgegangen wurden; ein erstes Mal zur Erhebung der Relevanz des Dokuments und Markierung spezifisch relevanter Stellen und ein zweites Mal zur Erstellung einer Transkription. Von allen 47 Sendungen wurden dabei Teil- oder Gesamttranskriptionen erstellt.[50] Die weitere Analyse und Kodierung von Radio- und Fernsehsendungen basierte auf diesen für den Forschungsprozess angefertigten Transkriptionen.

4.3.1.1 Datenstrukturierung und Partizipationspositionen: Mixed-Method-Kodierung

Um einen ersten Überblick über die Daten zu erlangen, wurden die Dokumente während der Datenerhebung kontinuierlich formal kodiert. Die für die erste Datenorganisation relevanten Strukturkategorien waren Publikationsdatum, Medium (Print, Radio, Fernsehen, Soziale-Medien-Plattformen etc.), Kanal (SRF 1, NZZ etc.), Titel der Dokumente (wenn vorhanden) sowie die darin erschienene muslimische Diskursakteurin (siehe Anhang 1 und 2). Darauf aufbauend wurden im Computerprogramm NVivo relevante Textstellen und Dokumente den muslimischen Diskursakteurinnen zugewiesen.

Als Nächstes wurde die theoriegeleitete Unterscheidung zwischen Sprech- und Objektakteur*innen operationalisiert, um herauszuarbeiten, wie die jeweiligen

---

50 Die Transkriptionen wurden lediglich für den Forschungs- und Analyseprozess erstellt und werden aus urheberrechtlichen Gründen im Rahmen dieser Studie nicht veröffentlicht. Alle analysierten SRF-Dokumente sind öffentlich zugänglich.

Diskursakteurinnen in den Dokumenten vorkommen bzw. zum Sprechen kommen; beides sind mediale Partizipationsmöglichkeiten, wobei Sprechakteur*innen selbst Medieninhalte verfassen oder in direkten oder indirekten Zitationen zu Wort kommen (Wallner, Gruber, und Herczeg 2012, 41). Objektakteur*innen kommen hingegen als Objekte des Diskurses vor, indem sie im Diskurs adressiert werden oder über sie gesprochen wird. Dabei waren Beiträge auf Webseiten, Blogs oder sozialen Medien immer von den Akteurinnen selbst verfasst. In allen gesammelten Online-Dokumenten erscheinen die Akteurinnen also als Sprechakteurinnen. Auch die analysierten Auftritte im Radio und Fernsehen gingen alle mit aktiven Wortbeiträgen, das heißt mit Auftritten als Sprechakteurinnen einher. Die Auftritte der Akteurinnen in diesen Dokumenten waren daher allesamt der Rolle Sprechakteurinnen zuzuweisen. In Printmediendokumenten hingegen gab es Dokumente, in denen lediglich *von* bzw. *über* eine Akteurin berichtet wurde. Die Printmediendokumente wurden daher mit einem deduktiv erarbeiteten Codeschema daraufhin kodiert, ob Akteurinnen darin als Objekt- bzw. als Sprechakteurin vorkommen, sowie die Häufigkeiten dieser Vorkommnisse erarbeitet (mehr dazu siehe Kapitel 7.4).

Neben diesen deduktiv erarbeiteten Partizipationspositionen wurden induktiv textbasiert weitere Positionen identifiziert, entlang derer die im Fokus stehenden muslimischen Diskursakteurinnen in den Mediendokumenten auftreten. Konkret wurden drei Varianten von Partizipationspositionen identifiziert, anhand derer muslimische Diskursakteurinnen in der massenmedialen Öffentlichkeit eingeführt werden: *erstens* entlang ihres Berufs, ihrer Ausbildung oder ihnen zugeschriebener Expertise, *zweitens* anhand ihrer Subjektpositionen als muslimische Frauen und ihrer biografischen Charakteristiken, und *drittens* via ihrer Organisationen und Vereine.

Entlang dieser drei Kategorien wurden sowohl Printmedienartikel als auch die SRF-Radio- und Fernsehsendungen hinsichtlich der Art und Weise kodiert, in der die jeweiligen Diskursakteurinnen in den Publikationen positioniert werden. Um die Kodierung durchzuführen, wurden jeweils die folgenden Fragen beantwortet:

(1) Partizipationsposition Ausbildung, Beruf, Expertise:
Wird der Beruf oder die Ausbildung der Akteurin genannt?
Wird die Akteurin als Expertin bzw. Kennerin positioniert?
(2) Partizipationsposition Subjektposition:
Wird die Akteurin als Muslimin (explizit oder via religiöser Praxis) positioniert?
Wird die Akteurin anhand ihrer Herkunft, der Herkunft ihrer Eltern oder anderweitiger biografischer Charakteristiken positioniert?

(3) Partizipationsposition Verein:
Wird die Akteurin mittels ihrer Zugehörigkeit zu oder Funktion in einem Verein oder – einer Organisation (z.B. *IZRS, Forum für einen fortschrittlichen Islam, Interreligiöser ThinkTank* etc.) positioniert?

Doppelkodierungen waren nicht nur möglich, sondern sind auch sehr häufig vorgekommen, denn die Diskursakteurinnen wurden oftmals in einer einzelnen Medienpublikation auf mehrfache Weise positioniert.

Um die Gültigkeit des entwickelten Kodebuches (siehe Anhang 5) für die Kodierung der teils deduktiv und teils induktiv entwickelten Partizipationspositionen zu gewährleisten, wurde ein Inter-Rater-Reliabilitätstest durchgeführt. Für diesen Test wurde eine zufällige Teilstichprobe von 50 Printartikeln des gesamten Datensatzes ausgewählt. Sowohl Kodierungsrichtlinien als auch die nach dem Zufallsprinzip ausgewählte Stichprobe wurden an eine weitere Religionswissenschaftlerin gegeben.[51] Nach dem Lesen und Diskutieren der Kodierungsrichtlinien wurde die Teilstichprobe von dieser Person kodiert. Die Ergebnisse wurden im Hinblick auf prozentuale Übereinstimmung berechnet und es wurde, um die Zufallsübereinstimmung zu berücksichtigen, der Cohen's Kappa für alle Variablen berechnet. Eine Übereinstimmung wurde dabei nach Landis und Koch (1977, 165) bei einem Cohen's-Kappa-Ergebnis von 0,61 und darüber angesetzt. Die Übereinstimmung zwischen der Forscherin und der Kodiererin war für alle berechenbaren Variablen ausreichend (Cohen's Kappa ≥ 0.61). Danach wurden die einzelnen Unterschiede im Kodieren diskutiert und einige Anpassungen an den Richtlinien vorgenommen. Da die Anpassungen meist geringfügig waren, wurde kein weiterer Inter-Rater-Reliabilitätstest durchgeführt.

Die erarbeiteten Partizipationspositionen werden in der vorliegenden Studie in Kapitel 7 thematisiert. Dabei stehen die damit zusammenhängenden Legitimationsprozesse im Fokus. Weitere mit Legitimation zusammenhängende Faktoren, so die negativen und positiven Bewertungen der Akteur*innen und ihrer Handlungen sowie die Zuweisung von Authentizität wurden in einem qualitativ-induktiven Kodierungsverfahren herausgearbeitet, wie es im folgenden Abschnitt erläutert wird.

4.3.1.2 Qualitative Feinanalyse: Induktives Kodierungsvorgehen

Nach der formalen Strukturierung wurde eine eingehende Untersuchung auf der Grundlage der Prämissen der qualitativ-interpretativen Analytik durchgeführt (Altheide und Schneider 2013, 68–73; Diaz-Bone 2010). Dabei wurden die Daten induktiv kodiert, um Schlüsselkategorien zu identifizieren, die zum Verständnis

---

51 An dieser Stelle möchte ich mich herzlich bei Andrea Suter-Bieinisowitsch vom religionswissenschaftlichen Seminar an der Universität Zürich bedanken, die die vorliegende Untersuchung als Inter-Rater-Reliabilitätskodiererin unterstützt hat.

der im Material auffindbaren nationalisierenden Differenzdarstellungen beitragen (Altheide und Schneider 2013; Strübing 2008, 19–22). Angelehnt an Analyseprämissen der Grounded Theory bestand dieser Schritt aus mehreren computergestützten Kodierungsvorgängen, mit dem Ziel, zuerst durch »offenes Kodieren« induktiv Kodes zu identifizieren und dann aus ihnen heraus abstraktere Kategorien zur weiteren Strukturierung und Synthese des Datenmaterials zu bilden (Charmaz 2014, 47–57; Glaser und Strauss 1967, 26–27; Lüddeckens in Vorbereitung).

Ausgangspunkt des induktiven Kodierungsprozesses waren zwei argumentative Radio- und Fernsehdokumente: die SRF-*Club*-Sendung mit dem Titel *Übergriffe von Köln – Zündstoff der Kulturen* (12.01.2016) und die SRF-*Arena*-Sendung *Angst vor dem Islam* (01.04.2016), sowie zwei Printmediendokumente, und zwar das Editorial des *NZZ Folios Muslime in der Schweiz: Wie viel Islam verträgt das Land?* (02.08.2016) und ein Artikel der *Basler Zeitung* mit dem Titel *Kämpferin für einen offenen Islam; Jasmin El-Sonbati, Gymnasiallehrerin und Muslimin, will liberale Moscheen* (28.07.2017). Diese vier Dokumente wurden gewählt, da sie im Vergleich zu beispielsweise kurzen Nachrichtenberichten eine gewisse inhaltliche Dichte aufwiesen. Im Anschluss an die offene Kodierung dieser Dokumente wurden als Kontrastbeispiele dazu die SRF-Sendungen *Arena Burkaverbot: Nötig oder diskriminierend?* (27.09.2013), in welcher Nora Illi zentral zu Wort kommt, sowie die *Club*-Sendung *Toleranz ohne Grenzen?* (12.07.2016) mit Janina Rashidi in derselben Weise offen kodiert. Auf der Grundlage dieser sechs Dokumente wurde datennah eine erste Vielzahl offener Kodes generiert.

In diesem Schritt, dem offenen Kodieren, galt es, sogenannte *In-vivo-Kodes*, das heißt datenbasierte, textnahe Kodes zu identifizieren (Charmaz 2014, 55–57; Lüddeckens in Vorbereitung, 27). Forschungspraktisch beruht diese Phase auf einer genauen Lektüre des Materials, wobei einzelnen Wörtern und/oder Satzsegmenten mithilfe der NVivo-Software ein Label bzw. ein Kode zugewiesen wurde. Beim offenen Kodieren wird dieses Label möglichst wortwörtlich übernommen. Dieses Vorgehen kann an folgendem Beispiel illustriert werden, in welchem einige der verbatim gesetzten In-vivo-Kodes fett markiert sind:

»Ich war stets **praktizierende Muslimin**. Jedoch **ohne** darum ein **grosses Aufheben** zu machen«, sagt sie. **Spiritualität und Innenschau** seien ihr wichtiger, als ihren **Glauben** an die **grosse Glocke zu hängen** oder ihn **exzessiv** zu leben. (Jasmin El-Sonbati, Basler Zeitung 28.07.2017)[52]

Auf diesen ersten, deskriptiven Kodes aufbauend wurden durch zunehmende Abstraktion mehr konzeptuelle, *konstruierte Kodes* gesetzt. In diesem Schritt (axiales Ko-

---

52 Gesetzte In-vivo-Kodes aus dieser Textsequenz waren also z.B. *praktizierende Muslimin, Spiritualität, Innenschau, Glauben, ohne großes Aufheben, an die große Glocke hängen, Glauben exzessiv leben.*

dieren) werden die verschiedenen, induktiv gesetzten Kodes miteinander in Beziehung gesetzt, bis auf höchster Abstraktionsebene übergreifende Kategorien hinsichtlich des Forschungsinteresses entwickelt werden konnten.

In einem ersten Abstraktionsschritt wurden beispielsweise die Kodes *Spiritualität* und *Innenschau* dem konstruierten Kode *privat markierter Glaube* zugeordnet. Die Analyse der ersten sechs Dokumente zeigte zudem, dass neben dem In-vivo-Kode *praktizierende Muslimin* auch *fortschrittliche Muslim*in* oder *strenggläubige Muslim*in* aus dem Material hervorgingen. Diese wurden dem konstruierten Kode *Pluralisierung muslimischer Positionalitäten* zugeordnet. Aufbauend auf diesen Abstraktionen wurden im Rahmen des axialen Kodierens die Zusammenhänge zwischen den verschiedenen Kodes herausgearbeitet. Dies soll hier an folgendem Beispiel erläutert werden:

> Moderator: [S]olche Schwierigkeiten ergeben sich natürlich nicht bei allen Kindern der über 400'000 Muslime in unserem Land, sondern es betrifft die strenggläubigen Muslime. (SRF Club 12.07.2016)

In dieser Textstelle wurde einerseits der Kode *Pluralisierung muslimischer Positionalitäten* gesetzt. Andererseits verweist der verbatime In-vivo-Kode *Schwierigkeiten bei Muslimen* auf den konstruierten Kode *Problematisierungen*. Was bei der axialen Kodierung in dieser Textstelle ersichtlich wird, ist, dass die konkreten Attribute (Kode: *Pluralisierung muslimischer Positionalitäten*), die Muslim*innen zugewiesen werden, eng mit ihrer *Problematisierung* zusammenhängen. In diesem Sinne ist hier eine Unterscheidung zwischen negativ und positiv bewerteten muslimischen Positionalitäten ersichtlich.[53] Als Konsequenz dieses Einblickes wurden in der folgenden Analyse die Kodes *problematisierte muslimische Positionalitäten* sowie *positiv markierte muslimische Positionalitäten* erstellt. Diese Kodes tragen schließlich zur Herausarbeitung des Erkenntnisinteresses der vorliegenden Studie bei, indem sie die in den In-vivo-Kodes ersichtliche Pluralisierung muslimischer Positionalitäten mit der übergreifenden Frage nach nationalisierenden Darstellungen von Differenz und Gleichheit bzw. von Muslim*innen als ›fremd‹ oder als in der Schweiz ›akzeptabel‹ verbinden.

Mit demselben, computergestützten Kodiervorgehen wurden nicht nur reine Textdokumente, sondern auch multimodale Inhalte untersucht. Dabei wurden einerseits Audio- und audiovisuelle Inhalte als Texttranskriptionen gespeichert und als solche analysiert. Andererseits konzentrierte sich die Analyse von Bildern,

---

53 Eine weitere Textstelle, die diesen Zusammenhang versinnbildlicht, ist die folgende an Saïda Keller-Messahli gestellte Frage in der *Basler Zeitung*: »Sabotieren wir diese Emanzipationsbemühungen, wenn wir konservative muslimische Traditionen tolerieren?«, welche sie mit »Ja, damit stärken wir ausgerechnet jene, die sich aktiv jeder echten sozialen Integration der Muslime im Einwanderungsland widersetzen« (10.02.2017) beantwortet.

insbesondere bei in Social-Media-Publikationen integrierten Bildern, insbesondere darauf, die Zusammenhänge zwischen Bild und Text in den publizierten Gesamtaussagen zu interpretieren. Diese Herangehensweise ist angelehnt an Fraas, Meier und Pentzold (2014, 108–111), die in ihrer linguistisch-kommunikationswissenschaftlichen Herangehensweise an qualitative Diskursanalysen in ihrer Kodierung verschiedene, multimodale Aussageteile identifizieren und diese analytisch zusammenführen. Diese Herangehensweise ermöglicht es, multimodale Inhalte zu kodieren und im Zusammenspiel der Modalitäten Gesamtaussagen zu verstehen.[54] Auf eine eingehendere Analyse visueller Inhalte wurde vor dem Hintergrund der analysierten Datenmenge forschungspraktisch verzichtet.[55] Ein genauerer Einbezug visueller Inhalte könnte aber in zukünftigen Untersuchungen wesentlich dazu beitragen, weitere Aspekte von nationalisierenden Differenzdarstellungen sowie Legitimitätsdiskursen zu identifizieren.

Die erläuterte Kodierung ist als iterativer Prozess zu verstehen, in welchem während der Analyse Kodes hinzugefügt, zusammengefügt und angepasst wurden. Dabei waren axiale und offene Kodierung einander nicht nachgeordnet, sondern folgten in zyklischer Manier aufeinander. Nach Durcharbeitung der ersten sechs Dokumente wurde ein erstes Kodeschema etabliert. Mit diesem habe ich alle weiteren gesammelten Dokumente durchgearbeitet, bis eine theoretische Sättigung erreicht worden ist, das heißt, bis die Kodierung weiterer Textstellen keine weiteren Einblicke mehr produzierte. Das Kodeschema wurde bei der Kodierung weiterer Dokumente kontinuierlich angepasst. Die abschließend herausgearbeiteten Schlüsselkategorien werden im folgenden Unterkapitel dargestellt.

4.3.2 Herausgearbeitete Schlüsselkategorien nationalisierender Identitätsprozesse

Im Zentrum der vorliegenden Analyse steht die Kategorie der *nationalisierenden Identitätsprozesse*. Diese umfasst alle diskursiven Identitätsprozesse, in denen Differenz und Gleichheit auf der Ebene der Vorstellung einer nationalen Gemeinschaft, in diesem Fall jener der Schweiz, dargestellt werden. Kodiert wurden solche Textstellen unter anderem via den textnahen In-vivo-Kodes *kompatibel/inkompatibel*,

---

54 So wird beispielsweise im einleitend erwähnten SVP-Initiativplakat mit dem Text »Unkontrolliert einbürgern? Nein zur erleichterten Einbürgerung!« erst in der Verbindung mit dem Bild einer niqabtragenden Frau ein Bezug zum Islam hergestellt. Im Zusammenspiel von Text- und Bildsemantik wird die durch den Niqab als ›muslimisch‹ markierte Frau zu der potenziell bald erleichtert ›Eingebürgerten‹ gemacht.

55 So wurden auch visuelle Inhalte, wie beispielsweise die Kleidung und räumliche Verortung verschiedener Akteur*innen in Fernsehsendungen, nicht systematisch mittranskribiert, sondern lediglich dort vermerkt, wo sie explizit innerhalb der Mediendokumente thematisiert wurden.

wir/uns vs. sie, Zugehörig(keit), Fremd(heit), Heimat/zu Hause fühlen, Einbürgerung sowie *integriert/angepasst*. Im Erkenntnisinteresse dieser Untersuchung steht die Frage, wie die weiteren erarbeiteten Kategorien mit diesen Differenzdarstellungen zusammenhängen. Eine exemplarische Visualisierung der in der computergestützten Analyse gesetzten Kodes ist der Abbildung 6 zu entnehmen.

Auf dem höchsten Abstraktionsniveau wurden spezifisch zwei inhaltliche Schlüsselkategorien identifiziert, denen in den analysierten Verhandlungen davon, wer zur Schweiz gehört und wer nicht, Relevanz zugesprochen wird. Die *erste* dieser Schlüsselkategorien, die in medialen Darstellungen von Differenz herangezogen wurden, ist jene der *geografischen Differenz*. Zu dieser Kategorie gehört die geografische Markierung eines Schweizer ›Selbst‹ sowie wiederholte Hinweise auf Konzepte, in denen ›Religion‹ und ›Geografie‹ verbunden werden (z.B. muslimische Welt, islamische Gesellschaften etc.). Auch die Vorstellung von Muslim*innen als migrantisch wird in nationalisierenden Identitätsprozessen wiederholt herangezogen, so beispielsweise, wenn bei der Einführung muslimischer Diskursakteurinnen auf deren ›Herkunft‹ verwiesen wird oder wenn von Muslim*innen als Migrant*innen bzw. von Migrant*innen als Muslim*innen gesprochen wird. Die Nennung geografischer Differenz gilt im analysierten Diskurs insofern als relevant, als damit ethnisierende Vorstellungen geografie- bzw. herkunftsspezifischer Charakteristiken verbunden werden. Inwiefern dabei auf emischer Ebene ›Religion‹ oder aber ›Kultur‹ als ausschlaggebende, herkunftsspezifische Differenzkategorie gehandhabt wird, ist variabel.

Als *zweite* Schlüsselkategorie in Differenzdarstellungen von Muslim*innen wurde *geschichtliche Differenz* identifiziert. Mit dieser Kategorie wurden Textstellen kodiert, in denen durch Darstellungen von ›Fortschritt‹ bzw. ›Rückschritt‹ zwischen ›fremd‹ und ›eigen‹ unterschieden sowie Muslim*innen als ›akzeptabel‹ oder ›problematisch‹ positioniert werden. Als normative Narrative, entlang welcher die Idee von positiv bewertetem ›Fortschritt‹ sowie einer negativ bewerteten ›Rückschrittlichkeit‹ konkretisiert werden, konnten die Kategorien *Säkularisierung*, *Individualisierung* und *Geschlechterverhältnisse* identifiziert werden. Alle drei Narrative sind im Diskurs unterschiedlich mit zeitlich-normativer Differenzdarstellung verbunden worden, wobei das Schweizer ›Selbst‹ wiederholt als ›fortschrittliche‹, ›säkulare‹, ›individualisierte‹ und ›geschlechtergerechte‹ Gesellschaft dargestellt wurde. Muslim*innen wurden dabei einerseits in gewissen Darstellungen als ›nicht-säkular/religiös‹, ›gemeinschaftlich‹ und ›frauenfeindlich‹ zum paradigmatisch ›Fremden‹ stilisiert. Andererseits ist den Daten eine *Pluralisierung muslimischer Positionalitäten* zu entnehmen, von denen gewisse problematisiert und andere als ›akzeptable‹ muslimische Positionalitäten in der Schweiz dargestellt wurden.

Abb. 2: Eine Auswahl der herausgearbeiteten Kodes und Kategorien

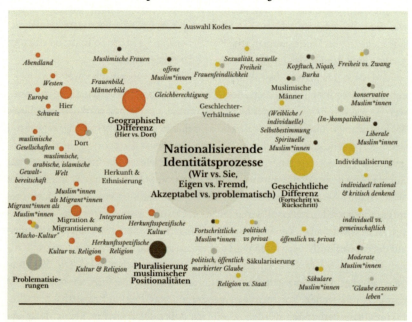

Erläuterung zu Abbildung 2: Je größer die Punkte, desto höher ist das Abstraktionsniveau der Kodes. Die kleinsten Punkte markieren ausgewählte, textnahe In-vivo-Kodes, während die größten Punkte die Schlüsselkategorien darstellen. Farblich gleiche Kodes gehören jeweils denselben übergreifenden Kategorien an. Inhaltlich zusammenhängende und häufig miteinander verbundene Kodes wurden tendenziell räumlich beieinander gruppiert. Der weiteren Positionierung der Punkte wurde jedoch absichtlich keine zu hohe Relevanz zugesprochen, um die Komplexität und Fluidität des Diskurses zu visualisieren.

4.4 Abschließende Bemerkungen

Die erläuterte Ausführung zu den aus der Kodierung hervorgegangenen Schlüsselkategorien ist lediglich als oberflächliche Skizze zu verstehen. Diese soll aufzeigen, wie die in den nächsten Kapiteln präsentierten Ergebnisse aus der empirischen Analyse hervorgegangen sind. Die vertiefte Ausarbeitung der Schlüsselkategorien *geografische* und *geschichtliche Differenz*, wie sie in massenmedial präsenten Differenzdarstellungen vorkommen, sowie die verschiedenen Adaptionen und Verhandlungen dieser Darstellungen aus den unterschiedlichen Diskurspositionen werden in Kapitel 5 respektive 6 erläutert. Kapitel 7 zeigt auf, wie die etablierten Kategorien mit der *Pluralisierung muslimischer Positionalitäten* sowie mit der Legitimierung verschieden positionierter muslimischer Diskursakteurinnen zusammenhängen. Und letztlich illustriert Kapitel 8, dass die herausgearbeiteten, emischen Differenzkategorien von muslimischen Diskursakteurinnen nicht immer als relevant erachtet und teils auch gänzlich abgelehnt werden können.

Empirie A:
Nationalisierende Differenzdarstellungen
in hegemonialen und individuellen Diskurslinien

5 Darstellung geografischer Differenz: Ethnisierung und Migrantisierung

In diesem Kapitel wird erläutert, wie in den analysierten Mediendokumenten ›Religion‹ und ›geografische Herkunft‹ als Differenzkategorien konstituiert und miteinander verflochten wurden. Im Zentrum stehen dabei Repräsentationen von Religion und religiöser Praxis als herkunftsspezifische Merkmale, denen in nationalisierenden Identitätsprozessen Relevanz zugesprochen wird. Wie im Folgenden aufgezeigt, findet sich in Schweizer Mediendiskursen wiederholt eine an geografischen Merkmalen festgemachte Unterscheidung zwischen Muslim*innen und der Schweiz. Diese erfolgt, indem Radio- und Fernsehmoderator*innen, Autor*innen sowie als Religionsexpert*innen auftretende Personen ›den Islam‹ *erstens* als räumlich von der Schweiz getrennt darstellen, *zweitens* Muslim*innen in massenmedialen Mediendokumenten wiederholt als ›von außerhalb‹ der Schweiz kommend charakterisiert werden und *drittens* Muslim*innen eine ›herkunftsspezifische Kultur‹ zugeschrieben wird. In diesen hegemonialen Diskurslinien werden Muslim*innen als hinsichtlich ihrer ›geografischen Herkunft‹ sowie vermeintlich herkunftsspezifischer Charakteristika divergierend und damit verbunden als zumindest potenziell problematisch ›fremd‹ dargestellt. Exemplarisch ersichtlich ist die enge Verbindung der Differenzkategorien ›Religion‹ und ›Herkunft‹ in der medialen Positionierung muslimischer Diskursakteurinnen, deren Migrationshintergrund wiederholt thematisiert und als relevant postuliert wird. Diese Darstellungen von Muslim*innen im Gegensatz zu Schweizer*innen als ›von außerhalb‹ kommend produzieren ein gleichzeitig ethnisiertes wie religionsspezifisches, nationalisierendes Bild von Gleichheit und Differenz.

Darüber hinaus ermöglicht die Analyse individueller Medienbeiträge muslimischer Diskursakteurinnen einen nuancierteren Einblick in die konkrete Art und Weise, in welcher geografische Differenz- mit problematisierenden Fremdheitsdarstellungen von Muslim*innen zusammenhängen. Dabei zeigt sich, dass bestimmte der im Diskurs aktiven muslimischen Frauen zum Bild von Muslim*innen als geografisch ›fremd‹ beitragen. Gleichzeitig werden die Zusammenhänge zwischen geografischer Differenz, Religionszugehörigkeit und nationaler Gleichheit und Differenz in individuellen Identitätskonstruktionen und Äußerungen auf verschiedene Weise hinterfragt oder aber so zusammengedacht, dass die nationalisierende Fremdheitsdarstellung von Muslim*innen relativiert und die Möglichkeit ›akzeptabler‹ muslimischer Positionen in der Schweiz hergestellt wird.

5.1 Begriffsreflexion: ›Geografie‹, ›Herkunft‹, ›Ethnie‹

Scheinbar geografisch determinierte Differenzmerkmale von Menschengruppen sind Teil gegenwärtiger Polit- und Alltagsvorstellungen. So strukturiert beispielsweise die langjährige wissenschaftliche, literarische und politische Darstellung des geografischen Ostens als »rückständig, irrational, zivilisierungsbedürftig« (Boatcă 2010, 7) noch heute die Unterscheidung zwischen West- und Osteuropa.[1] In ähnlicher Weise unterscheidet Huntington in seinem häufig rezipierten populärwissenschaftlichen Werk *The Clash of Civilizations* mithilfe einer Landkartenvisualisierung zwischen dem fortschrittlichen, »westlichen Christentum [und dem] christlichen Orient und dem Islam« (Boatcă 2010, 4). Auch Nationen werden wiederholt durch Darstellungen einer gemeinsamen Geografie und einer gemeinsamen geografischen Herkunft der nationalen Bevölkerung diskursiv etabliert (Yuval-Davis 1993, 624).[2]

In Repräsentationen geografischer Differenz privilegieren nationalistische Denkweisen dabei oftmals »Herkunft gegenüber der Faktizität des Aufenthaltsortes« (Kury 2003b, 102). Dies beruht auf der ethnisierenden Vorstellung, dass Gruppen von Menschen aufgrund ihrer ›geografischen Herkunft‹ gewisse Charakteristika teilen. ›Ethnizität‹ wird dabei als eine emische Klassifizierungskategorie verschiedener Menschengruppen verstanden, in welcher im »Glauben an eine Abstammungsgemeinschaft« (Weber 1972, 237) ›geografische Herkunft‹ als primäre Unterscheidungsgröße herangezogen wird (Lüddeckens und Walthert 2013, 335). In diesem Sinne verweist *Ethnisierung* auf diskursive Identitätsprozesse, in denen Gruppen eine gemeinsame, herkunftsspezifische ›Ethnizität‹ zugeschrieben wird:

> No nations possess an ethnic basis naturally, but as social formations are nationalized, the populations included within them, divided up among them or dominated by them are ethnicized – that is, represented in the past or in the future *as if* they formed a natural community, possessing of itself an identity of

---

[1] Ein Beispiel dieser Logik zeigt sich gemäß Boatcă in den Osterweiterungsbestrebungen der Europäischen Union. Aufbauend auf einer orientalistischen Differenzsemantik wurden dort als Kriterien der Inklusion neuer Länder die »jahrhunderte alten europäischen kulturellen und gesellschaftlichen Traditionen (von Polen über die Tschechische Republik bis zu Ungarn und Rumänien)« (Boatcă 2010, 11) determiniert.

[2] Yuval-Davis spricht hinsichtlich der nationalisierenden Darstellung herkunftsspezifisch charakterisierbarer Gruppen, die die Basis einer Nation bilden, von »Volksnation« (1993, 624).

5 Darstellung geografischer Differenz: Ethnisierung und Migrantisierung

origins, culture, and interests, which transcends individual and social conditions. (Balibar zitiert in El-Tayeb 2011, xiii, Hervorhebung im Original)

Relevant für die vorliegende Studie ist die Annahme, dass ›Ethnizität‹ grundlegend sozial konstruiert ist. Diese soziale Konstruiertheit verweist darauf, dass sowohl »die Tatsache, dass eine Unterscheidung nach ›origin‹ [hier ›Herkunft‹] bedeutsam wird, als auch dass das, was unter ›origin‹ verstanden [wird], auf der emischen Ebene festgelegt wird« (Lüddeckens und Walthert 2013, 335).[3]

Aus postkolonialer Perspektive wird außerdem darauf hingewiesen, dass geografische Unterteilungen an sich keine natürlichen Gegebenheiten darstellen, sondern in spezifischen Kontexten unternommene Unterscheidungen sind. In diesem Sinne wurden beispielsweise der ›Orient‹ und ›Okzident‹ innerhalb der geopolitischen Situation orientalisierender Wissensproduktion diskursiv zu geografischen Sektoren gemacht (Saïd 1978). Gleichsam haben sich sowohl ›Europa‹ als auch ›der Westen‹ erst innerhalb einer globalen Geschichtsschreibung etabliert (Chakrabarty 2002, 306). Diese Geschichtsschreibung hat Begriffe wie ›Europa‹, ›Westen‹, aber auch ›Osten‹, ›Orient‹ oder ›Afrika‹ nicht lediglich als Ortsreferenzen, sondern als geopolitische Konzepte entwickelt (Boatcă 2010, Chakrabarty 2002, Saïd 1978). So haben verschiedene koloniale Zivilisierungsdiskurse versucht, die Welt in geografisch fassbare Menschengruppen zu unterteilen, denen verschiedene Stufen in einem eurozentrischen Fortschrittsnarrativ zugeschrieben wurden (Boatcă 2010, 2). In diesem »politisierten Raum-Zeit-Modell« werden koloniale »Andere nicht nur in einem klar definierten räumlichen Kontext [platziert], sondern dieser Raum wird zudem in eine, im Verhältnis zum Westen, andere Zeit versetzt« (El-Tayeb 2015, 197).[4]

Die vorliegende Untersuchung hat ergeben, dass in zeitgenössischen Mediendebatten zu Muslim*innen in der Schweiz Darstellungen von räumlich-zeitlicher Differenz zentral in der diskursiven Konstruktion nationaler Identität und muslimischer ›Fremdheit‹ beobachtbar sind. In diesem Kapitel liegt der Fokus auf empirisch identifizierten, räumlichen Differenzdarstellungen, während das nächste Kapitel die zeitliche Dimension genauer erläutert.

---

3 »Wissenschaftler[*innen] sollten der Deutung ›Abstammung‹ [in der vorliegenden Studie ›Herkunft‹] keinen ›objektiveren‹ Gehalt als anderen Deutungen zusprechen« (Lüddeckens und Walthert 2013, 335).

4 In seinem viel rezipierten Werk *Europa provinzialisieren* visualisiert Chakrabarty diese Konzeption des historisierten Zeit-Raumes mit dem Bild außereuropäischer Länder als sich im »waiting room of history« (2000a, 8) befindend. Diesen Diskurs, in welchem die Idee einer »›first in Europe then elsewhere‹ structure of time« zentral fungiert, nennt Chakrabarty »Historicism« (2000a, 8). Genauere Ausführungen dazu siehe Chakrabarty (2002, 1992b, 2000a).

5.2 ›Religion‹ und ›Herkunft‹ in hegemonialen Diskurslinien

In hegemonialen Diskurslinien wird die ›Herkunft‹ von Muslim*innen in der massenmedialen Diskursöffentlichkeit zentral thematisiert. Dabei wird geografische Differenz gleichzeitig (re)produziert und als relevant hinsichtlich der Charakterisierung von Muslim*innen inszeniert. Im Folgenden werden die Spezifika dieser Darstellungen in hegemonialen Diskurslinien herausgearbeitet und exemplarisch an Daten des *Schweizer Radio und Fernsehens* (SRF) ausgeführt. Darin wird *erstens* ›der Islam‹ wiederholt geografisch außerhalb der Schweiz angesiedelt, *zweitens* werden Muslim*innen in der Schweiz zentral als Migrant*innen charakterisiert und *drittens* wird die so inszenierte geografisch divergierende ›Herkunft‹ als relevant hinsichtlich der ›Kultur‹ und Verhaltensweisen von Muslim*innen dargestellt.

5.2.1 Geografische Differenzdarstellungen: ›Wir hier‹ vs. ›Islam (von) dort‹

In Schweizer Radio- und Fernsehsendungen zwischen 2016 und 2019 haben Moderator*innen und SRF-Religionsexpert*innen wiederholt eine geografische Differenz zwischen Muslim*innen und der Schweiz konstruiert. Dies geschieht, indem das nationale ›Selbst‹ der Schweiz als geografisch determiniert dargestellt wird und gleichzeitig sowohl ›der Islam‹ als auch Muslim*innen als geografisch ›(von) außerhalb‹ der Schweiz dargestellt werden. Die geografische Konstitution des Schweizer ›Selbst‹ wird ersichtlich, wenn sowohl Moderator*innen als auch SRF-Expert*innen Ortsreferenzen wie ›hier‹, ›in unserem Land‹ oder ›in der Schweiz‹ heranziehen, um ein nationales ›Wir‹ zu verorten. So erklärt beispielsweise der Moderator der SRF-*Club*-Sendung: »Wir sind ja nicht im *arabischen Raum*, wir sind ja *in Deutschland* und *in der Schweiz*«[5] (12.01.2016) und drückt so sein Ringen mit den sexuellen Übergriffen in der Kölner Silvesternacht 2016 aus. Eine andere Debatte, in welcher ein geografisch gefasstes ›Selbst‹ im Vordergrund steht, ist jene rund um zwei muslimische Schüler in der Basler Gemeinde Therwil, die ihrer (weiblichen) Lehrerin die Hand nicht reichen wollten. Hier äußerte der SRF-Religionsexperte Norbert Bischofsberger, dass Muslim*innen sich »an die Gepflogenheit *des Landes* halten [sollen] [...] *hier* gibt man die Hand, *die* tuns nicht« (SRF Club 12.07.2016, Hervorhebung der Autorin).

Darüber hinaus werden oftmals weitere geografische Charakterisierungen, so beispielsweise ›Länder wie Deutschland‹ sowie gelegentlich ›Europa‹ oder eine generelle Idee ›des Westens‹, mit der Schweiz in Verbindung gebracht. Dies zeigt sich, wenn der Moderator der Radiosendung *Religion reformieren; Reformieren! Die Macht der Veränderung* von einem »wir hier im freien Westen auch in der Schweiz« (SRF 2

---

5   Original: »Mir sind ja nöd im arabische Ruum, mir sind ja in Düütschland und idä Schwiiz« (SRF Club 12.01.2016).

Kultur Hörpunkt 02.11.2017) spricht.[6] Auch in der SRF 2-Kultur-Kontextdebatte zum Thema *Welche Werte hat das Abendland?* bleibt, trotz des Hinterfragens von »allgemein gültigen abendländischen Werten«,[7] das Konzept eines ›abendländischen Westens‹ diskussionsgrundlegend. So war das Ziel der Sendung, »über Werte, über Integration und Ausschlussmechanismen, über Tugenden und Untugenden *der westlichen Zivilisation*, über Gemeinsinn und Egoismus« (Einleitung, SRF 2 Kultur Kontext 26.12.2016) nachzudenken. Während die ›gemeinsamen Werte‹ in der Sendung nicht abschließend bestimmt werden, bekräftigt die Fragestellung und Zielsetzung der Sendung die Darstellung gemeinsamer Charakteristika im ›Westen‹ – und in der Schweiz.

Diesen geografisch gefassten Gemeinsamkeiten werden wiederholt Muslim*innen gegenübergestellt, die diese Charakteristika vermeintlich nicht teilen. Exemplarisch wird die Unterscheidung zwischen der Schweiz und Muslim*innen in der Einleitung des Folios der *Neuen Zürcher Zeitung* (NZZ) mit dem Titel *Muslime in der Schweiz: Wie viel Islam verträgt das Land?* (02.08.2016). Hier wird die Hauptfragestellung wie folgt formuliert: »In der Schweiz leben 450 000 Muslime. *Verändert ihr Glaube die Schweiz? Verändert die Schweiz sie?*« (NZZ Folio 02.08.2016, Hervorhebung der Autorin) Die Unterscheidung zwischen zwei als verschieden erachteten Kollektiven ist Voraussetzung, um die Frage nach ihrer gegenseitigen potenziellen Veränderbarkeit zu stellen. Während in dieser Formulierung die dargestellte Differenz in erster Instanz noch unbewertet bleibt, impliziert die Frage im Titel der Ausgabe (*Wie viel Islam verträgt das Land?*), dass die Schweiz zumindest ein gewisses Maß an ›Islam‹ potenziell nicht mehr ›vertrage‹.

Eine solche Fragestellung ist im Kontext einer langen Geschichte von Überfremdungsdiskursen an eine schweizspezifische Thematisierung von Ausländer*innen und ›Fremdheit‹ anschließbar.[8] Die Präsenz von ›Fremden‹ wird in diesen Diskurslinien häufig als Bedrohungsszenario expliziert. So in der SRF 2-Kultur-Kontextdebatte *Bedroht der Islam den freien Westen?*, welche wie folgt eingeführt wird:

Der Islam scheint nicht kompatibel zu sein mit den westlichen Werten. In der Schweiz etwa findet ein generelles Burkaverbot nicht nur in nationalkonservativen Krei-

---

6   Original: »Wir haben ja im freien Westen auch in der Schweiz […] wir haben viele fundamentalistische Muslime hier.« (Moderator SRF 2 Kultur Hörpunkt 02.11.2017)
7   Selbst die Hinterfragung eines gemeinsamen Wertekonsenses geht mit einer expliziten Vorstellung einer ›westlichen‹ Geschichte der Säkularisierung und Individualisierung einher, so wird die Frage »Kann man heute noch von allgemein gültigen abendländischen Werten sprechen?« von der folgenden Feststellung eingeleitet: »Mit der Säkularisierung ab den 1960er Jahren sind im Westen die christlichen Wertvorstellungen in den Hintergrund getreten. Die individuelle Freiheit triumphiert. Angesichts der Vielzahl von Möglichkeiten beklagen manche einen Wertezerfall.« (SRF 2 Kultur Kontext 26.12.2016)
8   Mehr dazu siehe Kapitel 3.2.

sen Unterstützung, sondern in allen politischen Lagern. Ist *der Islam eine Bedrohung* für die Werte des *pluralistischen Westens?* Und: Wie soll *der Westen dem Islam* begegnen? (SRF 2 Kultur Kontext 09.09.2016, Hervorhebung der Autorin)

Die Schweiz wird dabei als Beispiel für den größeren geografisch markierten Kontext des »pluralistischen Westens« angebracht und »der Islam« als damit potenziell »nicht kompatibel« inszeniert. Diese dargestellte ›Inkompatibilität‹ platziert ›den Islam‹ als außerhalb des ›Westens‹. Gleichzeitig wird die Unterscheidung zwischen ›der Schweiz‹ bzw. ›dem Westen‹ und ›dem Islam‹ durch die Metapher eines »Sich-Begegnens« bekräftigt. Die dargestellte Differenz wird schließlich durch die Diskussion der ›Kompatibilität‹ sowie durch die Frage nach der ›Bedrohungslage‹ problematisiert.

Während ›der Islam‹ hier lediglich als Negativfolie der Schweiz und dem ›Westen‹ gegenübergestellt wird, gibt es Momente, in denen er geografisch charakterisiert wird. In diesen Momenten kommen Konzepte wie ›der arabische Raum‹, ›islamische‹ oder ›muslimische Länder‹ sowie die ›arabische Welt‹ zum Tragen. Eine solche Sichtweise äußert beispielsweise der vom SRF als Religionsexperte eingeladene Hugo Stamm in der *Arena*-Sendung *Angst vor dem Islam*:

Wir haben Kultur, *wir* haben Bildung, *wir* haben Erziehung [...] Und daher ist es schon ein Problem, dass nun mal die *islamischen*, vor allem *die arabischen Gesellschaften* nicht reformiert sind.[9] (01.04.2016, Hervorhebung der Autorin)

Das Konzept der ›arabischen Gesellschaften‹ oder ›islamischen Länder‹ wird dabei selten konkretisiert und gelegentlich werden die Begriffe ›islamische Welt‹ oder ›arabische Welt‹ synonym dazu verwendet.[10] Gepaart mit einer Vielfalt explizit genannter Länder, wie beispielsweise Ägypten, Tunesien, Türkei, Saudi-Arabien oder Syrien, bleibt die geografische Verortung, wenn auch teils hinterfragt und diskutiert, als relativ vage und potenziell viele Länder umfassende Ortsreferenz stehen.

---

9 Original: »Mer hend Kultur, mer hend Bildig, mer hend Erziehig. Und mer wüssed, dasmer nüme chönd di ander Wange anehebbe und Aug um Aug, Zahn um Zahn. Und vo det her ischs scho es Problem, das halt di islamische, vor allem die arabische Gsellschafte nöd reformiert sind.« (Hugo Stamm, SRF Arena 01.04.2016)

10 Beispielsweise spricht der Moderator der SRF-Debatte *Bedroht der Islam den freien Westen?* in der Rahmung einer Frage sowohl von der ›islamischen Welt‹ als auch von der ›arabischen Welt‹: »Sie plädieren für einen ehrlichen Umgang mit dem Islam, um Fairness mit dem Islam, aber auch um Fairness innerhalb der *islamischen Welt* [...] Und man darf aber, haben wir auch gehört, die Unterwanderung, die zum Teil stattfindet, die Fernsteuerung aus der *arabischen Welt*, darf man auch nicht überbewerten« (09.09.2016).

5 Darstellung geografischer Differenz: Ethnisierung und Migrantisierung

Die Vielzahl an Orten, die mit Begriffen wie ›arabische Welt‹ oder ›islamische Länder‹ gefasst werden können, ist in der folgenden Äußerung Hugo Stamms exemplarisch ersichtlich:

> Ich reise seit über 40 Jahren regelmässig in, vor allem *in Asien, in arabische Länder* und es gibt kaum, auch *in Afrika*, und es gibt tatsächlich kaum eine Mentalität, die mit so viel Gastfreundschaft gesegnet ist […] Aber ich stelle in letzter Zeit fest, dass die Islamisierung weit herum geht. In *Lombock* hat früher kein Mädchen irgendein Kopftuch getragen, heute sind sie gezwungen […] in *vielen Ländern*. (SRF Arena 01.04.2016, Hervorhebung der Autorin)[11]

Da diese Erklärung im Anschluss an eine Ausführung zu »Werten des Islams« (SRF Arena 01.04.2016) folgt, wird die ›Mentalität‹, die die erwähnten Länder und Regionen gemäß Stamm verbindet, als vom ›Islam geprägt‹ dargestellt.

Schließlich wird ›der Islam‹ nicht nur in ›islamischen Ländern‹ lokalisiert und einem als westlich markierten Raum gegenübergestellt, sondern es wird zudem gelegentlich innerhalb beispielsweise der Schweiz von einer separaten Lebenswelt gesprochen. In diesen Äußerungen wird von einer anderen, muslimisch-spezifischen Art des Lebens ausgegangen. Ersichtlich ist die Vorstellung einer getrennten ›islamischen Gesellschaft‹ bzw. ›muslimischen Welt‹ innerhalb der Schweiz, wenn der SRF-*Club*-Moderator die anwesenden, in der Schweiz lebenden Muslim*innen fragt:

> Könnte denn […] in *Ihrer Gesellschaft, in der islamischen Gesellschaft*, jemand seine Homosexualität […] ausleben? (SRF Club 12.07.2016, Hervorhebung der Autorin).

Da die beiden anwesenden Muslim*innen beide in der Schweiz ansässig sind, impliziert die Frage eine in der Schweiz situierte, jedoch parallel vorhandene und getrennte ›islamische Gesellschaft‹, über die die beiden Muslim*innen Auskunft geben können. Die daran anschließende Frage »Wäre eine lesbische Frau in *Ihrer Welt* willkommen?« (Moderator, SRF Club 12.07.2016, Hervorhebung der Autorin) ist an Janina Rashidi gerichtet, die als deutsche Zuwanderin keinen Migrationshintergrund aus einer ›islamischen Gesellschaft‹ vorzuweisen hat. Die Vorstellung einer separaten Welt, über die Janina Rashidi Auskunft geben kann, basiert also in dieser Instanz auf ihrer muslimischen Selbst-Identifikation und ist unabhängig von ›Herkunft‹.

---

11 Original: »Ich reisä siit über 40 Jahr regelmässig in, vor allem in Asie, in arabische Länder und es giit chum, au in Afrika, und es giit tatsächlich chuum e Mentalität wo so mit Gastfründschaft gsägnet isch. Aso mer wird iigladet, und so…das isch völlig richtig. Aber ich stelle in letschter Ziit fescht, dass die Islamisierig wiit ume gaht. Lombock früehner hät keis Meitli irgenden Chopftuech treit hüt sinds zwungä […] i villnä Länder.« (SRF Arena 01.04.2016)

5.2.2 Migrantisierung: Die Figur der muslimischen Migrant*innen

Das Bild von Muslim*innen als geografisch ›von außerhalb‹ der Schweiz stammend, wird in der Figur der muslimischen Migrant*innen (re)produziert. Im Folgenden wird die zentrale Darstellung dieser Figur exemplarisch anhand der SRF-Fernsehsendungen *Arena* mit dem Titel *Angst vor dem Islam* (01.04.2016), der *Club*-Sendung zu den Vorfällen in Köln (12.01.2016) sowie der *Club*-Sendung zum Therwil-Fall (12.07.2016) erläutert. Die Figur der muslimischen Migrant*in wird dabei nicht nur anhand der Thematisierung von Muslim*innen als Migrant*innen, sondern auch umgekehrt mittels der Thematisierung von Migrant*innen als Muslim*innen verfestigt.

In der SRF-*Arena*-Sendung *Angst vor dem Islam* spielt der Moderator auf die selbst gestellte Frage »Wer spricht denn überhaupt in der Schweiz für die Muslime und wer sind die denn überhaupt?« (01.04.2016)[12] ein erklärendes Video ein, welches folgenden Text beinhaltet:

> *Muslime in der Schweiz.* Rund 440'000 oder ca. 5 % der Wohnbevölkerung machen sie aus. In den 1960er Jahren sind es vor allem *türkische Gastarbeiter*, in den 1990er Jahren *Kriegsflüchtlinge aus Ex-Jugoslawien*, die die Zahl der Muslime ansteigen lassen. Heute sind es mehrheitlich *muslimische Flüchtlinge aus Afrika und der Golfregion, die in die Schweiz kommen.* Aktuell machen all[e] diese den Grossteil der Muslime in der Schweiz aus.

In diesem Text werden Muslim*innen in der Schweiz anhand von Migrationsbewegungen definiert. Konkret setzt die im Video ersichtliche Geschichtsschreibung in den 1960er Jahren ein und definiert somit die ersten Muslim*innen in der Schweiz als »türkische Gastarbeiter« und später als »Kriegsflüchtlinge aus Ex-Jugoslawien«. Einerseits vernachlässigt diese Darstellung die frühere Präsenz von Muslim*innen, die spätestens seit 1946 dokumentiert ist.[13] Andererseits stellt der Fokus auf die fortwährenden Migrationsbewegungen von Muslim*innen in der Schweiz keinen Bezug zu den bereits hier lebenden Muslim*innen her, die – selbst wenn von den oben genannten Zahlen ausgegangen wird – bereits zur dritten und vierten Generation zählen und zum Zeitpunkt der zitierten SRF-*Arena*-Sendung zu über einem Drittel eine Schweizer Staatsbürgerschaft besaßen (Bundesamt für Statistik 2020b, 2019).

Das Bild des Islams als Religion, die durch die Migration in die Schweiz gebracht wird, wird auch vom SRF-Religionsexperten Norbert Bischofsberger bekräf-

---

12   Original: Moderator: »Und ich wett churz mit Ihne d Frag aluege, wär redt denn überhaupt idä Schwiiz fürd Muslim und wär sind die dänn überhaupt?« (SRF Arena 01.04.2016)
13   Mehr dazu siehe Kapitel 3.3.1.

5 Darstellung geografischer Differenz: Ethnisierung und Migrantisierung 121

tigt, der einem säkularisierten schweizerischen ›Wir‹ religiös ›andere‹ Migrant*innen gegenüberstellt:

> Wir haben die Säkularisierung, die Menschen hier, die den Glauben schrittweise ablegen. Und wir haben die *Migration*, wir haben Menschen, *die zu uns kommen, mit anderen Gepflogenheiten*, nicht nur mit *anderen Religionen*, auch mit *anderen Kulturen*. (SRF Club 12.07.2016)

Darstellungen von Muslim*innen als Migrant*innen führen zu einer Verfestigung der geografischen Differenzdarstellung und schreiben auch Muslim*innen, die selbst keine Migration erlebt oder erfahren haben, potenziell Migration zu. Die Zuschreibung von Migration zu Menschen, die selbst keine Migration erfahren haben, wird in der vorliegenden Studie mit dem Begriff der *Migrantisierung* gekennzeichnet (El-Tayeb 2016, 16). Migrantisierung ist gemäß El-Tayeb eine europaweit zu beobachtende Tendenz, die zu einem Bild von Muslim*innen als »ewige Neuankömmlinge« führt (2016, 30).

Die Vorstellung von Muslim*innen als ›fremd‹ in der Schweiz ist beispielsweise in einer Ausführung des SRF-Religionsexperten Norbert Bischofsberger ersichtlich. Nachdem er auf die steigende Anzahl konfessionsloser Menschen in der Schweiz hingewiesen hat, weist er auf ein entsprechendes Wissensdefizit bei Musliminnen und Muslimen sowie Jüdinnen und Juden hin:

> Ja, es ist doch wichtig, auch den *Jüdinnen und Juden in diesem Land*, auch den *Musliminnen und Muslimen* zu erklären, wie *hier* die *Geschichte in den letzten zwei Generationen* gelaufen ist. Wie es vielleicht im Wallis noch ein bisschen unterschiedlich ist, als in anderen Regionen. Aber dass sich einfach die *christliche Religion* auch *hier*, wirklich, es hat eine *Entwicklung* genommen, ob man die jetzt gut findet oder nicht. (SRF Club 12.07.2016)

Indem hier davon ausgegangen wird, dass sowohl Muslim*innen als auch Jüd*innen die Entwicklung zu mehr Konfessionslosigkeit nicht kennen, scheint suggeriert zu werden, dass sie die jüngeren Religionsgeschichte der Schweiz nicht mitbekommen hätten.[14] Die spezifische Referenz auf die »letzten zwei Generationen«, die den Muslim*innen erklärt werden müssten, steht in Kontrast mit der auch in öffentlichen Debatten unbestrittenen Anwesenheit von Muslim*innen sowie Jüd*innen in der Schweiz in diesem Zeitraum. Dies evoziert ein Bild von Muslim*innen, in wel-

---

14 Hier wird von der im Diskurs oft zitierten ›jüdisch-christlichen‹ Gesellschaft abgewichen und vielmehr eine ›christlich-säkulare‹ Schweiz evoziert.

chem sie, selbst wenn sie ›hier aufgewachsen‹ sind, trotzdem ›fremd‹ bleiben und für das Leben ›hier‹ geschult werden müssen.[15]

Auch in der SRF-*Arena*-Sendung *Angst vor dem Islam* (01.04.2016) werden Muslim*innen entlang ethnisierender, geografischer Differenz dargestellt. Gleichzeitig wird jedoch auf ›Schweizer Muslim*innen‹ referiert und damit die Gegenüberstellung zwischen ›fremd‹ und ›eigen‹ relativiert. Konkret veranschaulicht wird die Situation in einem eingespielten Videobeitrag, der den folgenden Text beinhaltet:

> Mit der *Flüchtlingswelle* erreichten auch viele Muslime die Schweiz. Am Ziel angekommen ist *alles unbekannt und fremd*. Wo finden *neu ankommende Muslime* Halt. Wie können sie hier ihre Religion ausüben. In der Asylunterkunft finden sie zwischenzeitlich ein Zuhause. Im Zivilschutzbunker. *Fernab der eigenen Kultur und Religion*. Muslimische Flüchtlinge, *fremd in einem christlichen Land*. Was tun ihre *Schweizer Glaubensbrüder*, um ihre *Integration* zu erleichtern.

Dieses Zitat ist in dreierlei Hinsicht aufschlussreich:

Erstens etabliert die singuläre Referenz auf die »eigene Kultur« der »angekommenen« Muslim*innen das Bild einer auf ihrem ›Muslimisch-Sein‹ beruhenden Gemeinsamkeit, die sie mit bereits in der Schweiz lebenden Muslim*innen verbindet. Die Darstellung solcher muslimischen Gemeinsamkeiten erlaubt es, ankommende Migrant*innen verschiedener Herkunftsländer sowie Schweizer Muslim*innen mit und ohne Migrationshintergrund im Diskurs unter derselben Kategorie zu fassen und als Muslim*innen zu adressieren.

Zweitens wird die Muslim*innen zugeschriebene ›Kultur‹ geografisch außerhalb der Schweiz angesiedelt, indem die Schweiz für die »ankommenden« Muslim*innen als »unbekannt und fremd« sowie »fernab der eigenen [muslimischen] Kultur« dargestellt wird. Explizit wird hier die Schweiz auch als »christliches Land«, dem Muslim*innen ›fremd‹ seien, repräsentiert. Diese Differenzdarstellung mittels Religionszugehörigkeit proklamiert eine religionsbasierte Gleichheit des schweizerischen ›Selbst‹, die sowohl die ankommenden Muslim*innen als auch deren »Schweizer Glaubensbrüder« als ›anders‹ markiert.

Drittens weist jedoch die Referenz auf »Schweizer Glaubensbrüder«, die die Integration der ankommenden Muslim*innen potenziell erleichtern könnten, auf

---

15   In ähnlicher Weise wird in der Debatte um die zwei muslimischen Schüler in Therwil, die ihrer Lehrerin die Hand nicht reichen wollten, das Bild von »hier aufgewachsenen« Muslim*innen mit der Handschlagverweigerung kontrastiert: »Die beiden sind *hier gross geworden*, die beiden haben auch immer wieder bekräftigt, dass sie ein wertvolles Mitglied der Gesellschaft werden möchten, etwas zu *unserer Kultur*, zu unserem Zusammenleben Positives beitragen. […] Wenn sie jetzt diese *Einbürgerung* wegen ihres Verhaltens, wegen diesem Händeschlag, den sie nicht geben, *nicht eingebürgert werden*, dann haben wir einen Schaden.« (SRF Club 12.07.2016)

die Möglichkeit ›akzeptabler‹ muslimischer Positionalitäten in der Schweiz hin. Durch das gleichzeitige Konzeptionalisieren der neu ankommenden ›Fremden‹ als Muslim*innen sowie der Schweiz als ›christliches Land‹ werden diese ›akzeptablen‹ Schweizer Muslim*innen als Zwischenpositionalitäten inszeniert, »fremd in einem christlichen Land«, aber integriert genug, um »muslimische Flüchtlinge« zu unterstützen. Der migrantische Hintergrund der »Schweizer Glaubensbrüder« bleibt dabei unausgesprochen, ist aber angesichts der expliziten Darstellung der Schweiz als »christlich« und der ihnen zugeschriebenen Vermittlerrolle impliziert.

Die Tendenz, ›Religion‹ und ›Herkunft‹ in der Figur der muslimischen Migrant*in zusammenzuführen, ist nicht nur in der Darstellung von Muslim*innen als Migrant*innen, sondern auch in der Darstellung von Migrant*innen als Muslim*innen erkennbar. Dies kann exemplarisch am Beispiel der SRF-*Club*-Sendung zu den Neujahrsereignissen in Köln (12.01.2016) aufgezeigt werden. Die Sendung leitet mit den Worten »diese Bilder schockieren Europa, in der Silvesternacht kommt es in Köln zu zahlreichen Überfällen und sexuellen Übergriffen« eine Ausführung zu der ›Herkunft‹ der Täter ein.[16] So stamme »ein Grossteil der Täter [...] aus Nordafrika und dem arabischen Raum«[17] und »bei einem Grossteil der Verdächtigen handelt es sich um Asylsuchende oder illegale Aufenthalter« (SRF Club 12.01.2016). Diesen Ausführungen folgend, wird das Thema der *Club*-Sendung wie folgt eingeführt:

> Die Vorfälle in Köln haben eine Debatte über *Islam*, Frauenbild und kulturelle Werte ausgelöst. (12.01.2016, Hervorhebung der Autorin)

Ausgehend von einer Thematisierung der ›Herkunft‹ der Täter in Köln und ohne dabei ihre Religion zu benennen, wird hier ein Übergang zur »Frage von Islam« sowie zu »Frauenbild und kulturellen Werten« als mögliche kausale Faktoren der Kölner Vorfälle geschaffen. Dass dem Übergang keine Erklärung folgt, deutet darauf hin, dass in der vorangehenden Einleitung ›Religion‹ bzw. Islam in der Herkunftserläuterung impliziert war und diese Implikation als für die Leserschaft nicht erklä-

---

16   Durch die Abwertung der Informierung der Öffentlichkeit über die ›Herkunft‹ der Verdächtigung als ›zu zurückhaltend‹ wird die ›Herkunft‹ als relevant hervorgehoben: »Die Informationen gelangen nur tröpfchenweise an die Öffentlichkeit. Der Kölner Polizeipräsident [...] weiss angeblich nichts über die Herkunft der Täter. In internen Berichten ist zu diesem Zeitpunkt aber bereits klar, ein Grossteil der Täter stammt aus Nordafrika und dem arabischen Raum. Eine Woche nach den Vorfällen muss Alberts zurücktreten, am selben Tag benennt das deutsche Innenministerium erstmals die Nationalitäten von Verdächtigen.« (SRF Club 12.01.2016).

17   Konkret vom Deutschen Innenministerium genannte Nationalitäten sind »9 algerische, 8 marokkanische, 4 syrische, 5 iranische, 1 irakischer, 1 serbischer, 1 US-amerikanischer und 2 deutsche Staatsangehörige« (SRF Club 12.01.2016).

rungsbedürftig gilt. Erneut scheint dem Argument eine nicht explikationsnotwendige Verknüpfung der Differenzkategorien ›Religion‹ und ›Herkunft‹ zugrunde zu liegen, die dazu führt, dass in derzeitigen Diskursen die Herkunft von Muslim*innen in Ländern wie »Nordafrika und dem arabischen Raum« verortet sowie Asylsuchende selbstverständlich als Muslim*innen wahrgenommen werden.

Während also die *Arena*-Sendung *Angst vor dem Islam* von »Muslim*innen in der Schweiz« ausgeht, deren ›Herkunft‹ zentral zu ihrer Einordnung herangezogen wird, und die *Club*-Sendung »Täter [...] aus Nordafrika und dem arabischen Raum« als Startpunkt hat, enden beide Sendungen damit, ›Religion‹ und ›Herkunft‹ in der Figur der muslimischen Migrant*in zusammenzuführen. Eine solche Verschmelzung entspricht der jüngeren westeuropäischen Tendenz, Muslim*innen zu *den* Migrant*innen schlechthin zu stilisieren (Spielhaus 2013, 169–174).

5.2.3 Ethnisierung: Darstellungen einer herkunftsspezifischen ›Kultur‹

Da Muslim*innen als von außerhalb der Schweiz kommend dargestellt werden, werden ihnen tendenziell andere Charakteristika und damit verbunden eine zumindest potenziell problematische Fremdheit zugesprochen. Diese *Ethnisierung* geschieht wiederholt durch Darstellungen ›herkunftsspezifischer Kultur‹ von sowohl Muslim*innen als auch dem schweizerischen ›Selbst‹. Die Konstitution einer ›hiesigen Kultur‹ ist exemplarisch in der medialen Diskussion zum Fall Therwil evident (Aeschbach 2021, 10–13). In der Debatte rund um die beiden Jungen, die ihrer Lehrerin die Hand nicht reichen wollten, wurde der Handschlag als Praktik einer ›Schweizer Kultur‹ dargestellt. Diese Darstellung basierte zu einem großen Teil auf der vielzitierten Aussage von Bundesrätin Simonetta Sommaruga: »Der Handschlag ist Teil *unserer Kultur* [...] so stelle ich mir *Integration* nicht vor« (zitiert vom Moderator, SRF Arena 01.04.2016).[18] Auch wenn eine weitere Konkretisierung dieser ›Schweizer Kultur‹ größtenteils ausblieb,[19] greifen sowohl Moderator*innen

---

18   Diese Aussage wurde in insgesamt 34 Zeitungsdokumenten und in 6 weiteren Dokumenten des Schweizer Radio und Fernsehens zitiert. Ähnliche Aussagen wurden zudem von weiteren Personen gemacht, so wurde beispielsweise der Präsident des Schweizerischen Lehrerverbandes, Beat Zemp, wiederholt wie folgt zitiert: »Der Handschlag ist Teil unserer Kultur« (Berner Zeitung Online 04.04.2016, Blick 05.04.2016, Die Südostschweiz 29.04.2016). Auch die kantonale Bildungsdirektorin Basellandschaft, Monica Gschwind, stellte klar: »Das Händeschütteln mit Lehrern ist nicht nur ein moralisches Gebot, sondern tief in unserer Gesellschaft und Kultur verwurzelt« (Basler Zeitung 20.09.2016, Neue Luzerner Zeitung 21.09.2016) und »dass man Frauen die Hand schüttelt, das ist in unserer Kultur ein wichtiger Pfeiler« (Monika Gschwind, SRF Schweiz Aktuell 04.04.2016).

19   Neben dem Handschlag wurden lediglich die zwei Werte »Freiheit« sowie »Geschlechtergleichstellung« genannt. Hierzu mehr in Kapitel 6.

als auch SRF-Expert*innen wiederholt auf die Vorstellung eines kulturalisierten Schweizer ›Wir‹ zurück.[20] Gegenübergestellt wird dieser ›hiesigen Kultur‹ wiederholt jene der muslimischen Migrant*innen, so beispielsweise in der erwähnten Aussage des Religionsexperten Norbert Bischofsbergers: »Wir haben Menschen, die zu uns kommen, mit anderen Gepflogenheiten, nicht nur mit anderen Religionen, auch mit anderen Kulturen« (SRF Club 12.07.2016).[21] Die Etablierung zweier kulturalisierter Kollektive bietet Anschluss für eine ›Kampf der Kulturen‹-Rhetorik.[22] Ähnlich wird auch die SRF-Debatte zur Therwiler Handschlagverweigerung beispielsweise mit der Erklärung »einmal mehr prallen damit Kulturen und Religionen aufeinander« (SRF Club 12.07.2016) eingeleitet und die Ereignisse der Silvesternacht in Köln als »Zündstoff für das Zusammenleben von verschiedenen Kulturen bei uns« (SRF Club 12.01.2016) präsentiert. Die Ko-Präsenz einer in solchen Darstellungen mittels Migrationsbewegungen in die Schweiz kommenden ›fremden [muslimischen] Kultur‹ mit der ›hiesigen Kultur‹ wird somit als potenziell konfliktives Aufeinandertreffen thematisiert.

In diesen Darstellungen werden sowohl ›Religion‹ als auch ›Kultur‹ als herkunftsspezifische Differenzkategorien etabliert. Die Daten zeigen dabei, dass es zu verschiedenen Verknüpfungen zwischen ›Religion‹ und ›Kultur‹ kommt. So werden die Kategorien teilweise auf dieselbe Ebene gestellt, so beispielsweise, wenn ›der Islam‹ einer ›Schweizer Kultur‹ gegenübergestellt wird.[23] Darüber hinaus erfolgen teils explizite Religionsspezifizierungen einer ›Wir‹-Kultur des »Abendlandes [als] *christlich kulturelle Sphäre*, als kultureller Wert, als kulturelle Grösse« (Moderator SRF *Sternstunde Religion* 18.01.2015). Eine solche religionsspezifische Charakterisierung der ›Schweizer Kultur‹ ist auch im Vorstoß der Christlichen Volkspartei (CVP) gegen »Sonderregelungen zugunsten von Muslimen« ersichtlich, bezüglich welcher Pascal Ryf, CVP-Landrat Basel-Landschaft, wie folgt zitiert wird:

---

20 Beispielsweise; »Wir haben das Abendland als christlich kulturelle Sphäre, als kulturellen Wert, als kulturelle Grösse« (Moderator SRF 2 Kultur Kontext, 26.12.2016), »etwas zu unserer Kultur [...] beitragen« (Moderator, SRF Club 12.07.2016), oder »wir haben Kultur« (Hugo Stamm, SRF Arena 01.04.2016).

21 Ähnlich die Zitatsheranziehung des *Club* Moderators: »Ufen Artikel mit Ihne [...] hät en User gschriibe ›Das braucht keinen Psychologen noch Menschenkenner, um zu wissen, dass die Nordafrikaner und Araber eine andere Kultur haben und andere Vorstellungen über Frauen‹, isch das so?« (SRF Club 12.01.2016)

22 Mehr dazu siehe Kapitel 3.3.2.

23 Ein Beispiel hierfür ist in der Vorstellung von Blerta Kamberi im *NZZ Folio* ersichtlich, die als »zwischen *dem Islam* und *der Schweizer Kultur* zerrissen« (02.08.2016, Hervorhebung der Autorin) dargestellt wird.

›Uns geht es explizit nur um jene Sonderregelungen, die im Widerspruch zu unseren Grundwerten und der gelebten Kultur stehen.‹ Jüdische Feiertage etwa seien davon nicht betroffen [...] ›Die jüdische Kultur ist Teil der Geschichte der Schweiz‹. (Aargauer Zeitung 06.09.2016)

Dabei wird die ›Schweizer Kultur‹ als mit dem Christentum und dem Judentum verbunden markiert und von einer als muslimisch konzipierten ›Kultur‹ unterschieden. ›Kultur‹ und ›Religion‹ werden auf diese Weise in nationalisierenden Identitätsprozessen, das heißt in diskursiven Unterscheidungen zwischen ›fremd‹ und ›eigen‹ auf der Ebene der Nation, zusammengeführt.[24]

›Religion‹ und ›Kultur‹ werden jedoch nicht immer als zusammenhängend, sondern zum Teil auch als voneinander getrennte oder gar einander gegenübergestellte Kategorien konzipiert. So fragt beispielsweise der Moderator der SRF-*Arena*-Sendung *Angst vor dem Islam* hinsichtlich einer Problematisierung ›des Islams‹ aus Saudi-Arabien einen anwesenden Muslim: »Ist das ein kulturelles Problem, das eigentlich nicht im Text angelegt wäre, das nicht zwingend wäre für Muslime?« (01.04.2016) Eine solche Unterscheidung ist unter anderem auch in den Momenten ersichtlich, wenn Muslim*innen entlang verschiedener Herkunftsländer ethnisiert werden, so beispielsweise in einem Interview mit der muslimischen Diskursakteurin Rifa'at Lenzin, in welchem folgende Frage gestellt wird: »Viele Moscheevereine haben einen ethnischen Bezug im Namen. Was ist wichtiger: *die Kultur oder die Religion?*« (Zürichsee-Zeitung 03.12.2016, Hervorhebung der Autorin). Solche Gegenüberstellungen beschreiben ›Kultur‹ als Teil einer herkunftsspezifischen ›Ethnizität‹ und ›Religion‹ als potenziell herkunftsunabhängig. Damit brechen sie mit einer homogenisierenden Vorstellung einer einheitlich ›fremden, muslimischen Kultur‹. Es wird jedoch nicht immer zwischen ›Religion‹ und ›Kultur‹ unterschieden. So schwächt der SRF-Religionsexperte Norbert Bischofsberger die Relevanz einer solchen Unterscheidung in der Diskussion um die Vorfälle in der Kölner Silvesternacht oder »Zwangsehe, zum Beispiel« ab, indem er für eine »Nulltoleranz [...] Ob es eine Gemengelage ist jetzt von religiösen, von kulturellen Einflüssen« (12.07.2016), plädiert.

Die verschiedenen, gleichzeitig vorhandenen Verständnisse des Zusammenhangs zwischen ›Religion‹ und ›Kultur‹ in medialen Debatten zu Muslim*innen in der Schweiz führen zu einer begrifflichen Vagheit der beiden Differenzkonzepte in hegemonialen Diskurslinien. Für die vorliegende Studie soll an dieser Stelle

---

24 Eine ähnliche, wenn auch weniger explizite Zusammenführung von ›Religion‹ und ›Kultur‹ erfolgt in Aufzählungen, wie beispielsweise in der Etablierung von »muslimischen Flüchtlingen« als »fernab der eigenen *Kultur und Religion*« (Moderator, SRF Arena 01.04.2016, Hervorhebung der Autorin) oder in der Erklärung der Therwiler Handschlagverweigerung als Ereignis, welches zeige, dass »*Kulturen und Religionen* aufeinander[prallen]« (Moderator, SRF Club 12.07.2016, Hervorhebung der Autorin).

zusammengefasst werden, dass (geografische) ›Herkunft‹ als Differenzkategorie in hegemonialen Diskurslinien herangezogen und Muslim*innen entlang dieser Kategorie charakterisiert werden. Die dargestellte ›Herkunft‹ von Muslim*innen muss dabei nicht mit der tatsächlichen geografischen Bewegung einer einzelnen Person übereinstimmen (*Migrantisierung*) und geht mit herkunftsspezifisch konstituierten Charakteristika einher (*Ethnisierung*). Die Darstellung von Muslim*innen als außerhalb der Schweiz angesiedelt wird dabei vielen Aussagen und Fragestellungen als verständnisnotwendiger Topos vorausgesetzt. Darüber hinaus wird dieser herkunftsspezifischen Differenzdarstellung im Diskurs um Muslim*innen in der Schweiz Relevanz zugesprochen. Dabei ist ersichtlich, dass verschiedene Differenzkategorien mit nationalisierenden Identitätsprozessen verwoben werden, wenn z.B. ›Kultur‹ und ›Religion‹ als gleichermaßen herkunftsspezifisch konstituiert werden.

5.3 (Fremd-)Positionierungen muslimischer Diskursakteurinnen

5.3.1 Migrantisierende (Fremd-)Positionierungen

Das Zusammenführen der Kategorien ›Herkunft‹ und ›Religion‹ in hegemonialen Diskurslinien ist auch in den medialen Auftritten der in dieser Studie im Fokus stehenden muslimischen Diskursakteurinnen ersichtlich. So steht, wenn Akteurinnen in Printmedien, Radio oder Fernsehen vorgestellt werden, der Bezug auf ihre jeweils spezifische Migrationsbiografie häufig im Vordergrund. Alle der in dieser Studie im Fokus stehenden Diskursakteurinnen werden in massenmedialen Dokumenten mit Verweis auf ›Herkunft‹ und/oder ›Nationalität‹ charakterisiert. So wird beispielsweise Elham Manea als »gebürtige Jemenitin« und »jemenitisch-schweizerische/schweizerisch-jemenitische Doppelbürgerin«, Jasmin El-Sonbati als »Schweizer Muslimin mit ägyptischen Wurzeln« und Saïda Keller-Messahli als »gebürtige Tunesierin«, »Tunesierin-Schweizerin« oder als »ehemalige Tunesierin« gekennzeichnet. Die wiederholten Herkunfts- sowie Nationalitätsmarkierungen (re)produzieren die Darstellung von Muslim*innen als Migrant*innen und etablieren diese Differenzierung als relevant in den analysierten Debatten rund um Islam in der Schweiz.

Dabei werden muslimische Diskursakteurinnen, die selbst nicht unmittelbar Migration erfahren haben, via der Nationalität oder ›Herkunft‹ ihrer Eltern charakterisiert. So ist beispielsweise der erste Punkt, der in einem Artikel im *Zofinger Tagblatt* zur Person von Rifa'at Lenzin angeführt wird, ihre Charakterisierung als »Tochter pakistanisch-schweizerischer Eltern« (24.08.2016). In ähnlicher Weise wird Blerta Kamberi, die in Frauenfeld geboren ist, im *NZZ Folio* als »Albanerin aus Mazedonien« und Tochter »eines *muslimischen Albaners* und einer Schweizerin«

(02.08.2016, Hervorhebung der Autorin) eingeführt.[25] Die Hervorhebung des ›Muslimisch-Seins‹ verknüpft mit der Herkunft des ›nicht-schweizerischen‹ Elternteils ist auch bei einer an Amira Hafner-Al Jabaji gerichteten Aussage in einer SRF-*Club*-Sendung ersichtlich: »Sie haben einen Vater, der aus dem Irak ist. Ihre Mutter ist aus Deutschland. *Also ein Muslim und eine Christin.*« (12.01.2016, Hervorhebung der Autorin)[26]

In diesen Gegenüberstellungen wird häufig das Bild zweier Welten konstruiert, die gleichzeitig anhand der Kategorien ›Religion‹ sowie ›Herkunft‹ konkretisiert werden. So beispielsweise in Form der an Jasmin El-Sonbati gerichteten Aussage »Sie sind ja mit der *katholischen Mutter aus Mitteleuropa* und dem *muslimischen Vater aus Arabien* in *zwei sehr kontrastierende Welten* hineingeboren« (Moderator, SRF Musik für einen Gast 30.03.2014, Hervorhebung der Autorin). Diese ›Welten‹ werden in solchen Sequenzen anhand verschiedener Länder konkretisiert – so werden beispielsweise Ägypten, Jemen, Tunesien oder Irak auf der einen und die Schweiz oder Deutschland auf der anderen Seite genannt. Diese werden teils einer Binarität von ›arabisch‹ versus ›westlich‹ zugeordnet:

> Elham Manea hat ganz unterschiedliche Kulturen im Nahen Osten hautnah erlebt. Als Tochter eines jemenitischen Diplomaten in Ägypten geboren, hat sie in ihrer Jugend in verschiedenen *arabischen und westlichen Ländern* gelebt. (SRF 2 Kultur Musik für einen Gast 14.05.2017; 26.11.2017)

Die muslimischen Diskursakteurinnen werden in dieser Weise in hegemonialen Diskurslinien als migrantische Akteurinnen positioniert und damit zentral entlang der Differenzkategorien ›Herkunft‹ sowie ›Religion‹ identifiziert.[27]

5.3.2 Rassifizierende Differenzdarstellungen

Herkunftsspezifische Unterscheidungen dieser Art wurden in historischen europäischen Diskursen oftmals mit rassifizierenden Differenzcharakterisierungen verbunden (siehe Kapitel 3.1) und auch in zeitgenössischen Kontexten weisen kritische Forscher*innen darauf hin, dass ethnisch-kulturelle Unterscheidungen häufig mit einer rassifizierenden Bildsprache ausgedrückt werden (El Tayeb 2011, xiv). Als prägnantes Beispiel aus dem alltäglichen Sprachgebrauch kann die Bezeichnung ›Schwarzafrika‹ angebracht werden, die explizit rassifizierende und geografische Differenzkategorien zusammenführt (Pinto 2013, 155). In der Gegenüberstellung

---

25   Es wird zudem wiederholt auf den Status ihres Einbürgerungsverfahrens hingewiesen.
26   Original: »Sie händ en Vater wo usem Irak isch, ihri Muetter isch us Düütschland. Also en Muslim und e Christin.« (SRF Club 12.01.2016)
27   Die Positionierung von muslimischen Diskursakteurinnen als migrantisch kann mit der ihnen zugesprochenen Legitimität zusammenhängen. Genaueres siehe Kapitel 7.

wird das europäische ›Selbst‹ weitgehend als Weiß gekennzeichnet (El Tayeb 2011, xiv). Aufgrund der engen Verbindung zwischen rassifizierenden und geografischen Differenzdarstellungen und mit Verweis auf Intersektionalitätsforscher*innen, die ›Rasse‹ als eine der drei relevantesten Differenzkategorien der Moderne sehen,[28] könnte es verwunderlich wirken, dass diese Thematik in diesem Kapitel bisher noch nicht vorgekommen ist.[29]

Zurückzuführen ist das bisherige Fehlen dieser Thematisierung auf das weitgehende, wenn auch nicht ausschließliche Ausbleiben expliziter Referenzen zu ›Rasse‹ als Differenzkategorie im analysierten Datenmaterial. Im Folgenden soll daher *einerseits* erläutert werden, in welchem Kontext dieses Ausbleiben expliziter Referenzen zu einer ›Rassenbegrifflichkeit‹ verstanden werden kann. Als Erklärungsgrundlage hierfür dient eine kurze Erläuterung des historischen Werdegangs der expliziten Thematisierung und anschließende Tabuisierung von ›Rasse‹ als Differenzkonzept in der deutschsprachigen Öffentlichkeit. *Andererseits* werden jene Mediensequenzen aufgearbeitet, in denen rassifizierende Differenzmarkierungen vorgenommen werden, um aufzuzeigen, dass in der medialen Positionierung von muslimischen Diskursakteurinnen teilweise rassifizierende Darstellungen ersichtlich sind. Obwohl selten expliziert, geben diese Momente Aufschluss darüber, dass rassifizierende Differenzvorstellungen gegenüber Muslim*innen vorhanden sind und in Mediendiskursen teilweise (re)produziert werden.

5.3.2.1 Bemerkungen zum Begriff ›Rasse‹

›Rasse‹ als Differenzkonzept geht auf eine lange Geschichte kolonialer Wissenskonstruktionen zurück. Darin entwickelte sich ›Rasse‹ zu einer gesellschaftsstrukturierenden Wissenskategorie, die Gruppen von Menschen unterschied und diese Unterscheidung als unabänderlich naturalisierte (Chin et al. 2009; Mahmud

---

28 Intersektionalitätsforscher*innen haben wiederholt darauf hingewiesen, dass es wichtig sei, sich auf die »Triade von Rasse, Klasse und Geschlecht [zu konzentrieren], da diese die relevanten Dimensionen sozialer Ungleichheiten in der Moderne umfassen.« (Purtschert und Meyer 2010, 130)

29 Auf der anderen Seite wiederum mag die weit verbreitete Alltagsvorstellung, dass ›Rasse‹ als Differenzierungskonzept in aktuellen deutschsprachigen Diskursen nicht mehr vorhanden ist, die Frage aufwerfen, weshalb Rassifizierung hier überhaupt thematisiert wird. Insbesondere hinsichtlich der umfassenden Tabuisierung des Rassenbegriffs kann seine Verwendung hier Leser*innen dieses Buches möglicherweise gar brüskieren. Hier schließe ich mich an kritische Stimmen aus den Gender und Critical Race Studies an, die erläutern, dass nur, weil die Begrifflichkeit unsichtbar gemacht wurde, dies nicht heißt, dass das Konzept nicht noch immer wirkt (El-Tayeb 2016, 2015; Knapp 2005). In der vorliegenden Studie steht der Begriff immer in ›Anführungszeichen‹, um hervorzuheben, dass es sich dabei nicht um eine Wissenskategorie der Autorin handelt. Der Begriff wird verwendet, um historisch nachzuzeichnen, wie er in der Konzipierung von Differenz mitwirkte, und um aufzuzeigen, wie im analysierten Diskurs noch immer naturalisierende Differenzdarstellungen ersichtlich sind.

1998).³⁰ Diese Naturalisierung basierte dabei auf der (pseudo-)naturwissenschaftlichen Heraushebung und Konstruktion phänotypischer Differenzmerkmale als relevante Klassifikationscharakteristiken, so beispielsweise die Unterscheidung ›fair/dark‹ (Mahmud 1998, 1222). Solche anfänglichen Konzeptualisierungen von ›Rasse‹ zielten auf die Biologisierung von hierarchisierter Gruppendifferenz ab, beispielsweise in der Konzeption von Hautfarbe oder Schädelgröße als mit der Fähigkeit zum logischen Denken verbunden. Während diese kolonialen Differenzkategorien auch in der Konzeption des ›jüdischen Anderen‹ vor und während des Zweiten Weltkriegs in Deutschland und der Schweiz angewendet wurden, haben naturwissenschaftliche Studien ›Rasse‹ seither als pseudo-wissenschaftliches Konzept widerlegt. In derzeitigen deutschsprachigen Diskursen und in der Schweizer Öffentlichkeit ist diese Widerlegung von ›Rasse‹ als Wissenskategorie größtenteils unumstritten und die explizite Referenz zu ›rassischer‹ Differenz ist weitgehend inexistent (Boulila 2019, 1407). Zusammen mit der nach 1945 etablierten Ablehnung des nationalsozialistischen ›Rassenprojekts‹ resultierte dies in einer expliziten Abwendung und Tabuisierung der Begrifflichkeit in der westdeutschen Öffentlichkeit (Chin et al. 2009, 3–19).

Zeitgleich mit der expliziten Zurückweisung von ›Rasse‹ als Differenzkategorie kann in Deutschland in der Nachkriegszeit eine konkrete Veränderung der Verwendung der Begriffe ›Rasse‹ und Rassismus nachgezeichnet werden; die Abwendung vom Rassenbegriff nach 1945 führte zu einer Rekonzeptualisierung von Jüd*innen als ›Ethnie‹. Dies ist in den verschiedenen rechtlichen Definitionen von Rassismus in Deutschland ersichtlich: So wurde im Begriff Rassismus in den 1920er- und 1930er Jahren explizit antijüdische Diskriminierung miteingeschlossen, während in der Nachkriegszeit eine Unterscheidung zwischen einem auf ›Ethnie‹ basierenden Antisemitismus und einem sich ausschließlich auf phänotypisch gedachte Differenzmerkmale beziehenden Rassismus eingeführt wurde (Chin et al. 2009, 3).

Gefördert wurde die Unterscheidung zwischen ›Rasse‹ und ›Ethnie‹ durch den Kontakt mit dem damaligen amerikanischen Konzept von ›Rasse‹ in der Nachkriegsokkupation Westdeutschlands (Chin et al. 2009). In der amerikanischen Sichtweise wurde ›Rasse‹ damals hauptsächlich hinsichtlich Hautfarbe im Sinne eines Schwarz-Weiß-Dualismus konzipiert. Gegen Ende der 1960er Jahre vertraten deutsche Historiker*innen und Politiker*innen schließlich überwiegend die Meinung, die Vorstellung von ›Rasse‹ und die damit verbundenen rassistischen Denkweisen seien primär in den USA angesiedelt (Chin et al. 2009, 19). Mit der Verortung von rassistischer Diskriminierung als überwiegend in Amerika existierend und der Trennung von Antisemitismus und Rassismus wurde Rassismus aus

---

30 Diese naturalisierte Gruppenvorstellung liegt auch der am Anfang des 19. Jahrhunderts entstandenen Idee des modernen Nationalismus zugrunde, in welcher oftmals »blood or race« die Basis von nationaler Zugehörigkeit war (Mahmud 1998, 1241).

Deutschland ausgeschrieben (Chin et al. 2009, 20). Die Nachkriegszeit in Deutschland führte somit nicht nur zu einer Situation, in welcher ›Rasse‹ als Kategorie in öffentlichen Diskursen tabuisiert wurde, sondern in der es durch die explizite Abwendung vom nationalsozialistischen Verständnis von ›Rasse‹ unmöglich wurde, den Begriff Rassismus in Relation zu antisemitischer Diskriminierung anzubringen (Chin et al. 2009, 20). Gleichzeitig wurde das Konzept ›Rasse‹ auf das phänotypische Merkmal der Hautfarbe hin eingegrenzt und eine historische Aufarbeitung der Wirkungsweisen des Konzeptes blieb größtenteils aus.

Ein ähnlicher Wandel in der Begriffsverwendung zeigt sich mit Blick auf die Schweiz. So sind wissenschaftliche Bestrebungen, kolonisierte ›Andere‹ sowie das schweizerische ›Selbst‹ (»Homo alpinus helveticus«) als ›Rassen‹ zu fassen, auch in der Schweiz des 18. und 19. Jahrhunderts dokumentiert (Purtschert, Lüthi und Falk 2012).[31] Zudem wurden die gegen Jüd*innen (insbesondere ›Ostjuden‹) geführten Differenzdiskurse in der Schweiz vor und während des Zweiten Weltkriegs via rassifizierenden Darstellungen konkretisiert (siehe Kury 2003a in Kapitel 3.2.1). Gleichzeitig haben Wissenschaftler*innen bis vor Kurzem noch darauf hingewiesen, dass in der Schweiz in der derzeitigen Politöffentlichkeit, in der Rechtsprechung und im Alltagsdiskurs das Selbstverständnis vorherrscht, dass in der Schweiz das Differenzkonzept ›Rasse‹ keine Relevanz habe und kein Rassismus existiere. Dies beruhe darauf, dass ›Rasse‹, verstanden als auf phänotypisierenden Differenzmarkierungen beruhend, als pseudowissenschaftlich widerlegt, kategorisiert wird (Boulila 2019, 1407). Die Tabuisierung der Begrifflichkeit gepaart mit einem normativen Selbstverständnis als rassismuslos, so die These, erklärt die weitgehend ausbleibende explizite Referenz auf ›Rasse‹ als Differenzkategorie.

In der Deutschschweizer Öffentlichkeit wird die Ansicht, rassistische Diskriminierung sei in der Schweiz nicht relevant, spätestens mit den international für Aufmerksamkeit sorgenden Black-Lives-Matter-Bewegungen zunehmend hinterfragt. So haben zahlreiche aktivistische Gruppierungen und wissenschaftliche Aktivist*innen darauf hingewiesen, dass schweizweit eine rassifizierte Vorstellung der Schweizer Nation besteht.[32] Dies ist beispielsweise darin ersichtlich, dass nicht-Weiße Muttersprachler*innen »nie ganz unspektakulär oder alltäglich« (El-Tayeb 2016, 37) erscheinen und sich wiederholt mit der »Woher kommst du«-Frage kon-

---

31 Mehr dazu siehe Kapitel 3.1.
32 Dies ist beispielsweise das Anliegen des Kollektivs *Vo Da*, https://mirsindvoda.ch/wie so-vo-da/, letzter Zugriff 27.04.2021. Auch zur Sprache kommt es im Beobachterartikel *Ein Gespräch über Alltagsrassismus:* »*Ja, aber woher kommst du wirklich?*« (29.01.2021) mit der im Kollektiv Bipoc.Woc engagierten Kommunikationswissenschaftlerin Yuvviki Dioh, https://www.beobachter.ch/gesellschaft/ein-gespraech-uber-alltagsrassismus-ja-aber-woher-kommst-du-wirklich, letzter Zugriff 27.04.2021.

frontiert sehen.[33] In Interviews mit Schwarzen Frauen bezüglich ihres Lebens in der Schweiz stellt Pinto fest, dass diese ›Herkunfts‹- oder ›Ursprungs‹-Befragung eine allen Interviewten wohlbekannte Interaktion darstellt (2013, 183). Darüber hinaus beschreibt sie die Reaktion einer Interviewten auf »immer wieder diese Frage« als genervt, »weil es immer wieder markiert, dass sie fremd ist, nicht zugehörig« (Pinto 2013, 183). Als weitere Beispiele für Darstellungen, die auf phänotypisierende Unterscheidungen zurückgreifen, führen diverse Forscher*innen in den Bereichen der *Critical Race Studies* sowie der *Postcolonial Studies* verschiedene, in der Schweizer Politöffentlichkeit der letzten zwei Jahrzehnte präsente Initiativen der Schweizerischen Volkspartei (SVP) an (Boulila 2019; El-Tayeb 2016; Michel 2015; Pinto 2013). Dazu zählt beispielsweise die Ausschaffungsinitiative der SVP, für die im Jahr 2007 eine Plakatkampagne gestartet wurde. Auf den zugehörigen Plakaten befinden sich unter dem Slogan »Sicherheit schaffen« drei weiße Schafe auf einer roten, mit einem Schweizerkreuz markierten Fläche und ein schwarzes Schaf wird von einem der drei weißen Schafe von dieser Fläche vertrieben. Das Poster führte zu zahlreichen Interventionen und kontroversen Diskussionen, in denen die rassistischen Implikationen der Darstellung diskutiert wurden (Michel 2015).[34] Die bildliche Darstellung des ›Fremden‹ als schwarzes Schaf schafft, so die Kritik, eine visuelle Kontinuität rassifizierender Differenzmarkierungen.[35]

Zusammenfassend lässt sich sagen, dass das hegemoniale Selbstverständnis der Schweiz als Weiß aus zwei Gründen bis vor Kurzem relativ unangefochten geblieben ist: *Zum einen* resultiert das vorherrschende Selbstverständnis als außerhalb des Kolonialismus stehend in einer mangelnden Bereitschaft, sich mit den Auswirkungen kolonialer Diskurse auseinanderzusetzen (Lüthi, Falk und Purtschert 2016; Purtschert, Falk und Lüthi 2016; Purtschert, Lüthi und Falk 2012). *Zum anderen* könnte die

---

33 Die Befragung endet dabei oft nicht mit der Frage »Woher kommst du?«, sondern sie geht mit Nachfolgefragen wie »Woher kommst du wirklich?« oder »Woher kommst du ursprünglich?« einher. Dies sieht El-Tayeb als Resultat eines durch die Darstellung des europäischen ›Selbst‹ als ›ursprünglich Weiß‹ diskursiv geschaffenen Paradoxes, in welchem die Antwort ›nicht-Weißer‹ Europäer*innen »ich bin von hier« »ausserhalb des logisch Möglichen, Denk- und somit Sprechbaren« (2015, 309) liegt.

34 Forscher*innen haben darauf hingewiesen, dass die öffentliche Debatte rund um die Kampagne die damalige verbale/textuelle Unbenennbarkeit des Differenzkonzeptes ›Rasse‹ und damit die Unbenennbarkeit von Rassismus verfestigt habe, indem die Darstellung auf Ebene der Metapher »schwarzes Schaf« angesiedelt und nie explizit als rassistisch betitelt worden ist (siehe Michel 2015; El-Tayeb 2015).

35 Ähnliche phänotypisierte Darstellungen von ›Fremdheit‹ sind neben dem Plakat auch in weiteren SVP- Produktionen ersichtlich, so in einem 2007 publizierten Video mit dem Titel »Himmel und Hölle«, in welchem Bilder von ländlichen Gegenden mit Weißen Menschen den ›Himmel‹ und urbane Bilder mit Menschen »with ›visible‹ markers of racial difference – with images of veiled women [and] black men« (Michel 2015, 419) die ›Hölle‹ repräsentierten. Zu einer genaueren Beschreibung siehe Michel (2015).

geografische und sprachliche Nähe der Schweiz zu Deutschland und die dort etablierte, langjährige Tabuisierung des Rassenbegriffs nach dem Zweiten Weltkrieg die Entstehung solcher Diskurse weiter verzögert haben. An dieser Stelle möchte ich dazu anregen, die Auswirkungen der seit 2020 aufkommenden, vermehrten Thematisierung von Rassismus in der Schweizer Medienöffentlichkeit auf diesen Kontext zu einem expliziten Forschungsdesiderat zukünftiger Studien zu machen.

5.3.2.2 Rassifizierende Positionierungen

Es kann festgehalten werden, dass in der Schweiz im analysierten Zeitraum eine Tendenz zur gleichzeitigen Tabuisierung und Zurückweisung der Rassenbegrifflichkeit einerseits und Hinweise auf rassifizierende Darstellungen von ›fremd‹ und ›eigen‹ andererseits existieren. Was bedeutet dieser Kontext nun für die vorliegende Studie? Wirken rassifizierende Charakterisierungen in Differenzdarstellungen gegenüber den muslimischen Diskursakteurinnen? Und wenn ja, wie? Im Folgenden werden drei Mediensequenzen angeführt, in denen eine rassifizierende Differenz in der Positionierung von muslimischen Diskursakteurinnen markiert wird. Alle drei Sequenzen etablieren auf jeweils unterschiedliche Weisen ein rassifizierendes Bild.

Die erste Sequenz ist in Bezug auf eine SRF-Reporter-Sendung zu Saïda Keller-Messahli veröffentlicht worden. In dieser Sendung wird das Leben und Wirken von Saïda Keller-Messahli behandelt, während sie und die Reporterin gemeinsam verschiedene Orte besuchen. Der Ankündigungs- bzw. Begleittext der Sendung führt das Vorhaben und den Lebenslauf von Saïda Keller-Messahli ein. In diesem Text ist folgende Passage zu finden:

> Saïda Keller-Messahli ist 1957 in Tunesien geboren und wuchs in einer Lehmhütte auf. Ihre Eltern lebten einen toleranten Islam. […] Als ihr Vater erblindete, kam sie mit ›Terre des hommes‹ zu einer Pflegefamilie in die Schweiz, nach Grindelwald. Die Verhältnisse in der Pflegefamilie waren schwierig. *Und das Mädchen aus Nordafrika war so exotisch, dass die einheimischen Kinder am Dorfbrunnen versuchten, ihre dunkle Hautfarbe abzuwaschen.* (31.03.2019, Hervorhebung der Autorin)

In dieser Darstellung werden ›Herkunft‹ (Nordafrika) und ›Hautfarbe‹ im Bild rassifizierter Differenz zusammengeführt. Dabei wird nicht nur das ›Fremde‹, sondern gleichzeitig auch das ›Schweizer Selbst‹ konstruiert. Die »einheimischen« Kinder werden anhand ihres Erstaunens und des Versuchs, die »dunkle Hautfarbe abzuwaschen«, selbst als Weiß bzw. als ›nicht-dunkel‹ markiert. Die Darstellung von Saïda Keller-Messahlis Hautfarbe als ›exotisch‹ und möglicherweise abwaschbar (re)produziert koloniale Repräsentationspraktiken, die einerseits Exotismus als Spektakel markieren und gleichzeitig Phänotypisierung zur Darstellung von Sauberkeit und Schmutz in Werbekampagnen, beispielsweise für weiße Textilwaren, heranziehen.[36] Die Wahl, diese Anekdote in der Fernsehsendung anzubringen, etabliert die rassifizierende Darstellung von ›fremd‹ und ›eigen‹ als relevante und verständliche Differenzkategorie.[37] Die Relevanz wird durch die zusätzliche Hervorhebung der Anekdote im Begleittext der Sendung weiter hervorgehoben: Der Text findet sich zweimal im Rahmen der Sendung wieder, einmal schriftlich im Beschreibungstext auf der Webseite und einmal in der entsprechenden Videosequenz. Da diese Darstellung bei beiden Vorkommnissen unkommentiert bleibt,[38] scheint dieser Repräsentation ein gewisses allgemeines Verständnis von rassifizierter Differenzmarkierung vorausgesetzt zu werden.

Die zweite Sequenz, in welcher eine rassifizierende Darstellung von Muslim*innen identifizierbar ist, findet sich in einem mehrfach publizierten Interview mit Jasmin El-Sonbati in der folgenden Interaktion:

Moderator*in: Sie tragen kein Kopftuch und haben einen *hellen Teint*. Wie reagieren die Leute, wenn Sie erfahren, dass Sie Muslimin sind?

El-Sonbati: Die erste Reaktion in der Schweiz ist in der Regel Erstaunen, weil ich nicht dem Klischee einer Muslimin entspreche. Die meisten zeigen dann Interesse

---

36 Mehr dazu siehe Purtschert und Fischer-Tiné (2015); Purtschert, Lüthi und Falk (2012); McClintock (2013) sowie Kapitel 3.1.2 in diesem Buch.

37 Ein weiterer Hinweis darauf ist die Aussage des Moderators der SRF *Club*-Sendung vom 12.01.2016, der die Problematik einer Unterscheidung via Hautfarbe im Kontext offizieller ›Rassenlosigkeit‹ anspricht und gleichzeitig das Bild ›dunkelhäutiger Flüchtlinge‹ reproduziert, indem er sagt: »Ich dachte, man ist ein Rassist, oder, wenn man den Zusammenhang macht jetzt irgendwie mit Flüchtlingen [...] aus Nordafrika, und dunkle Hautfarbe, wie auch immer« (SRF Club 12.01.2016). Konkret expliziert wird das Differenzkonzept ›Rasse‹ jedoch nur einmal, und zwar in einem Kommentar des Alt-Nationalrats der SVP, Hans Fehr, in der *Basler Zeitung* (18.03.2016). In diesem argumentierte er wie folgt gegen die Anwesenheit zu vieler Muslim*innen in der Schweiz: »Was schon der legendäre französische Staatsmann Charles de Gaulle gefordert hat (siehe Alain Peyrefitte, ›C'était de Gaulle‹, 1959) gilt sinngemäss auch für die Schweiz. De Gaulle hat im Zusammenhang mit der Unabhängigkeit Algeriens, als viele muslimische Berber nach Frankreich kommen wollten, gesagt: ›Es ist gut, dass es auch braune, schwarze und gelbe Franzosen gibt. Aber sie müssen immer eine kleine Minderheit bleiben. Sonst wäre Frankreich nicht mehr Frankreich. Denn wir sind vor allem ein europäisches Volk, das zur weissen Rasse, zur griechischen und lateinischen Kultur und zum christlichen Glauben gehört‹« (Basler Zeitung 18.03.2016). Während dieser Kommentar die Evidenz rassifizierter Differenzdarstellung in der massenmedialen Öffentlichkeit bezeugt, bleibt diese Aussage auf der Ebene des Kommentars und ohne Wiederholung durch institutionalisierte Medienakteur*innen ein marginales Phänomen und kann daher nicht in dieser Explizitheit als hegemoniale Diskurslinie gewertet werden.

38 In der Sendung selbst wird die Differenzdarstellung via Hautfarbe wiederholt, dieses Mal im Rahmen von Saïda Keller-Messahlis Schulzeit in Grindelwald: »Saïda ist eine gute Schülerin. Das Mädchen aus Nordafrika ist so exotisch, dass die einheimischen Kinder am Dorfbrunnen versuchen, ihre dunkle Hautfarbe abzuwaschen.« (SRF Reporter 31.03.2019).

5 Darstellung geografischer Differenz: Ethnisierung und Migrantisierung 135

und fragen nach. Andere finden, an mir sei nichts typisch Islamisches, und fragen sich, weshalb ich trotzdem Muslimin sein wolle. (Zürichsee-Zeitung; Der Landbote; Berner Zeitung 04.11.2016, *Hervorhebung der Autorin*)

Diese Sequenz zeigt *erstens*, dass Hautfarbe als Merkmal von Muslim*innen dargestellt wird. Die Frage der Moderator*in stellt Jasmin El-Sonbatis »hellen Teint« als Widerspruch zu ihrem ›Muslimisch-Sein‹ dar. In diesem Sinne wird das Bild produziert, dass Muslim*innen unter anderem anhand phänotypischer Differenzmerkmale erkennbar seien. *Zweitens* weist die Antwort von Jasmin El-Sonbati, dass sie dem »Klischee einer Muslimin« nicht entspreche und in der Regel mit Erstaunen auf sie reagiert werde, darauf hin, dass eine solche Vorstellung von Muslim*innen zu einem gewissen Grad verbreitet sein könnte. Dabei wird das »Klischee einer Muslimin« in dieser Sequenz gleichzeitig hinsichtlich der Sichtbarkeit religiöser Kleidung (Kopftuch) und phänotypisierter Differenz (nicht-heller Teint) verdeutlicht.

In der dritten Sequenz erzählt Janina Rashidi von verschiedenen Begegnungen im Rahmen ihrer Arbeit in der Hotellerie, in denen ihre sichtbare Markierung als Muslimin durch den Hijab als Irritation wahrgenommen wurde:

Also manchmal waren sie sich nicht sicher, ob ich eine Nonne bin oder eine Muslimin. Das kam tatsächlich vor. Oder die Einstiegsfrage war oft, ja woher kommst du denn, aus der Türkei? Dann hab ich gesagt nein. Ja aus Bosnien? Dann hab ich gesagt nein, aus Deutschland. Und, ah ja aber deine Eltern? Dann hab ich gesagt nein, die sind auch Deutsch. Und das ging dann so und so hat sich eigentlich das Gespräch eröffnet. (Janina Rashidi, SRF Club 12.07.2016)

Auf den ersten Blick bestätigt diese Erzählung exemplarisch die bereits erläuterte hegemoniale Vorstellung von Muslim*innen als migrantisch mit einer bestimmten geografischen Herkunft, die meist in der ›arabischen bzw. islamischen Welt‹ angesiedelt wird. Darüber hinaus impliziert jedoch die anfängliche Frage, ob Janina Rashidi eine Nonne sei, dass das Tragen eines Kopftuches in ihrem Fall nicht direkt als muslimisch wahrgenommen wird. Janina Rashidi interpretiert diese Diskrepanz dahingehend, dass ihr Name irritierend sei, denn die Personen »sehen meinen Namen, denken sich irgendwie, ist wahrscheinlich nicht aus dem arabischen Raum« (Janina Rashidi, SRF Club 12.07.2016). Als weitere Erklärung der Interpretation könnte aber auf die gegenüber Jasmin El-Sonbati geäußerte Irritation wegen ihres »hellen Teints« (Zürichsee-Zeitung 04.11.2016) verwiesen werden.[39] In diesem Sinne ist Janina Rashidi zwar mittels ihrer religiösen Kleidung als Muslimin

---

39   In einer SRF 2-Kultur-Kontext-Sendung wird die Sichtbarkeit als Muslim*in von einem Weißen, muslimischen Konvertiten mit seinem äußeren Erscheinungsbild verbunden, so sagt er: »Also mich nimmt niemand als Muslim wahr. [...] Frauen werden als Muslima wahrgenommen, wenn sie ein Kopftuch tragen, das ist so.« (SRF 2 Kultur Kontext 09.09.2016)

markiert, sie wird jedoch anderweitig weder anhand ihrer Hautfarbe als rassifiziert noch anhand ihrer Sprache als ethnisiert wahrgenommen. Diese Konstellation ruft vor dem Hintergrund einer rassifizierten Vorstellung von Muslim*innen in der Schweiz eine Irritation hervor.

Zusammenfassend lässt sich sagen, dass in Positionierungen muslimischer Diskursakteurinnen und in vereinzelten Äußerungen und Fragestellungen von Moderator*innen eine rassifizierende Darstellung von Muslim*innen (re)produziert wird. Im Kontext einer Tabuisierungsnorm rassifizierender Differenzbegrifflichkeit bei gleichzeitig anhaltender Wirkung weitgehend implizit bleibender rassifizierter Vorstellungen von ›fremd‹ und ›eigen‹[40] können die vereinzelten rassifizierenden Darstellungen von Muslim*innen als möglicherweise unintendierte Brüche mit der Diskursnorm gewertet werden. Da die den Darstellungen zugrunde liegenden rassifizierten Vorstellungen jedoch selten expliziert werden, kann auf der Grundlage des vorliegenden Datenmaterials nicht abschließend gesagt werden, ob es sich bei rassifizierenden Differenzdarstellungen um eine hegemoniale Diskurslinie handelt oder nicht. Es soll an dieser Stelle lediglich darauf hingewiesen werden, dass solche rassifizierenden Repräsentationen im analysierten massenmedialen Diskurs beobachtbar sind.

5.4 ›Religion‹ und ›Herkunft‹ in individuellen Diskurslinien muslimischer Diskursakteurinnen

Die hegemonialen Diskurslinien, in denen Muslim*innen als geografisch ›von woanders‹ und darauf aufbauend als potenziell problematisch ›fremd‹ dargestellt werden, rahmen individuelle Medienauftritte muslimischer Diskursakteurinnen. Wie verhalten sich die muslimischen Akteurinnen diesen Diskurslinien gegenüber? Tragen sie zu Bildern von Muslim*innen als herkunftsspezifisch charakterisierbar bei oder relativieren und adaptieren sie solche Darstellungen? Wie positionieren sie sich innerhalb eines Mediendiskurses, in welchem ihr ›Muslimisch-Sein‹ als potenziell ›fremd‹ und in Verbindung mit geografischer Differenz dargestellt wird?

Im Folgenden wird aufgezeigt, dass die geografischen Differenzdarstellungen in hegemonialen Diskurslinien *einerseits* von bestimmten muslimischen Diskursakteurinnen (re)produziert werden (5.5.1). Dabei wird das Bild von Muslim*innen mit herkunftsspezifischen Charakteristika ›von woanders‹ auf der einen und von Schweizer*innen auf der anderen Seite jedoch immer zumindest potenziell durch die Anwesenheit von ›Schweizer Musliminnen‹ und ihren individuellen Identitätskonstruktionen durchbrochen. *Andererseits* hinterfragen muslimische Diskursak-

---

40 Siehe El-Tayeb (2011) und Goldberg (2008) für Europa und Boulila (2019) und Pinto (2013) für die Schweiz.

teurinnen die Zusammenführung von ›Herkunft‹ ›und ›Religion‹ in Darstellungen nationaler Gleichheit und Differenz. So beispielsweise, wenn sie strategisch zwischen ›Religion‹ und herkunftsspezifischer ›Kultur‹ differenzieren (5.5.2) oder wenn sie die ihnen zugeschriebene herkunftsspezifische Differenz negieren oder umdeuten (5.5.3). Dabei muss immer mitgedacht werden, dass die diesem Kapitel zugrunde liegenden Daten lediglich Einblicke in Selbstpositionierungen geben, die innerhalb des massenmedialen Diskurses stattfinden. In den Blick kommen also jene Akteurinnen, die in massenmediale Settings eingeladen werden, sowie die Art und Weise, wie sie dort positioniert werden und sich selbst positionieren und welche Inhalte sie äußern können bzw. welche ihrer Äußerungen in den analysierten Dokumenten veröffentlicht werden.

5.4.1 (Re-)Produktion ethnisierender Differenzdarstellung

Das Bild ethnisierter Menschengruppen wird aus der Position muslimischer Diskursakteurinnen teilweise (re)produziert. So äußert Saïda Keller-Messahli wiederholt, es sei ›hier‹ anders als ›dort‹. Dabei verbindet sie eine geografische Unterscheidung mit bestimmten Praktiken und Ansichten der ›dortigen‹ Bevölkerung und betont die Notwendigkeit, diese ethnisierte Differenz aufrechtzuerhalten. Dies wird beispielsweise deutlich, wenn sie Verhalten, welches sie als ›problematisch‹ und ›nicht-schweizerisch‹ interpretiert, mit Aussagen wie »als schweizerisch-türkischer Doppelbürger kann er ja in seine Heimat zurückkehren« (20 Minuten 11.01.2017) kommentiert. Dabei wird die Ethnisierung von Muslim*innen teilweise mittels der Unterscheidung zwischen verschiedenen als muslimisch bezeichneten Ländern heterogenisiert. So beispielsweise, wenn Elham Manea zwischen verschiedenen länderspezifischen Verhaltensweisen unterscheidet:

> Was schwierig war aus meiner Sicht war die Tatsache, dass es eher, verwirrend [war]. Iran, Marokko, Jemen, Ägypten. Ich nehme nur ein einzelne, Iran. Ok. Und dann merke ich, jedes Mal gehe ich in einen Ort, dann komme ich zurück in den Jemen. Und sehe eine Situation für die Frauen dort, die wirklich total anders, als in anderen Ländern. Und mit der Zeit habe ich gemerkt, etwas Besonderes haben wir im Jemen, oder. Aber gleichzeitig habe ich gemerkt, vom Bauch her, habe ich gemerkt, *etwas stimmt nicht, mit uns* bezüglich auf die Frauen. Und das dieses stimmt nicht, hat *verschiedene Varianten*. Es gibt wie *ein Spektrum*. Und im Jemen ist es am schlimmsten. (SRF Musik für einen Gast 14.05.2017)

Während in dieser Aussage einerseits zwischen verschiedenen Ländern differenziert wird, werden diese »Varianten« andererseits als ein Spektrum von problematisierten Verhaltensweisen gegenüber Frauen all diesen Ländern zugewiesen. Zusammen mit der Aussage »etwas stimmt nicht mit uns« bildet sich die Vorstellung eines in den aufgezählten Ländern verorteten Kollektivs, welches durch einen spezifischen Umgang mit Frauen charakterisierbar sei. Diese Vereinheitlichung wird expliziter, wenn die aufgezählten Länder im weiteren Interview mit ›westlichen Ländern‹ verglichen werden:

Moderator: Aber Sie haben auch dann in westlichen Ländern gewohnt?

Elham Manea: Ja.

Moderator: Da fanden Sie dann es stimmt, oder fanden Sie dort auch es stimmt etwas nicht?

Elham Manea: Doch [...] ich habe einfach das Gefühl gehabt [...] ich kann atmen. [...]. Ich kann atmen, frei, ohne dass ich auf meinen Körper achten müssen. (SRF 2 Kultur Musik für einen Gast 14.05.2017)

In der Gegenüberstellung zwischen »westlichen Ländern« und den genannten Ländern Iran, Marokko, Ägypten sowie Jemen werden mittels der jeweiligen Bevölkerung zugeschriebenen Verhaltensweisen ethnisch-geografische Differenzräume etabliert.

Saïda Keller-Messahli wiederholt die Darstellung einer geografisch fassbaren, religiös-kulturellen Differenz bei verschiedenen Medienauftritten. So erklärt sie beispielsweise mit Blick auf die Vorfälle in der Kölner Silvesternacht: »Ich war nicht überrascht, weil ich natürlich die Frauenbilder, die junge Männer gerade *im Maghreb* oder eben *im islamisch-kulturellen Kontext* haben, weil ich die kenne« (SRF Club 12.01.2016, Hervorhebung der Autorin).[41] Auf diese Weise konstituiert sie einen »islamisch-kulturellen Kontext«, der geografisch im Maghreb lokalisiert wird, und problematisiert diesen gleichzeitig als ›frauenfeindlich‹.[42] Mit dieser Ansicht und der damit verbundenen Zusammenführung der Kategorien ›Herkunft‹, ›Religion‹ und ›Kultur‹ im Bild problematischer ›Macho-Kulturen‹ wird Saïda Keller-Messahli auch in weiteren Medienformaten zitiert. Ein Beispiel dafür ist ein Artikel mit dem Titel ›*Der Mann herrscht und geniesst Freiheiten*; *Saïda Keller-Messahli über das Frauenbild junger Moslems aus Macho-Kulturen und über Aufklärungskurse* (Basler Zeitung 12.01.2016). Dabei wird die problematisierte ›Fremdheit‹ nicht nur religiös, kulturell und geografisch charakterisiert, sondern zudem spezifisch jungen Männern zugeschrieben.

Die Zusammenführung der Differenzkategorien ›Herkunft‹, ›Religion‹ und ›Kultur‹ in der Darstellung geschlechtsspezifisch problematisierter ›Fremdheit‹

---

41 Diese Aussage ist ein Hinweis auf die Selbstlegitimierung als authentische Binnenperspektive durch Erfahrung mit der »islamischen Kultur«. Mehr dazu in Kapitel 7.
42 Die Geschlechterspezifika der Islamdiskurse werden im Kapitel 6 weiter behandelt.

wird von Saïda Keller-Messahli verstärkt, wenn sie Unterscheidungen zwischen ›Religion‹ und ›Kultur‹ kritisiert:

> Relevant ist, dass Religion und Kultur zwei Seiten von der gleichen Medaille sind, das heisst, dass man die nicht trennen kann. Dass Religion und Kultur sich gegenseitig immer beeinflussen, widerspiegeln und einander auch gestalten. Und die jungen Männer kommen jetzt nun mal aus einem Milieu, in welchem eben Islam und Kultur, das heisst so, wie man den Islam auch lebt […] wie das religiöse Verständnis eingebettet ist kulturell, sie kommen nun mal aus diesem Kontext. (Saïda Keller-Messahli, SRF Club 12.01.2016)[43]

Diese Aussage stellt eine herkunftsspezifische, religiös-kulturelle Einheit dar, mit der »junge Männer« charakterisiert und mit Bezug auf die sexuellen Übergriffe in Köln problematisiert werden. Damit trägt Saïda Keller-Messahli zur (Re-)Produktion einer hegemonialen Diskurslinie bei, in welcher Muslim*innen in der Schweiz als ›kulturell‹ problematisch ›fremd‹ dargestellt werden.[44]

Gleichzeitig wird Saïda Keller-Messahli in Fremd- und Selbstdarstellungen als ›Schweizer Muslimin‹, die mit der Schweiz ›kompatibel‹ ist, positioniert. In diesem Sinne verkörpert Saïda Keller-Messahli die Möglichkeit, dass eine Muslimin in der Schweiz konfliktfrei koexistieren kann. Diese Kompatibilitätsmöglichkeit wird von ihr jedoch nicht nur geschlechtsspezifisch dargestellt, so beispielsweise, wenn sie muslimische Männer wiederholt als Marker des problematisierten ›Fremden‹ anbringt, sondern auch an gewisse Bedingungen geknüpft, wie beispielsweise an die Trennung zwischen Staat und Religion und die individuelle Ausübung von Religion. Die spezifischen Voraussetzungen, unter denen eine Unterscheidung zwischen

---

43 Original: »Relevant isch, dass Religion und Kultur zwei Siite vode gliiche Medallie isch, das heisst dasmer die nöd chan tränne. Das Religion und Kultur sich gägesiitig immer beeiflusse, widrspiegle, und enand au gstalte. Und die junge Manne chömed jetzt nun mal useme Millieu wo ebbe Islam und Kultur, das heisst so wiemer de Islam au lebbt […] wie das religiöse Verständnis ibettet isch kulturell, sie chömed ez nunmal us dem Kontext.« (Saïda Keller-Messahli, SRF Club 12.01.2016)

44 Zu einer dritten und selten in diese Debatte einfließenden Version des Kulturbegriffs siehe Saïda Keller-Messahli: »Man muss das nur wollen und wie vorhin schon gesagt, wenn die Religion, also jetzt im speziellen Fall der Islam nicht den Anspruch erhebt ein politisches Programm zu wählen, dann ist, dann sind diese Kulturen durchaus kompatibel. Man sieht es im Bereich der Kultur, im Bereich der Kultur gabs immer schon einen Austausch der diesen Namen verdient und eine Bereicherung auch die diesen Namen verdient und ich glaube wir müssen einfach auch mehr Kulturschaffende unterstützen, die gerade diese Kompatibilität suchen, diesen Austausch suchen. Ob jetzt im Bereich Film, Literatur, Theater, Musik, das sind, ich bin überzeugt, dass nur über die Kultur ein Austausch ein wahrer Austausch möglich ist und auch ein gegenseitiges Achten möglich ist.« (SRF 2 Kultur Musik für einen Gast 27.09.2017)

Muslim*innen und Schweizer*innen als relativierbar erachtet wird, und die strategischen Positionierungen muslimischer Frauen in diesem Kontext sind in Kapitel 6 weiter ausgeführt.

5.4.2 Unterscheidung zwischen ›Religion‹ und ›Kultur‹

Muslimische Diskursakteurinnen tragen nicht nur zu hegemonialen Diskurslinien bei, welche Muslim*innen als herkunfts-, religions- und kulturspezifisch ›fremd‹ darstellen, sondern hinterfragen und adaptieren diese auch. Dies geschieht insbesondere, indem sie zwischen ›Religion‹ und ›Kultur‹ unterscheiden und eine einheitliche Ethnisierung von Muslim*innen zurückweisen.

Eine in diesem Kontext häufig verwendete Argumentation besteht darin, die Problematisierung von Muslim*innen zwar nicht gänzlich abzustreiten, die zugeschriebene Problematik jedoch von ›Religion‹ als Differenzkategorie loszulösen. In dieser Hinsicht wird beispielsweise basierend auf einer Rezeption von Jasmin El-Sonbatis Buch in der Zeitschrift *Weltwoche* erklärt:

> Zugleich beschränkt sich die wertkonservative, ja innovationsfeindliche Haltung in arabischen Staaten nicht allein auf Muslime, wie El Sonbati anhand ihres Herkunftslands Ägypten illustriert. Orientalische Christen seien fast ebenso in eine erzkonservative Kirche eingebettet, die sie in Schach halte und Kritik nicht dulde. (Weltwoche 12.01.2017)

In diesem indirekten Zitat Jasmin El-Sonbatis wird die Problematik weg von einer spezifischen Religion und hin zu einem herkunftsspezifisch gefassten Kollektiv verlagert. Damit erscheint die problematisierte ›Fremdheit‹ (z.B. ›wertkonservativ‹, ›innovationsfeindlich‹) zumindest potenziell losgelöst von ›Religion‹ und stattdessen lediglich an einen räumlich (z.B. Ägypten, ›orientalisch‹) gefassten Kontext gebunden.

In ähnlicher Weise wird Amira Hafner-Al Jabaji in der SRF-*Club*-Debatte zu den Vorfällen in Köln zitiert: »Sie sagt, in weiten Teilen der muslimischen Welt herrsche eine machoide Kultur. Das Fehlverhalten könne man aber nicht auf den Islam an sich zurückführen« (12.01.2016).[45] Die Problematisierung der Übergriffe in Köln als islamisch hinterfragt Amira Hafner-Al Jabaji aus der Position einer gläubigen Muslimin, indem sie sagt: »Für mich ist das Verhalten ganz klar nicht in Übereinstimmung mit islamisch ethischen Normen. Darum sage ich, es lässt sich nicht mit dem

---

45 Original: »Ich begrüess au ganz herzlich d Islamwissenschaftlerin und Muslimin, und d Autorin vode Sternstund Religion, d Amira Hafner-Al Jabaji. Sie seit, i wiite Teil vode muslimische Welt herrschi e machoidi Kultur. S Fehlverhalte chönmer aber nöd uf de Islam an sich zruggfüehre.« (SRF Club 12.01.2016)

5 Darstellung geografischer Differenz: Ethnisierung und Migrantisierung   141

Islam erklären oder auf den Islam an sich zurückführen« (SRF Club 12.01.2016). Damit trennt sie ›problematisches‹ Verhalten von ihrem Islamverständnis, während sie in der späteren Sendung zugleich erwähnt, dass auch sie »als Frau in der arabischen Welt natürlich mit diesen Haltungen konfrontiert« (SRF 12.01.2016) sei. In solchen Aussagen wird die problematisierte Verhaltensweise gegenüber Frauen als geografie-, aber nicht als religionsspezifisch dargestellt.

Amira Hafner-Al Jabaji lehnt jedoch auch eine herkunftsspezifische Generalisierung ›machoider‹ Verhaltensweisen ab, indem sie darauf hinweist, auch andere Begegnungen gehabt zu haben und somit solche Verhaltensweisen nicht für »einen ganzen Kulturraum« (SRF Club 12.01.2016) generalisieren zu können. Auch die anschließende Frage des Moderators »sagen Sie jetzt einfach um das klar zu haben, es gibt da keinen Zusammenhang mit dem Islam [und den Vorfällen in Köln]?« relativiert Amira Hafner-Al Jabaji, indem sie den darin verwendeten Islambegriff hinterfragt:

> Wenn man von dem Islambegriff, von den sogenannten islamischen Gesellschaften, also die, die auch islamisch geprägt sind, davon ausgeht, dann muss man sagen, es gibt einen Zusammenhang insofern, dass diese Gesellschaften patriarchal geprägt sind und dass man jetzt in einer Umbruchphase ist, in der man eigentlich schon von der postpatriarchalen, von einer postpatriarchalen Zeit sprechen müsste, in der nämlich die Väter, die Autoritäten im Prinzip weggebrochen sind. (SRF Club 12.01.2016)[46]

In dieser Interaktion relativiert Amira Hafner-Al Jabaji somit nicht nur eine religions- bzw. islamspezifische Erklärung für ›problematisches‹ Verhalten, sondern auch die ethnisierende Erklärung von Verhaltensweisen, die auf einem geografisch fassbaren ›Kulturraum‹ basieren. In dieser Aussage schreibt sie das kritisierte Verhalten vielmehr einer spezifischen sozialen Umbruchphase zu, in der sich ›islamisch geprägte Gesellschaften‹ befänden. In diesem Sinne wird nicht lediglich die Darstellung frauenfeindlicher Handlungen als islamspezifisch hinterfragt, sondern auch die homogenisierende Ethnisierung der ›muslimischen Welt‹ bzw. ›islamisch geprägter Gesellschaften‹ infrage gestellt.

Während in dieser Weise sowohl islamspezifische als auch ethnisierend-kulturelle Fremdheitsdarstellungen grundsätzlich infrage gestellt werden, relativiert Rifa'at Lenzin homogenisierende Repräsentationen von Muslim*innen in der

---

46   Original: »Wennmer vom Islambegriff usgaht dasmer vode sogennante islamische Gsellschafte, also die wo au islamisch prägt sind, devo usgaht, denn muessmer säge es giit en Zemmehang insofern das die Gsellschafte patriarchal prägt sind, und dasmer ez innere Umbruchphase sind, womer eigendlich scho vode postpriarchale, vonere nach patriarchale Ziit münnd rede, wo nämlich die Vätere, die Autoritäte im Prinzip wegbroche sind.« (SRF Club 12.01.2016)

Schweiz, indem sie die Pluralität verschiedener, von ihr herkunftsspezifisch gefasster ›Kulturen‹ hervorhebt. So erklärt sie auf die Frage, ob bei den verschiedenen muslimischen Vereinen ›Kultur‹ oder ›Religion‹ wichtiger sei:

> Das ist je nach Moschee unterschiedlich. Es gibt schon solche, die primär *religiöse Zwecke* erfüllen. Bei vielen stand aber in der Gründungszeit die *Kultur* im Vordergrund. Es fanden sich Leute zusammen, die *aus derselben Region* kommen. Sie pflegten ihre Kultur, so wie es zum Beispiel auch der *Schweizerverein in Miami* tut. (Zürichsee-Zeitung 03.12.2016)

Das Vergleichsbeispiel des Schweizervereins in Miami kann als Bezugsrahmen, mit dem sich die Leserschaft der *Zürichsee-Zeitung* potenziell identifizieren kann, gewertet werden. Dieser Bezugsrahmen einer Schweizer Diaspora bricht mit dem Bild von muslimischen Migrant*innen als Geflüchtete und weist auf die uneinheitliche und hierarchisierende Thematisierung von internationaler Mobilität hin.[47] Die Gleichstellung der verschiedenen ›Kulturen‹ – der Moscheevereine mit der Pflege der ›Schweizer Kultur‹ in anderen Ländern – erschwert zudem eine Problematisierung der ›muslimischen Kultur(en)‹ und eröffnet potenziell die Möglichkeit einer positiven Identifikation mit den in Moscheevereinen gepflegten herkunftsspezifischen ›Kulturen‹.

Die in diesem Kapitel herausgearbeiteten Relativierungen ethnisierender religiös-kultureller Differenzdarstellungen durch muslimische Frauen können als Momente gewertet werden, die mit hegemonialen Diskurslinien brechen. Indem dabei zwischen ›Religion‹ und ›Kultur‹ unterschieden sowie die Heterogenität der herkunftsspezifischen Hintergründe von Muslim*innen in der Schweiz in den Vordergrund gerückt werden, entsteht ein nuancierteres Bild von Muslim*innen in der Schweiz, welches religionsspezifische Problematisierungen von Verhaltensweisen als vereinfachend widerlegt.

5.4.3 Adaption und Subversion herkunftsspezifischer Differenzdarstellungen

Letztlich hinterfragen muslimische Diskursakteurinnen in verschiedenen Medienauftritten ethnisierte Differenzdarstellungen, deuten sie um oder verneinen sie gänzlich.

So wehren sich beispielsweise einzelne muslimische Diskursakteurinnen, die selbst keine Migration erfahren haben, gegen die ihnen zugeschriebene herkunftsspezifische ›Fremdheit‹. Dies wird von Blerta Kamberi und Funda Yilmaz expliziert, die beide in der Schweiz geboren wurden und die beide im Mediendiskurs als ›verloren zwischen zwei Welten‹ dargestellt werden. Dieser migrantisierenden Fremdpo-

---

47   Mehr dazu siehe Kapitel 3.2.3.

sitionierung widerspricht Blerta Kamberi, indem sie sagt: »Ich gehöre hierher, das ist mein Platz« (NZZ 04.01.2016). In dieser Weise negiert sie die ihr zugeschriebene »inbetweenness« (El-Tayeb 2011, 75) aktiv. Die Abwesenheit einer »inneren Zerrissenheit« betont sie zudem, indem sie ihr Heimatgefühl gegenüber der Schweiz expliziert; so erklärt sie in einem *NZZ*-Artikel, »sie fühle sich auch als Muslimin in der Schweiz zu Hause« (04.01.2016). Die Ebene individueller Gefühlslage kann in diesem Beispiel als Marker ihrer ›nationalen Zugehörigkeit‹ interpretiert werden.

Funda Yilmaz wiederum antwortet in ihrem Einbürgerungsgespräch auf die Frage »Was würde sich ändern, wenn Sie den Pass erhalten würden?« wie folgt:

> Viel würde sich nicht ändern. *Ich bin hier geboren, kenne kein anderes Leben.* Das Einzige wäre, dass ich bei den Wahlen mitbestimmen könnte. Sonst würde eigentlich alles gleich bleiben. (Zitat aus dem Einbürgerungsgespräch, Zofinger Tagblatt 28.09.2017, Hervorhebung der Autorin)

Funda Yilmaz weist hier auf ihren Status als migrantisierte Person hin, die selbst keine Migration erfahren hat, jedoch aufgrund der Migration ihrer Eltern in der Schweiz als ›fremd‹ erachtet wird. Zudem entkoppelt sie das ›Schweizer-Sein‹ vom Einbürgerungsprozess und situiert es auf der Ebene des Lebensalltags, den sie als Person, die »hier geboren« wurde, nie anders erlebt hat. Die Aussagen von Funda Yilmaz und Blerta Kamberi bezeugen das Spannungsverhältnis, in welchem sich minorisierte Personen der zweiten, dritten und vierten Generation befinden, die als Folge der wiederholten Migrantisierung von in der Schweiz lebenden Minderheiten als ›fremd‹ verstanden und nicht als Schweizer Minderheiten anerkannt werden.

Darüber hinaus hinterfragen einige muslimische Diskursakteurinnen die Darstellung herkunftsspezifischer ›Fremdheit‹ aufgrund von Migration grundlegend. So reagiert Amira Hafner-Al Jabaji wie folgt in einem Interview auf die ihr entgegengebrachte Fremdpositionierung:

> **Moderatorin**: Sie sind hier aufgewachsen, Sie haben in Bern studiert, *Sie sind Schweizerin. Eigentlich durch und durch, und trotzdem sind Sie etwas Besonderes.* Ich wähle auch wieder diesen eigenartigen Begriff, Sie sind *Muslimin*. Und immer, wenn Sie öffentlich auftreten, werden Sie darauf angesprochen. Heisst das auch, Sie werden darauf reduziert?
>
> **Amira Hafner-Al Jabaji**: Also zunächst mal bin ich mir gar nicht so sicher, ob ich etwas *Besonderes* bin. *Ich glaube eher nicht*. Ich glaube, von diesen vielfältigen biographischen Hintergründen her sind die *Secondos heute schon bald die Norm*. Es sind immer mehr Menschen in der Schweiz, die diesen vielfältigen kulturellen und auch religiösen Hintergrund haben. (SRF 2 Kultur Musik mit einem Gast 18.11.2015, Hervorhebung der Autorin)

Dieser kurze Austausch bringt zwei grundlegende und verknüpfte Prämissen aktueller Islamdiskurse zum Vorschein:

Erstens wird durch die Fragestellung der Moderatorin eine grundlegende Dichotomie zwischen ›Schweizerin‹- und ›Muslimin-Sein‹ reproduziert, indem Amira Hafner-Al Jabaji als Schweizerin, »*eigentlich* durch und durch« bezeichnet wird, die aber dennoch darauf hingewiesen wird, dass sie aufgrund ihres ›Muslimisch-Seins‹ »etwas Besonderes« sei. *Zweitens* schwingen im Übergang von der Besonderheit, Muslimin zu sein, zu der Erklärung, als »Seconda« gerade nichts Besonderes zu sein, die bereits ausgeführten und hier implizit bleibenden Darstellungen von Muslim*innen als stets zugleich migrantisch mit. Gleichzeitig wird aber durch die Positionierung von Amira Hafner-Al Jabaji als ›Schweizer Muslimin‹ die nationalisierende Differenzdarstellung von Muslim*innen potenziell durchbrochen. Mehr noch, die Fremdpositionierung, als ›Schweizer Muslimin‹ etwas ›Besonderes‹ zu sein, wird umgedeutet. So stellt Amira Hafner-Al Jabaji migrantisierte Personen der zweiten Generation nicht als Besonderheit, sondern als »die Norm [...] in der Schweiz« dar. In diesem Sinne bleibt zwar die Darstellung von Muslim*innen als migrantisch bestehen, migrantisch wird jedoch zum Inbegriff von ›schweizerisch‹, was die Differenzkategorie migrantischer ›Herkunft‹ innerhalb nationalisierender Identitätsprozesse in der Schweiz irrelevant macht.

Auch Rifa'at Lenzin bestreitet die nationalisierenden Differenzdarstellungen gegenüber Muslim*innen und Migrant*innen, insbesondere jene, die mittels der Darstellung von unterschiedlichen Werten operieren. In der SRF-Sendung zum Thema »Werte des Abendlandes« entgegnet sie auf die Frage des Moderators, »wie kann man zu einem respektvolleren Umgang mit Leuten finden, die vielleicht ein ganz anderes Wertesystem haben?«, Folgendes:

> Ich bin eben *nicht so sicher*, ob die andern wirklich ein *so ganz anderes Wertesystem* haben, nicht. Das wird ja immer unterschoben und jetzt ganz konkret, bei den Muslimen. Und das sind natürlich Befürchtungen, die dann immer wieder geäussert werden, mit den Migranten, die jetzt kommen, mit den Flüchtlingen, und die haben dann ganz andere Werte, und das ist alles ja ganz furchtbar. [...] *Und ich glaube persönlich nicht, dass die Menschen so ganz andere Werte haben*, nicht. Das ist mal eine, eine Grundvoraussetzung. Das würde ich *glattweg bestreiten*, dass der Islam grundsätzlich, eben es wird ja *eine Unverträglichkeit*, nicht, zwischen Islam, auch eben wenn es dann heisst auch politische Seite in der Schweiz, der Islam gehört nicht zur Schweiz, nicht, *eine Unverträglichkeit* quasi analysiert und *das würde ich bestreiten*, nicht. (SRF 2 Kultur Kontext 26.12.2016, Hervorhebung der Autorin)

Anders als Amira Hafner-Al Jabaji geht Rifa'at Lenzin hier nicht von der migrantisierten Bevölkerung als einer neuen Schweizer Norm aus, sondern sie sieht Migrant*innen und spezifisch Muslim*innen als Minderheiten innerhalb der Mehrheitsgesellschaft. Dabei widersetzt sie sich der Vorstellung von migrantischen Muslim*innen als verschieden bezüglich ihrer ›Werte‹ oder gar als mit der Schweiz ›unverträglich‹. Indem sie somit Unterscheidungen zwischen Menschen anhand der Vorstellung eines »ganz anderen Wertesystems« grundsätzlich verneint, verneint sie auch die Grundlage für die daran anknüpfende religiöse oder herkunftsspezifische Differenzdarstellung und Problematisierung.

5.5 Abschließende Bemerkungen

Kurz zusammengefasst hat die empirische Analyse der massenmedialen Daten ergeben, dass in hegemonialen Diskurslinien eine Ethnisierung von Muslim*innen beobachtbar ist. *Erstens* bedeutet dies, dass Muslim*innen als geografisch different dargestellt werden. Dies zeigt sich nicht nur in der wiederholten Repräsentation von Muslim*innen als Migrant*innen, sondern auch darin, dass in der Diskussion von Migrant*innen Muslim*innen erklärungslos mitgedacht werden. In diesem Sinne werden Muslim*innen zu einem solchen Maß mit geografischer Differenz verbunden, dass (muslimische) Religionszugehörigkeit als ein herkunftsspezifisches Merkmal etabliert wird. Die Darstellung geografischer Differenz wirkt *zweitens* erst in Kombination mit der Vorstellung, dass Menschen wegen ihrer ›Herkunft‹ gewisse Charakteristiken, so z.B. Verhaltensweisen und Werte teilen, ethnisierend. In den analysierten hegemonialen Diskurslinien sind in dieser Hinsicht verschiedene Versionen von ›religiös-kulturellen‹ Fremdheitsdarstellungen mit Muslim*innen in der Schweiz verbunden.

Der Blick auf die medialen Auftritte und Äußerungen muslimischer Diskursakteurinnen zeigt, dass gerade im Zusammendenken oder Ausdifferenzieren der Differenzkategorien ›Religion‹ und ›Kultur‹ verschiedentlich auf die Darstellung von Muslim*innen als herkunftsspezifisch verschieden reagiert wird. Unter anderem unterscheiden muslimische Diskursakteurinnen beispielsweise zwischen ›Religion‹ und ›Kultur‹, um die ethnisierenden Fremdheitsdarstellungen zu relativieren und ›problematische‹ Verhaltensweisen nicht dem ›Muslimisch-Sein‹, sondern vielmehr einer davon unabhängigen ›Kultur‹ zuzuweisen. Und letztlich weisen gewisse muslimische Diskursakteurinnen Fremdheitszuschreibungen in ihren individuellen Identitätskonstruktionen von sich. Dabei werden zwar geografische Differenzdarstellungen von Muslim*innen nicht hinterfragt, der Zusammenhang geografischer Differenz mit einer ethnisierenden ›Fremdheit‹ jedoch infrage gestellt.

6. Geschichtliche Differenzdarstellungen in Fortschrittsnarrativen: ›säkular‹, ›individuell‹, ›gleichberechtigt‹

Im letzten Kapitel wurde illustriert, wie in hegemonialen Diskurslinien eine ethnisierende Darstellung von Muslim*innen in der Schweiz ersichtlich ist. Dabei wurde aufgezeigt, wie Muslim*innen in der Schweiz via geografischer Differenzmarkierung als ›fremd‹ dargestellt werden und diese zugeschriebene ›Fremdheit‹ problematisiert wird. Im vorliegenden Kapitel erläutere ich, dass die als ›fremd‹ dargestellten Muslim*innen in den analysierten Daten hauptsächlich durch die Darstellung *geschichtlicher Differenz* problematisiert werden. In massenmedialen Publikationen wird dabei wiederholt zwischen ›fortschrittlichen‹ und ›rückschrittlichen‹ Charakteristiken unterschieden, um die ›Kompatibilität‹ von Muslim*innen mit der Schweizer Gesellschaft infrage zu stellen (6.2.1). Konkretisiert durch spezifische Konzeptionen von ›Fortschritt‹ und ›Moderne‹ eröffnen hegemoniale Diskurslinien eine Reihe spezifischer Bedingungen, entlang derer nationalisierende Differenzdarstellungen vorgenommen werden. Spezifisch werden drei miteinander zusammenhängende Narrative von ›Fortschritt‹ in Repräsentationen von Muslim*innen in der Schweiz als ›rückschrittlich‹ herangezogen: Säkularisierung, Individualisierung und Geschlechtergerechtigkeit (6.2.3). Allen drei Darstellungen liegt die Idee einer zeitlichen und normativ gerichteten Entwicklung von ›religiös‹ zu ›säkular‹, von ›gemeinschaftlich‹ zu ›individualisiert‹, von ›patriarchalen‹ Geschlechtervorstellungen zu ›Geschlechtergleichstellung‹ zugrunde.

Diese Fortschrittsnarrative werden nicht nur dazu genutzt, grundsätzlich zwischen ›Muslim*innen‹ (›religiös‹, ›gemeinschaftlich‹, ›frauenfeindlich‹) und ›Schweizer*innen‹ (›säkular‹, ›individuell‹, ›geschlechtergerecht‹) zu unterscheiden, sondern sie führen auch zu einer Pluralisierung muslimischer Positionalitäten, die hinsichtlich ihrer ›Fortschrittlichkeit‹ markiert und bewertet werden (z.B. ›fortschrittliche Muslim*innen‹, ›säkulare Muslim*innen‹ etc.). Dabei ist in der Selbstpositionierung dreier im Zentrum dieser Analyse stehender muslimischer Diskursakteurinnen eine Aneignung und Adaption hegemonialer Fortschrittsnarrative ersichtlich. Indem sie sich als ›fortschrittliche‹, ›säkulare‹, ›liberale‹ sowie

›spirituelle‹ Musliminnen positionieren, unterlaufen sie Darstellungen von ›muslimisch‹ und ›fortschrittlich‹ als sich gegenseitig ausschließende Positionalitäten. Gleichzeitig reproduzieren sie die angeführten Fortschrittsnarrative und verstärken dadurch ihre Relevanz in der Thematisierung von Muslim*innen in der Schweiz. Darüber hinaus sind die Akteurinnen in Vereinen wie den *säkularen Muslimen* oder dem *Forum für einen fortschrittlichen Islam* (*FFI*) organisiert, was zu einer strukturellen Verfestigung der mit diesen Selbstpositionierungen verbundenen hegemonialen Diskurslinien führt.

Neben den expliziten (Re-)Produktionen der Fortschrittsnarrative und deren potenzieller Subversion durch individuelle Selbstpositionierungen sind in Äußerungen anderer muslimischer Diskursakteur*innen weitere Adaptionen und Aneignungen geschichtlicher Differenzdarstellungen zu sehen. Dies ist einerseits in nuancierten Aneignungen der verschiedenen Fortschrittsnarrative und andererseits in grundlegenden Hinterfragungen der Fortschrittsunterscheidung gegenüber Muslim*innen zu sehen. In der vorliegenden Untersuchung werden Selbstpositionierungen als ›säkular‹ sowie Hervorhebungen der eigenen Religiosität als ›individuell‹ und ›persönlich‹ als individuelle Identitätskonstruktionen in Relation zu hegemonialen Diskurslinien interpretiert, in denen ›Säkularität‹ und ›Individualisierung‹ als Bedingungen muslimischer ›Akzeptabilität‹ in der Schweiz gewertet werden. Darüber hinaus werden geschlechterspezifische Darstellungen von muslimischen Männern als potenziell ›frauenfeindlich‹ und von muslimischen Frauen als unterdrückt durch einzelne Diskursakteurinnen explizit hinterfragt und untergraben.

6.1 Begriffsreflexion: ›Geschichte‹, ›Fortschritt‹ und ›Moderne‹

Kritische Geschichtswissenschaftler*innen haben verschiedentlich darauf hingewiesen, dass Geschichtsschreibung immer innerhalb einer bestimmten politischen Situation und innerhalb von gesellschaftlichen Machtverhältnissen reflektiert werden muss (Chakrabarty 1992a, b; Spivak 1988). Eine einflussreiche Intervention innerhalb der akademischen Disziplin der Geschichtswissenschaften unternahm die Gruppe der *Subaltern Studies*, die in den 1980er Jahren mit einem spezifischen Fokus auf die damaligen Verhältnisse in Indien die hegemoniale Geschichtsschreibung hinterfragte (Chakrabarty 2000b, 9–10).[1] Dabei zeigten sie die Wirkung gesellschaftlicher Machtverhältnisse bei der Etablierung geschichtlicher Vorstellungen auf, indem sie die (post)koloniale Situation in der nationalen Geschichtsschreibung

---

1   Zu den prominentesten und einflussreichsten Wissenschaftler*innen dieser Gruppe gehörten unter anderem Ranajit Guha, Gayatri Chakravorty Spivak und Dipesh Chakrabarty.

Indiens ins Zentrum ihrer Analyse rückten.² Sie stellten folgende Fragen: Wer schreibt Geschichte über wen? Und weshalb?³ Was wird überhaupt beachtet bzw. wem und was wird Relevanz zugeschrieben? Oder kurz: »What are the archives and how are they produced?« (Chakrabarty 2000b, 24)

Einerseits ist diese Perspektive von entscheidender Bedeutung angesichts der Art und Weise, in der Geschichtsschreibung in Differenzdarstellungen zwischen ›fremd‹ und ›eigen‹ herangezogen wird. In dieser Hinsicht wurde beispielsweise aufgezeigt, wie die Darstellung einer ›gemeinsamen Vergangenheit‹ der Bildung und Festigung des Schweizer Nationalstaates diente (Jost 1988). *Andererseits* kann Geschichte als normative Differenzkategorie gleichsam zur Hierarchisierung referiert werden, so beispielsweise durch die Markierungen einer dargestellten Vergangenheit als ›fortschrittlich‹ oder ›rückschrittlich‹.⁴ Anschließend an die Beiträge der *Subaltern-Studies*-Gruppe wurde aus postkolonialer Perspektive darauf hingewiesen, dass ›Geschichte‹ im Rahmen des Kolonialismus als zentrale Differenzkategorie etabliert wurde (Chakrabarty 1992b; Mahmud 1998).⁵ Dabei stellte sich ein Verständnis von ›Geschichte‹ ein, in welchem ›Europa‹ und die ›kolonialen Anderen‹ in ein ›zeitliches‹ Verhältnis zueinander gesetzt wurden:⁶

---

2   Ein Fokuspunkt der *Subaltern-Studies*-Gruppe war beispielsweise der Disput innerhalb indischer Geschichtsschreibung, in dem auf der einen Seite die koloniale Herrschaft Großbritanniens als positiv und ›fortschrittbringend‹ postuliert und auf der anderen Seite der Kolonialismus als negativ und als hinderlich für die Entwicklung Indiens dargestellt wurde (Chakrabarty 2000, 11–12).

3   Bürgin verweist hinsichtlich der Konstruktion kollektiver Identität durch geteilte Erinnerungen mit Marchals Begriff der *Gebrauchsgeschichte* auf die »selektive und strategische Konstruktion von Bildern der Vergangenheit« (Bürgin 2021, 9). In diesem Sinne werden ganz bestimmte Bilder von Geschichte zu Legitimierungs- bzw. Delegitimierungszwecken konstruiert.

4   Diese Herangehensweise ist auch an Asads Perspektive anschließbar, der ›Moderne‹ als ein politisches Projekt versteht, welches auf bestimmte Daseinsformen und Verhaltensweisen in der Welt abzielt (2003, 12-13). In diesem Projekt werden spezifische Parameter etabliert, »in terms of which modern living is required to take place, and nonmodern peoples are invited to assess their adequacy« (Asad 2003, 14).

5   Für eine nuancierte Diskussion des Verhältnisses zwischen *Subaltern Studies* und *Postcolonial Studies* siehe Chakrabarty (2000).

6   Diese koloniale Konzeption von Differenz als zeitliches Kontinuum zwischen ›zivilisiert‹ und ›primitiv‹ bzw. ›fortschrittlich‹ und ›rückständig‹ ist nicht unabhängig von ›Rasse‹ zu denken (Mahmud 1998, 1222). So wurden ›Rasse‹ und ›Geschichte‹ im Modell evolutionärer ›Rassenlogik‹ des sozialen Darwinismus kombiniert, in der ›rassische‹ Attribute als Voraussetzung gesehen wurden, »[that] enable or prevent evolution towards civilization« (Mahmud 1998, 1221). Die Gleichzeitigkeit der beiden Differenzsemantiken legitimierte koloniale Projekte als ›fortschrittsbringende‹ Interventionen aufgrund der (›biologisch-rassisch‹ determinierten) ›Rückständigkeit‹ der kolonialen Anderen und der (gleichsam ›biologisch-rassisch‹ determinierten) ›Fortschrittlichkeit‹ Europas. Gleichzeitig verhinderte dieselbe Differenzse-

The age of colonial expansion of Europe also saw the consolidation of History – the unilinear, progressive, Eurocentric, teleological history – as the dominant mode of experiencing time and being. In History, time overcomes space – a process whereby the geographically distant Other is supposed to, in time, become like oneself; Europe's present becomes all Other's future. (Mahmud 1998, 1221)

In diesem politisierten Raum-Zeit-Modell sind Fortschrittsmarkierungen mit geografischen Differenzmarkierungen verknüpft.[7] Dies visualisiert Chakrabarty in seinem viel rezipierten Werk *Europa provinzialisieren* mit dem Bild außereuropäischer Länder als sich im »waiting room of history« (Chakrabarty 2000a, 8) befindend.[8] Die Markierung ›zeitlicher‹ Unterschiede wird jedoch auch innerhalb Europas als Differenzkategorie herangezogen (siehe Kapitel 3.2).

Für die vorliegende Studie sind diese Ausführungen relevant, weil damit die emischen Argumentationslinien eingeordnet werden können, die anhand zeitlichnormativer Narrative zwischen ›fremd‹ und ›eigen‹ differenzieren. Im Folgenden wird aufgezeigt, wie geschichtliche Differenzdarstellungen in der Unterscheidung zwischen ›Muslim*innen‹ und ›Schweizer*innen‹ hinzugezogen werden. Dabei liegt der Fokus auf den spezifischen Narrativen, die in den Differenzdarstellungen und in der Hierarchisierung dieser Differenz ersichtlich sind, woraus sich folgende Fragen ergeben: Welche Darstellungen von ›Fortschritt‹ bzw. ›Rückschritt‹ werden in die Unterscheidung zwischen ›Muslim*innen‹ und ›Schweizer*innen‹ angeführt? Wie kommt ›Religion‹ dabei in den Blick bzw. welche Arten des Religiösen (›säkular‹, ›individuell‹) werden als ›fortschrittlich‹ bzw. ›rückschrittlich‹ markiert? Wie wird diese Differenz geschlechtsspezifisch dargestellt?

---

mantik die Erfüllung der europäischen Zivilisierungsvorhaben, »destined never to fulfill its normalizing mission« (Mahmud 1998, 1223). In diesem Sinne konsolidierte die Zusammenführung von ›Rasse‹ und ›Geschichte‹ eine doppelte Binarität zwischen ›hell/dunkel‹ sowie ›fortschrittlich/rückständig‹ in Narrativen der kolonialen Differenzdarstellungen. Die Verquickung der beiden Differenzkategorien wurde in den *Critical Race Studies* als so allgegenwärtig herausgearbeitet, dass ›Rasse‹ als »historically based not only on biological or naturalist determinism but also upon stadial ideas of progress« (Boulila 2019, 1407) definiert wird.

7   In diesen kolonialen Darstellungen wird Differenz und Gleichheit via Zeitreferenzen etabliert, wobei kolonisierte Regionen nicht nur als zeitlich ›rückständig‹ gegenüber Europas ›Fortschritt‹, sondern mitunter auch als »outside History« dargestellt wurden (Mahmud 1998, 1221). Somit untermauerte die Situierung des kolonialen ›Anderen‹ als ›zeitlich zurückgeblieben‹ sowie ›außerhalb der Geschichte‹ die koloniale ›Zivilisierungsmission‹ in Dringlichkeit (Mahmud 1998, 1221).

8   Diesen Diskurs, in welchem die Idee einer »›first in Europe then elsewhere‹ structure of time« zentral fungiert, nennt Chakrabarty »Historicism« (2000a, 8). Genauere Ausführungen dazu siehe Chakrabarty (2002, 2000a, 1992b).

6.2 ›Religion‹ und ›Geschichte‹ in hegemonialen Diskurslinien

In den analysierten massenmedialen Publikationen kommen geschichtliche Differenzdarstellungen in Bezug auf Muslim*innen zentral vor. Im Folgenden werden diese Identitätsprozesse in hegemonialen Diskurslinien schwerpunktmäßig anhand von Medienpublikationen des *Schweizer Radio und Fernsehens* (SRF) erläutert.

6.2.1 Geschichtliche Differenzdarstellungen

In diskussionsleitenden und sich wiederholenden Fragestellungen von Moderator*innen in SRF-Radio- und Fernsehsendungen wird wiederholt eine geschichtliche Unterscheidung zwischen ›der Schweiz‹ und ›dem Islam‹ postuliert. Ein Beispiel hierfür ist die Eingangsfragestellung einer SRF-Kulturplatz-Sendung: »Wie kompatibel ist […] der Islam mit der Moderne, wie sie der Westen versteht?« (SRF Kulturplatz 03.06.2015) Mit diesen Worten, die einen potenziellen Widerspruch zwischen ›dem Islam‹ und der ›(westlichen) Moderne‹ suggerieren, wird ein Interview mit Amira Hafner-Al Jabaji eingeführt. Die Diskussion des Verhältnisses zwischen ›Islam‹ und ›Moderne‹ wird dabei in Bezug zur Frage der ›Kompatibilität‹ des Islams mit ›modernen Gesellschaften‹,[9] spezifisch der Schweiz, gesetzt. Somit eröffnet die Frage nach dem Grad der ›Modernisierung‹ einen nationalisierenden Bezugsrahmen, anhand dessen potenziell ›(in)kompatible‹ Differenz dargestellt wird. Ähnliche Fragestellungen finden sich beispielsweise in der SRF-Kontext-Debatte *Bedroht der Islam den freien Westen?*, in welcher der Moderator fragt: »Inwieweit ist der Islam und die westliche Aufklärung grundsätzlich kompatibel?« (09.09.2016) In solchen medialen Darstellungen wird mit Rückgriff auf die normativ behaftete Unterscheidung zwischen ›modern‹ und ›nicht-modern‹ ›der Islam‹ als möglicherweise ›inkompatibel‹ mit der als modern dargestellten Schweiz problematisiert.

Neben dieser Gegenüberstellung der Schweiz mit einem in erster Linie im Singular genannten Islam wird in der Medienberichterstattung überwiegend zwischen verschieden attribuierten ›Arten des Islams‹ unterschieden, die jeweils hinsichtlich ihrer ›Fortschrittlichkeit‹ bewertet werden. So führt die Moderatorin beispielsweise eine Frage an Amira Hafner-Al Jabaji mit folgenden Worten ein:

> Es gibt den *modernen Islam*, den du lebst, den du kennst. Es gibt aber auch den *rückwärtsgewandten*. (Interviewerin, SRF Kulturplatz 03.06.2015, Hervorhebung der Autorin)

---

9   Interviewerin: »Würdest du denn sagen, der Islam und die moderne Gesellschaft ist kompatibel?« (SRF Kulturplatz 03.06.2015).

Auch in der SRF-*Club*-Debatte zum Thema *Toleranz ohne Grenzen?*[10] wird die Unterscheidung zwischen einem ›modernen‹ und einem ›nicht-modernen‹ Islam vorgenommen:

> Es gibt den modernen, fortschrittlichen, europäischen Islam und es gibt den rückwärts gerichteten, fundamentalistisch geprägten Islam. (Moderator, SRF Club 12.07.2016, Hervorhebung der Autorin)

Im Fortschritts-Rückschritts-Paradigma hat ›rückschrittlich‹ nicht nur implizite negative Konnotationen, sondern wird teils auch explizit evaluiert. So beispielsweise, wenn der Moderator die Suggestivfrage »[d]as *Rückwärtsgerichtete, dieses zurück sich besinnen* auf die *Steinzeit*, so wie ich es zu Beginn erzählt habe, das *missfällt* Ihnen [...] dieses *Konzept des Islams*?« (SRF Club 12.07.2016) stellt.[11] In dieser Weise wird in hegemonialen Diskurslinien, insbesondere in Form von übergreifenden und sich wiederholenden Fragestellungen, zwischen verschiedenen ›Arten des Islams‹ unterschieden, welche hinsichtlich der ihnen zugeschriebenen ›Fortschrittlich- bzw. Rückschrittlichkeit‹ evaluiert und als mehr oder weniger gesellschaftlich ›akzeptabel‹ oder ›inakzeptabel‹ bewertet werden.

Die diskursive Pluralisierung verschiedener ›Arten des Islams‹ bzw. der Muslim*innen ist Teil eines transnationalen Diskurses, welcher spätestens seit den Attentaten am 11. September 2001 weltweit nachgezeichnet werden konnte. So wies beispielsweise Mamdani bereits 2002 auf die Etablierung einer »rhetorical fault line between ›good Muslims‹ and ›bad Muslims‹« (Mamdani 2002, 767) in den politischen Aussagen der Bush-Administration hin. In dieser Argumentationsweise wurde eine Trennlinie dargestellt, welche einen ›guten‹, ›moderaten Islam‹ von einem ›schlechten‹, ›fundamentalistischen Islam‹ unterscheide (Mamdani 2002, 767).[12]

---

10 Die Frage wird in der Titelsetzung *Toleranz ohne Grenzen?* nicht ausformuliert und kann daher in verschiedener Weise gelesen werden: »Ist die Toleranz, die Muslim*innen entgegengebracht wird, ohne Grenzen?«; »Ist eine Toleranz ohne Grenzen erstrebenswert?«; »Wieviel Toleranz ist angebracht?« etc.

11 Zu einer expliziten Evaluation von ›Fortschrittlichkeit‹ und ›Rückschrittlichkeit‹ siehe die ausführliche Fragestellung desselben Moderators: »Es gibt den modernen, fortschrittlichen, europäischen Islam und es gibt den rückwärts gerichteten, fundamentalistisch geprägten Islam. Der Schriftsteller Hans Magnus Enzensberger hat in seinem Buch, *Versuch über den radikalen Verlierer*, folgendes geschrieben: ›Wer jedoch selbstständige Gedanken äußert, bringt sich in vielen arabischen Ländern in Lebensgefahr. Deshalb leben viele der besten Wissenschaftler, Techniker, Schriftsteller und politische Denker im Exil...‹ Er sagt, sinngemäss verkürzt, weiterhin, dass es noch nie einer rückwärts gerichteten Regierung gelungen sei, erfolgreich zu sein im Sinne einer wirtschaftlichen und gesellschaftlichen Entwicklung.« (SRF Club 12.07.2016)

12 Die erste Version dieses Diskurses zielte in erster Linie auf Länder wie Afghanistan, Palästina oder Pakistan ab, wobei diese Länder als ›muslimische Kulturen‹ dargestellt und in einem

6. Geschichtliche Differenzdarstellungen in Fortschrittsnarrativen

Die angebrachten Beispiele von Aussagen und Fragestellungen institutionalisierter Medienakteur*innen zeigen, dass auch in den analysierten Mediendarstellungen in der deutschsprachigen Schweiz zwischen ›guten‹ und ›schlechten‹ bzw. ›kompatiblen‹ und ›inkompatiblen‹, ›akzeptablen‹ und ›problematischen‹ Muslim*innen unterschieden wird.

Letztlich wird diese Unterscheidung durch die Zusammenführung geografischer und zeitlicher Differenz in medialen Darstellungen konkretisiert. So stellt beispielsweise der Moderator der SRF-*Club*-Sendung einem »rückwärts gerichteten, fundamentalistisch geprägten Islam« einen »modernen, fortschrittlichen, *europäischen* Islam« (SRF Club 12.07.2016, Hervorhebung der Autorin) gegenüber. In diesem Sinne wird ›Europa‹ mit ›Fortschrittlichkeit‹ und ›Moderne‹ in Verbindung gebracht und andererseits der ›rückwärts gerichtete‹ Islam als ›nicht-europäisch‹ markiert.

Gleichzeitig wird die Schweiz explizit als ›fortschrittlich‹ dargestellt, so beispielsweise im folgenden Szenario:

> [W]ir haben über Jahrhunderte mit Schweiss und zum Teil auch mit Kriegen eine erfolgreiche Gesellschaft und Wirtschaft etabliert, entwickelt. Weshalb müssen wir uns diese *Errungenschaften* jetzt *in Frage stellen lassen*? (Moderator, SRF Club 12.07.2016, Hervorhebung der Autorin)

Dabei suggeriert die Aussage, dass als migrantisch markierte Muslim*innen Schweizer »Errungenschaften in Frage stellen« würden, ein Bedrohungsszenario, welches an eine lange Geschichte der Überfremdungsdiskurse in der Schweiz anschließbar ist (siehe Kapitel 3.2).

In den analysierten Mediendokumenten sind drei konkrete Fortschrittsnarrative ersichtlich, anhand welcher Muslim*innen als potenziell ›fremd‹ dargestellt werden sowie zwischen ›akzeptablen‹ und ›nicht-akzeptablen‹ muslimischen Positionalitäten unterschieden wird. Diese sind Säkularisierung, Individualisierung und Geschlechtergleichberechtigung. Im Folgenden werden die drei Narrative exemplarisch erläutert und der geschlechtsspezifisch kodierte Charakter von allen drei Fortschrittskonzeptionen aufgezeigt.

Maße problematisiert wurden, welches eine militärische Intervention als gerechtfertigt erscheinen ließ (Mamdani 2005, 2002). Zunehmend wird jedoch auch in Diskussionen über die Akzeptanz der in europäischen Nationen lebenden Muslim*innen die Idee einer Trennlinie zwischen ›guten‹ und ›schlechten‹ bzw. ›akzeptablen‹ und ›problematischen‹ Muslim*innen verwendet. Diese Idee wird beispielsweise in der europäischen Einwanderungs- und Integrationspolitik aufgegriffen, die darauf abzielt, sowohl zwischen ›guten‹ und potenziell ›schlechten‹ Muslim*innen zu unterscheiden als auch muslimische Migrant*innen zu disziplinieren, damit sie ›gut‹ werden (Fassin 2010).

6.2.2 Säkularisierung als Fortschrittsnarrativ

Ein konkretes Fortschrittsnarrativ, welches in den analysierten Mediendebatten die Unterscheidung zwischen ›fremd‹ und ›eigen‹ illustriert, ist die Säkularisierung. Dabei schreiben institutionalisierte Medienakteur*innen Säkularisierung teilweise explizit der Schweiz zu, wie beispielsweise die in Kapitel 5 zitierte Aussage von Norbert Bischofsberger, der als SRF-Religionsexperte auftritt, aufgezeigt hat: »*Wir* haben die *Säkularisierung*, die Menschen hier, die den *Glauben schrittweise ablegen*.« (SRF Club 12.07.2016) Im Zitat von Bischofsberger entsteht das Bild eines ›säkularisierten Wir‹ in der Schweiz. Diese Konstruktion ist auch in anderen analysierten Sendungen und Artikeln zentral präsent – etwa als der Moderator einer Debatte zum Thema *die Werte des Abendlandes* feststellt, dass »*wir uns* in einer sehr *säkularisierten* Welt befinden« und »die *Religion* [...] weitgehend auf dem *Rückzug* [ist]« (SRF 2 Kultur Kompakt 26.12.2016, Hervorhebung der Autorin) oder wenn im einleitenden Text des *NZZ Folios* von »*unserer säkularen*, offenen Gesellschaft« (02.08.2016, Hervorhebung der Autorin) die Rede ist.

Gleichzeitig bringt Bischofsberger ›Religion‹ mit »anderen Kulturen« und in die Schweiz kommenden Migrant*innen in Verbindung.[13] Die Abgrenzung zwischen einem ›säkularisierten Wir‹ und ›religiösen Migrant*innen‹ wird in anderen Medienpublikationen aufgegriffen und bleibt weitgehend unangefochten. Indem Schweizer*innen als ›säkularisiert‹, d.h. von einem Glauben weitgehend losgelöst, distanziert oder als nur »pro forma [...] Religionsgemeinschaften« (NZZ Folio 02.08.2016) zugehörig dargestellt werden, wird ›Religion‹ zum Attribut von Migrant*innen und (einst migrierten) Minderheiten.[14] Auf diese Weise werden ›Religion‹ und ›Säkularität‹ als Differenzkategorien zwischen einem ›Schweizer Selbst‹ und ›migrantisch/migrantisierten Anderen‹ konzeptualisiert.

Letztlich wird Säkularisierung häufig mit dem Christentum verbunden. Ein Beispiel hierfür findet sich in der SRF 2-Kultur-Kontext-Debatte *Welche Werte hat das Abendland?* (26.12.2016). Darin wird zwar davon gesprochen, dass die »christlichen Werte« am Verschwinden seien bzw. verblassen würden, gleichzeitig wird

---

13   Da diese Aussage in einer Debatte getroffen wird, die sich explizit um Muslim*innen in der Schweiz und das Ausmaß ihrer ›Kompatibilität‹ dreht, wird die ›Religion‹ der Migrant*innen hier tendenziell auf den Islam verwiesen.

14   Eine ähnliche Tendenz, Religion zu ethnisieren, findet sich auch beispielsweise in jüngeren antimuslimischen Mediendiskursen in Großbritannien. In einem 2016 erschienenen Artikel der Sunday Times mit dem Titel *An Inconvenient Truth: What British Muslims Really Think* wird die nationale Mehrheit als ›säkular‹ dargestellt und gleichzeitig wird »ethnic minorities« eine »baffling« und »fierce« Bekenntnis zum religiösen Glauben zugeschrieben (Aeschbach 2018, 47–48).

jedoch ›Säkularität‹ mit der »christlichen Welt« verbunden.[15] Die Verknüpfung der Schweiz sowohl mit ›Säkularität‹ als auch mit dem Christentum zeigt sich ebenso in der SRF-*Arena Angst vor dem Islam* (01.04.2016). In dieser bezeichnet der Moderator die Schweiz als »christliches Land«. Darauf reagiert ein anwesender Vertreter des *Islamischen Zentralrates Schweiz (IZRS)*, Nicolas Blancho, mit den Worten: »Sie [die Schweiz; Anm. der Autorin] ist kein [...] christliches Land [...] sie ist ein säkularer Staat« (01.04.2016). In diesem Fall kann die Berufung auf einen »säkularen Staat« bei gleichzeitiger Ablehnung des Begriffs »christliches Land« als eine Strategie gelesen werden, die es ermöglicht, eine muslimische Zugehörigkeit zur Schweiz als ebenso möglich wie eine christliche darzustellen. Dieser Einschub Nicolas Blanchos wird schließlich vom Moderator wie folgt kommentiert: »Korrigieren wir und sagen wir christliche Geschichte.« Dadurch wird die Schweiz zwar als ›säkularer Staat‹ dargestellt, gleichzeitig wird sie mit Verweis auf ›Geschichte‹ auf das Christentum ausgerichtet.[16] In diesem Sinne wird nicht lediglich zwischen ›säkular‹ und ›religiös‹, sondern konkret zwischen einem ›säkular-christlich‹ geprägten ›Selbst‹ und einem migrantisierten, ›nicht-christlich religiösen‹ ›Anderen‹ unterschieden.

Auch trägt die Verwendung des Säkularisierungsbegriffs in medialen Diskurslinien häufig nicht nur zur Markierung von Differenz, sondern auch zu deren Hierarchisierung bei. So wird beispielsweise ›Säkularisierung‹ explizit als positiv dargestellt und ›fehlende Säkularisierung‹ wird negativ konnotiert. Die Darstellung von Säkularisierung als ›fortschrittliche‹ und positive Entwicklung ist beispielsweise in der Einleitung der SRF 2-Kultur-Kontext-Sendung zum Thema *Welche Werte hat das Abendland?* ersichtlich:

> Mit der Säkularisierung ab den 1960er Jahren sind im Westen die christlichen Wertvorstellungen in den Hintergrund getreten. Die individuelle Freiheit *triumphiert*. (Einleitung, 26.12.2016, Hervorhebung der Autorin)

›Fehlende Säkularisierung‹ wiederum wird negativ bewertet, wenn beispielsweise der als SRF-Religionsexperte geladene Hugo Stamm in der SRF-*Arena Angst vor dem Islam* die ›Säkularisierung‹ der ›Radikalisierung‹ und ›Islamisierung‹ gegenüberstellt:

---

15 Original: »Individualisierungstendenz, egal in welcher Religion. Säkularisierungstendenz, vor allem jetzt in der christlichen Welt. Existieren im Westen gemeinsame Werte?« (Moderator, SRF 2 Kultur Kontext 26.12.2016)

16 Dialog im Original: Blancho: »Ja...vilich söttmer d Schwiiz richtig definiere, ich bin nöd iiverstande mitde Definition dases es christlichs Land isch.«/Projer: »christlichi Gschicht«/ Blancho: »Christlichs Land ischs nöd, ez es isch nöd so, es isch en säkulare Staat«/Projer: »Korrigieremers uf christlichi Gschicht.« (SRF Arena 01.04.2016)

> [I]n letzter Zeit stelle ich fest, dass die Islamisierung weit umher geht. In Lombock hat früher kein Mädchen irgendein Kopftuch getragen, heute sind sie gezwungen. [...] Und das schwappt jetzt leider auch nach Europa, und da braucht es einfach Gegensteuer, dass man wirklich die positiven Werte des Islams wieder zum Leben erweckt, dass es Säkularisierung gibt und nicht die Radikalisierung des Islams. (01.04.2016)[17]

Durch das Bild von Mädchen, die zum ›Kopftuchtragen‹ gezwungen werden, wird in dieser Ausführung ›fehlende Säkularisierung‹ nicht nur problematisiert, sondern explizit geschlechtsspezifisch kodiert.[18]

6.2.3 Individualisierung als Fortschrittsnarrativ

›Säkularisierung‹ wird wiederholt als Errungenschaft dargestellt, in welcher »individuelle Freiheit triumphiert« (Einleitung, SRF 2 Kultur Kompakt 26.12.2016). Gleichzeitig wird ›fehlende Säkularität‹ als in Zwang und fehlender individueller Freiheit resultierend (Hugo Stamm, SRF 01.04.2016) dargestellt. In diesem Sinne wird Individualisierung als normatives Fortschrittsparadigma gezeichnet. In den analysierten Medienpublikationen ist Individualisierung somit eng mit Säkularisierung als Fortschrittsnarrativ verbunden. Individualisierung wird aber, anders als Säkularisierung, in den hegemonialen Diskurslinien auch explizit unabhängig vom Christentum dargestellt. So erklärt der Moderator der Sendung *Welche Werte hat das Abendland?*:

> Individualisierungstendenz, egal in welcher Religion. Säkularisierungstendenz, vor allem jetzt in der christlichen Welt. Existieren im Westen gemeinsame Werte? (SRF 2 Kultur Kontext 26.12.2016)

In dieser Weise werden Individualisierung und Säkularisierung zumindest teilweise als unabhängig voneinander dargestellt und Individualisierung als Eigenschaft potenziell jeder Religion aufgezeigt.

In der Schweiz hat die Individualisierung der Religiosität in den öffentlichen Diskursen eine lange (trans)nationale Geschichte (Lüddeckens, Uehlinger und Walthert 2010, 5). So zeichnet Behloul die Entwicklung des gegenwärtig geltenden

---

17 Original: »Ich stelle in letschter Ziit fescht, dass die Islamisierig wiit ume gaht. Lombock früehner hät keis Meitli irgenden Chopftuech treit hüt sinds zwungä. [...] Und da schwappt leider ez au nach Europa durä, und da bruchts eifach Gägestüür, dasmer halt würklich die positivä Wert vom Islam wiider zum Läbbe bringe cha und dases Säkularisierig giit und nöd di Radikalisierig vom Islam.« (SRF Arena 01.04.2016)

18 Mehr dazu siehe Kapitel 6.2.4.

Konzeptes von Religion in groben Zügen seit dem Dreißigjährigen Krieg in der ersten Hälfte des 17. Jahrhunderts nach (2013, 18–19; 2012, 10–11). Für die vorliegende Studie sind seine Erkenntnisse insofern relevant, als er darauf hinweist, dass sich in Europa ein spezifischer Diskurs über ›Religion‹ entwickelt hat, in welchem es in erster Linie darum geht, das Verhältnis von Religion und Politik zueinander in einer Art und Weise zu definieren, die den Frieden sichert (2013, 18–19; 2012, 10–11). In diesem Diskurs wurden spezifische ›Arten von Religion‹ als ›friedlich‹ bzw. ›akzeptabel‹ markiert und »with regard to [their] degree of enlightenment and general modernity« (Behloul 2013, 20) bewertet. Dabei sieht Behloul die Hervorhebung individueller Rationalität und Entscheidungsfähigkeit als normatives Kriterium des protestantisch geprägten Religionsverständnisses, welches in der Unterscheidung zwischen ›akzeptablen‹ und ›konfliktiven‹ Religionen hinzugezogen werde (2013, 19). Diese Hervorhebung resultiert in der langfristigen Übersetzung von ›Religion‹ als institutionell und gemeinschaftlich definierte Einheit in eine durch individuelle Freiheit und Frömmigkeit markierte Religiosität (Behloul 2013, 21). In der jüngeren Schweizer Öffentlichkeit zeigt sich diese Vorstellung von legitimer Religiosität, die auf der Ebene des Individuums angesiedelt ist, und von potenziell ›problematischer‹ religiöser Differenz, die auf der Ebene der Gemeinschaft dargestellt wird, beispielsweise in Diskussionen über sogenannte »religiöse Sekten« in den 1970er und 90er Jahren sowie in der Kampagne zum Verbot von Minaretten 2009 (Lüddeckens, Uehlinger und Walthert 2010, 5). Dabei rückt das Narrativ der Individualisierung insbesondere in der Frage nach individueller Entscheidungsfähigkeit in Abgrenzung zu potenziellen kommunalen Zwängen in den Blick.

Die Vorstellung des Individuums als Entscheidungsträger*in basiert dabei auf der Idee des souveränen, rational denkenden Subjekts, welche sich in der europäischen Aufklärung und den darauf aufbauenden polit-philosophischen Strömungen verfestigt hat (Tascón und Ife 2008, 313). Im Hinblick auf die Religion rückt die Vorstellung einer kritischen Hinterfragung von religiöser Autorität und von einer individuellen Auslegung und Interpretation des religiösen Textes in den Vordergrund. Dies ist verbunden mit einem von der christlichen Reformation geprägten Religionsverständnis, in welchem individuelle Entscheidungsfreiheit im Hinblick auf Religion als normativer Referenzrahmen gesetzt wird. In den analysierten Mediendebatten ist dieser Aspekt von Individualisierung insbesondere ersichtlich, wenn wiederholt die Erneuerungs- bzw. Reformationsbedürftigkeit des Islams ins Zentrum der Fragestellungen rückt. Als Beispiel kann die SRF 2-Kultur-Kontext-Debatte *Islam – reformieren oder neuinterpretieren?* (30.03.2017)[19] herangezogen werden, in welcher ein Reformbedarf explizit mit der Präsenz von Muslim*innen im sogenannten

---

19   Ein weiteres Beispiel ist ersichtlich, wenn in einem Interview mit Elham Manea die Frage gestellt wird, ob sich der Islam reformieren lasse (SonntagsBlick 20.11.2016).

›Westen‹ begründet wird.[20] Die Möglichkeit individueller (und kritischer) Interpretationsräume koranischer Texte wird in der Sendung gleichzeitig gefordert und in Frage gestellt.

6.2.4 Fortschrittsnarrative via Geschlecht, Sexualität und Geschlechtergleichstellung

Neben Säkularisierung und Individualisierung wird Geschlechtergleichberechtigung explizit oder implizit als ›fortschrittliche‹ Errungenschaft der Schweiz konzipiert und als bei Muslim*innen potenziell fehlend dargestellt. Ein zentrales Beispiel dieser Argumentationsweise ist die erwähnte Debatte um zwei muslimische Schuljungen aus der Gemeinde Therwil, die sich weigerten, ihrer Lehrerin die Hand zu reichen. Im Laufe der medialen Auseinandersetzung mit diesem Vorfall wurde die Gleichstellung der Geschlechter zur zentralen Charakteristik der Schweiz sowie zum Maßstab für mögliche Integration stilisiert (Aeschbach 2021, 17–18). Eine wichtige Rolle spielte dabei die Baselbieter Bildungsdirektorin Monika Gschwind, die in ihren Stellungnahmen wiederholt die Zentralität der Gleichstellung der Geschlechter in der Schweiz in den Vordergrund stellte: »In unserer Gesellschaft gelten gegenüber Frauen und Männern die gleichen Umgangsformen und Verhaltensregeln. Daran will ich konsequent festhalten« (Aargauer Zeitung 05.04.2016). Auch sagte sie: »Ausländer müssen sich integrieren, wenn sie sich in der Schweiz niederlassen wollen. Vor allem die Gleichstellung von Männern und Frauen ist für mich unverhandelbar« (Der Bund; Der Bund Online; Tages-Anzeiger 19.12.2016). In dieser Weise wird Geschlechtergleichberechtigung in gewissen Diskurslinien explizit als Differenzkategorie in der Unterscheidung zwischen ›fremd‹ und ›eigen‹ hinzugezogen.

In anderen Fällen hinterfragen institutionalisierte Medienakteur*innen wiederholt die Geschlechterverhältnisse ›im Islam‹. So wird die übergreifende Frage des SRF-Kulturplatzes *Wie kompatibel ist [...] der Islam mit der Moderne, wie sie der Westen versteht?* aufgrund der »Skepsis, ob Frau und Mann im Islam gleichberechtigt seien« (03.06.2015), gestellt.[21] Damit wird die Frage nach Geschlechtergleichberechtigung kausal mit der ›Kompatibilität‹ »des Islams mit der Moderne« verbunden. Kurz,

---

20 Einleitungstext: »Der Druck auf den Islam nimmt zu, besonders in westlichen Gesellschaften. Besteht tatsächlich Reformbedarf? Bietet der Koran nicht genügend Möglichkeiten, ihn neu auszulegen und zu leben? Wer hätte überhaupt die Autorität den Islam zu reformieren?« (SRF 2 Kultur Kontext 30.03.2017)

21 Original: »Immer wieder führt die traditionelle Kleidung von Musliminnen zu Kontroversen. Die Diskussion ist geprägt von der Skepsis, ob Frau und Mann im Islam gleichberechtigt seien. Was auffällt: Es sind häufig Musliminnen, die sich für eine moderne Auslegung des Korans einsetzen. Wie kompatibel ist also der Islam mit der Moderne, wie sie der Westen versteht?« (SRF Kulturplatz 03.06.2015)

6. Geschichtliche Differenzdarstellungen in Fortschrittsnarrativen

Geschlechtergleichberechtigung wird zu einem Marker eines ›fortschrittlichen‹, ›westlichen Selbst‹ und gleichzeitig ›dem Islam‹ abgesprochen.

Auch in der wiederholt auftretenden und an muslimische Frauen gerichteten Frage nach den geschlechtsspezifischen Verhältnissen in ihrer Kindheit werden Geschlechterverhältnisse als relevante Thematik in Diskussionen rund um Muslim*innen etabliert. Ein Beispiel dafür ist die an Amira Hafner-Al Jabaji gerichtete Frage: »Sie haben einen Vater aus dem Irak, Ihre Mutter ist aus Deutschland. Also ein Muslim und eine Christin. [...] Wie sind Sie aufgewachsen? Sie und – Sie haben einen Bruder?« (SRF Club 12.01.2016).[22] Expliziter wird Jasmin El-Sonbati in der SRF 2-Kultur-Sendung *Musik für einen Gast* nach der Geschlechtergleichstellung in ihrer Familie gefragt und danach, ob ihr Bruder als Mann anders als sie behandelt wurde (30.03.2014). In dieser Weise werden Geschlechterverhältnisse als relevantes Charakterisierungsmerkmal und Diskussionsthema in Debatten rund um Muslim*innen in der Schweiz verfestigt und als mögliche Differenzkategorie aufgegriffen. Die analysierten Mediendiskurse (re)produzieren somit eine Darstellung von Geschlechterverhältnissen als bedeutender Indikator kollektiver Differenz, wie sie sich in der Schweizer Integrations- und Ausländerpolitik seit den 90er Jahren entwickelt hat (Fischer und Dahinden 2016, 12).[23]

Neben der Thematik der Geschlechterverhältnisse werden in zwei Radio- bzw. Fernsehsendungen Ansichten gegenüber Homosexualität zum Diskussionsthema. Dabei werden Muslim*innen oder muslimische Gesellschaften als homophob dargestellt. In der SRF-*Club*-Sendung *Toleranz ohne Grenzen?* (12.06.2016) beschreibt der Moderator ausführlich und detailliert eine Szene, in der in Deutschland »zwei transsexuelle Männer von muslimischen Jugendlichen belästigt [...] beschimpft [und] mit Steinen beworfen« (12.06.2016) worden seien. Daraufhin fragt er die anwesenden Personen: »Wie macht man einem *muslimischen Jugendlichen* klar, dass es nicht angeht sich einem – dass man in einem *westlichen Land*, [...] dass man *homosexuelle Menschen* oder *transsexuelle Menschen* körperlich attackiert, angreift, diskriminiert?« (SRF Club 12.07.2016) In seinen Ausführungen wird dabei Toleranz gegenüber »homosexuellen Menschen oder transsexuellen Menschen« ausschließlich Personen aus ›westlichen Ländern‹ zugeschrieben und Muslim*innen potenziell abgesprochen. Im Anschluss an diese Beschreibung fragt der Moderator die zwei anwesenden Muslim*innen, ob sie persönlich homosexuelle Menschen tolerieren würden. So fragt er: »Könnte denn, Frau Rashidi oder Herr Afshar, in Ihrer

---

22   Original: »Sie händ en Vater wo usem Irak isch, ihri Muetter isch us Düütschland. Also en Muslim und e Christin. Wenn Sie bereit sind echli z verzelle. Wie sind Sie ufgwachse? Sie und, Sie hend en Brüeder?« (SRF Club 12.01.2016)
23   Mehr dazu siehe Kapitel 3.2.4.

Gesellschaft, in der islamischen Gesellschaft, jemand seine Homosexualität [...] ausleben?« (SRF Club 12.07.2016)[24]

In dieser Sequenz wird einerseits ersichtlich, dass der Moderator die komplexe Thematik der Homo- und Transphobie in der Anschlussfrage auf den Aspekt der Homophobie hin eingrenzt. Andererseits werden durch diese Frage die einzelnen anwesenden Muslim*innen hinsichtlich des Verdachts einer potenziellen Homophobie ›im Islam‹ zur Rechenschaft gezogen. Dies ermöglicht individuellen Personen zwar, sich als nicht-homophob und somit unproblematisch zu markieren, (re)produziert aber gleichzeitig die generelle Darstellung von Muslim*innen als intolerant gegenüber Homosexualität.

Einen weiteren Hinweis darauf, dass geschlechts- und sexualitätsspezifische Einstellungen als relevante Differenzkategorie in der Unterscheidung zwischen ›fremd‹ und ›eigen‹ in der Schweiz fungieren, liefern die Fragen, welche Bekim Alimi, einem Imam in einer Moschee in Will (SG), in seinem Einbürgerungsverfahren im Jahr 2018 gestellt wurden. Die ersten fünf Fragen wurden wie folgt im *Tagblatt* (20.03.2018)[25] und in der *Basler Zeitung* (21.06.2018) zitiert:

1. Glauben Sie, dass die Frau dem Mann untergeordnet ist?
2. Darf ein Mann seine Frau schlagen, wenn sie ihm nicht gehorcht?
3. Welches Mindestalter vertreten Sie für die Verheiratung von Mädchen? Wer bestimmt, wen eine junge Frau heiratet: ihr Vater, ihre Familie oder sie selbst?
4. Darf ein muslimisches Mädchen mit Buben gemeinsam schwimmen? Und darf ein muslimisches Mädchen Velo fahren?
5. Darf ein Muslim homosexuell, eine Muslimin lesbisch sein?[26] Wie sollen Eltern reagieren, wenn ihre Kinder diese Veranlagung haben?
(Tagblatt 20.03.2018)

---

24 Zudem fragt der Moderator spezifisch: »Frau Rashidi, wäre eine lesbische Frau in ihrer Welt willkommen?« (SRF Club 12.07.2016).

25 Tagblatt 20.03.2018, »*Mit einem Gefühl der Demütigung*«: *Wiler Imam beantwortet unübliche Einbürgerungsfragen*, https://www.tagblatt.ch/ostschweiz/ostschweiz-mit-einem-gefuehl-der-demuetigung-wiler-imam-beantwortet-unueblice-einbuergerungsfragen-ld.1015242, letzter Zugriff 27.04.2021.

26 Es scheint der Autorin der vorliegenden Studie bemerkenswert, dass in der Einbürgerungsbefragung eines Muslims hinsichtlich seiner Ansichten zu Geschlechterverhältnissen und Ansichten gegenüber Sexualität der Begriff Homosexualität auf männliche Homosexualität reduziert zu sein scheint. Dies entspricht zwar einem lange Zeit vorhandenen Missverständnis im Wortgebrauch, ist jedoch im derzeitigen Sprachgebrauch inkorrekt, in welchem Homosexualität die gleichgeschlechtliche Liebe von Männern und Frauen bezeichnet. Die Fehlverwendung des Begriffs scheint auf eine gewisse Unvertrautheit mit der Thematik hinzuweisen. Dies könnte als in einem Spannungsverhältnis zu der Verwendung von Einstellungen gegenüber Homosexualität als Differenzkategorie stehend interpretiert werden.

In diesen Fragen werden explizit geschlechts- und sexualitätsspezifische Einstellungen zum Lackmustest, anhand dessen Personen, die in der Schweiz eingebürgert werden können, identifiziert werden sollen. Die Fragestellungen unterstellen dabei spezifisch muslimischen Bewerber*innen, dass sie die geprüften geschlechts- und sexualitätsspezifischen Einstellungen potenziell nicht teilen.

Dabei ist das Heranziehen von geschlechts- und sexualitätsspezifischen Einstellungen zur Unterscheidung zwischen ›fremd‹ und ›eigen‹ keineswegs lediglich in der Schweiz vorzufinden, sondern muss als Teil eines transnationalen Diskurses gesehen werden. Ähnliche Fragestellungen wurden beispielsweise in einem 2006 verwendeten Einbürgerungstest im deutschen Bundesland Baden-Württemberg identifiziert (Fassin 2010, 516). Und auch in anderen europäischen Ländern wie Frankreich, Großbritannien oder den Niederlanden gibt es Studien, die herausarbeiten, dass in öffentlichen Polit- und Mediendiskursen Einstellungen hinsichtlich der Verhältnisse zwischen Geschlechtern sowie gegenüber Homosexualität als Differenzkategorie verwendet werden (El-Tayeb 2011; Fassin und Salcedo 2015; Fassin 2012, 2010; Mepschen, Duyvendak und Tonkens 2010).

Im Vergleich zu Ländern wie den Niederlanden oder Großbritannien, in denen sich Ansichten gegenüber Homo- und Anderssexuellen als Differenzkategorie zwischen ›fremd‹ und ›eigen‹ bereits stark etabliert haben,[27] bleibt die Referenz auf Muslim*innen zugeschriebene Homophobie in dem vorliegenden Schweizer Mediendatensatz relativ marginal.[28] Als zentrale Verhandlungspunkte werden weibliche Gleichberechtigung, Selbstbestimmung und (sexuelle) Freiheit gehandhabt. Dies könnte unter Umständen auf die relativ konservative Sexual- und Geschlechterpolitik in der Schweiz zurückzuführen sein. Bekräftigt wird diese These durch Diskursmomente, in denen Begriffe wie ›homosexuell‹ und ›transsexuell‹ ungenau verwendet werden, sowie durch das Ausbleiben weiterer Aufarbeitungen von LGBTQ-Themen als mögliche Fortschrittsnarrative neben jenem der Geschlechtergleichberechtigung und Homosexualität in den analysierten Medienoutputs.[29]

---

27 Diese Referenzen treten beispielsweise in Frankreich oder den Niederlanden zentral in der Integrationspolitik auf (El-Tayeb 2011; Fassin 2010, 2012; Fassin und Salcedo 2015; Mepschen, Duyvendak und Tonkens 2010).

28 Dass Thematisierungen von Sexualität und Geschlecht auch in der Schweiz konstitutiv für Fortschrittspolitiken und nationalisierende Differenzdarstellungen sein können, zeigt Nay in einer Studie zu Debatten im Schweizer Bundesparlament rund um die »familialen Lebensweisen von Lesben, Schwulen, Bisexuellen, Trans* und genderqueeren Personen« (2019, 43). Die Ergebnisse der Untersuchung verweisen darauf, dass der Einschluss von ›Regenbogenfamilien‹ in Konstruktionen einer ›Schweizer Familie‹ als »scheinbarer Ausdruck von Fortschritt« die Instrumentalisierung desselben Narrativs gegen den Einschluss »rassisierte[r], ethnisierte[r] und religiös fundamentalistisch stigmatisierte[r] Personen« (Nay 2019, 50) verstärkt.

29 Die erläuterte Begriffsverwirrung (homosexuell vs. lesbisch, siehe Fußnote 237) in den Einbürgerungsfragen ist ein Beispiel davon. Auch die begriffliche Verwirrung in der SRF-*Club*-

6.3 (Fremd-)Positionierungen

6.3.1 Pluralisierung muslimischer Positionalitäten

In hegemonialen Diskurslinien wird mit den etablierten Fortschrittsnarrativen nicht lediglich Differenz zwischen ›Schweizer*innen‹ und ›Muslim*innen‹ konstituiert, sondern es wird auch zwischen ›akzeptablen‹ und ›inakzeptablen‹ Muslim*innen unterschieden. Dies führt zu einer Pluralisierung muslimischer Positionalitäten, die hinsichtlich ›Fortschrittlichkeit‹ markiert und damit bezüglich einer vermeintlichen ›Kompatibilität‹ bewertet werden. Diese Positionierungen sind immer eine Wechselwirkung zwischen Fremd- und Selbstzuschreibung. Im Folgenden möchte ich zuerst die Darstellung solcher Positionalitäten als Teil hegemonialer Diskurslinien skizzieren, um im letzten Teil des vorliegenden Kapitels auf die Selbstpositionierungen muslimischer Frauen einzugehen, die sich solche Diskurslinien (strategisch) aneignen, teilweise reproduzieren, aber auch anpassen und von sich weisen.

Exemplarisch kann die Nutzung von Fortschrittsnarrativen in der Pluralisierung und Bewertung muslimischer Positionalitäten an der in den analysierten Mediendebatten wiederholten Aussage institutionalisierter Medienakteur*innen, dass »die Mehrheit der Muslime [in der Schweiz] (sehr) säkular ist« (SRF Arena 01.04.2016; SRF 2 Kultur Kontext 09.09.2016; NZZ Folio 02.08.2016), aufgezeigt werden. Diese Aussagen gehen einher mit der Darstellung von Säkularisierung als ›fortschrittliche‹ Errungenschaft der Schweiz und der positiven Bewertung von ›Säkularität‹ – insbesondere in Bezug auf Muslim*innen. So erklärt beispielsweise der SRF-Religionsexperte Hugo Stamm:

> Es ist absolut richtig, dass *zum Glück* die ganz grosse Mehrheit der Muslime [...] sehr säkular sind. [...] Aber sie leiden darunter, weil es [...] radikale gibt. (01.04.2016, Hervorhebung der Autorin)[30]

Diese positive Bewertung von ›Säkularität‹ ergibt sich aus der Konzeption von Religion, insbesondere vom Islam, als potenziell konflikt- und gewaltfördernd. Dabei wird Säkularisierung als Lösung für ein vermeintliches religiöses Konfliktpotenzial

---

Sendung *Toleranz ohne Grenzen* (SRF Club 12.07.2016), in welcher der Moderator transphobe Gewalt unter dem Titel Homophobie abhandelt, impliziert eine gewisse Unvertrautheit mit der Thematik.

30 Original: »Es isch absolut richtig, dass zum Glück die ganz grossi Mehrheit vode Muslim [...] sehr säkular sind. [...]. Aber si liidet drunder wills ebbe radikali giit« (SRF Arena 01.04.2016).

gesehen.³¹ Im Rahmen dieser übergreifenden Diskurslinie kann die Markierung einer Religion und religiöser Menschen als ›säkular‹ als Relativierung des ansonsten dargestellten Gewalt- und Konfliktpotenzials gelesen werden.

Die Problematisierung von ›Religion‹ wird zudem mit Vorstellungen gesellschaftlicher Zugehörigkeit in Verbindung gebracht; so schreibt beispielsweise die NZZ Folgendes, um die (transnationale) Gruppe *Säkulare Muslime* einzuführen:

> Der Islam hat es in der deutschen Öffentlichkeit schwer. Ob er zum Land ›gehört‹, wird regelmässig und meist nicht sehr sachlich diskutiert. Vielen Deutschen gelten die Angehörigen der Weltreligion als antiwestlich und integrationsunwillig. Die Verbände, die das Bild des Islams in den vergangenen Jahrzehnten geprägt haben, sind dafür mitverantwortlich. [...] Um solchen Organisationen etwas entgegenzusetzen und um den Islam in seiner Vielfalt zu zeigen, haben zehn Intellektuelle und Politiker nun die ›Initiative säkularer Islam‹ gegründet. (NZZ 23.11.2018)

In diesem Diskurs wird es nicht nur zu einem »Glück«, dass »die ganz grosse Mehrheit der Muslim(*innen) [...] säkular« ist, sondern ›Säkularität‹ wird auch als nationalisierende Differenzkategorie gehandhabt.

Auch die weiteren Fortschrittsnarrative (›individuell vs. gemeinschaftlich‹, ›geschlechtergleichberechtigt vs. frauenfeindlich‹), die in hegemonialen Diskurslinien als Differenzkategorien herangezogen werden, werden in der Positionierung von Muslim*innen aufgenommen. So werden neben ›individuell religiösen‹, ›fortschrittlichen‹ Muslim*innen sowie Muslim*innen, die ›offen‹ hinsichtlich Geschlechtergleichberechtigung (und Homosexualität) sind, auch ›konservative‹ und ›streng gläubige‹ Muslim*innen in den Mediendebatten angeführt. In diesem Sinne funktionieren die Fortschrittsnarrative als konkrete Referenzrahmen, anhand welcher muslimische Positionalitäten pluralisiert sowie als ›akzeptabel‹ oder ›inakzeptabel‹ markiert werden.

6.3.2 Geschlechtsspezifische Kodierung muslimischer Positionalitäten: Muslimische Frauen im Blick

Die Geschlechtsspezifika in den gegenwärtigen Mediendiskursen zu Muslim*innen in der Schweiz gehen über die normative Referenz auf Geschlechtergleichstellung hinaus. So hat die Feinanalyse der Daten ergeben, dass Fortschrittsnarrative, entlang derer nationalisierende Identitätsprozesse geschehen, geschlechtsspezifisch kodiert sind. Im Folgenden werden die spezifischen Konnotationen anhand des Editorials des *NZZ Folios* (2016) erläutert und durch weitere Beispiele illustriert.

---

31 Explizit wird dieses religiöse Konfliktpotenzial einerseits mit Hinweisen auf Gewaltakte, wie beispielsweise die Anschläge vom 11. September 2001, und andererseits mit Bezug auf vergeschlechtlichte Angelegenheiten, so beispielsweise die Geschlechtergleichstellung.

Das *NZZ Folio Muslime in der Schweiz: Wie viel Islam verträgt das Land?* unterscheidet bereits in den ersten Sätzen des Editorials zwischen ›problematischen‹ und ›unproblematischen‹ Muslim*innen: »In der Schweiz leben 450'000 Muslime. Menschen wie Sie und ich. Und einige, die Ängste säen« (Editorial, 02.08.2016, 5). Diese Unterscheidung wird in den darauffolgenden Sätzen wie folgt ausgeführt:

> Was tun, wenn in einem Parkhaus in der Stadt Zug der letzte freie Parkplatz besetzt ist – von drei Männern, die auf ihren Jacken knien und sich vor der Betonwand verneigen, hinter der Mekka liegen muss? ›Hupen! Schimpfen!‹ rät Saïda Keller-Messahli, denn man solle sich nicht einschränken lassen durch Gläubige, die ihre Präsenz in der Öffentlichkeit markieren. Religionen sollen respektiert werden, aber sie seien Privatsache.
> Saïda Keller-Messahli, die Leiterin des ›Forums für einen fortschrittlichen Islam‹ ist eine der zehn Muslime, die wir für unser Heft besucht haben. Viele Europäer sind in den letzten Jahren misstrauisch geworden gegenüber dem Islam, denn es sind keine Buddhisten oder Christen, die im Namen ihres Glaubens Terror verbreiten. Der fundamentalistische Islam ist längst in unserer säkularen, offenen Gesellschaft angekommen. Wie gehen wir damit um? Wie reagieren darauf in der Schweiz lebende Muslime? Geht sie das alles nichts an? Oder doch?
> ›Natürlich‹, sagt die Ägypterin, die von Zürich aus mit Youtube-Filmen für die sexuelle Befreiung der arabischen Frauenwelt kämpft. ›Nein‹ sagt die Jusstudentin, die erst vor einem Jahr beschloss, ein Kopftuch zu tragen [...]. (Editorial, NZZ Folio 02.08.2016, 5)

Diese ersten Abschnitte des *NZZ Folio*-Editorials führen nicht nur Differenzkategorien an, entlang derer zwischen ›akzeptablen‹ und ›nicht-akzeptablen‹ Muslim*innen unterschieden wird, sondern diese werden auch in einer geschlechtsspezifischen Weise dargestellt:

Einerseits wird öffentlich sichtbare muslimische Religion durch drei betende Männer dargestellt. Andererseits verkörpert die muslimische Frau Saïda Keller-Messahli den ›säkular-privatisierten‹ Islam, der im Einklang mit ihrer Selbstpositionierung und jener ihrer Organisation, des *FFIs*, als ›fortschrittlich‹ markiert wird. Diese Positionalität wird weiter mit der Schweiz angeglichen, die als »unsere säkulare, offene Gesellschaft« bezeichnet wird. Letztlich verkörpern die Ägypterin und die Jusstudentin die normativen Narrative weiblicher sexueller Freiheit[32]

---

[32] Die Positionierung als ›sexuell liberale‹ Muslimin, die als Ägypterin von Zürich aus die ›arabische Frauenwelt‹ unterstützt, markiert schon in diesem kurzen Editorial die Notwendigkeit der sexuellen Befreiung ›arabischer‹ Frauen. Da es im Heft um den Islam geht, ist anzunehmen, dass hiermit die Befreiung von vorwiegend muslimischen Frauen angedeutet wird.

sowie individueller Selbstbestimmung.[33] Insgesamt werden also im Editorial ›akzeptable‹ muslimische Positionalitäten *erstens* spezifisch entlang der dargestellten Fortschrittsnarrative Säkularisierung, Individualisierung und sexueller sowie geschlechtsspezifischer Gleichberechtigung etabliert und *zweitens* werden diese weiblich kodiert. Dies erfolgt, indem bereits in den ersten Sätzen des Editorials die Ansichten und Positionierungen dreier muslimischer Frauen dargestellt und mit den durch Männer versinnbildlichten und problematisierten muslimischen Positionierungen kontrastiert werden.

Auf diese Weise rücken in den medialen Thematisierungen von Muslim*innen in der Schweiz explizit muslimische Frauen als Marker potenziell ›akzeptabler‹ muslimischer Positionalitäten in den Blick. Dieser Fokus wird durch die Tatsache unterstrichen, dass für das *NZZ Folio* sechs muslimische Männer und vier muslimische Frauen porträtiert wurden, es sich jedoch bei den ersten drei Personen, die im Editorial erwähnt werden, um muslimische Frauen handelt. Die Tendenz, einen ›problematischen Islam‹ spezifisch männlich zu kodieren und ›akzeptable‹ Positionalitäten anhand muslimischer Frauen darzustellen, ist nicht nur in der Einleitung des *NZZ Folios*, sondern auch in der Titelsetzung des *Tagesanzeiger*-Artikels *Der Reformislam ist ganz und gar weiblich: Diese Musliminnen kritisieren den Islam am lautesten* (08.08.2017) ersichtlich. In diesem Artikel wird ein explizit als ›patriarchal‹ problematisierter Islam als »selbstredend von konservativen Männern repräsentiert« bezeichnet und »Reformbestrebungen« als weibliches Unterfangen thematisiert.[34] Dieser Fokus auf muslimische Frauen als Reformatorinnen wird dabei durch eine dem Islam zugeschriebene ›Frauenfeindlichkeit‹ erklärt. Explizit wird dies im Zitat Elham Maneas: »Wir Frauen haben eine andere Betroffenheit, weil uns die gängige Lesart des Islam zu Unmenschen macht, zu Objekten degradiert, männlicher Kontrolle unterwirft« (Tagesanzeiger 08.08.2017).

6.4 Geschichtliche Differenzdarstellungen in individuellen Diskurslinien

Im Folgenden wird aufgezeigt, wie muslimische Diskursakteurinnen zu den Fortschrittsnarrativen, die in nationalisierenden Identitätsprozessen herangezogen werden, beitragen, sie sich in Selbstpositionierungen aneignen oder aber in einzelnen Fällen auch hinterfragen und ablehnen.

---

33 Ihre Positionierung als gläubige und gebildete Muslima, die »erst vor einem Jahr beschloss«, das Kopftuch zu tragen, unterstreicht, dass das Tragen des Kopftuches ihre eigene freie Entscheidung war.

34 Die geschlechtlich kodierte Gegenüberstellung wird anderorts auch in der expliziten Kontrastierung von der als ›fortschrittlich‹ markierten Muslimin Saïda Keller-Messahlis mit »Männern, strengislamischen Männern« (SRF 2 Kultur Musik für einen Gast 09.04.2017/ 27.08.2017) deutlich.

6.4.1 ›Fortschritt‹ als Differenzkategorie

6.4.1.1 Aneignung und Verhandlung: ›fortschrittliche‹ muslimische Positionalitäten

Insgesamt situieren sich drei der zwischen 2016 und 2019 in Deutschschweizer Medien aktiven muslimischen Akteurinnen explizit entlang der hegemonialen Fortschrittsnarrative.[35] Saïda Keller-Messahli, Elham Manea und Jasmin El-Sonbati wirken dabei zentral in zwei Vereinen mit, die sich spezifisch als ›fortschrittlich‹ und ›zeitgemäß‹ situieren: dem *FFI (Forum für einen fortschrittlichen Islam)* und *der offenen Moschee Schweiz*. Anhand dieser Vereine und der Ausführungen der drei Diskursakteurinnen wird im Folgenden aufgezeigt, dass sie in ihren Selbstpositionierungen als ›fortschrittliche‹ und ›zeitgemäße‹ Musliminnen einerseits die Vorstellung von ›Muslimisch-Sein‹ und ›Fortschrittlichkeit‹ als sich gegenseitig ausschließende Positionalitäten unterlaufen. Andererseits reproduzieren sie durch diese Selbstpositionierung sowie in ihren Äußerungen grundlegende Darstellungen von Muslim*innen als ›geschichtlich‹ different sowie die Unterscheidung zwischen ›akzeptablen‹ und ›nicht-akzeptablen‹ Muslim*innen in der Schweiz.

Die Aneignung der Fortschritts-Rückschritts-Unterscheidung kann exemplarisch anhand des *FFIs* illustriert werden. Der Verein wurde 2004 gegründet und war bis zum Ende des in dieser Studie analysierten Zeitraums (Mai 2019) als punktuelle Größe in den Mediendebatten zugegen, insbesondere im Rahmen der Medienauftritte von Saïda Keller-Messahli, Mitbegründerin und Präsidentin des Forums. Saïda Keller-Messahli wird in allen analysierten Radio- und Fernsehsendungen und in einem Großteil der analysierten Zeitungsartikel als Präsidentin und/oder Gründerin des *FFIs* vorgestellt. Neben Saïda Keller-Messahli waren auch Elham Manea und Jasmin El-Sonbati Teil des Vereins. Elham Manea wurde zumindest bis 2017 als Teil des Vorstands des Forums gelistet (Wäckerlig 2019, 293). Im Zeitraum zwischen 2016 und 2019 wird sie jedoch in den Medien nicht (mehr) als Mitglied des *FFIs* vorgestellt. Jasmin El-Sonbati wiederum wird bis 2016 bei diversen Medienauftritten als Mit(be)gründerin des *FFIs* positioniert, wobei bei ihren späteren Auftritten Referenzen zu dem Verein ausbleiben. Der Verein wird also in den analysierten Mediendiskursen insbesondere von Saïda Keller-Messahli verkörpert.

Wie der Name bereits impliziert, positioniert sich der Verein explizit als ›fortschrittlich‹ und engagiert sich für ein ›fortschrittliches‹ Islamverständnis. Der Verein stellt sich dabei als Teil einer Reformbewegung dar, die den Islam »an die Erfordernisse des heutigen gesellschaftlichen Lebens« (Webseite FFI, Stand 03.04.2019) anpassen will. Somit positioniert sich das *FFI* mit expliziten Referenzen auf eine übergreifende Unterscheidung zwischen ›fortschrittlich‹ und ›nicht-

---

35   Dabei wird teils spezifisch auf ›Fortschritt‹ und ›Moderne‹ Bezug genommen und teilweise werden weitere Zeitreferenzen hinzugezogen, so z.B. ›zeitgemäß‹, ›entstauben‹ etc.

fortschrittlich‹. Während diese Differenzkategorie in hegemonialen Diskurslinien häufig in der Unterscheidung zwischen einem Schweizer ›Selbst‹ und muslimischen ›Anderen‹ herangezogen wird, wird in diesem Fall zwischen einem ›fortschrittlichen‹ und einem ›nicht-fortschrittlichen Islam‹ unterschieden. Dabei kommen lediglich die als ›fortschrittlich‹ markierten Muslim*innen als ›akzeptabel‹ bzw. an die »Erfordernisse des heutigen gesellschaftlichen Lebens« angepasst in den Blick.

Was genau als ›fortschrittliche‹ bzw. ›moderne‹ Auslegung des Islams verstanden wird, bleibt dabei an einigen Stellen vage. So stellt sich das *FFI* mit folgenden Worten auf der Webseite vor: »Wir sind Menschen muslimischer und nichtmuslimischer Konfession, die den Koran als Text seiner Zeit und seines Raums lesen und verstehen. Wir wollen diesen Text mit unserem heutigen Wissensstand ergänzen und ihm auf diese Weise ermöglichen, zu einer modernen, menschlichen und lebensbejahenden Quelle zu werden« (Webseite *FFI*, Stand 10.10.2018). Auch in der Einführung in die SRF-*Arena Angst vor dem Islam* wird Jasmin El-Sonbati mit den folgenden Worten zitiert:

> Jasmin El-Sonbati, Mitbegründerin des Forums für einen *fortschrittlichen* Islam, sie sagt: ›Ich bin eine offene und gläubige Muslimin, die sich dafür einsetzt, dass der Koran *modern* interpretiert wird‹. (SRF Arena 01.04.2016, Hervorhebung der Autorin)

In diesen Instanzen funktioniert der Bezug auf ›Fortschritt‹ und ›Moderne‹ als positiv bewertete Markierung, die nicht weiter konkretisiert wird.

In anderen Fällen wird ›Fortschritt‹ explizit mit einer ›Kompatibilität‹ mit der Schweiz in Verbindung gebracht. Dies expliziert beispielsweise Jasmin El-Sonbati in der SRF-*Arena Angst vor dem Islam* mit den Worten »ich bin Mitbegründerin vom *Forum für einen fortschrittlichen Islam* und ich, oder die Leute, die so denken wie wir, engagieren uns für einen Islam, der *kompatibel* ist mit den Menschenrechten, der *kompatibel* ist mit der Schweizer Verfassung« (01.04.2016).[36] Jasmin El-Sonbati bestimmt eine in ihren Augen zeitgemäße Art des Islams auch in ihrem Buch mit dem Titel *Gehört der Islam zur Schweiz?* (2016)[37] sowie in den medialen Berichten zu diesem Buch als Voraussetzung für das Einnehmen ›akzeptabler‹ muslimischer Positionalitäten.[38]

---

36 Original: »Aso ich bi Mitbegründerin vom Forum füren fortschrittliche Islam und ich, oder die Lüüt wo so dänked wie mir, engagiered uns füren Islam wo kompatibel isch mit de Menscherecht, wo kompatibel isch mit dä Schwiizer Verfassig« (SRF Arena 01.04.2016).

37 »Gemeint sei damit die Frage des friedlichen Zusammenlebens in einer demokratischen Gesellschaft mit liberaler Grundhaltung, schreibt El Sonbati, wo Gleichberechtigung herrsche und Menschenrechte und Verfassung die Regeln bestimmten« (Weltwoche 12.01.2017).

38 In medialen Berichten zu dem Buch wurde in diesem Sinne darauf hingewiesen, dass die Unterscheidung zwischen den Formen des Islams und die »Impulse für einen zeitgemässen

Werden konkrete Themen mit der angestrebten ›Fortschrittlichkeit‹ in Verbindung gebracht, dann sind diese stets zentral mit Geschlechts- und Sexualitätsthematiken verbunden. So listet das FFI in seinem Positionspapier folgende sieben Themen als Ausgangspunkte für eine »selbstkritische innermuslimische Debatte« auf, die eine »zeitgemässe Neuinterpretation islamischer Quellen« zum Ziel hat: Zwangsehe, Kopftuch, gleichwertige Erziehung von Mädchen und Jungen, Imame und Moscheen, Mischehen (insbesondere die Ehe zwischen muslimischen Frauen und nicht-muslimischen Männern), Recht auf Selbstbestimmung der Frau und schließlich Homosexualität (Positionspapier FFI, Webseite, Stand 10.10.2018). Dabei findet in sechs von sieben Themen explizit eine Auseinandersetzung mit ›Geschlechtergleichstellung‹, ›individueller (weiblicher) Selbstbestimmung‹ und ›sexueller Freiheit‹ statt. Indem die Diskussion und Neuinterpretation dieser Themen als Charakteristiken und Ziele von ›fortschrittlichen Muslim*innen‹ dargestellt werden, wird ›Fortschritt‹ spezifisch mit dem Streben nach ›Geschlechtergleichstellung‹ und ›sexueller Freiheit‹ in Verbindung gebracht.

In einer ähnlichen Weise positioniert sich der Verein *Offene Moschee Schweiz*. Diese Gruppe wird vor allem von Jasmin El-Sonbati und Elham Manea getragen. Sie setzen sich in diesem Verein für einen in ihren Augen »fortschrittlichen, progressiven Islam« (z.B. Elham Manea, Thurgauer Zeitung 17.11.2018) ein. Daneben explizieren weitere Referenzen die zeitliche Dimension der Selbstpositionierung. So sieht Jasmin El-Sonbati das Ziel des Vereins darin, einen »zeitgemässen« Islam zu kreieren,[39] der im »Hier und Jetzt verankert«[40] ist, denn »wir müssen uns entstauben« (Jasmin El-Sonbati, Basler Zeitung 28.07.2017). Die als ›zeitgemäß‹ markierte Version des Islams definiert die Gruppe *Offene Moschee Schweiz* dabei unter anderem über die Merkmale der Offenheit und Toleranz spezifisch hinsichtlich der Position der Frau innerhalb der Glaubenspraxis sowie der Gleichberechtigung von Mann und Frau und der Toleranz gegenüber Homosexualität sowie Andersgläubigen.[41] Ein ›zeitgemäß‹ und ›modern‹ charakterisierter Islam wird dabei anhand eines geschlechts- und sexualitätsspezifisch kodierten ›Fortschritts‹ dargestellt.[42]

Islam, der mit hiesigen Werten vereinbar ist, [den] Buchtitel [...] allerdings etwas irreführend [mache]. ›Welcher Islam gehört zur Schweiz?‹ wäre treffender gewesen.« (Zürichsee-Zeitung 04.11.2016, Berner Zeitung 04.11.2016)

39 Siehe z.B. »zeitgemäss« in *Basler Zeitung* 28.07.2017, Zürichsee-Zeitung 04.11.2016, Berner Zeitung 04.11.2016, SRF Sternstunde Religion, 19.11.2016 oder »zeitgenössisch« (SRF 2 Kultur Kontext 31.03.2017).

40 So sagt Jasmin El-Sonbati beispielsweise, dass sie eine »Lesart des Korans bevorzugen, die im *Hier und Jetzt* verankert ist« (SRF 2 Kultur Kontext 31.03.2017, Hervorhebung der Autorin).

41 Siehe »Info«-Seite, Facebook-Gruppe *Offene Moschee Schweiz*, letzter Zugriff 27.04.2021.

42 Auch in der folgenden Beschreibung von Saïda Keller-Messahli wird ›modern‹ mit ›Geschlechtergleichberechtigung‹ verbunden: »Saïda Keller-Messahli ist 1957 in Tunesien geboren und wuchs in einer Lehmhütte auf. Ihre Eltern lebten einen toleranten Islam. Tunesien

6.4.1.2 Subversion von ›Fortschritt‹ als Differenzkategorie

Nicht alle muslimischen Diskursakteurinnen greifen jedoch auf ›Fortschritt‹ als Differenzkategorie zwischen in der Schweiz ›akzeptablen‹ und ›problematischen‹ Muslim*innen zurück. Dies illustrieren drei dem Mediendiskurs entnommene Sequenzen.

In den ersten zwei Sequenzen weisen es Amira Hafner-Al Jabaji und Rifa'at Lenzin zurück, die ›Kompatibilität‹ von Muslim*innen mit der Schweiz an gewisse Bedingungen zu knüpfen. Stattdessen etablieren sie Muslim*innen generell als ›kompatibel‹. Illustrativ hierfür ist die folgende Radiosequenz mit Amira Hafner-Al Jabaji:

> **Moderatorin**: Würdest du denn sagen, der Islam und die moderne Gesellschaft ist [sic!] kompatibel?⁴³
>
> **Amira Hafner-Al Jabaji**: Selbstverständlich. Das zeigen natürlich erste, zweite, dritte Generation inzwischen tagtäglich. (SRF Kulturplatz 03.06.2015)

Die Aufzählung mehrerer Generationen verfestigt dabei einerseits das Bild von Muslim*innen in der Schweiz als migrantisch. Andererseits suggeriert insbesondere die Nennung der ›ersten Generation‹, dass ›Kompatibilität‹ von Anfang an gegeben ist. Rifa'at Lenzin wiederum weist die grundlegende Darstellung von Muslim*innen in der Schweiz als potenzielles Problem zurück, indem sie auf die Frage, »inwiefern können denn jetzt diese Zahlen [des demografischen Wachstums; Anm. der Autorin] am Anteil an Muslim*innen in der Schweiz Grund zur Sorge sein?«, mit einem schlichten »Ich sehe eigentlich keinen Anlass zur Sorge« (SRF Sternstunde Religion, 18.01.2015) antwortet.

In der dritten Sequenz schließlich adaptiert und negiert Janina Rashidi das zugrunde liegende Fortschrittsnarrativ, welches Muslim*innen als potenziell problematisch darstellt. Sie hinterfragt die entsprechende an sie gerichtete Frage, die suggeriert, dass ›Errungenschaften‹ jetzt in frage gestellt werden, indem sie selbst die ›Fortschritts-Rückschritts‹-Argumentation verwendet und umdeutet:

---

war ein *moderner Staat, Gleichberechtigung* war in der Verfassung festgeschrieben« (SRF Reporter 31.03.2019, Hervorhebung der Autorin). Der Zusammenhang bleibt hier unmarkiert, es ist also nicht klar, ob Tunesien ein ›moderner‹ Staat ist, weil die Gleichberechtigung festgeschrieben war oder ob die Gleichberechtigung in der Verfassung festgeschrieben ist, weil Tunesien ein ›moderner‹ Staat ist. Auf jeden Fall funktioniert das Anbringen der »Gleichberechtigung in der Verfassung« hier aber als Illustration davon, dass Tunesien ein ›moderner‹ Staat gewesen sei.

43 Original: »Würdsch du denn säge de Islam und die moderni Gsellschaft isch kompatibel?« (SRF Kulturplatz 03.06.2015)

Janina Rashidi: Ich glaube diese *Errungenschaften werden nicht durch beispielsweise Muslime in Frage gestellt, sondern man stellt sie doch selbst in Frage.* Wenn man gerade ein Thema wie *Toleranz*, das sich wirklich, ja eigentlich seit 311, seit der Beendigung der Christenverfolgung *entwickelt* hat. [...] Es gab eine *Entwicklung* in der Zeit der Aufklärung und der Reformation hin zur gesellschaftlichen Toleranz. [...] Und das, was wir sehen, was wir erleben, ist eigentlich eine *Rückentwicklung*. Dass wir permanent nur sagen, ne, das akzeptieren wir nicht, also machen wir ein Gesetz dagegen. Ah ne, das möchte ich auch nicht, mach ich ein Gesetz dagegen, und das ist eigentlich die Problematik, die wir jetzt sehen. (SRF Club 12.07.2016, Hervorhebung der Autorin)[44]

In dieser Äußerung erläutert Janina Rashidi zwei Punkte: *Erstens* gibt sie zu verstehen, dass Muslim*innen keine Bedrohung für den ›Fortschritt‹ bzw. für die ›Errungenschaften‹ der Schweiz darstellen. Ähnlich wie Rifa'at Lenzin knüpft auch sie diese Verneinung der Problematisierung von Muslim*innen nicht an weitere Bedingungen. *Zweitens* erklärt sie, dass die ›Errungenschaften‹ zwar infrage gestellt werden, jedoch nicht von Muslim*innen, sondern von jenen, die Gesetze gegen Muslim*innen einführen (wollen). Explizit verweist sie im Rahmen der Sendung beispielsweise auf das damals 2016 im Tessin in Kraft getretene ›Burkaverbot‹, welches sie als diskriminierend und intolerant versteht.[45] Somit stellt Janina Rashidi in ihrer Antwort Toleranz als eine Errungenschaft dar, die sich über lange Zeit entwickelt habe, und erläutert, dass diese Toleranz momentan infrage gestellt werde, weil sie gegenüber Muslim*innen nicht gelte. In dieser Weise schreibt sie denjenigen ›Rückschrittlichkeit‹ zu, die Muslim*innen als ›rückschrittlich‹ problematisieren und politische Sanktionen fordern.

In allen dieser drei Sequenzen wird die Darstellung von Muslim*innen als potenziell ›inkompatibel‹ und ›rückschrittlich‹ relativiert. Einerseits geschieht dies, indem die Problematisierung selbst infrage gestellt wird, und andererseits, indem die Darstellung geschichtlicher Differenz hinsichtlich Muslim*innen aktiv verneint wird. Letztlich soll hier angemerkt werden, dass die Darstellung von Muslim*innen als ›Problem‹ bzw. als ›Bedrohung für den Fortschritt‹ in allen drei Fällen von den institutionalisierten Medienakteur*innen (Moderator*in, Interviewer*in etc.) an die muslimischen Diskursakteurinnen herangetragen wurde. Die Antworten können

---

44   Die Interaktion wurde auf Deutsch und nicht Schweizerdeutsch geführt, das angebrachte Zitat ist daher das originale Transkript. Dies wird bei weiteren Transkriptionen gleich gehandhabt. Alle schweizerdeutschen Originale werden entsprechend in den Fußnoten angegeben.
45   So sagt sie: »Was das Burkaverbot im Tessin betrifft, das jetzt angesprochen worden ist. Ich denke man muss sich im Klaren darüber sein, dass Gesetze, die gezielt diskriminierend sind, wie das Burkaverbot im Tessin, und es wird zwar immer als Verhüllungsverbot gehandelt, aber im Abstimmungskampf und in der Polemik, die dazu stattgefunden hat, ging es klar um muslimische Frauen« (SRF Club 12.07.2016).

somit zu einem gewissen Grade als der übergreifenden medialen Diskurslinie entgegengesetzt gelesen werden, was deren Hegemonialität unterstreicht.

6.4.2 ›Säkularisierung‹ als Differenzkategorie

6.4.2.1 Selbstpositionierungen als ›säkulare Musliminnen‹

Wie der vorangegangenen Analyse zu entnehmen ist, konzeptualisieren institutionalisierte Medienakteur*innen[46] ›Säkularität bzw. Säkularisierung‹ als ›fortschrittliches‹ Merkmal der Schweiz, das sie heranziehen, um zwischen ›fremd‹ und ›eigen‹ sowie zwischen ›akzeptablen‹ und ›problematischen‹ muslimischen Positionalitäten zu unterscheiden. Einige muslimische Diskursakteurinnen, die öffentlich in den medialen Debatten zu Islam und Muslim*innen in der Schweiz auftreten, bekräftigen die Darstellung von Säkularisierung als ›fortschrittlich‹ und stellen ›Säkularität‹ als Bedingung muslimischer ›Kompatibilität‹ mit der Schweiz dar. So wird Elham Manea wie folgt indirekt zitiert:

> *Muslime*, die *in Europa* leben wollen, müssen den *Grundkonsens der Säkularisierung und der Menschenrechte* akzeptieren, lautet ihre Forderung. Denn diese *europäischen Errungenschaften* seien *unverhandelbar*. (Der Landbote 27.01.2017, Hervorhebung der Autorin)[47]

Auch Saïda Keller-Messahli tritt mehrfach mit der Äußerung auf, dass die ›Säkularität‹ von Muslim*innen eine Voraussetzung für ihre ›Kompatibilität‹ mit der Schweiz bzw. mit dem ›Westen‹ darstelle. Dies wird beispielsweise in folgendem Interview deutlich, in welchem ›Säkularität‹ im Sinne der Trennung von Religion und Politik als Differenzkategorie zwischen ›der islamischen‹ und der ›westlichen Kultur‹ dargestellt wird:

> **Moderator**: Sie gehen also davon aus [...], dass die westliche Kultur und die islamische Kultur, dass die vereinbar sind?
>
> **Saïda Keller-Messahli**: Absolut, ja. Sie sind *vereinbar, dort wo* die, ja, Muslime, sage ich jetzt mal so, aus ihrer *Religion nicht ein politisches Programm* machen wollen [...] in dem *laizistischen Sinn, in dem säkularen Sinn*, wenn *Religion und Politik sauber und*

---

46 So z.B. Moderator*innen des Schweizer Radios und Fernsehens, Interviewer*innen und Autor*innen von Zeitungsartikeln sowie als Religionsexpert*innen auftretende Akteur*innen.

47 Ein Hinweis auf die Zentralität dieses Deutungsmusters, in welchem ›Säkularität‹ als Bestandteil des europäisch-schweizerischen ›Selbst‹ dargestellt und ›Muslim*innen‹ gegenübergestellt wird, ist darin zu finden, dass Elham Maneas Aussage »Der Konsens der Säkularisierung ist nicht verhandelbar« zum Zitat des Tages machte (27.01.2017).

klar getrennt sind, dann sind die Religionen absolut vereinbar. (SRF 4 News Tagesgespräch 02.12.2016, Hervorhebung der Autorin)[48]

Neben aktiven Beiträgen dieser Art, in denen ›Säkularität‹ als ›fortschrittlich‹ und als Bedingung der ›Zugehörigkeit‹ von Muslim*innen zur Schweiz bekräftigt und reproduziert wird, eignen sich einige muslimische Diskursakteurinnen diese Diskurslinie explizit in ihren Selbstpositionierungen an.

Dies ist zu beobachten, wenn muslimische Frauen sich selbst als ›säkulare Musliminnen‹ positionieren oder im Zuge ihrer Medienpräsenz als solche positioniert werden. So schreibt beispielsweise der Bund über Elham Manea, »als Frauenrechtlerin und *säkulare Muslimin* fordere sie lediglich, dass Gleichheit und Gerechtigkeit für alle garantiert seien« (20.06.2016, Hervorhebung der Autorin). Des Weiteren erklärt Jasmin El-Sonbati in einem Interview Folgendes:

> Als *liberale, säkulare Muslimin* wünsche ich mir, dass Muslime über einige Glaubenssätze sehr *kritisch* nachdenken und gewisse Positionen weiterentwickeln hin zu einem *liberalen und zeitgemässen Islam*. (Zürichsee-Zeitung 04.11.2016, Hervorhebung der Autorin)

Damit positioniert sie sich nicht nur als ›säkulare Muslimin‹, sondern bestimmt dies auch als ›zeitgemäß‹, wodurch ›säkular‹ als ›fortschrittlich/modern‹ (re)produziert wird.[49] Neben ›säkular‹ funktionieren hier weitere Attributionen, insbesondere ›liberal‹ und ›kritisch‹, als Markierungen eines ›zeitgemäßen Islams‹. Damit trägt Jasmin El-Sonbati in dieser Selbstpositionierung zur Etablierung von Individualisierung als Differenzkategorie bei (mehr dazu siehe Kapitel 6.4.3).

Die Selbstpositionierung als ›säkulare Muslimin‹ wurde unter anderem von Saïda Keller-Messahli strukturell verfestigt, indem sie die Interessengemeinschaft *Säkulare Muslime* mitbegründete.[50] Der transnationale Verein zählt 15 muslimische

---

48 Ein weiteres Beispiel wird in der Debatte *Bedroht der Islam den freien Westen?* (SRF 2 Kultur Kontext 09.09.2016) expliziert. Dort fragt der Moderator: »Also wir sind immer noch bei der Frage, inwieweit ist Islam und westliche Aufklärung grundsätzlich kompatibel?« Darauf antwortet Saïda Keller-Messahli: »*Grundsätzlich nicht kompatibel*, sobald der *Islam politische Forderungen* stellt. Das heisst, es ist *nur kompatibel*, wenn [...] dieses *laizistische Prinzip* immer verteidigt und aufrecht erhalten bleibt. Doch dass die Religion sich in einem *privaten Bereich* bewegen muss und da, wo die *Politik* beginnt, sollte, sollten *keine religiösen*, wie soll ich sagen, Forderungen oder Gebote geltend gemacht werden.« (SRF 2 Kultur Kontext 09.09.2016, Hervorhebung der Autorin)

49 Auch Saïda Keller-Messahli wird wiederholt als ›säkulare Muslimin‹ eingeführt (z. B. Aargauer Zeitung 27.03.2017, Tages Anzeiger Online 08.08.2017).

50 Hinsichtlich der Medienpräsenz der Diskursakteurinnen ist der Verein weniger sichtbar als andere, so wird Saïda Keller-Messahli fast ausschließlich via dem FFI und Jasmin El-Sonbati ab 2017 größtenteils mit Bezug zur *offenen Moschee Schweiz* eingeführt.

Mitglieder aus Deutschland, Österreich und der Schweiz. Viele dieser Mitglieder sowie die Gründer*innen des Vereins sind als ›liberale‹ oder ›fortschrittliche‹ Muslim*innen in der deutschsprachigen Öffentlichkeit bekannt und sehr aktiv, so z.b. Seyran Ateş und Necla Kelek in Deutschland oder Saïda Keller-Messahli und Jasmin El-Sonbati in der Schweiz. In einer gemeinsamen Erklärung, der sogenannten Freiburger Deklaration,[51] erläutern die *säkularen Muslime* ihre Leitprinzipien und erklären, dass sie »für ein humanistisches, *modernes* und aufgeklärtes Islamverständnis im *zeitgenössischen* Kontext« (Hervorhebung der Autorin) stehen.

6.4.2.2 Die Bedeutung von ›Säkularität‹ in Selbstpositionierungen

Was aber bedeutet das Wort ›säkular‹ in diesen Selbstpositionierungen? Anders als in hegemonialen Diskurslinien ist damit weitgehend kein »Loslösen« (NZZ Folio 02.08.2016) vom oder »Ablegen« (SRF Club 12.07.2016) des Glaubens gemeint. So positionieren sich muslimische Diskursakteurinnen wie Jasmin El-Sonbati sowohl als ›säkular‹ als auch als ›gläubig‹ (siehe z.B. SRF Arena 01.04.2016) und in der Freiburger Deklaration der *säkularen Muslime* wird Glaube als »Quelle [...] für Spiritualität, Resilienz und innere Stärke« dargestellt. ›Säkularität‹ wird in diesem Sinne also nicht ›Religion‹ an und für sich gegenübergestellt. Vielmehr wird in der weiteren Erklärung der *säkularen Muslime* ›Säkularität‹ in zweierlei Weise expliziert: *erstens* als eine bestimmte Beziehung zwischen Religion und Staat. Hier nennen sie sowohl die Trennung zwischen Religion und Politik als auch das »staatliche Gebot zur religiösweltanschaulichen Neutralität«. Auf dieser Grundlage plädieren die *säkularen Muslime* dafür, auf religiöse Symbole wie ›das Kopftuch‹ in der staatlichen Öffentlichkeit zu verzichten. Damit eng verbunden wird ›Säkularität‹ *zweitens* als Form der privatisierten Religionsausübung verstanden. Dabei wird diese privatisierte Art des Glaubens als »Spiritualität« sowie als »eine persönliche Angelegenheit zwischen Gott und dem Einzelnen« (Freiburger Deklaration) dargestellt.

Saïda Keller-Messahli greift auf beide dieser Bedeutungen zurück. Einerseits spricht sie sich, wie erwähnt, wiederholt für die Trennung von Religion und Politik aus (siehe z.B. SRF 4 News Tagesgespräch 02.12.2016). Andererseits stellt sie ›privaten‹ und ›nicht-politischen‹ Islam als ›unproblematisch‹ dar[52] und lehnt es wieder-

---

51 Säkulare Muslime. 2016. *Gemeinsame Erklärung säkularer Muslime in Deutschland, Österreich und der Schweiz (Freiburger Deklaration)*, http://saekulare-muslime.org/freiburger-deklaration/in dex.html, heruntergeladen am 08.04.2018.

52 Dies erklärt sie beispielsweise in der SRF 2-Kultur-Sendung *Musik für einen Gast* (27.98.2017) oder im SRF-Tagesgespräch vom 02.12.2016. Dort antwortet sie auf die Frage des Moderators: »Kann man denn sagen, der Islam, auch wenn er [...] sehr fundamentalistisch verstanden wird, aber solange er andere nicht berühre, oder solange er nicht aus den [...] privaten Wänden herausdringt, dann ist er unproblematisch?« wie folgt: »Ja, das kann man sagen. Es wird ja nur dort problematisch, wo sich das artikuliert im gemeinsamen Raum. Und der gemeinsame soziale Raum ist ja der öffentliche Raum. Das heisst der politische Raum. Und dort, wo

holt ab, die Frage nach ihrer eigenen Religiosität zu beantworten. Diese sieht sie als eine »persönliche Angelegenheit«, wie beispielsweise in der Interaktion in der SRF-Talkshow *Aeschbacher* ersichtlich:

Moderator: Sie sind Muslimin. Wie gläubig sind Sie?

Saïda Keller-Messahli: Das ist eine Frage, die beantworte ich nie in der Öffentlichkeit. Ich finde die Frage gehört zum Intimsten eines Menschen. (08.09.2016)[53]

Diese Antwort wird von dem Talkshow-Moderator Kurt Aeschbacher als säkular »im Sinne der Aufklärung [...] in welcher man im 18. Jahrhundert gesagt hat, man trenne den Staat von der Religion« (08.09.2016), gewertet. Damit positioniert Saïda Keller-Messahli sich in der Öffentlichkeit zwar als Muslimin; indem sie aber die Frage nach ihrem Glauben als Eingriff in ihre Privatsphäre darstellt, konzipiert sie ihren eigenen Glauben als unabhängig von ihren Auftritten als (›säkulare‹, ›fortschrittliche‹ etc.) Muslimin.

Dieses Spannungsverhältnis ist in hegemonialen Diskurslinien zur Säkularisierung angelegt, in welchen ›Religion‹ der Privatsphäre zugewiesen wird, jedoch religiöse Zugehörigkeit gleichzeitig als Identitätsmerkmal in nationalisierenden Identitätsprozessen herangezogen wird. In zeitgenössischen Diskursen wird ›Religion‹ dabei zu einem Identitätsmerkmal, welches nicht mehr gemäß der Trennung von Öffentlichkeit und Privatheit verhandelt wird; die private Religionszugehörigkeit und deren Ausübung werden zum öffentlichen Thema. Gleichzeitig wird die Unterscheidung zwischen vermeintlich ›privater‹ und ›öffentlicher Religion‹ als normativer Bezugsrahmen aufrechterhalten. Indem muslimische Diskursakteurinnen zwar öffentlich anhand ihrer religiösen Zugehörigkeit positioniert werden, gleichzeitig ihre Religiosität aber als ›privat‹ markieren, navigieren sie dieses Spannungsverhältnis.

Weitere muslimische Diskursakteurinnen sprechen zwar, wenn gefragt, über ihre eigene Religiosität, auch sie verorten diese aber im Privaten.[54] Angesichts der wiederholt geäußerten Konzeption von ›Religion‹ und insbesondere ›des Islams‹ als konflikt- und gewaltfördernd gegenüber einer dieses Potenzial relativierenden ›Säkularität‹ – eine Argumentationslinie, welche auch von Saïda Keller-Messahli wie-

---

halt, ja, so eine Haltung sich politisch artikuliert, das heisst, voran kommen möchte auf politischem Boden [...] dort stört es auch.« (Saïda Keller-Messahli, SRF 4 News Tagesgespräch 02.12.2016).

53 Dies wird auch in der *Weltwoche* im Artikel *Frauen des Jahres* wiederholt: »Nur eine Frage will die Sechzigjährige nicht beantworten: ›Sind Sie gläubig?‹ – Eine zu ›intime‹ Frage« (21.12.2017).

54 Mehr dazu siehe Kapitel 6.4.3.

derholt angebracht wird[55] – kann die Situierung der eigenen Religiosität als ›privat‹ und damit ›säkular‹ als Abgrenzung von einem »politischen Islam«[56] und dem ihm zugeschriebenen gesellschaftlichen Konfliktpotenzial gewertet werden (mehr dazu siehe Kapitel 6.4.3).

6.4.2.3 Zurückweisung des Positionierungs- und Rechtfertigungsdrucks

Die Forderung, sich von Gewalt- und Terrorakten zu distanzieren, wird jedoch von zwei muslimischen Diskursakteurinnen explizit hinterfragt. Eine dieser Akteurinnen ist Blerta Kamberi, die zwar erklärt, dass »Terror [...] nichts mit dem Islam zu tun« hat, daran anschließend aber die Frage aufwirft, warum sie sich demnach von Attentätern distanzieren sollte (NZZ Folio 02.08.2016). Auch Rifa'at Lenzin stellt fest, »der Rechtfertigungsdruck habe ›etwas sehr Fragwürdiges‹. Wer eine Distanzierung wünsche, impliziere ja doch, dass zumindest eine Sympathie für die Tat da sein könnte« (Aargauer Zeitung 05.11.2016).[57]

Zudem wehrt sich Rifa'at Lenzin explizit gegen die Tendenz, dass Muslim*innen sich als ›unproblematisch‹ kennzeichnen müssen, um als ›akzeptabel‹ wahrgenommen zu werden. So sagt sie:

> Ich hab den Islam immer als [...] wichtigen Bestandteil meiner Identität angeschaut. [...] *ich mag diese Etikett dann von moderat oder liberal oder so nicht besonders,* nicht. Aber es ist etwas was zu mir gehört und zu meinem Leben. Und ich lebe das so wie ich es für richtig finde. (SRF Sternstunde Religion 18.01.2015, Hervorhebung der Autorin)

---

55 In dieser Hinsicht verwendet Saïda Keller-Messahli in ihren Medienauftritten wiederholt den Begriff ›politischer Islam‹, welcher als kondensierte Darstellung der problematisierten Zusammenführung von Religion und Politik gelesen werden kann.

56 Eine Stichwortsuche in der Printmediendatenbank Factiva hat ergeben, dass der Begriff ›politischer Islam‹ in der Deutschschweizerischen Öffentlichkeit rund um die Minarett-Initiative im Jahr 2009 ein erstes Mal und danach erst ab 2016 vermehrt aufgetaucht ist (Artikelzahlen 2008: 10, 2009: 75, 2010: 12, 2011: 15, 2012: 10, 2013: 18, 2014: 14, 2015: 20, 2016: 97, 2017: 129, 2018: 75). In Deutschland ist ein ähnlicher Anstieg beobachtbar, dort blieb jedoch der hohe Wert 2009 aus, so ist der Begriff ›politischer Islam‹ in Deutschland erst ab 2016 vermehrt in der medialen Öffentlichkeit ersichtlich (Artikelzahlen 2008: 47, 2009: 62, 2010: 114, 2011: 129, 2012: 58, 2013: 106, 2014: 105, 2015: 145, 2016: 1131, 2017: 497, 2018: 549). Dieser Anstieg unterstreicht, dass es sich bei dem analysierten Zeitraum ab 2016 um einen Schlüsselmoment in der diskursiven Verhandlung und Problematisierung von Islam und Muslim*innen im deutschsprachigen Raum handelt.

57 Sie erklärt, dass der Rechtfertigungsdruck auch nur auf Muslim*innen ausgeübt wird, nicht aber auf andere Personen. So meint sie, »Christen würde es auch nicht in den Sinn kommen, sich von dem als ›Hasch-Jesus‹ bekannt gewordenen Mann zu distanzieren, der im Zürcher Oberland seine Kinder unter Berufung aufs Alte Testament grausam misshandelte« (Aargauer Zeitung 05.11.2016).

Diese Äußerung wird in den analysierten Mediendokumenten zwischen 2016 und 2019 nur einmal wiederholt, und zwar von der muslimischen Fachleiterin Islam am *Interreligiösen Institut*. Sie sagt: »Ich passe in keine Schublade« und darüber hinaus bekundet sie »Mühe mit Labels wie ›liberal‹« (Tages Anzeiger Online 05.02.2019). In dieser Weise werden Fremdpositionierungen und die Forderung nach einer Selbstpositionierung als eine spezifisch markierte Muslimin als Machteffekt des Diskurses dargestellt und als unangebracht kritisiert.

Insgesamt bleibt jedoch die Darstellung von Muslim*innen als spezifisch ›akzeptabel‹, wenn sie entlang der normativen Differenzmerkmale ›säkular‹, ›privat‹ und ›unpolitisch‹ markiert sind, in den analysierten Mediendaten unhinterfragt.

6.4.2.4 Säkularisierung, Geschlecht und Sexualität

In den Selbstpositionierungen muslimischer Frauen ist ›Säkularität‹ geschlechtsspezifisch kodiert und eng mit ›Geschlechtergleichberechtigung‹ und ›sexueller Freiheit‹ verbunden. *Einerseits* ist die geschlechtsspezifische Darstellung von ›Säkularität‹ insbesondere in der wiederholten Visualisierung ›nicht-säkularer‹ Religion durch das Tragen einer muslimischen Kopfbedeckung ersichtlich. So unterstützt die Deklaration der *säkularen Muslime* ›Säkularität‹ und positioniert sich gegen religiöse Kleidung, »namentlich das Kopftuch« (Freiburger Deklaration).[58] Eine Verbindung zwischen der ›Säkularität‹ von Musliminnen und ihrer Kleidungspraxis erstellt auch Saïda Keller-Messahli, wenn sie erklärt, dass sich »laizistische« Muslim*innen im *FFI* befänden, »die beten, die fasten, die Frauen würden nie ein Kopftuch tragen« (Der Standard 24.10.2017). In dieser Weise wird die in hegemonialen Diskurslinien vorhandene Illustration ›fehlender Säkularisierung‹ durch die Praktik des ›Kopftuch‹-Tragens (siehe 6.2.2) (re)produziert.

Andererseits nimmt die Geschlechtergleichstellung in der Selbstpositionierung ›säkularer Muslim*innen‹ einen zentralen Stellenwert ein. In der von Saïda Keller-Messahli mitverfassten Freiburger Deklaration der *säkularen Muslime* erläutern sie ihre Ziele und Werte. Ein substanzieller Teil davon bezieht sich auf die Gleichstellung der Geschlechter und die Rechte der Frauen. So unterstützen sie »Gleichberechtigung (speziell von Männern und Frauen)«, »geschlechtergemischte Gebete in Moscheen«, »Imaminnen« sowie Programme, die auf die »Stärkung von Mädchen und Frauen« abzielen. Gleichzeitig distanzieren sie sich von »Diskriminierung« und »Segregation« und sehen »Polygamie als eine frauenfeindliche Form der Partnerschaft« (Freiburger Deklaration). Darüber hinaus erklären sie explizit ›sexuelle Freiheit‹ zu ihren zentralen Zielen; so soll in ihrer Reform (weibliche) Sexualität frei ausgeübt und Homophobie abgelehnt werden. Zudem machen sie in der ausdrücklichen Ablehnung »des sexuellen Missbrauchs von Minderjährigen« sexuelle Devi-

---

58 Zu einer detaillierten Abhandlung der geschlechtsspezifischen Selbstsituierung der *säkularen Muslime* in der Freiburger Deklaration siehe Aeschbach (2020).

anz zu einem expliziten Thema in ihrer angestrebten ›säkularen‹ Reform des Islams (Freiburger Deklaration). Insgesamt sind also, ähnlich wie im Positionspapier des *FFIs*, geschlechts- und sexualitätsbezogene Fragen von zentraler Bedeutung für die öffentliche Selbstpositionierung der *säkularen Muslime* und damit für die von ihnen dargestellte Unterscheidung zwischen ›säkularem‹ und ›nicht-säkularem Islam‹.

In den analysierten massenmedialen Publikationen werden von den in der Freiburger Deklaration genannten Themen insbesondere ›Geschlechtergleichberechtigung‹ und, vereinzelt, ›sexuelle Freiheit‹ aufgenommen. So porträtiert die *NZZ* die Gruppe der *säkularen Muslime* und weist darauf hin, dass zu ihrem Aufruf »die Gleichberechtigung von Frauen und Männern, Kinderrechte und die sexuelle Selbstbestimmung« (22.11.2018) gehören. Und wenn einzelne muslimische Diskursakteurinnen als ›säkular‹ auftreten, stehen die Themen der Gleichheit und Gerechtigkeit, insbesondere hinsichtlich des Geschlechts, im Vordergrund. So wird Saïda Keller-Messahli wie folgt vorgestellt:

> Sie ist Mitinitiantin der Freiburger Deklaration, mit welcher deutschsprachige säkulare Muslime sich auf eine Reform des Islam und uneingeschränkte Gleichberechtigung verpflichten. Keller-Messahli hat schon vor 30 Jahren demonstriert, dass zur Islamkritik zwingend die Genderdebatte gehöre. (Tagesanzeiger 08.08.2017)[59]

Zusammenfassend wird in den Selbstpositionierungen als ›säkulare Muslim*innen‹ ›Säkularisierung‹ anhand von ›Geschlechtergleichberechtigung‹ (und ›sexueller Freiheit‹) konkretisiert. ›Geschlechtergleichberechtigung‹ wird damit als nationalisierende Differenzkategorie in der Unterscheidung zwischen ›akzeptablen‹ und ›problematischen‹ bzw. ›fortschrittlichen‹ und ›rückschrittlichen‹ sowie ›säkularen‹ und ›nicht-säkularen‹ Muslim*innen konstituiert.

6.4.3 ›Individualisierung‹ als Differenzkategorie

Wie erläutert, stellt neben dem Narrativ der Säkularisierung auch jenes der Individualisierung einen normativen Referenzrahmen in hegemonialen Diskurslinien dar, anhand dessen zwischen ›akzeptablen‹ und ›inakzeptablen‹ Muslim*innen unterschieden wird. Muslimische Diskursakteurinnen greifen in ihren Identitätskonstruktionen auf verschiedene Aspekte innerhalb des Individualisierungsnarrativs zurück, um sich selbst zu positionieren. Einerseits kommt dabei das Individuum als ›rationale‹ und selbstbestimmte Entscheidungsträger*in in den Blick, während

---

59 Auch Elham Manea wird wie folgt zitiert: »Als Frauenrechtlerin und säkulare Muslimin fordere sie lediglich, dass Gleichheit und Gerechtigkeit für alle garantiert seien.« (Der Bund 20.06.2016)

andererseits vermehrt die individuelle Ausübung von Religiosität thematisiert wird. In allen diesen Darstellungen wird Individualisierung als positiv konnotiertes Differenzmerkmal reproduziert, geschlechtsspezifisch visualisiert und durch Geschlechtergleichberechtigung konkretisiert.

6.4.3.1 Aneignung und Verhandlung von ›Rationalität‹ als Differenzmerkmal

Mit dem Individuum als selbstbestimmte*r Entscheidungsträger*in liegt der Fokus auf der Vorstellung einer individuellen, ›kritischen‹ Hinterfragung religiöser Autorität und religiöser Texte (siehe Kapitel 6.2.3). Drei der muslimischen Diskursakteurinnen stellen sich explizit als ›kritisch‹ dar und werden in den analysierten Mediendokumenten so charakterisiert. Insbesondere Jasmin El-Sonbati und Saïda Keller-Messahli werden in Medientexten als ›kritisch‹ eingeführt (für Saïda Keller-Messahli siehe z.B. SRF 2 Kultur Musik für einen Gast 27.07.2017, Thurgauer Zeitung 22.06.2017, Basler Zeitung 12.01.2017; für Jasmin El-Sonbati siehe z.B. Aargauer Zeitung 07.04.2016) und auch Elham Manea wird auf diese Weise positioniert (Weltwoche 12.04.2018). Während sich Elham Manea in den analysierten Mediendokumenten nicht selbst als ›kritische Muslimin‹ bezeichnet, hebt sie das ›Kritisch-Sein‹ ihres Vaters in einer biografischen Erzählung in einem Radiointerview positiv hervor:

> Er war ein *Freidenker. Sehr kritisch. Kritisch* gegenüber Politik, und politischen Systemen. *Kritisch* gegenüber [der] Art und Weise, wie man auch gesellschaftliche Fragen einfach umgeht. Und *auch mit Religion.* […] Können Sie sich vorstellen, mit 13 […] sagte er mir […] *Sie haben ein Recht, Ihre Religion zu wählen.* Sie haben ein Recht, und Sie können auch Nicht-Muslime sein. […] Er war *mein Held.* Dieser Satz hat mich plötzlich klar gemacht, *ich bin frei.* (SRF 2 Kultur Musik für einen Gast 14.05.2017, Hervorhebung der Autorin)

In dieser Weise stellt sie einen Zusammenhang zwischen einer gesellschafts- und religionskritischen Denkweise – mit welcher sie ihren Vater in dieser Erzählung identifiziert – und Freiheit im Sinne von Religionsfreiheit und insbesondere ihrer persönlichen und individuellen Wahlfreiheit her. Eine ›kritische‹ Denkweise sieht sie dabei als Voraussetzung für ihre Freiheit. Darüber hinaus eröffnet die Benennung des Vaters als »Freidenker« einen explizit religionskritischen Bezugsrahmen, in welchem ›Rationalität‹ als mit ›Säkularität‹ verbunden und somit ›Religion(en)‹ entgegenstehend verstanden wird.[60]

---

60 Expliziert wird dies beispielsweise von der gegenwärtigen »Freidenker«-Bewegung der Schweiz, die sich für die Trennung von Kirche und Staat, ein »wissenschaftlich plausibles Weltbild« und eine »weltlich-humanistische Ethik« einsetzt und deren Leitsatz »säkular – humanistisch – rational« lautet (Frei-denken. 2019. *Freidenkerinnen in Kürze*, http://www.frei-denken.ch/ueber, letzter Zugriff 27.04.2021).

6. Geschichtliche Differenzdarstellungen in Fortschrittsnarrativen 179

Jasmin El-Sonbati konzeptualisiert ›kritisches Hinterfragen‹ wiederum als zentral für das Selbstverständnis ihrer eigenen religiösen Identität:

Moderator: Was bedeutet denn diese religiöse Identität für Sie selbst?

Jasmin El-Sonbati: Also ich bin eine [...] *kritische Muslimin*, das heisst ich setze mich *kritisch mit meinem Glauben auseinander*. Nicht nur mit meinem. Sondern grundsätzlich mit Religion. Ich erlaube, ich nehme mir das Recht, *kritische Fragen zu stellen* und [...] ich nehme mir auch das Recht, mich von Dingen zu verabschieden, die für mich keinen Sinn mehr machen. Und in dem Sinn bedeutet die religiöse Identität für mich heute diejenige einer *Hinterfragung*. (SRF 2 Kultur Musik für einen Gast 30.03.2014, Hervorhebung der Autorin)

In diesem Sinne positioniert Jasmin El-Sonbati sich nicht nur explizit als ›kritische Muslimin‹, sondern sie etabliert ihre religiöse Identität per se als maßgeblich durch ›kritische Hinterfragung‹ bestimmt. Darüber hinaus machen Jasmin El-Sonbati und Saïda Keller-Messahli ›kritisches Nachdenken‹ wiederholt zur normativen Forderung an Muslim*innen.[61] Dabei markiert Jasmin El-Sonbati ›kritisches Nachdenken‹ explizit anhand einer geschichtlichen Differenzdarstellung, indem sie es als notwendige Grundbedingung für einen ›zeitgemäßen Islam‹ charakterisiert.[62] Darüber hinaus expliziert sie die Möglichkeit ›kritischen Nachdenkens‹ als geografisch in Europa situiert.[63]

Die Hervorhebung des ›Kritisch-Seins‹ und der ›vernünftigen‹ Bedienung des Verstandes sind im Kontext des hegemonialen, protestantisch geprägten Diskurses zu verstehen, in welchem ›individuelle Rationalität‹ als normativer Bezugsrahmen in der Unterscheidung zwischen ›fremd‹ und ›eigen‹ funktioniert. Gleichzeitig wird dabei ›individuelle Rationalität‹ und ›kritische Denkfähigkeit‹ bestimmten

---

61 Zu Jasmin El-Sonbati siehe Zürichsee-Zeitung 04.11.2016, Berner Zeitung Online 04.11.2016, Basler Zeitung 18.04.2016, SRF 30.03.2014, SRF 2 Kultur 20.11.2015, zu Saïda Keller-Messahli siehe SRF 2 Kultur Musik für einen Gast 27.07.2017, Basler Zeitung 12.01.2017.

62 Dazu die Aussage Jasmin El-Sonbatis: »Als liberale, säkulare Muslimin wünsche ich mir, dass Muslime über einige Glaubenssätze *sehr kritisch nachdenken* und gewisse Positionen weiterentwickeln hin zu einem liberalen und zeitgemässen Islam.« (Zürichsee-Zeitung 04.11.2016, Berner Zeitung Online 04.11.2016)

63 Jasmin El-Sonbati: »Wir wollen die alten Strukturen, die sich in unserem Alltag in den Moscheevereinen, in Rechtsschulen, in Universitäten und so weiter äußern, vor allem natürlich im arabischen Raum, das wollen wir überwinden und *hier in Europa können wir das*. Wir haben die *Möglichkeit*, eben als Bürgerinnen, als Bürger, mit den Rechten, die wir *hier* geniessen, nämlich freie Meinungsfreiheit uns eben auch *kritisch mit unserem Glauben auseinanderzusetzen.*« (SRF 2 Kultur Kontext 31.03.2017, Hervorhebung der Autorin)

Religionen abgesprochen.[64] In den analysierten Daten problematisiert Saïda Keller-Messahli die in Moscheen gelebte Religion, indem sie den Muslim*innen in Moscheen ›kritische Denkfähigkeit‹ abspricht:

> In der Moschee herrscht eine Stimmung, die bewirkt, dass das *kritische Denken aussetzt*. [...] *Wer sich dieser Machtstruktur fügt, nimmt als Wahrheit an, was er da hört.* (Zürichsee-Zeitung 12.09.2017, Hervorhebung der Autorin)

Die Darstellung bestimmter ›Arten des Islams‹ als ›irrational‹ wird auch in medialen Positionierungen von Jasmin El-Sonbati und Elham Manea reproduziert. So wird Jasmin El-Sonbati in einem Artikel der *Weltwoche* nach einer Abhandlung ihres Buches *Gehört der Islam zur Schweiz?* (2016) mit folgenden Worten zitiert: »Der gesunde Menschenverstand ist der Feind des offiziellen Islam.« (Jasmin El-Sonbati, Weltwoche 12.01.2017) Diese Position führt sie in der SRF 2-Kultur-Sendung *Musik für einen Gast* genauer aus:

> Die Religion verlangt ja, wie gesagt nicht nur der Islam sondern ja auch der Katholizismus, [...] eine sehr rigide Ausführung der Regel. Und [...] irgendwo hat es meinen Horizont auch eingeschränkt. Also ich bin aufgewachsen und habe gelernt, dass es eine Autorität gibt, und diese Autorität musst du akzeptieren. Und diese Autoritäten eben zu durchbrechen und das Eigene, oder den eigenen Verstand zu gebrauchen, das habe ich erst später dann gelernt, in der Schule, an der Universität. (30.03.2014)

Diese Aussage Jasmin El-Sonbatis ist an übergreifende Religionskritiken anschließbar, die Religionen als ›individuelle Rationalität‹ behindernd darstellen. Zudem reiht sie sich insbesondere durch die Referenz auf den Katholizismus als konkretes problematisiertes Beispiel in eine protestantisch geprägte Religionskonzeption und eine darauf aufbauende Kritik ein, die insbesondere in der Schweiz eine lange Geschichte diskursiver Relevanz hat (Behloul 2013; Bitter und Ullmann 2018, 3; Stadler 1984).

Darüber hinaus publizierte die Sonntagsausgabe der *Aargauer Zeitung* einen Artikel mit dem Titel »›Der IS ist wie eine Krankheit‹; Mit 16 verfiel Elham Manea dem radikalen Islam. Heute ist sie seine schärfste Kritikerin« (03.01.2016). Darin wird zuerst Elham Maneas Weg »in einen religiösen Fundamentalismus« beschrieben: »Sie verschleierte sich, betete fünfmal am Tag, begann die Sprache von radikalen Muslimen zu sprechen«. Daraufhin wird folgendes Fazit gezogen:

---

64 Historische Beispiele hierfür sind die Differenzdiskurse gegenüber Katholik*innen in den Kulturkampf-Narrativen des 19. Jahrhunderts (Behloul 2012, 11), mehr dazu siehe Kapitel 3.2.2. Zudem kann die Darstellung von Muslim*innen als ›irrational‹ bis in die Kolonialzeit zurückverfolgt werden (Ahmed 1992, 152).

Von der *Krankheit* geheilt wurde Manea damals durch ihren *Verstand*. Als ihr gesagt wurde, dass es in Ordnung ist, im Namen der Religion zu töten, war sie *irritiert*. Sie verreiste zwei Wochen in die Ferien und kam danach *ohne Kopftuch* zurück. Für viele andere Mädchen setzt diese *Heilung* erst ein, wenn es zu spät ist. (Aargauer Zeitung 03.01.2016)

Auf diese Weise wird ›kritische Denkfähigkeit‹ als Differenzkategorie reproduziert, entlang derer zwischen ›akzeptablen‹ und problematisierten ›Arten des Islams‹ unterschieden werden kann. In dieser Sequenz wird ›religiöser Fundamentalismus‹ als ›Krankheit‹ dargestellt, also als etwas, was einen befällt, etwas, was weder selbstbestimmt noch ›rational‹ gewählt wurde.[65] In der Darstellung der Krankheit durch das Kopftuch bzw. der Heilung von der Krankheit durch das Ablegen des Kopftuches ist eine geschlechtsspezifische Visualisierungspraxis von als ›rational‹ bzw. ›irrational‹ markierter Religion exemplarisch ersichtlich.

Vor dem Hintergrund eines medialen Diskurses, in welchem ›kritische Rationalität‹ als Differenzkategorie zwischen vermeintlich ›akzeptablen‹ und ›inakzeptablen‹ muslimischen Positionalitäten herangezogen wird, kann die Hervorhebung des eigenen kritischen Denkens als Diskursstrategie der muslimischen Diskursakteurinnen verstanden werden. Diese ermöglicht es, einer potenziellen Delegitimation mittels einer ihnen als Musliminnen zugeschriebenen ›Irrationalität‹ entgegenzuwirken. Dabei ermöglicht die Selbstpositionierung als ›kritische Muslimin‹ einerseits ein Zusammendenken von ›Rationalität‹ und ›Muslimisch-Sein‹. Andererseits (re)produziert die explizite Abgrenzung der Akteurinnen von anderen Muslim*innen, die als potenziell ›unkritisch‹ dargestellt werden, ›kritische Rationalität‹ als legitime Differenzkategorie.

Eine mögliche Alternative zu dieser Darstellung ist in einem Interview mit Amira Hafner-Al Jabaji ersichtlich:

Interviewer*in: Die Islamwissenschaftlerin beurteilt den *Islam als rationale Religion*.

Amira Hafner-Al Jabaji: Die Muslime sind gewissermassen auch stolz darauf, dass sie eine *Religion* haben, die sie nicht nur sinnlich und spirituell sondern eben auch *intellektuell nährt*. (SRF 2 Kultur Perspektiven 25.03.2018, Hervorhebung der Autorin)

In dieser Interaktion stellt Amira Hafner-Al Jabaji den Islam als eine ›rationale Religion‹ dar, welche Muslim*innen intellektuell nähre. Während in der darauffolgenden Abhandlung zu »alten Interpretationen«, die das friedliche Zusammenleben

---

65 Diese Darstellung findet sich auch in einem Artikel der Luzerner Zeitung, in welchem Elham Manea mit den Worten »Der IS ist wie eine Krankheit« zitiert wird (02.01.2016).

erschweren könnten, zwischen ›problematischen‹ und ›unproblematischen‹ Auslegungen unterschieden wird, schreibt Amira Hafner-Al Jabaji dem als ›rational‹ charakterisierten Islam das Potenzial zu, die von ihr problematisierten Auslegungen zu erkennen. Auf diese Weise werden gewisse Interpretationen des Islams nicht per se als ›irrational‹, sondern lediglich als zeitlich und örtlich ›unpassend‹ charakterisiert.

Auch Rifa'at Lenzin äußert eine alternative Darstellung individueller Rationalität in der Sendung *Welche Werte hat das Abendland?*, indem sie die von einer Diskussionspartnerin geäußerte Vorstellung, dass individuelle Rationalität das menschliche Wesen ausmache, hinterfragt:

> Das Denken, eben das freie Denken, ist vielleicht schon süss aber es ist auch mühsam [...] ich stell dann eben fest, oder meine zumindest festzustellen, dass die Verunsicherung eben für die Leute, für eine breitere Masse von Leuten eben schwer zu ertragen ist. Und dass es eben für viele letztendlich doch einfacher ist, Leitplanken zu folgen. Wenn dem nicht so wäre, dann wäre ein Trump nicht gewählt worden, nicht, in den USA. (SRF 2 Kultur Kontext 26.12.2016)

In ähnlicher Weise weist auch Amira Hafner-Al Jabaji in einer SRF-Kulturplatz-Sendung darauf hin, dass gewisse Menschen einen engen Rahmen und strikte Regeln bräuchten, und zwar: »Vor allem Junge, die noch nach der Identität suchen oder neu Konvertierte, die brauchen einfach den engen Rahmen und das Korsett strikter Regeln, da bei uns in der Schweiz« (03.06.2015).[66] Zudem schreibt Rifa'at Lenzin in dem oben angebrachten Beispiel die Tendenz, nicht individuell zu denken, sondern sich an Autorität und Gruppendynamiken zu orientieren, nicht Muslim*innen, sondern explizit Trump-Wähler*innen zu. Damit untergräbt sie die Konstitution individueller Rationalität als Differenzkategorie zwischen Muslim*innen und Nicht-Muslim*innen.

Anstatt ›kritisches Hinterfragen‹ von religiöser Zugehörigkeit abhängig zu machen, stellt Rifa'at Lenzin dies vielmehr als durch Bildung bedingt dar. So erklärt sie, dass ›freies Denken‹ für Personen schwierig sei, die »vielleicht halt in einem Elternhaus gross werden, das halt vielleicht sehr bildungsfern ist, das auch keine Kultur hat, keine Diskussion « (SRF Sternstunde Religion 18.01.2015). In dieser Weise etabliert sie ›individuelle Rationalität‹ als Differenzkategorie nicht zwischen Muslim*innen und Nicht-Muslim*innen, sondern zwischen gebildeten und weniger gebildeten Menschen. Dies ist eine der wenigen Sequenzen, in welchen auf Bildung

---

66   Original: »Vor allem Jungi wo no nach der Identität suechedt oder noi Konvertierti, die bruched eifach de engi Rahme und das Korsett vode strikte Regle da bi ois idä Schwiiz« (SRF Kulturplatz 03.06.2015).

verwiesen wird. In anderen Mediendokumenten, in denen ein Hinweis auf sozioökonomischen Status vorhanden ist, wird Bildung nicht unabhängig von religiöser Zugehörigkeit dargestellt, sondern vielmehr damit zusammengedacht. So erklärt Saïda Keller-Messahli beispielsweise:

> Die Männer – *mehrheitlich einfache Arbeiter* – lauschen gebannt. Es ist eine Atmosphäre, die null Widerspruch toleriert und die das legitime Bedürfnis der Gläubigen nach Gemeinschaft und Freundschaft ausbeutet. (Basler Zeitung 10.02.2017, Hervorhebung der Autorin)

Die Männer in den Moscheen werden in dieser Aussage geschlechtsspezifisch sowie via Gesellschaftsschicht (»einfache Arbeiter«) und religiöser Zugehörigkeit dargestellt und ihnen wird ›kritisches Hinterfragen‹ im Moschee-Setting abgesprochen (»lauschen gebannt«, »null Widerspruch«).[67]

6.4.3.2 Aneignung und Verhandlung von ›Selbstbestimmung‹ und ›Spiritualität‹ als Differenzmerkmale

Einige muslimische Diskursakteurinnen tragen zu einem Verständnis von Individualisierung bei, in welchem individuelle Entscheidung und Selbstbestimmung als Ergebnis einer ›fortschrittlichen‹ Entwicklung dargestellt werden. ›Problematische‹ Differenz und Gleichheit werden hier entlang der Unterscheidung zwischen ›Freiheit‹ und ›Zwang‹ konkretisiert, wobei ›Freiheit‹ auf individueller Ebene und ›Zwang‹ auf der Ebene religiöser Gemeinschaft, Institutionen oder Vorschriften und Regeln angesiedelt wird. Insbesondere Saïda Keller-Messahli und Jasmin El-Sonbati problematisieren gewisse ›Arten des Islams‹ wiederholt als von ›gemeinschaftlichem Gruppenzwang‹ geprägt und fordern ›individuelle‹ Religiosität. So sieht Saïda Keller-Messahli das Hauptproblem der »mehrheitlich muslimischen Welt« darin, dass

> man quasi behaftet geblieben ist in einem Dogma, dass von allen dasselbe erwartet und will. Das heisst jeder, der sich in irgendeiner Form individuell hervortut und sich loslöst von der gewünschten Masse, der ist sofort […] verurteilt, weil er etwas anders macht, als die anderen. Und da denke ich müsste eigentlich die mehrheitlich muslimische Welt ansetzen, dass sie den Horizont öffnet und sagt, das Individuum muss ins Zentrum kommen. Und wir müssen Abschied nehmen von diesem eher totalitären Konzept der Umma, das heisst der Gemeinschaft, die will, dass alle gleichgeschaltet sind. (Saïda Keller-Messahli, SRF 10vor10 02.11.2017)

---

67 Auch Jasmin El-Sonbatis Erklärung, »den eigenen Verstand zu gebrauchen, das habe ich erst später dann gelernt, in der Schule, an der Universität« (SRF 2 Kultur Kontext 30.03.2014) verbindet individuelle Rationalität mit Bildung.

Damit schreibt sie einer als muslimisch charakterisierten Region in groben Zügen ein übergreifendes und totalitäres Gemeinschaftskonzept zu. Zudem verweist Saïda Keller-Messahli in den analysierten Mediendokumenten wiederholt auf ›Gruppendruck‹, insbesondere im Zusammenhang mit der Frage, ob es möglich sei, ein Kopftuch freiwillig zu tragen.[68] Jasmin El-Sonbati spricht einen solchen ›Gruppendruck‹ nicht per se der ›muslimischen Welt‹ zu, sondern sie sieht spezifisch eine für sie negativ zu bewertende ›Verhärtung‹ des Islams in Ägypten:

> Plötzlich gab es ganz genaue Regeln, an die man sich halten musste. Es gab einen Gruppenzwang und das sind die, die mich sehr befremden. Ich möchte wieder zu einer Spiritualität zurück, die ich als Individuum definieren kann. (Jasmin El-Sonbati, SRF Sternstunde Religion 19.11.2017)

El-Sonbati differenziert zwischen einer »konservativen [...] Regelhaftigkeit« (SRF Sternstunde Religion 19.11.2017) und einer vom Individuum bestimmten ›Spiritualität‹. Die Benennung dieses individuellen Glaubens als ›Spiritualität‹ verweist dabei auf die lange diskursive Geschichte der Gegenüberstellung von ›Religion‹ und ›Spiritualität‹ in gesellschaftlichen Diskursen (Knoblauch 2012). Dabei wird Spiritualität von Troeltsch als Verkörperung eines »radikalen, gemeinschaftslosen Individualismus« (Troeltsch 2003, 174) konzipiert, in welchem der soziale Aspekt hinter der »Innerlichkeit des religiösen Erlebnisses« (2003, 173) zurücktrete.[69]

In ähnlicher Weise charakterisieren alle muslimischen Diskursakteurinnen, die in den analysierten Daten über ihre eigene Religiosität sprechen, ihren Glauben als ›individuell‹, ›persönlich religiös‹ oder explizit ›spirituell‹. Neben Saïda Keller-Messahli, die ihren Glauben als »Intimste[s] eines Menschen« (SRF Aeschbacher 08.09.2016) bezeichnet und daher nicht darüber spricht, erklärt Elham Manea: »Ich habe (von meiner Mutter) eine sehr schöne Version des Islam gelernt [...] eine Liebe,

---

68 So wird Saïda Keller-Messahli in einem SRF 4-News-Tagesgespräch gefragt: »Aber wenn sich jetzt eine Frau entscheidet, das Kopftuch, oder auch mehr als das Kopftuch, freiwillig zu tragen, sich zu verhüllen, ist da immer ein politischer Druck, oder sonst ein Druck, dahinter?«. Darauf ihre Antwort: »Ja. Es gibt einen Druck von der Gruppe, also von der Community.« (02.12.2016)

69 Diese Art und Weise, die Quelle des Wissens im subjektiven Erleben zu suchen, wird von der Wissenschaft als ein klar erkennbares Merkmal der sogenannten »subject-life-spirituality« angesehen (Heelas et al. 2005, 77–80; Heelas 1996, 15–16). Allerdings ist die Bezeichnung des Feldes der ›subjektiven Spiritualität‹ wissenschaftlich uneinheitlich (Knoblauch 2010, 159; Lüddeckens und Walthert 2010, 17). In dem vorliegenden Beitrag betone ich die normativen Annahmen, die ›Spiritualität‹ mit einem positiv bewerteten Individualismus und Vorstellungen von ›Moderne‹ und ›Fortschritt‹ verbinden, wie sie in emischen und teilweise auch in wissenschaftlichen Diskursen zu finden sind.

6. Geschichtliche Differenzdarstellungen in Fortschrittsnarrativen

eine spirituelle Liebe« (SRF 2 Kultur Musik für einen Gast 14.05.2017).[70] Jasmin El-Sonbati wird wie folgt positioniert:

> ›Ich war immer eine praktizierende Muslimin.‹ Spiritualität und Introspektion sind ihr jedoch wichtiger, als ihren Glauben an die grosse Glocke zu hängen oder ihn übermässig zu leben. (Basler Zeitung 28.07.2017)

Auch Amira Hafner-Al Jabaji charakterisiert ihre Religionspraxis wie folgt:

> Ich trage eine Kopfbedeckung einfach zum Gebet und wenn ich in einer Moschee bin und je nachdem wenn ich ein islamisches Land bereise, dann unter Umständen auch. Und sonst ist das bei uns in der Familie nicht üblich und war nicht gängig. Aber ich gehe da locker damit um und finde, jede Frau sollte selbst entscheiden. (SRF Kulturplatz 03.06.2015)[71]

Die Hervorhebung des Glaubens und der Glaubenspraxis als ›spirituell‹ und ›persönlich‹ sowie als individuelle Wahl evoziert auch Nora Illi hinsichtlich ihres Niqabs:

> Wofür ich stehe, ist, dass wir tolerant miteinander umgehen und jeder die Möglichkeit haben sollte, seinen eigenen spirituellen Weg zu wählen [...] Das Verbot des Gesichtsschleiers [...] schränkt eigentlich die Freiheit von der Frau ein [...] das Recht, selber zu bestimmen, welchen Weg sie geht, vielleicht auch welchen spirituellen Weg sie in ihrem Leben wählen möchte.« (SRF Arena 27.09.2013)[72]

Darüber hinaus erklärt Janina Rashidi ihre Entscheidung, Männern nicht die Hand zu reichen, mit den Worten: »Es ist einfach eine *persönliche* Überzeugung, der man folgt oder eben nicht folgt.« (SRF Club 12.07.2016, Hervorhebung der Autorin)

Somit situieren sich alle muslimischen Akteurinnen in den analysierten Mediendokumenten als ›individuell‹ ihre Religion ausübend und als ›selbstbestimmt‹.

---

70 Ein weiteres Beispiel zeigt sich, wenn Elham Manea im *Zofinger Tagblatt* wie folgt indirekt zitiert wird: »Elham Manea selbst ist praktizierende Muslimin, fastet während des Ramadans. Nicht auf die strenge Art, wie es manch ein Gelehrter verlangt. ›Auf meine persönliche Art‹, sagt sie lächelnd.« (13.07.2016).

71 Original: »Ich träg Chopfbedeckig eifach zum Gebet und wenn ich inere Moschee bin und je nachdem wenn ich es islamischs Land bereise, denn under Umständе au. Und susch isch das bi ois idä Familie nöd üblich und nöd gängig gsi, aber ich gang da sehr locker demit um und find, das söll jedi Frau selbst entscheide.« (SRF Kulturplatz 03.06.2015).

72 Original: »Was ich ebbe vertritt isch, mer sötted enand tolerant gegenüber sii und jede sötti d Möglichkeit ha, sin eigene spirituelle Wäg z wähle [...] s verbot vom Gsichtsschleier [...] duet [...] eigendlich d freiheit vode frau ischränke, [...] s rächt, sälber z bestimme welle wäg dassi gaht, vilich au welle spirituelli weg dassi wot wähle i ihrem läbbe.« (SRF Arena 27.09.2013)

Diese konstanten und wiederholten Selbstpositionierungen weisen auf eine gewisse Regelhaftigkeit des Diskurses hin, in welchem Muslim*innen als potenziell ›gemeinschaftlich‹ orientiert und ›nicht eigenständig‹ denkend und handelnd dargestellt werden. Auf diese Weise wird die Notwendigkeit erzeugt, dass sich Muslim*innen in irgendeiner Form zu dieser Annahme verhalten, um legitim sprechen zu können. Dies ist nicht nur anhand der beobachteten Selbstpositionierungen als ›individuell‹ und in Bezug auf Religion ›selbstbestimmt handelnd‹ ersichtlich, sondern auch die Aussagen »Wir sind nicht Sklaven des Textes« (Jasmin El-Sonbati, SRF 2 Kultur Kontext 20.11.2015)[73] und »Muslime sind nicht einfach korangesteuert. Das Christentum ist ja auch nicht einfach nur die Bibel« (Rifa'at Lenzin, Zofinger Tagblatt 24.08.2016) fordern ein, Muslim*innen als selbstbestimmte Individuen wahrzunehmen. Indem Muslim*innen sich damit als ›selbstbestimmt‹ und ›rational denkend‹ darstellen, eröffnen sich potenziell Möglichkeiten, weitere Differenzdarstellungen vis-à-vis Muslim*innen aus einer muslimischen Subjekt- und Sprecherposition heraus zu relativieren.

Auf diese Weise wird ›individuelle Religiosität‹ wiederholt als positiv dargestellt und muslimische Diskursakteurinnen positionieren sich als ›individuell‹ und ›persönlich religiös‹. Rifa'at Lenzin und Jasmin El-Sonbati verkomplizieren jedoch dieses Bild. So erklärt Rifa'at Lenzin, dass sie sich eine Religion der Mitte wünscht, die sich zwischen Individualisierung und überindividuellen Regelungen befindet:

> **Moderator**: Also wenn ich jetzt trotzdem nochmal pauschalisierend sage, der Islam ist eine Religion, die nicht nur die religiösen Angelegenheiten, sondern auch den Alltag der Menschen regeln will. Liege ich da richtig?
>
> **Rifa'at Lenzin**: Ja [...] wollen und können ist zweierlei. Das ist, also dass der Islam an sich einen ganzheitlichen Aspekt hat, wie wahrscheinlich viele Religionen, wenn nicht alle [...]. Das finde ich auch sehr positiv eigentlich. [...] Eben, Religion der Mitte, dass man die anstreben soll, [...] das würde ich durchaus begrüssen. (SRF Sternstunde Religion 18.01.2015)

Die anschließende Frage des Moderators, ob sie den ganzheitlich regelnden Aspekt als einschränkend erlebe, verneint sie. Diese Sequenz bleibt die einzige in den analysierten Daten, in der religiöse Regelungen zumindest teilweise direkt als positiv dargestellt werden.

Gleichzeitig erklärt Jasmin El-Sonbati, dass auch im Islam eine individualisierte »Pick and Choose«-Religiosität gelebt werde. Dabei beschreibt sie diese Individualisierung, in welcher »sie sich im ›Selbstbedienungsladen Koran‹ das herauspickt,

---

73 In ähnlicher Weise erklärt Rifa'at Lenzin: »Man kann mit dem Text alles machen. Es liegt sozusagen im Auge des Betrachters.« (SRF Sternstunde Religion 18.01.2015)

was ihr am besten passt«, als positiv, denn es sei »absurd, sich ohne Wenn und Aber an Regeln zu orientieren« (Weltwoche 12.01.2017). Sie sieht jedoch auch ein Problem in dem individuellen Auswahlprinzip:

> Also man findet im Koran wie in einem Supermarkt ganz viele wunderschöne Verse, in denen von Liebe geredet wird. Ich finde auch, dass man sich auf das fokussieren muss. [...] Es gibt leider aus den Kreisen, aus denen sich die wahabitische, die extrem religiöse Seite bedienen [...] die buchstabengetreue Interpretation [...] und das hat auch etwas mit dem Pick and Choose Problem zu tun. (SRF Arena 01.04.2016)[74]

In dieser Weise wird die individuelle Auswahl und Interpretation des Korans gleichzeitig als Ressource und als möglicherweise ›problematisch‹ dargestellt. ›Problematisch‹ ist nach Jasmin El-Sonbati, dass diese individualisierte Herangehensweise auch eine Auswahl und eine Interpretation ermöglicht, die sie als ›radikalisierend‹ markiert. Anders als Jasmin El-Sonbati bewertet Rifa'at Lenzin solche Interpretationen als legitime Varianten im Sinne des Rechts der Selbstauslegung, welches es in jeder Religion gäbe. Sie hält solche Auslegungen zudem für wenig problematisch, denn »was die muslimische Gemeinschaft in der Schweiz anbetrifft, ist es [...] ein Randphänomen« (Zofinger Tagblatt 24.08.2016).

6.4.3.3 Subversion von Zwangsdarstellungen

Es gibt Momente, in denen muslimische Diskursakteurinnen die Vorstellung eines Zusammenhangs zwischen Islam und Zwang hinterfragen und zurückweisen. So erklärt Nora Illi: »Laut dem Koran gibt es keinen Zwang im Glauben« (Rheinische Post 24.08.2016)[75]; sie verbindet ihre religiöse Praxis explizit mit Freiheit.[76] Auch Blerta Kamberi erklärt, dass es für sie in Ordnung sei, dass sie ein Kopftuch trage, ihre Schwestern aber nicht, denn »[d]er Islam ist keine Religion des Zwangs« (NZZ Folio 02.08.2016). Zudem versteht sie es als ›Freiheit‹, »selbst über ihren Körper bestimmen zu können, ihn nicht dem Urteil anderer aussetzen zu müssen« (NZZ Folio 02.08.2016). Dies werde ihr durch das Tragen ihres Kopftuches ermöglicht.

---

74 Original: »Also, mer findet im Koran wie imne Supermärt ganz vill wunderschöni Vers wo vo Liebi redet, ich find au dasmer uf das muss fokusiere. [...] Und da giits leider us däne Kreise wo die wahabitischi, die extrem religiösi Siite bedienen [...] di buchstabegetroie interpretation [...] und das hät au öppis miteme Pick and Choose Problem ztue.« (Jasmin El-Sonbati, SRF Arena 01.04.2016)

75 Ein weiteres Beispiel ist folgende Aussage Nora Illis: »Ich bin absolut gäge en Zwang. Aso Jedi Frau wo muess en Schleier us Zwang träge das isch absolut falsch, das widerspricht au am Islam, well es isch en individuelli Entscheidig wo zwüsched mir und Gott muess gfällt werde.« (SRF Arena 27.09.2013)

76 Siehe Nora Illi: »Ich habe mich für die normative Option des Niqabs entschieden; für mich bedeutet es erstens Selbstbestimmung und zweitens auch Freiheit.« (SRF Arena 27.09.2013)

Im Printmedienporträt Blerta Kamberis in der *NZZ* wird zudem deutlich, dass aufgrund ihrer Sichtbarkeit als kopftuchtragende Muslimin die Vorstellung von ›Zwang‹ an sie herangetragen wird:

> Es gebe Leute, die meinten, sie sei nun zwangsverheiratet worden, sagt sie und lacht. Ein weiteres Missverständnis. ›Das Kopftuch sagt nichts über das Islamverständnis einer Frau. Und Zwangsheiraten sind laut der Scharia ohnehin verboten.‹ (NZZ Folio 02.08.2016)

Auch eine weitere Mediensequenz, in der Janina Rashidi über ihre Konversion zum Islam spricht, zeigt auf, dass die Frage der ›Freiheit‹ einer Frau im Islam an sie als kopftuchtragende Muslimin herangetragen wird:

> **Moderator**: Weshalb sind Sie Muslima geworden?
>
> **Janina Rashidi**: Also das jetzt auszuführen würde den Rahmen der Sendung sprengen. Aber es hat eigentlich damit begonnen, dass ich mich für Politik interessiert habe [...] Und hab dann so angefangen, mich überhaupt mit der Thematik auseinanderzusetzen und//
>
> **Moderator**: Fühlen Sie sich jetzt freier als vorher?
>
> **Janina Rashidi**: Ich finde das schwierig aufzuwiegen. Freier oder unfrei, also ich fühle mich auf jeden Fall nicht unfrei, jetzt. In gewissen Dingen vielleicht freier als vorher und//
>
> **Moderator**: In welchen?
>
> **Janina Rashidi**: Ähm, ich glaube das kann man nicht benennen. Sondern es ist einfach ein Gefühl, das da ist [...]. (SRF Club 12.07.2016)[77]

Die wiederholte Unterbrechung Janina Rashidis während der Ausführung ihrer Konversionsgründe weist darauf hin, dass der Moderator das Gespräch auf das Thema ›Freiheit im Islam‹ lenken wollte. Dieser Eindruck wird durch die Suggestivfrage »Fühlen Sie sich jetzt freier als vorher?« bekräftigt. In ihrer Antwort gibt Janina jedoch zu verstehen, dass sie diese Fragestellung irritierend findet. Damit stellt sie die Herstellung eines Zusammenhangs zwischen ›Freiheit‹ und ihrer Konversion zum Islam seitens des Moderators infrage.

---

77   In dieser Transkription zeigt die Markierung// an, wenn der Sprechfluss einer Person durch eine andere unterbrochen wird.

6.4.4 Geschlechtergleichstellung und weibliche Handlungsfähigkeit als Differenzkategorien

Treten muslimische Frauen als aktive und selbstbestimmte Akteurinnen in medialen Diskursen auf, steht dies bereits in einem Spannungsverhältnis zu übergreifenden Narrativen, die Frauen im Islam häufig als ›unterdrückt‹ darstellen.

Neben solchen Selbstpositionierungen weisen einige muslimische Diskursakteurinnen auch direkt auf die Möglichkeit weiblicher Handlungsfähigkeit und Freiheit innerhalb des Islams hin. Amira Hafner-Al Jabaji beispielsweise betont, dass es im Koran Stellen gäbe, »die Gleichheit anstreben oder die die Aufwertung und das Selbstbestimmungsrecht der Frau stärker berücksichtigen«:

> Für mich sind ganz wichtig diese Stellen, die von der Schöpfung des Menschen sprechen, wo klar wird, dass nicht die Frau aus dem Mann heraus geschaffen wird, sondern dass da eine Vorstellung da ist, dass Gott zuerst ein androgynes Wesen geschaffen hat, sozusagen das Konzept Mensch erschaffen hat und aus diesem androgynen, geschlechtslosen Wesen Mann und Frau eben entstanden sind. (SRF 2 Kultur Perspektiven 25.03.2018)

Darüber hinaus erläutert sie, dass »das islamische Gottesverständnis [...] nicht männlich konnotiert« (SRF 2 Kultur Perspektiven 25.03.2018) sei. Durch diese Hervorhebungen irritiert Amira Hafner-Al Jabaji die Vorstellung von Geschlechterungleichheit als im Gottesbild ›des Islam‹ angelegt und eröffnet die Möglichkeit, sich aus dem muslimischen Glauben heraus für die entsprechenden Anliegen einzusetzen. Auch Blerta Kamberi bezieht sich auf Suren und erklärt: »Frauen und Männer seien im Islam durchaus gleichwertig. [...] Werde die Frau diskriminiert, sei das kulturbedingt und auf patriarchalische Denkmuster zurückzuführen.« (NZZ Folio 02.08.2016) In diesen Äußerungen wird die Unterscheidung zwischen ›muslimisch‹ und ›nicht-muslimisch‹ anhand von Geschlechtergleichberechtigung und der Stellung der Frau untergraben.

Gleichzeitig (re)produzieren einige Diskursakteurinnen in ihren Selbstpositionierungen allerdings Geschlechterverhältnisse als Differenzkategorie zwischen ›akzeptablen‹ und ›problematischen‹ Muslim*innen. Dies ist beispielsweise in den von Saïda Keller-Messahli mitverfassten Selbstpositionierungen des *FFIs* oder der *säkularen Muslime* ersichtlich, in denen sich die Verfasser*innen als ›fortschrittliche‹ und ›säkulare Muslim*innen‹ von anderen Muslim*innen spezifisch entlang von Themen der Geschlechtergleichberechtigung distanzieren. Saïda Keller-Messahli stellt zudem wiederholt muslimische Männer als ›Machos‹ dar, die ein ›problematisches‹

Frauenbild hätten.[78] Elham Manea wiederum erklärt, dass die »gängige Lesart des Islams [Frauen] zu Unmenschen macht, zu Objekten degradiert, männlicher Kontrolle unterwirft« (Tagesanzeiger 08.08.2017). In dieser Weise wird das Potenzial für Gleichberechtigung und weibliche Selbstbestimmung im Islam zumindest mit Skepsis betrachtet und als nur mithilfe einer Reform bzw. Neuauslegung umsetzbar gesehen.

Die Unterscheidung zwischen ›problematischen‹ Muslim*innen und ›unproblematischen‹ Muslim*innen wird dabei teils durch geschlechtsspezifische Religionspraktiken visualisiert. Spezifisch wird, wie erwähnt, das Tragen des Kopftuches (und teilweise von Niqab und Burka) als ›frauenfeindlich‹ postuliert und als weiblicher Selbstbestimmung entgegenstehend dargestellt. Besonders deutlich wird diese Argumentationsweise in der folgenden von Saïda Keller-Messahli mehrfach hinsichtlich des Themas der Kopfbedeckung bzw. der Vollverschleierung angebrachten Erzählung:[79]

> Ich habe selbst in meinen jungen Jahren zwei Jahre in Saudi-Arabien gelebt und gearbeitet und [...] ich habe auch gesehen, nämlich dass Frauen in dieser Kleidung einsteigen und in Genf und in London im Minirock und High Heels aussteigen. Das ist die Realität. (SRF Arena 27.09.2013)[80]

Das Ablegen der Kopfbedeckung wird in dieser Geschichte zum Symbol der Loslösung von ›Zwang‹. Noch expliziter verneint Saïda Keller-Messahli die Möglichkeit, dass sich eine Frau freiwillig für ein Kopftuch entscheidet, in ihrer Reaktion auf die folgende (Suggestiv-)Frage des Moderators: »Aber wenn sich jetzt eine Frau entscheidet das Kopftuch, oder auch mehr als das Kopftuch, freiwillig zu tragen, sich zu verhüllen, ist das immer ein politischer Druck oder sonst ein Druck dahinter?« Sie antwortet:

> Ja. Es gibt einen Druck von der Gruppe, also von der Community, oder [...] Also ich kenne auch Frauen in Tunesien, die früher sehr frei herumgegangen sind. Minijupe, High Heels, alles schön geschminkt und so. Und die gehen heute als traurige Gestalten umher, alles in schwarz, verhüllt. Und wenn ich sie frage, wieso hast du

---

78 Siehe z.B.: »›Der Mann herrscht und geniesst Freiheiten‹, sagt Saïda Keller-Messahli über das Frauenbild junger Moslems aus Macho-Kulturen« (Basler Zeitung 12.01.2016).

79 Ein weiteres Beispiel der Erzählung Saïda Keller-Messahlis findet sich in der *Basler Zeitung*: »Dort besuchte sie das Gymnasium und wurde Flight-Attendant bei Saudia Airlines, wo sie ihr Bewusstsein für die Einschränkungen in der muslimischen Gesellschaft schärfte. So sah sie, wie verschleierte Frauen in Saudi-Arabien das Flugzeug betraten und in Paris im Minijupe ausstiegen.« (10.02.2017 und 12.01.2017)

80 Original: »Ich han selbst i mine junge Jahre zwei Jahre in Saudi-Arabie glebt und gschaffed und [...] ich au gseh, nämlich das Fraue i dere Alegig istiiged und in Genf oder in London im Minirock und High Heels usstiige. Das isch d Realität.« (SRF Arena 27.09.2013)

dich so verändert? Dann sagen sie mir, weisst du, so habe ich meine Ruhe. (SRF 4 News Tagesgespräch 02.12.2016)[81]

In diesen Aussagen wird das Tragen einer Kopfbedeckung zum visuellen Marker für ›Zwang‹, wobei die Möglichkeit, eine Kopfbedeckung selbstbestimmt zu tragen, verneint oder zumindest stark angezweifelt wird.[82] In dieser Weise wird die ›Unterdrückung‹ von Frauen als Unterscheidungsmerkmal zwischen vermeintlich problematischen und vermeintlich unproblematischen Muslim*innen etabliert und anhand einer muslimischen Kopfbedeckung visualisiert.

Geschichten wie Saïda Keller-Messahlis oder jene Elham Maneas, in der das Ablegen eines Kopftuches die ›Heilung einer Krankheit‹ (des ›fundamentalistischen Islams‹) symbolisierte,[83] stehen in starkem Kontrast zu den bereits genannten Aussagen muslimischer Frauen, die das Tragen ihres Kopftuches als selbstbestimmt darstellen. Dabei wird klar, dass einerseits freie Selbstbestimmung als normative Referenzgröße vorherrscht, andererseits jedoch in hegemonialen Diskurslinien nicht allen Muslim*innen Selbstbestimmung zugeschrieben wird. In diesem Kontext beantwortet das folgende Kapitel die Frage, was als ›selbstbestimmt‹ etabliert wird bzw. welche Positionierungen im Diskurs als legitime selbstbestimmte Wahlmöglichkeiten dargestellt werden und bei welchen Personen die Positionierung als ›selbstbestimmt‹ infrage gestellt wird.

6.5 Abschließende Bemerkungen

Aufs Wesentliche heruntergebrochen konnte aus den massenmedialen Dokumenten herausgearbeitet werden, dass die Vielzahl an normativ bewerteten Differenzkategorien, die in nationalisierenden Unterscheidungen zwischen *erstens* einem Schweizer ›Selbst‹ und einem muslimischen ›Anderen‹ und *zweitens* zwischen in

---

81   Original: Moderator: »Also di total Verhüllig als Machtinstrument. Unterdrückig vode Frau. Aber wenn sich jetzt e Frau entscheidet das Chopftuech, oder au meh als s Ccopftuech, freiwillig ztrage, sich z verhülle, isch da immer en politische Druck oder susch Druck dehinter?« Saïda Keller-Messahli: »Ja. Es giit en Druck vode Gruppe, aso vode Community, oder […] Also ich kenne au Fraue in Tunesie, wo früher sehr frei umegloffe sind. Minijupe, High Heels, alles, schön gschminkt und so. Und wo hüt umelaufe als truurigi Gstalt, alles in schwarz, verhüllt und wennise frage, wieso heschdi so verändert, denn säge sie mir, weisch so hani mini Rueh.« (SRF 4 News Tagesgespräch 02.12.2016)
82   Ersichtlich in der folgenden Textpassage der *Zürichsee-Zeitung*: »[Interviewfrage]: Müsste nicht gerade eine liberale Gesellschaft es aushalten, wenn Frauen freiwillig ein Kopftuch tragen?/Saïda Keller-Messahli: Was heisst schon freiwillig? Angesichts eines solch totalitären Projekts, das aus dem Islam ein politisches Programm macht, kann man doch nicht von Freiwilligkeit sprechen.« (12.09.2017)
83   Siehe Kapitel 6.4.3.1.

der Schweiz als ›akzeptabel‹ bzw. ›problematisch‹ markierten muslimischen Positionalitäten herangezogen werden, sich grundlegend auf verschiedene Narrative geschichtlicher Differenz beziehen. So wird in hegemonialen Diskurslinien zwischen einem ›fortschrittlichen‹ ›Wir‹ und einem potenziell ›rückschrittlichen‹ ›Sie‹ unterschieden. Dieser übergreifenden geschichtlichen Differenzkonzeption untergeordnet sind Unterscheidungen entlang der Kategorien ›säkular‹ und ›religiös‹, ›individuell-frei‹ und ›gemeinschaftlich-gezwungen‹, ›geschlechter-gleichberechtigt‹ und vermehrt ›frauenunterdrückend‹. Die Differenzkategorien sind dabei geschlechtsspezifisch kodiert; so werden insbesondere muslimische Männer als ›öffentlich religiös‹ sowie ›dogmatisch‹ und ›problematisch‹ markiert und muslimische Frauen verkörpern ›säkulare‹, ›liberale‹ und ›sexuell befreite/befreiende‹ Positionalitäten. Dies gilt insbesondere für die Positionalität muslimischer Diskursakteurinnen als Reformatorinnen. So hätten sie gerade als Frauen im Islam, so die Diskurslinie, eine Motivation und Legitimität, neue Versionen der Religionsauslegung und -ausübung anzustreben.

Das vorliegende Kapitel hat aufgezeigt, dass vor dem Hintergrund dieser hegemonialen Diskurslinien eine Pluralität muslimischer Positionalitäten identifizierbar ist, die sich hinsichtlich der mit ihnen verbundenen, normativen Assoziationen unterscheiden. Dabei zeugen Fremd- und Selbstpositionierungen als positiv markierte muslimische Positionalitäten (z.B. ›fortschrittliche Muslimin‹, ›säkulare Muslimin‹, ›offene Muslimin‹ etc.) sowie individuelle Identitätskonstruktionen als ›privat‹ und ›selbstbestimmt religiöse Musliminnen‹ von im Diskurs möglichen Aneignungen und Adaptionen der hegemonialen Diskurslinien. Daneben weisen Diskursakteurinnen wie Rifa'at Lenzin in einzelnen Äußerungen die spezifische Kennzeichnung ihres ›Muslimisch-Seins‹ in dieser Weise als Machteffekt des Diskurses von sich. Darüber hinaus relativiert sie und andere Akteurinnen die auf den Fortschrittsnarrativen basierenden Problematisierungen von Muslim*innen und widersetzt sich nationalisierenden Fremdheitsdarstellungen. Sowohl die Aneignung und Adaption als auch die aktive Verneinung geschichtlicher Differenzdarstellungen etabliert die Möglichkeit von in der Schweiz als ›akzeptabel‹ gehandhabten muslimischen Positionalitäten. Gleichzeitig untergräbt lediglich die letztere Variante die Darstellung von Muslim*innen als ›geschichtlich‹ und ›problematisch‹ ›fremd‹ und könnte damit den auf öffentlich auftretenden Muslim*innen lastenden Druck, sich als ›unproblematisch‹ zu positionieren, potenziell entschärfen.

Empirie B:
Mechanismen des Mediensystems:
Legitimation, Ein- und Ausschluss

7 Legitimation muslimischer Diskursakteurinnen

In Kapitel 5 und 6 wurde aufgezeigt, dass verschiedentlich positionierte muslimische Diskursakteurinnen im massenmedialen Diskurs partizipieren. In diesem Kapitel wird erläutert, wie diese Diskursakteurinnen und ihre Äußerungen unterschiedlich hinsichtlich der ihr zugesprochenen Legitimität dargestellt und bewertet werden. Die Herangehensweise schließt dabei an jene Legitimitätsforschung an, in welcher Legitimität nicht von einem politiktheoretisch normativen Standpunkt betrachtet, sondern deskriptiv als »Ergebnis von Legitimationspraxen« (Diehl 2015, 282) analysiert wird.[1] Dabei verstehe ich unter Legitimität die gesellschaftlich konstruierten, normativen Vorstellungen von ›gerechtfertigter Anerkennungswürdigkeit‹ einer Person, Institution oder weiterer Sachverhalte. Legitimation bezeichnet dabei die sozialen Praktiken, in welchen bestimmten Akteur*innen oder Organisationen Legitimität zugeschrieben wird (Diehl 2015, 2). Diese Zuschreibung wird beständig durch legitimierende Äußerungen aktualisiert (Diehl 2015, 287).

Konkret handelt es sich dabei um positive Einschätzungen bestimmter Personen oder Institutionen durch im relevanten Kontext anzutreffende Akteur*innen (Koch 2018, 194–195). Aus legitimationstheoretischer Perspektive wird der Begriff Anerkennung verwendet, um »den Aspekt der *Akzeptanz* ebenso wie die Kombination der *einschätzenden* und zugleich *wertschätzenden Haltung* gegenüber der in Frage stehenden Organisation [bzw. des*r in Frage stehenden Akteur*in]« (Koch 2018 195, Hervorhebung der Autorin) zu fassen. Die diskursiv konstruierte Legitimität beinhaltet also, die Vorstellung einer Person oder Organisation als ›akzeptabel‹ positiv einzuschätzen und wertzuschätzen. Letztlich ist Legitimität grundsätzlich graduell zu denken; so äußert sich Anerkennung entlang verschiedener Ausprägungen auf einem Kontinuum zwischen ›legitim‹ und ›illegitim‹ (Koch 2018, 196).

Im vorliegenden Kapitel wird die Legitimität der muslimischen Diskursakteurinnen und der mit ihnen verbundenen Organisationen dargestellt. Die empirisch

---

[1] Anders als Diehl sehe ich in der vorliegenden Studie davon ab, auf etischer Ebene zwischen legitimen und illegitimen Repräsentationspraktiken und Inhalten zu unterscheiden (Diehl 2015, 288).

herausgearbeiteten Legitimitäten müssen dabei als Momentaufnahme medialer Legitimationen verstanden werden, die einem Wandel unterworfen sind. Sie geben Aufschluss darüber, wer und was in den medialen Diskursen in Bezug auf Muslim*innen als rechtmäßig oder als nicht rechtmäßig dargestellt wird und wie dies mit den normativen, hegemonialen Diskurslinien (siehe Kapitel 5 und 6) zusammenhängt. Zuschreibungen von Legitimität hängen einerseits mit der Art und Weise zusammen, wie die Akteurinnen in den Medienauftritten positioniert und eingeführt werden. Andererseits geschieht Legitimation durch die normative Bewertung (z.B. Einschätzungen und Wertschätzungen) der Akteurinnen, ihrer Handlungen und Äußerungen. Im Folgenden wird die Legitimität der muslimischen Diskursakteurinnen in den analysierten Mediendokumenten aufgezeigt:

Erstens wird erläutert, wie die im Fokus stehenden muslimischen Diskursakteurinnen in den medialen Diskursen eingeführt werden bzw. welche Partizipationspositionen sie einnehmen. Im Anschluss an die Erläuterung der verschiedenen Partizipationspositionen und ihrer Verteilung wird *zweitens* illustriert, wie die Positionierungen mit Legitimation bzw. Delegitimation verbunden sind. *Drittens* wird aufgezeigt, dass Legitimationsprozesse via Partizipationspositionen mit normativen Bewertungen zusammenhängen. Exemplarisch ersichtlich sind solche Bewertungen in den Darstellungen von Akteurinnen als ›aktivistisch‹ in einem positiv gewerteten Sinne oder aber als ›provokant‹. *Letztlich* wird im vierten Teil des Kapitels ein weiteres Indiz dafür besprochen, wie oft eine Akteurin als legitime Sprecherin in den Medien auftritt oder nicht.

7.1 Partizipationspositionen

Klassischerweise wird in Bezug auf Partizipationspositionen zwischen Sprecher*innenpositionen als »Orte des legitimen Sprechens innerhalb von Diskursen, die von sozialen Akteuren unter bestimmten Bedingungen (bspw. nach Erwerb spezifischer Qualifikationen) eingenommen werden können« (Keller 2011, 223), und Subjektpositionen unterschieden. Letztere sind Identitätsangebote, die mit Interpretationsschemata verbunden sind und »als Bestandteile des historisch kontingenten gesellschaftlichen Wissensvorrates« (Keller 2011, 217) in Diskursen erzeugt und vorhanden sind. Die der vorliegenden Studie zugrunde liegenden Daten erschweren eine solche Unterscheidung jedoch, weil die Position der ›muslimischen Frau‹ sowohl als Identitätsangebot (Subjektposition) als auch als Ort des legitimen Sprechens (Sprecher*innenposition) fungiert. Um dieser Möglichkeit Rechnung zu tragen, umfasst der Begriff Partizipationsposition in der vorliegenden Studie alle Positionen, die im massenmedialen Diskurs von muslimischen Diskursakteurinnen eingenommen oder ihnen zugeschrieben werden.

7.1.1 Varianten

Aus den Daten wurden drei Varianten von Partizipationspositionen herausgearbeitet, anhand derer muslimische Diskursakteurinnen in der massenmedialen Öffentlichkeit auftauchen. Die Akteurinnen werden *erstens* durch ihren Beruf, ihre Ausbildung oder eine ihnen zugeschriebene Expertise eingeführt, *zweitens* werden sie anhand ihrer Subjektpositionen als muslimische Frauen und ihrer Biografie charakterisiert und *drittens* als Mitglieder in Organisationen und Vereinen identifiziert (mehr dazu siehe Kapitel 4.3.1.1).

Die quantitative Analyse der Mediendokumente hat ergeben, dass die Akteurinnen in Printmedienartikeln und in Schweizer Radio- und Fernsehsendungen leicht unterschiedlich positioniert wurden. Dabei sind Akteurinnen in Printmedienartikeln am häufigsten via Vereinen und in Radio- und Fernsehsendungen hauptsächlich mittels Subjektposition eingeführt worden (siehe Abb. 3).

Abb. 3: Häufigkeit der Partizipationspositionierungen in Mediendokumenten

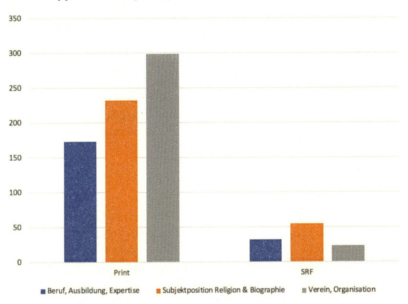

Eine Erklärung für die unterschiedlich ausgeprägte Häufigkeit liegt darin, dass die muslimischen Diskursakteurinnen in den Radio- und Fernsehsendungen immer als Sprechakteurinnen auftreten und meistens in substanzieller Weise zu Wort kommen.² Dabei werden sie öfters in mehrfacher Weise positioniert (im Durchschnitt 2,2 Positionierungen pro SRF-Sendung gegenüber 1,3 Positionierungen pro Printartikel) und ihre persönliche Identität (Subjektposition) im Sinne ihrer Religion, ›Herkunft‹ und/oder biografischen Merkmale wird bei einem Großteil der Auftritte muslimischer Diskursakteurinnen (76 %) thematisiert. Demgegenüber sind die Auftritte von muslimischen Diskursakteurinnen in einem Großteil der Printmedienartikeln auf 2–3 Sätze oder eine einzelne Aussage beschränkt. Dabei sind zwar verkürzte Positionierungen als Muslimin (z.B. muslimische Islamwissenschaftlerin etc.) und/oder via Nationalität und ›Herkunft‹ (z.B. tunesisch-schweizerisch, ägyptischer Herkunft etc.) in etwa einem Drittel der Artikel präsent (34 %), am häufigsten sind jedoch Positionierungen mittels Zugehörigkeit zu Vereinen und Organisationen (55 % aller Printmedienartikel). Aufgrund des hohen Anteils an doppelter und dreifacher Positionierung wird Vereinszugehörigkeit auch in einem substanziellen Teil der analysierten SRF-Sendungen (46 %) aufgeführt, was unter anderem auf die Auswahlstruktur von Sprechakteur*innen im Schweizer Radio und Fernsehen zurückzuführen ist, in welcher Sprecher*innen häufig über Vereinsstrukturen eingeladen und positioniert werden.

Insgesamt weisen die Ergebnisse der Analyse darauf hin, dass die muslimischen Diskursakteurinnen in fast der Hälfte ihrer massenmedialen Auftritte anhand der Zugehörigkeit zu und Ämter in Vereinen positioniert werden. Einerseits wirken Vereine somit legitimierend, weil in den Schweizer Massenmedien Partizipationspositionen häufig strukturell via Organisationen und Vereinen etabliert werden. Andererseits kann diese Positionierung sowohl legitimierend als auch delegitimierend wirken, was von der organisationalen Legitimität des jeweiligen Vereins abhängt. Die Legitimität der Diskursakteurinnen als Sprech- bzw. Objektakteur*innen ist somit eng mit der Legitimität der jeweiligen Organisationen verbunden.³

7.1.2 Häufigkeit und Verteilung

Darüber hinaus werden die einzelnen Diskursakteurinnen jeweils in unterschiedlicher Häufigkeit via Verein bzw. Beruf und Ausbildung oder Subjektposition positioniert (siehe Tabelle 6). Die Analyse der Printdaten weist darauf hin, dass insbesondere jene Frauen, die Teil des *Islamischen Zentralrates der Schweiz* (*IZRS*) sind (Ferah Ulucay, Janina Rashidi, Nora Illi), fast ausschließlich in Zusammenhang mit dem Verein auftreten. Lediglich Nora Illi taucht teilweise ohne Referenz zum *IZRS* auf.

---

2   So beispielsweise, wenn die Akteurinnen interviewt werden (*Aeschbacher, Kulturplatz, Blickpunkt Religion, Tagesgespräch* etc.), sie als eine von wenigen Diskussionspartner*innen in eine Runde eingeladen werden (*Club, Arena, Kultur Kontext* etc.) oder wenn die Sendungen die Akteurinnen porträtieren (*Musik für einen Gast, Reporter*).

3   Mehr zu der organisationalen Legitimität siehe 7.2.2.

In ihrem Fall können diese Auftritte als Hinweis darauf gewertet werden, dass sie als Person einen gewissen Bekanntheitsgrad erlangt hatte, der es ihr erlaubt, ohne weitere Spezifizierungen in den Medien aufzutreten, bzw. der es Medienakteur*innen erlaubte, ohne weitere Ausführungen auf sie zu verweisen.

Tabelle 6: Häufigkeit verschiedener Positionierungen von Diskursakteurinnen

	Anzahl Auftritte	Positionierungen				
		Beruf und Ausbildung	Expertise	Muslimisch	Herkunft	Verein
Printmedien						
Amira Hafner-Al Jabaji	17	15	1	5	2	7
Blerta Kamberi	2	2	0	2	2	1
Elham Manea	77	57	3	27	29	8
Ferah Ulucay	42	2	0	2	2	42
Funda Yilmaz	4	0	0	0	1	0
Janina Rashidi	8	0	0	0	0	8
Jasmin El-Sonbati	25	18	2	16	11	16
Naïma Serroukh	10	2	0	6	2	1
Nora Illi	101	0	0	56	19	64
Rifa'at Lenzin	12	6	0	3	1	9
Saïda Keller-Messahli	246	12	53	20	26	143
Total	**544***	**114**	**59**	**137**	**95**	**299**
Schweizer Radio und Fernsehen (SRF)						
Amira Hafner-Al Jabaji	9	9	0	6	1	1
Elham Manea	3	3	0	3	3	0
Ferah Ulucay	2	0	0	0	0	2
Janina Rashidi	1	0	0	1	0	1
Jasmin El-Sonbati	8	6	0	8	1	5
Nora Illi	6	0	0	6	4	1
Rifa'at Lenzin	2	2	0	2	0	1

Saïda Keller-Messahli	19	4	8	11	10	13
Total	**50***	23	8	37	19	23

*Die Summe der Printmedienauftritte (544) muslimischer Diskursakteurinnen übersteigt die Anzahl Dokumente (506), weil in mehreren Artikeln je zwei bis vier Akteurinnen auftraten.
**Die Summe der SRF-Auftritte (50) muslimischer Diskursakteurinnen übersteigt die Anzahl SRF-Dokumente (47), weil in drei Sendungen je zwei verschiedene Akteurinnen auftraten.

Auch die Positionierung anhand von Beruf und Ausbildung sowie die Zuschreibung von Expertise ist stark unterschiedlich auf die Diskursakteurinnen verteilt. Insbesondere die explizite Zuschreibung von Expertise, so beispielsweise in Formulierungen wie »Islamexpertin« oder »Islamkennerin«, beschränkt sich im analysierten Zeitraum fast ausschließlich auf Saïda Keller-Messahli. Die Saïda Keller-Messahli zugeschriebene Expertise wird dabei nicht direkt aus Beruf oder Ausbildung (ehemalige Lehrerin, Studium der Romanistik) abgeleitet, sondern ihr aufgrund ihrer Selbstdarstellung[4] sowie ihrer Äußerungen und Handlungen zugeschrieben. So wird beispielsweise die Autorschaft des Buches *Islamistische Drehscheibe Schweiz* (2017) oft als legitimierender Faktor dargestellt. Zudem werden ihre häufigen Medienauftritte bzw. ihre hohe Öffentlichkeitspräsenz teils als Indiz für die ihr zugeschriebene Expertise gewertet.

Die Positionierung Saïda Keller-Messahlis als Expertin ist jedoch teilweise umstritten. So äußerte sich beispielsweise der Islamwissenschaftler Reinhard Schulze in einer Replik in der *Basler Zeitung* zu Saïda Keller-Messahlis Auftritten und schreibt ihr anstatt Expertise »populistische Enthüllungstechniken« und »populistische Stereotypen« (Basler Zeitung 27.02.2018) zu.[5] Und auch in der *Aargauer Zeitung* wird ein Leser*innenkommentar zu Saïda Keller-Messahli mit dem Titel *Wirklich Expertin in allen Belangen?* veröffentlicht (27.03.2017). Zweifel an ihrer Expertise werden im analysierten Zeitraum jedoch lediglich in vereinzelten Leser*innenkommentaren und Repliken publiziert und sind in den weiteren analysierten massenmedialen Dokumenten ansonsten nicht auffindbar. In diesem Sinne wird Saïda Keller-Messahli in

---

4 Zum Beispiel wird Saïda Keller-Messahlis wiederholte Darstellung ihrer Aussagen als auf Recherchen begründet (z.B. SRF 2 Kultur Kontext 19.09.2017) in anderen Publikationen aufgenommen (z.B. SRF Reporter 31.03.2019).

5 Originalzitat: »Leider verharrt Keller-Messahli in populistischen Stereotypen. Sie erweisen dem eigentlichen Anliegen, für eine liberale theologische Auslegeordnung des Islam zu werben, leider einen Bärendienst. Gerade die aktuelle Auseinandersetzung mit dem Islam verlangt eine wissenschaftliche und journalistische Sorgfalt, die das Aufkommen populistischer Ressentiments verhindert, statt diese zu befeuern.« (Reinhard Schulze, Basler Zeitung 27.02.2018)

den hegemonialen Diskurslinien im analysierten Zeitraum zwischen 2016 und Mai 2019 vorwiegend als Expertin gehandhabt.

Andere muslimische Diskursakteurinnen werden durch Beruf und Ausbildung eingeführt. So wird Jasmin El-Sonbati in den meisten ihrer Medienauftritte via ihrem Beruf als Lehrerin oder als Autorin positioniert. Eine Einführung via Beruf und Ausbildung kann teilweise bereits als legitimierend gewertet werden, insbesondere bei Akteurinnen, die beispielsweise Islamwissenschaft (Amira Hafner-Al Jabaji) oder Religionswissenschaft (Rifa'at Lenzin) studiert haben. Auch Elham Manea wird bei etwa drei Viertel ihrer Medienauftritte anhand ihres Berufes als Politologin und Dozentin an der Universität Zürich eingeführt. Diese Akteurinnen werden zudem seltener mittels Verein oder Subjektposition eingeführt, was als weiterer Hinweis darauf gewertet werden kann, dass sie vermehrt ihrer Ausbildung und ihrem Beruf entsprechend als legitime Sprechakteurinnen etabliert werden. Gleichzeitig wird bei den Akteurinnen des IZRS selten bis nie ein Bezug zu Beruf oder Ausbildung hergestellt. Lediglich Ferah Ulucay wird zweimal als Kauffrau bzw. via KV-Ausbildung (Aargauer Zeitung 18.10.2016, Weltwoche 12.05.2016) positioniert, bei Janina Rashidi und Nora Illi fehlen solche Bezüge gänzlich.[6]

Letztlich kommen die Frauen als Musliminnen in den Blick und ihre ›Herkunft‹ wird als Positionierungsgrundlage herangezogen. In SRF-Radio- und Fernsehsendungen ist die Positionierung entlang ›Religion‹ und ›Herkunft‹ in 72 % der Sendungen ersichtlich. Dabei wird Religion und Religionspraxis auch bei (fast) allen Akteur*innen in einem substanziellen Anteil der Sendungen thematisiert. In den Printmedien hingegen werden gewisse Akteurinnen seltener als Musliminnen positioniert, bzw. ihre Religion wird lediglich in einem kleineren Teil der Artikel zum Thema gemacht. Hier sind es neben Ferah Ulucay[7] insbesondere Saïda Keller-Messahli, gefolgt von Rifa'at Lenzin, Amira Hafner-Al Jabaji und Elham Manea (siehe Tabelle 3), die nur in bis zu einem Drittel ihrer Printmedienauftritte als muslimisch positioniert werden. Dies weist darauf hin, dass sie außerhalb ihrer Subjektposition als Musliminnen eine Sprecher*innenposition innehaben; so wird beispielsweise Amira Hafner-Al Jabaji insbesondere durch ihren Beruf als Fernsehmoderatorin sowie ihre Ausbildung als Islamwissenschaftlerin eingeführt.

Gleichzeitig werden Saïda Keller-Messahli, Jasmin El-Sonbati und Elham Manea durch ihre migrantische ›Herkunft‹ positioniert. Während in SRF-Radio- und Fernsehsendungen oft ausführliche Sequenzen über ›Religion‹ und ›Herkunft‹ der Akteur*innen publiziert werden, sind die medialen Auftritte in den Printmedien

---

6   Nora Illi ist gemäß einem Artikel der Neuen Luzerner Zeitung gelernte Polygrafin (05.09.2016) und Janina Rashidi studierte Islamwissenschaft (Interview Rashidi in Staub 2016, 34).

7   Die Auftritte von Ferah Ulucay beschränken sich auf kurze Aussagen als Generalsekretärin des IZRS, wobei nur selten weiter auf ihre Person eingegangen wird.

meist auf lediglich 1–2 Sätze oder ein Statement beschränkt. Insbesondere in den Printmedien werden sie dabei durch kurze und knappe Herkunfts- und Nationalitätsmarkierungen (z.B. »ägyptischer Herkunft«, »tunesisch-schweizerisch« etc.) als Akteurinnen eingeführt. Durch die Doppelkodierung von Muslim*innen als Migrant*innen und Migrant*innen als Muslim*innen in hegemonialen Diskurslinien (siehe Kapitel 5) könnte das ›Muslimisch-Sein‹ der Akteurinnen in diesen Momenten als mitimpliziert verstanden werden.

Ein weiterer Faktor, der auf die diskursive Verschränkung von ›Herkunft‹ und ›Religion‹ hinweist, ist die wiederholte explizite Darstellung von Nora Illi und Janina Rashidi als Konvertitinnen. Anstatt die Akteurinnen als Musliminnen zu bezeichnen, wird der Fokus vermehrt auf die Konversion gelegt. So werden die beiden Akteurinnen bei allen SRF-Auftritten als Konvertitinnen dargestellt und auch in Printdokumenten ist die explizite Erwähnung ihrer Konversion in einem Großteil ihrer Positionierungen als Musliminnen ersichtlich.[8] Kurz: Die Konversion wird in ihren medialen Positionierungen zu einem relevanten Faktor gemacht. Gleichzeitig geht die Darstellung als konvertierte Muslimin wiederholt mit einer Markierung von Nationalität einher; so werden Janina Rashidi als »deutsche Konvertitin«[9] und Nora Illi als »Schweizer Konvertitin«[10] positioniert. Indem in den Darstellungen dieser Akteurinnen explizit Nationalität und Konversion hervorgehoben werden, wird die Vorstellung (re)produziert, dass eine deutsche bzw. Schweizer Identität mit ›Muslimisch-Sein‹ (nur) durch ein aktives ›Muslimisch-Werden‹ zusammengeführt werden könne.

7.2 (De-)Legitimation via Partizipationspositionen

All diesen Positionierungen sowie den damit verbundenen Handlungen und Äußerungen der Diskursakteurinnen wird unterschiedliche Legitimität zugesprochen. Neben der bereits erläuterten Legitimation durch die Zuschreibung von Expertise und die Positionierung entlang Beruf und Ausbildung werden die Positionierungen von Akteurinnen via verschiedener Arten muslimischer Subjektpositionen (z.B. ›säkulare Muslimin‹, ›liberale Muslimin‹, ›konservative Muslimin‹) sowie mittels Vereinszugehörigkeit legitimiert.

---

8   Janina Rashidi tritt bloß in einer SRF-Sendung auf, da wird sie als Konvertitin eingeführt und Nora Illi wird in über der Hälfte (61 %) ihrer Auftritte als Konvertitin dargestellt.
9   Sie wird beispielsweise in der SRF *Club* Debatte *Toleranz ohne Grenzen?* sowohl via Konversion als auch mittels ›Herkunft‹ positioniert (12.07.2016).
10 Zum Beispiel Neue Luzerner Zeitung 02.07.2016, Tages Anzeiger 04.08.2016, Basler Zeitung 04.08.2016, Thurgauer Zeitung 08.08.2016, die Südostschweiz 27.09.2017.

7.2.1 Subjektpositionen: Legitimation und Delegitimation via Migrantisierung

7.2.1.1 Legitimation

Die Positionierung der Diskursakteurinnen via ›Herkunft‹ bzw. spezifisch als migrantisch wird teilweise als legitimierender Faktor dargestellt. Beispielsweise werden Fragen nach persönlichen Erfahrungen mit und Einblicken in ›den Islam‹ mit der Ausführung der jeweiligen Migrationsgeschichte eingeführt. Dies ist in der folgenden an Rifa'at Lenzin gestellten Frage ersichtlich: »Sie sind ja hier in der Schweiz aufgewachsen, Sie haben aber *pakistanische Wurzeln*. Wie haben Sie *den Islam* persönlich kennengelernt, erlebt?« (SRF Sternstunde Religion 18.01.2015, Hervorhebung der Autorin) Auch in der Positionierung von Jasmin El-Sonbati erklärt der Moderator einer SRF-Sternstunde-Religion-Sendung: »Es ist auch *wichtig* zu erwähnen, dass Sie in Kairo, also in Ägypten, aufgewachsen sind und dann mit 11 Jahren in die Schweiz gekommen sind« (19.11.2017, Hervorhebung der Autorin), um ihre Ausführungen als ›authentisch‹ zu legitimieren: »Also Sie haben nicht nur *erlebt*, dass der Islam immer mehr mit Gewalt identifiziert wird, sondern, dass sich der Islam als Religion selbst, wie Sie es erklären, verhärtet hat« (SRF 19.11.2017, Hervorhebung der Autorin). Im Hinblick auf Elham Maneas Buch *Der alltägliche Islamismus. Terror beginnt, wo wir ihn zulassen* (2018) wird ihr Legitimität aufgrund ihres migrantischen Hintergrundes zugeschrieben:

> Dank der Binnenperspektive, aus der Elham Manea den Islam kritisiert, erhält das Buch farbige biografische Konturen und damit Glaubwürdigkeit. Als Tochter jemenitischer Eltern in Ägypten geboren, in Marokko und im Jemen aufgewachsen, bringt sie ihre eigenen Erfahrungen mit ein: den in Marokko einst erlebten offenen Islam, aber auch ihren vorübergehenden Flirt mit dem Islamismus im Jemen. (Der Bund 08.05.2018, Hervorhebung der Autorin)[11]

In dieser Sequenz wird die Positionierung als migrantische Muslimin im Sinne einer Insider-Perspektive als legitim konstruiert.[12] Auch die häufig gestellten Fragen

---

11   Auch Jasmin El-Sonbati wird als binnenperspektivische Muslimin positioniert, so z.B. in der *Aargauer Zeitung*: »Die Basler Muslimin Jasmin El-Sonbati kennt beide Welten, ist selbst Lehrerin und gilt als kritische Beobachterin des Islams.« (07.04.2016) Und Saïda Keller-Messahli betont in ihren Äußerungen wiederholt ihre persönlichen Erlebnisse und Kenntnisse, beispielsweise mit »den Frauenbildern, welches junge Männern gerade im Magreb oder im islamisch-kulturellen Kontext haben« (SRF Club 12.01.2016).

12   Dieser Befund wird durch die Erkenntnisse von Selfe bestätigt, die in ihrer Studie zu den Repräsentationen muslimischer Frauen in der deutschen Populärkultur zwischen 1990 und 2015 erläutert, dass insbesondere muslimische Frauen, die hegemoniale Narrative einer geschlechtsspezifisch ›problematischen‹, ›muslimischen Kultur‹ (re)produzieren, als »uniquely qualified informants« (2019, 229) dargestellt werden. Hierzu gehören Texte von ›Islamkritik-

nach persönlichen Erfahrungen in der Kindheit der Diskursakteurinnen in den verschiedenen ›muslimischen Ländern‹ oder in ihren Familien zielen auf ›authentische‹ Einblicke ins ›Muslimisch-Sein‹ ab.

Darüber hinaus wird die Positionierung als migrantisch von einigen Diskursakteurinnen positiv angeeignet, um sich als ›akzeptable‹ Musliminnen darzustellen. Diese Argumentationsweise wird insbesondere von Saïda Keller-Messahli expliziert; so erklärt sie wiederholt, dass ihre Eltern muslimisch waren, jedoch »nicht dogmatisch« und nicht »streng praktizierend«:

> Meine Eltern sind beide Tunesier, gläubige Menschen, aber absolut nicht dogmatisch. (Saïda Keller-Messahli, SRF Club 12.01.2016)[13]
> Ich bin in Tunesien aufgewachsen, weder meine Mutter noch meine Grossmutter trugen ein Kopftuch. Meine Schwestern und ich hatten dieselben Rechte wie unsere Brüder. Wir sind sehr frei aufgewachsen. (Basler Zeitung 21.02.2018)

Saïda Keller-Messahli begründet zudem ihre Gründung des *Forums für einen fortschrittlichen Islam* (*FFI*) sowie ihre Haltung und ihre Aktivitäten gegenüber den von ihr problematisierten ›Arten des Islams‹ mit ihrer Erfahrung in der Familie.[14] Diese Darstellung wird wiederholt auch von institutionalisierten Medienakteur*innen aufgenommen.[15]

---

erinnen‹ wie Seyran Ates oder Necla Kelek sowie sogenannte »›misery memoirs‹ of abused ›Muslim‹ women [that] advocate a trajectory from ›Islamic‹ oppression to happiness and autonomy via a complete estrangement from practices and conditions they code as ›Muslim‹« (Selfe 2019, 229). Demgegenüber identifiziert Selfe alternative Erzählungen muslimischer Frauen als gesellschaftlich marginalisiert, insbesondere jene »that promote anti-racist and feminist agendas both within Muslim communities and in German society as a whole« (2019, 299), so beispielsweise die Erzählungen von Konvertitinnen zum Islam.

13 Original: »Mini Eltere sind beidi Tunesier, gläubigi Lüüt, aber absolut nöd dogmatisch.« (Saïda Keller-Messahli, SRF Aeschbacher 08.09.2016)

14 Spezifisch verweist Saïda Keller-Messahli in einer Erklärung für die Gründung des *FFI*s z.B. auf das Buch *La maladie de l'Islam* von Abdelwahab Meddeb, welches sie sehr inspiriert habe, denn der Autor habe »*dasselbe erlebt* wie ich. Er ist nämlich *aufgewachsen* in einer muslimischen Familie, die absolut tolerant war. [...] Und *auch er hat das erlebt*, wie seine Eltern an ihn glaubten, ihm vertrauten, dass er das richtige macht für sich in seinem Leben. Und ihnen war es wichtig, dass ihre Kinder primär ein glückliches Leben führen, und nicht nur, dass sie nach dem Islam leben. Und ausgehend von dem Buch habe ich nachher die Kraft quasi geschöpft, den Verein zu gründen« (SRF 10vor10 02.11.2016, schriftdeutsche Übersetzung des Transkriptes, Hervorhebung der Autorin).

15 Siehe z.B. »Der Kampf gegen den Fundamentalismus ist ihr Lebensthema geworden. Der Grund dafür? Die 58-jährige Literatur- und Filmwissenschaftlerin stammt aus Tunesien. Der Islam, den sie dort als Kind kennengelernt hat, wird immer mehr von Strömungen überlagert, die für sie nichts mit dem Koran zu tun haben. Ihre Grossmutter und ihre Mutter, beides

Letztlich wird eine ›Herkunft‹ aus muslimischen Ländern oder Familien teils explizit gegenüber Konvertit*innen als positiver Faktor hervorgehoben. Insbesondere Saïda Keller-Messahli problematisiert Konvertit*innen wiederholt in dieser Weise:

> **Medienakteur*in**: Frau Keller-Messahli, Sie sind ja auch Muslimin, Sie tragen weder ein Kopftuch noch einen Gesichtsschleier, warum nicht?
>
> **Saïda Keller-Messahli**: Warum nicht? Weil erstens meine beiden Eltern sind Muslime, ich bin keine Konvertierte wie Frau Illi. Ich beobachte sehr häufig, dass Konvertierte die Tendenz haben, päpstlicher als der Papst zu sein. Sie übernehmen die extremste Form der Religion. (SRF Arena 27.09.2013)[16]

Neben der Darstellung von Konvertit*innen als tendenziell streng-gläubig beschreibt Saïda Keller-Messahli Konversion auch potenziell als ›Verlust von Freiheit‹. So sagte sie beispielsweise, Nora Illi habe vor ihrer Konversion »Freiheit gelebt, sie hat die Freiheit gehabt und kehrt es nun um« (SRF Arena 27.09.2013).[17] Damit wird im Umkehrschluss eine ›Herkunft‹ aus muslimischen, oft als migrantisch markierten Kontexten in den Mediendokumenten zu einem legitimierenden Faktor muslimischer Diskursakteurinnen als ›akzeptable‹ (z.B. ›moderate‹) Musliminnen und binnenperspektivische Wissensträgerinnen.

7.2.1.2 Delegitimation

Gleichzeitig wird die Position als migrantische Muslimin nicht nur als (legitimierende) Ressource, sondern auch als ›verloren zwischen den Kulturen/Welten‹ dargestellt. Die ›Verlorenheit‹ impliziert dabei, dass ein fester Bezug zu beiden Welten fehlt, womit jegliche Innenperspektive infrage gestellt wird. Diese Sichtweise wird im Fall von Blerta Kamberi explizit gemacht, die lange nicht gewusst hätte, »wo sie eigentlich hingehört« und sich »zwischen *zwei Welten* hin- und hergerissen gefühlt hat« (NZZ Folio 02.08.2016, Hervorhebung der Autorin). Die beiden ›Welten‹, zwischen denen Blerta Kamberi »hin- und hergerissen« sei, werden als »schweizerisch«

---

fromme tunesische Musliminnen, trugen kein Kopftuch. Und natürlich gaben sie Männern die Hand.« (Süddeutsche Zeitung Online 13.04.2016)

16 Original: »Frau Keller-Messahli, ihr sind ja au Muslimin, sie träged weder äh äh es Chopftuech no äh en Gsichtsschleier, warum nöd?«/Saïda Keller-Messahli: »Warum nöd? Well erschtens, mini beide Eltere sind Muslime, ich bi kei Konvertierti, wie d Frau Illi, ich beobachte sehr hüüfig, dass Konvertierti d Tendenz händ, päpstlicher als de Papst zsi, äh die extremsti Form vode Religion übernähmed.« (SRF Arena 27.09.2013)

17 Original: »Well d Frau Illi ois genau das umkehrte Bispil vorlebt [...] Sie hät d Freiheit gläbt, sie hät d Freiheit ka und chehrts um.« (Saïda Keller-Messahli, SRF Arena 27.09.2013)

einerseits und »muslimisch« sowie »albanisch« andererseits bezeichnet.[18] Auf diese Weise wird die in hegemonialen Diskurslinien ersichtliche Zusammenführung von ›Religion‹ und ›Herkunft‹ in Differenzdarstellungen vis-à-vis Muslim*innen in der Schweiz (re)produziert. Gemäß El-Tayeb ist diese Darstellung einer ›Verlorenheit‹ zwischen ›zwei Welten‹ eine verbreitete Wahrnehmung der zweiten und dritten Generation von Migrant*innen in Europa, die ihnen die Möglichkeit nimmt, eine stabile, »europäische [hier auch Schweizer] Identität zu beanspruchen« (El-Tayeb 2011, xxxi).[19]

Die Positionierung von Blerta Kamberi als ›verloren zwischen den Kulturen‹ im Vergleich zu der oben erläuterten Positionierung von weiteren, gleichsam migrantisch-muslimischen Diskursakteurinnen als legitime Binnenperspektiven deutet darauf hin, dass die Legitimation bzw. Delegitimation nicht von der effektiven jeweiligen Migrationsgeschichte abhängt. Vielmehr unterscheiden sich die legitimierten bzw. delegitimierten Akteurinnen hinsichtlich ihrer Aussagen zum Islam in der Schweiz sowie hinsichtlich ihrer Glaubenspraxis. So trägt beispielsweise Blerta Kamberi einen Hijab. Die Darstellung gewisser migrantisch-migrantisierter Musliminnen als legitime Sprecherinnen geht dabei mit der Art der Glaubenspraxis bzw. mit deren Positionierung als bestimmte Art von Muslim*innen (z.B. als ›fortschrittliche Muslimin‹) einher. Damit führen legitimierende bzw. delegitimierende mediale Darstellungen zu einer Verstärkung hegemonialer Diskurslinien hinsichtlich der ›Art des Islams‹, der in der Schweiz ›akzeptabel‹ sei (siehe Kapitel 6).

7.2.2 Vereinszugehörigkeit: Organisationale Legitimität

Legitimität wird nicht nur einzelnen Akteur*innen, sondern auch Organisationen zugesprochen. Im Folgenden wird die Legitimität der verschiedenen Vereine erläutert, entlang derer die muslimischen Diskursakteurinnen als Sprecherinnen in den Mediendebatten etabliert werden. Dabei ist es bereits ein potenziell legitimierender Moment, dass die Akteurinnen entlang ihrer Vereinszugehörigkeit eingeführt werden und so positioniert sprechen können. Gleichzeitig werden aber nicht alle Vereine als gleich legitim dargestellt. Die am häufigsten vorkommenden Vereine sind der *Interreligiöse ThinkTank*, die *Offene Moschee Schweiz*, das *FFI*, die *säkularen Muslime*

---

18   Auch in folgendem Abschnitt ersichtlich: »Blerta Kamberis Geschichte ist eine des Ringens. Auf der einen Seite der Islam, die Religion ihrer albanisch-mazedonischen Eltern, auf der anderen die Schweiz, wo sie geboren ist.« (NZZ Folio 02.08.2016)
19   Des Weiteren versteht El-Tayeb die »Rahmung der Unfähigkeit, als Individuum anzugehören […], als Versagen und nicht als Ergebnis struktureller Ausgrenzungen als Mittel zur Entmachtung von Individuen, die ›die binären Identifikationen‹ bedrohen können, auf denen das Europäertum […] aufbaut« (2011, xxxi).

und der *IZRS*.[20] Dabei wird der *Interreligiöse ThinkTank* in den analysierten Mediendokumenten nicht weiter bezüglich Legitimität besprochen, sondern dient lediglich zur Positionierung von Diskursakteurinnen.[21] Im Gegensatz dazu wird den anderen Vereinen in unterschiedlicher Weise Legitimität zugesprochen.

Organisationale Legitimität wird in der vorliegenden Analyse als »Momentaufnahme [...], [als] Grad der Anerkennung zu [einem] spezifischen Zeitpunkt [bezogen auf] die Organisation in Gänze« (Koch 2018, 197) verstanden. Dabei bezieht sich die organisationale Legitimität auf verschiedene Aspekte einer Organisation: die organisationalen *Handlungen*, die *Existenz* und die jeweilige *Verfasstheit* der Organisation hinsichtlich Größe, Alter oder Mitgliederzahlen (Koch 2018, 196). Während die Verfasstheit der Organisation eine strukturelle Grundlage für Legitimitätszuschreibungen bietet, beziehen sich Bewertungen der Existenz und Handlungen von Organisationen auf die Bedeutungsdimension des Organisationalen, also »auf die Bedeutung(en), die sozial mit [der Organisation] verknüpft werden bzw. bereits mit ihr verwoben sind« (Koch 2018, 198).

Konkret hängt die organisationale Legitimität der im Fokus stehenden Vereine und Organisationen mit den normativen Bewertungen der mit ihnen verbundenen muslimischen Subjektpositionen (z.B. ›fortschrittliche Muslim*innen‹ im *FFI* etc.) zusammen. Die *Existenz und Handlungen* von Vereinen sowie ihrer Mitglieder werden hier entlang der in hegemonialen Diskurslinien etablierten, normativen Vorstellungen von ›akzeptablen‹ Muslim*innen in der Schweiz eingeschätzt und als mehr oder weniger wertzuschätzen bewertet (Koch 2018, 195). Darüber hinaus wird die *Verfasstheit* der Organisationen in der Verhandlung von Legitimität herangezogen, wenn Fragen nach Mitgliederzahl und Repräsentativität im medialen Diskurs aufgebracht werden.

7.2.2.1 Normative Einschätzungen

Auf der Ebene normativer Einschätzungen werden Organisationen explizit evaluiert. Dabei werden die Vereine *FFI*, *Offene Moschee Schweiz* sowie die Initiative *Säkulare Muslime* wiederholt positiv dargestellt. Dies geschieht beispielsweise, indem die Mitglieder des *FFI* in der *Weltwoche* als »mutig« in ihrem »Engagement gegen den sich ausbreitenden politischen Islam« (Weltwoche 08.02.2018) betitelt werden oder indem die Gruppe *Offene Moschee Schweiz* mit einem »fortschrittlichen Islam in der

---

20 Es gibt Erwähnungen weiterer Vereine, so beispielsweise die *interreligiöse Arbeitsgemeinschaft der Schweiz IRAS-COTIS* oder die *Eidgenössische Kommission gegen Rassismus EKR*, bei denen Rifa'at Lenzin aktiv ist (Zofinger Tagblatt 24.08.2016). Sie werden aber nur selten genannt und auch nicht weiter bewertet.

21 So z.B. die Erklärung zu Amira Hafner-Al Jabaji: »Sie präsidiert den Interreligiösen ThinkTank und moderiert bei SRF die ›Sternstunde Religion‹.« (Aargauer Zeitung 28.06.2018)

Schweiz [...], der die Menschenrechte und die Schweizer Verfassung achtet« (Aargauer Zeitung 14.11.2016), in Verbindung gebracht wird. Darüber hinaus werden die positiven Einschätzungen dieser Vereine auch mittels einer Gegenüberstellung mit problematisierten Organisationen impliziert. So wird beispielsweise in einem Artikel der NZZ erklärt, dass das Bild von Muslim*innen als »antiwestlich und integrationsunwillig« von den Verbänden mit zu verantworten sei, »die das Bild des Islams in den vergangenen Jahrzehnten geprägt haben« (23.11.2018). Diesen problematisierten Verbänden wird anschließend die Gruppe der *säkularen Muslime* entgegengestellt:

> Um solchen Organisationen etwas entgegenzusetzen und um den Islam in seiner Vielfalt zu zeigen, haben zehn Intellektuelle und Politiker nun die ›Initiative säkularer Islam‹ gegründet. (NZZ 23.11.2018)

Als problematisierter Verein ist in den analysierten Daten der *IZRS* markiert; er wird wiederholt als ›deviant‹ und ›radikal‹ dargestellt. Explizit wird diese Zuschreibung beispielsweise in einem weiteren Artikel der NZZ International zum Thema *Aushängeschilder des Islams in der Schweiz – und wofür sie stehen* (05.01.2017):

> Als Präsident des Islamischen Zentralrates der Schweiz (*IZRS*) repräsentiert [Nicolas Blancho] ein *sektenartiges Gebilde*, in welchem *radikale* Ansichten vorherrschen und welches Verbindungen ins *jihadistische Milieu* aufweist.

Diese negative Einschätzung des *IZRS* als ›radikal‹ und ›terrornah‹ ist mal mehr, mal weniger explizit in vielen der analysierten Mediendokumente ersichtlich. Diese Einschätzung wird teils direkt zur Delegitimation von Äußerungen der Mitglieder des *IZRS* gebraucht; so wird in einer SRF-*Arena*-Diskussion Nora Illis Argument, dass das Verhüllungsverbot intolerant sei und in die persönliche Freiheit eingreife,[22] von Saïda Keller-Messahli wie folgt verworfen:

> Ich möchte nur sagen, ausgerechnet der salafistische Islamische Zentralrat der Schweiz, der Konvertitenhaufen, absolut militant, ich habe ihn immer als brandgefährlich bezeichnet und dass ausgerechnet die Vertreter von diesem salafistischen Grüppchen mir Intoleranz vorwerfen und sich auf eine offene und multiple demokratische Gesellschaft beziehen, um zu sagen wie intolerant eigentlich

---

22 Original: »Aso ich muen säge, Sie sind eigendlich sehr intolerant. Sie wennd mir min, odr Sie wennd allne Fraue sozäge zwinge, de Schleier abzieh, aber das macht gar kein Underschiid, wenn sie sich dademit wennd wehre, ob jetzt öpperem de Schleier ufzwunge wird oder ob sie öppert zwinged de Schleier abzzieh, es isch beindi Fäll en Zwang und ich wehr mich komplett gäge Zwang« (Nora Illi, SRF Arena 27.09.2013).

die Mehrheit ist, das ist eigentlich ein Witz. (Saïda Keller-Messahli, SRF Arena 27.09.2013)[23]

In dieser Argumentationsweise wird dem *IZRS* auf der Ebene normativer Einschätzungen eine geringe Legitimität zugesprochen.

7.2.2.2 Größe und Repräsentativität

Neben normativen Einschätzungen werden Vereine in den analysierten Daten hinsichtlich ihrer Verfasstheit diskutiert. Hier wird vor allem die Anzahl Mitglieder als Indikator der Repräsentativität eines Vereines gewertet und die Organisationen werden dahingehend als legitim oder illegitim hinsichtlich ihrer Vertretung von Muslim*innen in der Schweiz gewertet. Insbesondere die Repräsentativität des *IZRS* wird in den analysierten Mediendokumenten wiederholt hinterfragt; so wird im zuvor erwähnten Artikel der *NZZ* davon gesprochen, dass »Nicolas Blancho […] eine kleine Minderheit der Muslime« (NZZ International 05.01.2017) vertrete. Darüber hinaus wird in der SRF-*Arena*-Sendung *Angst vor dem Islam* die Mitgliederzahl und Repräsentativität verschiedener Vereine mit Fokus auf den *IZRS* zu einem zentralen Diskussionspunkt. Der Moderator der Sendung verweist darauf, dass die Größe des Zentralrates, die je nach Mediendokument bei 40 bis 49 aktiven Mitgliedern und 3000 oder 3700 eingeschriebenen Personen festgesetzt wird (20 Minuten 31.09.2017, SRF Arena 01.04.2016), im Widerspruch zu dem Namen des Vereines stehe, der eine *zentrale* Vertretungsfunktion suggeriere.[24] Dem widerspricht Nicolas Blancho, indem er erklärt, dass der Verein nie behauptet habe, alle Muslim*innen zu repräsentieren (SRF Arena 01.04.2016). An dieser Stelle soll keine Wertung der Legitimität und Repräsentativität des *IZRS* erfolgen, sondern es wird einzig darauf hingewiesen, dass die Größe des Vereins wiederholt als delegitimierendes Argument in den analysierten Medien angebracht wurde.

Die Verfasstheit weiterer Vereine wird lediglich vereinzelt diskutiert. So wird die geringe Größe des Vorstandes des *FFIs* in den analysierten Dokumenten in einem Leser*innenkommentar erwähnt, der die Legitimität Saïda Keller-Messahlis als Expertin hinterfragt:

---

23 Original: »Ich wett, nur ganz churz, aso ich glaub das füehrt niened hi die Diskussion, wells s isch so polarisiert, ich wott nur säge, ussgrächnet de salafistischi Islami Zentralrat vode Schwiiz, de Konvertitehuufe, absolut militant, ich hane immer als brandgföhrlich bezeichnet und äh und das usgrächnet d Vertreter vo däm äh salafistische Grüppli mir Intoleranz vorwirft und sich ufne offeni und multipli demokratischi Gsellschaft bezieht zum säge wie intolerant eigendlich d Mehrheit isch, das isch eigendlich en Witz.« (Saïda Keller-Messahli, SRF Arena 27.09.2013)

24 Originalaussage des Moderators: »Es ist eine sehr spannende Frage [nach der Größe der Vereine], weil gerade Ihr Verein, Herr Blancho, der sogenannte islamische Zentralrat Schweiz behauptet ja etwas, was schlicht nicht stimmt.« (SRF Arena 01.04.2016)

Saïda Keller-Messahli erscheint oft als Autorität, um irgendeine Erscheinung des Islams zu kommentieren. Wie wurde sie zur Ikone im »Forum für einen fortschrittlichen Islam«, dessen Vorstand nur aus ihr selbst und einer SP-Lokalpolitikerin kosovarischer Herkunft besteht? (Aargauer Zeitung 27.03.2017)

An einer anderen Stelle erläutert Jasmin El-Sonbati, dass das *FFI* zwischen 200 und 300 Mitglieder habe, es gebe jedoch »eine Mehrheit von stillen und von schweigenden Muslimen, die dabei sind« (SRF Arena 01.04.2016). Die Legitimation durch eine Referenz zu einer schweigenden Mehrheit, die vom Verein repräsentiert werde, wird in Bezug auf das *FFI* wiederholt angeführt. Dabei gibt es Momente, in denen diese Darstellung in Frage gestellt wird. So reagiert Nicolas Blancho auf Jasmin El-Sonbatis Aussage mit den ironisch intonierten Worten: »Ja, das ist ein super Argument, sorry, schweigende Mehrheit« (SRF Arena 01.04.2016).

Während die kleine Größe des *FFIs* durch Referenzen zu einer schweigenden Mehrheit relativiert wird, erklärt Jasmin El-Sonbati die geringe Resonanz auf die *Offene Moschee Schweiz* im *Zofinger Tagblatt* zu einer bewusst gewählten Strategie:

Auch hält sich die Zahl der Sympathisanten in Grenzen, wie der Blick auf Facebook zeigt. Gerade einmal auf 134 Likes kommt die Facebook-Site »Offene Moschee Schweiz«. Der von Konvertiten geprägte umstrittene ultrakonservative islamistische Zentralrat (IZRS) hat dagegen mehr als 37000 Likes. [...] Gegenüber der »Nordwestschweiz« sagt Jasmin El-Sonbati, man lasse sich vorerst Zeit. [...] Hinter Jasmin El-Sonbatis Strategie, das Projekt nur langsam anlaufen zu lassen, steckt auch die Überlegung, niemanden vor den Kopf zu stossen. Um alles in der Welt wollen El Sonbati und ihre Mitstreiter verhindern, dass ihre Ideen solch ähnlich wüste Reaktionen provozieren wie im Fall von Seyran Ateş, die von der Polizei rund um die Uhr geschützt wird. (15.08.2017)

Damit wird die Verfasstheit der *offenen Moschee Schweiz* sowie des *FFIs* diskutiert und gleichzeitig als gerechtfertigt (z.B. schweigende Mehrheit, Schutz vor Reaktionen) gewertet. Mit Blick auf die Verhandlung der Verfasstheit des *IZRS* wird damit ersichtlich, dass eine geringe Vereinsgröße als delegitimierendes Argument angebracht werden kann, jedoch nicht muss. In diesem Sinne liegt die Vermutung nahe, dass die Legitimation bzw. Delegitimation eines Vereines via Referenz auf die Anzahl Mitglieder mit der normativen Bewertung des Vereines zusammenhängen könnte.

7.3 (De-)Legitimation via normativer Bewertungen

7.3.1 Legitimierende Darstellungen als ›aktivistisch‹

Gewisse Akteurinnen werden anhand normativer Bewertungen legitimiert. Dies geschieht zentral, indem sie innerhalb eines positiv bewerteten Aktivismus eingeordnet und explizit als Aktivistinnen dargestellt werden. Exemplarisch zeigt sich dies im *Tagesanzeiger*-Artikel *Der Reformislam ist weiblich*, wenn Saïda Keller-Messahli, Elham Manea und Jasmin El-Sonbati, die in Selbst- und Fremdpositionierungen als ›fortschrittliche‹, ›liberale‹, ›offene‹ bzw. ›säkulare Musliminnen‹ dargestellt werden, und Amira Hafner-Al Jabaji, die in wiederholten Fremdpositionierungen als ›moderne Muslimin‹ positioniert wird, als Aktivistinnen bezeichnet werden (08.08.2017). Dabei werden ihre Aktivitäten auf verschiedenen Ebenen als ›aktivistisch‹ expliziert. So wird Saïda Keller-Messahli als bekannte Aktivistin gegen »Islamisten« und »radikale Tendenzen« dargestellt und Elham Manea wird als »Aktivistin mehr auf der wissenschaftlich-akademischen Ebene« und insbesondere in Bezug auf das Thema der Stellung der Frau im Islam eingeführt (Tagesanzeiger 08.08.2017). Jasmin El-Sonbatis Engagement wiederum wird explizit in Bezug auf gesellschaftliche Passung aufgeführt: Sie sei »Aktivistin für einen Islam Schweizer Prägung« und stehe für »einen Islam [...], der mit den Grund- und Menschenrechten in Einklang steht« (Tagesanzeiger 08.08.2017). Und letztlich wird Amira Hafner-Al Jabaji als muslimische Feministin, die versuche, »den Missstand des patriarchalen Systems positiv zu wenden« (Tagesanzeiger 08.08.2017), eingeführt. In dem Sinne werden Bestrebungen von Diskursakteurinnen als positiv ›aktivistisch‹ hervorgehen, die gegen jene ›Missstände‹ vorgehen, welche in Übereinstimmung mit hegemonialen Diskurslinien konzipiert werden (siehe Kapitel 6).

Diese Akteurinnen und der ihnen zugeschriebene Aktivismus werden in Mediendokumenten wiederholt positiv hervorgehoben. So werden z.B. einige der Äußerungen und Bestrebungen in Titelsetzungen von Artikeln und Mediendokumenten übernommen. Die *Sternstunde Religion* setzt in einem Fernsehbeitrag mit Jasmin El-Sonbati, Kerem Adigüzel und Andreas Tunger-Zanetti beispielsweise den Titel *Liberale Muslime – das Feld nicht den Konservativen überlassen*, womit der von Jasmin El-Sonbati und Kerem Adigüzel eingebrachte Aktivismus zu einer imperativen Aussage des Mediendokumentes selbst wird (19.11.2017). Damit werden die Bestrebungen als notwendig markiert und als normative Stoßrichtung verfestigt. Darüber hinaus wird der Aktivismus gewisser Diskursakteurinnen auch explizit als positiv gewürdigt. Saïda Keller-Messahli beispielsweise wird durch die Verleihung des Menschenrechtspreises der Internationalen Gesellschaft für Menschenrechte 2017

Legitimität zugesprochen (z. B. NZZ am Sonntag 27.08.2017, Die Presse 02.05.2017, Basler Zeitung 12.01.2017).[25]

Eine positive Bewertung ist zudem darin zu erkennen, dass die Akteurinnen als ›mutige Kämpferinnen‹ gegenüber einer vermeintlichen Bedrohungslage positioniert werden: Auf einer ersten Ebene wird der Aktivismus der Akteurinnen dabei als ›Kampf‹ dargestellt. So wird Jasmin El-Sonbati als »Kämpferin für einen offenen Islam« (Basler Zeitung 28.07.2017) betitelt und Elham Manea durch den Satz »sie kämpft für einen liberalen Islam« (SRF Kultur Kompakt 18.04.04) charakterisiert. Auch Saïda Keller-Messahli wird als ›Kämpferin‹ dargestellt; das *NZZ Folio* betitelt den Beitrag zu ihrer Person mit den Worten »unerschrockene Kämpferin« (02.08.2016) und in SRF 4-News-Tagesgesprächen wird sie als »Einzelkämpferin« dargestellt (02.12.2016, 04.09.2017). Auf einer zweiten Ebene werden die Akteurinnen als ›mutig‹ und ›unerschrocken‹ dargestellt. Die *Basler Zeitung* erklärt zu Jasmin El-Sonbati: »[W]enn [sie] auch ruhig und zurückhaltend auftritt – die Frau mit den haselnussbraunen Augen hat Mut. Und den braucht sie auch, denn sie nimmt kein Blatt vor den Mund« (28.07.2017). Und Saïda Keller-Messahli wird mit dem Satz »mutig und unerschrocken kritisiert sie radikale Glaubensgenossen« (SRF Reporter 31.03.2019) in einer Fernsehreportage zu ihrer Person eingeführt. In der *Weltwoche* wird dieser Mut wiederholt mit ihren Positionen als Frauen in Verbindung gebracht.[26] In Bezug auf Saïda Keller-Messahli und Elham Manea wird erklärt:

> Den *Mut* zu kritischen Fragen haben *fast ausschliesslich Frauen*, und zwar quer durch die politischen Lager. (Weltwoche 12.04.2018, Hervorhebung der Autorin)
> Lange Zeit mussten Migranten aus muslimischen Ländern mit dem Vorwurf leben, dass aus ihren Reihen kaum Kritik am radikalen Islam zu hören war. Und dies zu Recht. Über Jahre hinweg kämpften in der Schweiz *einzig die mutigen Frauen* des Forums für einen fortschrittlichen Islam um Saïda Keller-Messahli und Elham Manea mit viel Engagement gegen den sich ausbreitenden politischen Islam. (Weltwoche 08.02.2018, Hervorhebung der Autorin)

---

25   In seiner Forschungsarbeit zu ›Islamfeindlichkeit‹ weist Wäckerlig darauf hin, dass die Internationale Gesellschaft für Menschenrechte eine der zentralen Organisationen im transatlantischen Netzwerk gegen ›Islamisierung‹ ist (2019, 85). Diese Nähe zwischen ›Menschenrechtsbestrebungen‹ und ›Islamfeindlichkeit‹ könnte möglicherweise mit den Ursprüngen des ›Menschenrechtskonzeptes‹ in der europäischen Aufklärung zusammenhängen, in welcher der ›Mensch‹ nur auf eine ganz spezifische Weise im Blick war. Für eine vertiefte re Auseinandersetzung mit ›Menschenrechten‹ als spezifisches, historisches und kulturelles Framework siehe beispielsweise Tascón und Ife (2008) mit dem Text *Human Rights and Critical Whiteness: Whose Humanity?*.

26   Zudem wird Saïda Keller-Messahli im *Weltwoche*-Beitrag *Frauen des Jahres* zu einer der »mutigsten Frauen der Schweiz« (21.11.2017) erklärt.

Die Zuschreibung von ›Mut‹ wird schließlich in drei Mediendokumenten des Beobachters expliziert,[27] in denen es um den *Prix Courage 2016* geht, für welchen Saïda Keller-Messahli nominiert wurde:

> Zivilcourage zeigen heisst nicht nur, Menschen aus akuten Notsituationen zu retten, sondern auch für Werte einzustehen. [...] Für demokratische Errungenschaften kämpft auch Saïda Keller-Messahli, Präsidentin des Forums für einen fortschrittlichen Islam: Ob Kopftuch, verweigerter Händedruck oder Schweinefleisch-Verbot an Schulen, Keller-Messahli meldet sich kraftvoll und unverblümt zu Wort. (Beobachter 15.09.2016)

Die Attribuierung und Hervorhebung von ›Mut‹ impliziert dabei bereits eine gewisse ›Bedrohungslage‹, die mit den Tätigkeiten der Diskursakteurinnen einhergingen und der gegenüber sie ›mutig‹ seien.

Diese ›Bedrohungslage‹ wird letztlich auch expliziert. In der *Weltwoche* wird die Situation, in welcher sich Saïda Keller-Messahli befinde, wie folgt erklärt:

> Saïda Keller-Messahli, Menschenrechtsaktivistin [...] gehört zu den mutigsten Frauen der Schweiz, und wenn es um Islamismus geht, bezieht sie Stellung auf allen Kanälen. Womit es sich gefährlich lebt. Sie erhält Morddrohungen, lehnt Personenschutz aber dennoch ab. Denn um persönliche Freiheit, auch die eigene, darum geht es ihr. (21.12.2017)

Ähnliche Ansichten werden in Leser*innenkommentaren der *Basler Zeitung* geäußert:[28]

> Diese Frauen müssen bedingungslos unterstützt werden. Denn haben Musliminnen einmal unsere Werte der Gleichstellung und Liberalität erkannt, so werden sie zu *Kämpferinnen* gegen Rückwärtsgewandtheit und Diskriminierung. Doch es ist noch ein *einsamer und gefährlicher Kampf*. Dies zeigt sich am Beispiel der Islamexpertin Saïda Keller-Messahli, *die täglich Beschimpfungen* erhält, weil sie den männerdominierten, politischen Islam kritisiert. Oder an jenem der Gründerin der liberalen Moschee in Berlin, Seyran Ateş, die so viele *Todesdrohungen erhalten* hat, dass sie unter Polizeischutz leben muss. (Basler Zeitung 25.06.2018)

Solche Explizierungen sind in den analysierten Mediendokumenten seltener als die Implizierung einer Bedrohungslage durch die Attribuierung von ›Mut‹. Zudem beschränken sich explizite Ausformulierungen einer individuellen ›Bedrohungslage‹,

---

27 Siehe Beobachter 11.11.2016, 14.10.2016, 15.09.2016.
28 Ein weiteres Beispiel ist die Textstelle: »Die gebürtige Tunesierin, die seit 40 Jahren in Zürich lebt, nimmt in Kauf, dass sie von strenggläubigen Muslimen verunglimpft wird. Immer wieder erhält sie auch Morddrohungen.« (Beobachter 16.09.2016)

in welcher sich Akteurinnen wie Saïda Keller-Messahli befänden, größtenteils auf die überwiegend konservativen Printmedien *Die Weltwoche* und die *Basler Zeitung*. Während die medialen Darstellungen bei den meisten als ›positiv aktivistisch‹ bezeichneten Diskursakteurinnen beinahe einheitlich sind, ist in Bezug auf Amira Hafner-Al Jabaji teilweise eine gewisse Diskrepanz zwischen verschiedenen Darstellungen ihrer Bestrebungen ersichtlich. Sie wird in den genannten Ausführungen des Tagesanzeiger-Artikels mit dem Titel *Der Reformislam ist weiblich* insbesondere mit Fokus auf ›problematische‹ Geschlechterverhältnisse innerhalb des Islams positioniert:

> Reflexionen dieser Art bringt die Islamwissenschaftlerin im Interreligiösen Think-Tank ein, wo sie mit Feministinnen anderen Glaubens für Gleichstellung kämpft. »Solange die muslimischen Männer Nutzniesser des Systems sind, wird sich wenig bewegen«, sagt sie. Sobald diese aber merkten, dass auch ihnen das System nicht zum Vorteil gereiche, seien sie zu gewinnen für offenere, liberalere Haltungen. (08.08.2017)

Während Fragen der Geschlechtergleichstellung auch in anderen Mediendokumenten von Amira Hafner-Al Jabaji thematisiert werden, legen von ihr selbst publizierte Gastkolumnen sowie in anderen Radio- und Fernsehinterviews geäußerte Ansichten nahe, dass es sich bei der Darstellung um eine Vereinfachung handelt. Amira Hafner-Al Jabaji wehrt sich z.B. im SRF-*Club* zu den Vorfällen in der Silvesternacht 2016 in Köln mehrfach gegen eine verallgemeinernde Problematisierung von Frauen- bzw. Männerbildern insbesondere bei muslimischen Männern:

> Ich schüttle den Kopf weil ich einfach die Pauschalisierungen nicht akzeptieren kann. Also man tut all den muslimischen Männern, die ich auch tagtäglich erlebe, von denen ich höchsten Respekt erlebe, mit denen ich nichts Übergriffliches erlebe, denen tut man Unrecht. [...] und ich bin im Übrigen auch der Meinung, dass man die [Frauen- und Männerbilder] auch mit den hiesigen Männern diskutieren muss. Denn ich finde natürlich auch unter gestandenen Schweizer Männern immer wieder Haltungen, bei denen ich sagen muss, das ist ein No-Go.[29] (SRF Club 12.01.2016)

---

29 Original: »Ich schüttle de Chopf well ich eifach die Pauschalisierige nöd cha akzeptiere [...] aso mer duet all dene muslimische Männer won ich au tagtäglich erleb, won ich höchschte Respekt erleb, won ich nüt übergrifflichs erleb, dene tuet mer Unrecht. [...] ich bi im Übrige au de Meinig, dasmer die au mit de hiesige Männer münd diskutiere. Denn ich find natürlich au under gstandnige Schwiizer Manne immer wieder Haltige won ich muess säge das isch es No-Go.« (Amira Hafner-Al Jabaji, SRF Club 12.01.2016)

Darüber hinaus charakterisiert sie ihr Engagement als Muslimin in einer Gastkolumne als insbesondere auf gesellschaftliche Bildung sowie Aufklärung in Bezug auf fehlendes Wissen über den Islam und ungerechtfertigte Problematisierung des Islams und Muslim*innen ausgerichtet:

> [N]atürlich hatte ich meiner Freundin auch davon erzählt, wie unsensibel ich es fand, dass die nationale Tagung der SP Schweiz zum Thema Islam und unter Mitwirkung von Muslimen just auf die islamischen Feiertage nach dem Fastenmonat angesetzt wurde. Das ist vergleichbar, als ob man eine Tagung auf den 2. Weihnachtstag legt. Das zeugt nicht von böser Absicht, aber von wenig Kenntnis der Materie. Und das ist das Problem. Man kann sich nicht mit der »Sache Islam« beschäftigen und die Menschen – die Muslime – dabei ausser Acht lassen. Aber ich bin schon wieder dabei zu analysieren, zu kritisieren und zu erklären. Und so wird es auch bleiben, solange die Notwendigkeit besteht. (Aargauer Zeitung 28.06.2018)

Als Aktivistin, die sich gegen eine pauschalisierende Problematisierung von Muslim*innen und für ein besseres Verständnis des Islams in der Schweiz einsetzt, wurde Amira Hafner-Al Jabaji auch durch die *GRA Stiftung gegen Rassismus und Antisemitismus* sowie die *Gesellschaft Minderheiten in der Schweiz (GMS)* mit dem Fischhof-Preis 2016 geehrt (Aargauer Zeitung 03.11.2016). In diesem Sinne wird Amira Hafner-Al Jabaji im größten Teil der Medienberichterstattung in einer differenzierten Weise als Aktivistin positioniert. Der ausschließliche Fokus auf innermuslimische Geschlechterungleichheiten in Amira Hafner-Al Jabajis Engagement in den drei Abschnitten im *Tagesanzeiger*-Artikel weist somit auf eine rhetorische Verkürzung hin, die das Argument, der Reformislam sei weiblich, weil ›der Islam‹ ein problematisches Verhältnis zu Geschlechterverhältnissen habe, unterstützt und verfestigt.

Zusammenfassend ist die Darstellung von gewissen muslimischen Diskursakteurinnen als gesellschaftliche Aktivistinnen einerseits legitimierend zu werten, indem die Bestrebungen als ›notwendig‹, ›zeitgemäß‹ und ›mutig‹ charakterisiert werden. Andererseits verfestigen reduzierte Darstellungen auf teils vereinfachte aktivistische Positionierungen die Relevanz hegemonialer Diskurslinien, die ›den Islam‹ via geschlechts- und gewaltspezifischen Narrativen problematisieren. Insgesamt wird eine positiv bewertete Art von Aktivismus in diesem Sinne zudem nur Frauen zugeschrieben, die sich selbst als ›fortschrittliche‹, ›liberale‹, ›säkulare‹ oder ›moderate‹ Musliminnen positionieren oder als solche dargestellt werden.

7.3.2 Delegitimierende Darstellungen als ›provokant‹ und ›deviant‹

Andere Diskursakteurinnen werden anhand negativer Bewertungen delegitimiert. Ihnen wird ›Provokation‹ und ›Devianz‹ zugeschrieben und es gibt Mediensequenzen, in denen ihren Handlungen und Äußerungen teils ›Selbstbestimmung‹ und ›Authentizität‹ abgesprochen wird. Als ›provokant‹ werden spezifisch die Akteurinnen Nora Illi, Ferah Ulucay und Janina Rashidi dargestellt, die alle drei als Vertreterinnen des *IZRS* auftreten. Vereinzelt wird Nora Illi zwar als Aktivistin benannt; so führt sie die *Aargauer Zeitung* beispielsweise »als Aktivistin des Islamischen Zentralrats der Schweiz« (Aargauer Zeitung 03.08.2016) ein. Der Bezugspunkt dieser Einführung ist ein Vorfall in Locarno, bei welchem Nora Illi nach dem Inkrafttreten des dortigen ›Burkaverbots‹ im Sommer 2016 in einem Niqab eine Buße entgegennahm. Eine weitere Ausführung der inhaltlichen Bestrebungen ihres Aktivismus fehlt jedoch im Rahmen dieser medialen Positionierung und wird auch nicht weiter bewertet. Gleichzeitig wird dieselbe Szene in verschiedenen Medienpublikationen als ›Provokation‹ gerahmt:

> Und dann war da noch Nora Illi, Mitglied des Islamischen Zentralrats der Schweiz, die am 1. Juli *einzig zum Zweck der Provokation* ins Tessin gereist war, um sich medienwirksam in ihrer flaschengrünen Ganzkörperverhüllung büssen zu lassen. (NZZ am Sonntag 07.08.2016, Hervorhebung der Autorin)
> Und es gab, ausgenommen vom *provokativen Auftritt* von Nora Illi vom Islamischen Zentralrat am 1. Juli, nur eine Situation, wo jemand gebüsst werden musste. (Basler Zeitung 04.08.2016, Hervorhebung der Autorin)[30]

In diesen Sequenzen ist die Darstellung der Handlung Nora Illis als ›provokativ‹ nicht nur delegitimierend zu werten, sondern könnte gleichzeitig dazu beitragen, dass ihre Aktivitäten als ›zwecks Provokation‹ interpretiert werden und keine weitere Auseinandersetzung mit ihren Beweggründen erfolgt. Darüber hinaus wird nicht nur die Situation in Locarno, sondern Nora Illis Person wiederholt als ›provokativ‹ dargestellt.[31] Und auch Janina Rashidi und Ferah Ulucay werden in einigen der analysierten Mediendokumente als ›provokant‹ expliziert.

An welchem Umstand das ›Provokative‹ festgemacht wird, bleibt dabei fast immer unbestimmt. Eine Ausnahmesequenz findet sich in einer Sendung der SRF-Rundschau, in der die institutionalisierte Medienakteurin das Tragen eines Niqabs als provozierenden Faktor expliziert:

> Das ist jetzt einfach eine Behauptung. Sowohl die Burka als auch der Niqab verdecken praktisch das ganze Gesicht, und das provoziert viele Leute. (SRF Rundschau 07.09.2016)

---

30   Weitere Beispiele, in denen Nora Illi explizit ›Provokation‹ zugeschrieben wird, siehe Die Südostschweiz 03.08.2016, Tagesanzeiger 03.08.2016 sowie Tagesanzeiger 04.08.2016.
31   So führt ein Artikel in der *Aargauer Zeitung* Nora Illi als »notorisch provokative Konvertitin« (21.12.2017) ein und eine Reportage des Magazins (Das Magazin) spricht von »der landesweit bekannten Provokateurin Nora Illi vom Islamischen Zentralrat« (01.07.2017).

In einer ähnlichen Weise wird auch Janina Rashidi in Bezug auf ihre Kleidung bzw. ihren Hijab in der SRF-*Club*-Sendung *Toleranz ohne Grenzen?* als ›provokant‹ dargestellt:

> Sie waren ja auch jetzt im Tessin. Burkaverbot wird in Kraft gesetzt, Sie haben sich gleich mal die erste Busse wissentlich eingehandelt. Also Sie provozieren ganz bewusst. Ich meine, Sie sitzen ja auch so [mit Verweis auf Kleidung] hier. (SRF Club 12.07.2016)

Janina Rashidi wehrt sich gegen diese Zuschreibung von Provokation und beschreibt ihre Kleidung als für sie alltäglich und nicht als ›provozierende‹ Wahl:

> Ja gut ich sitze so hier wie ich auch in meinem Alltag bewege, und ich glaube nicht, dass wir anfangen sollten Menschen über ihr Äusseres zu beurteilen, dann kommen wir ganz schnell in eine Schiene, wo wir eigentlich geglaubt haben, die wir schon lange geglaubt haben überwunden zu haben. (SRF Club 12.07.2016)

Darüber hinaus greift sie die von der Moderatorin angesprochene Aktion im Tessin auf und rahmt ihre und Nora Illis Handlung als ›aktivistische‹ Bestrebung gegen ein diskriminierendes Gesetz:

> Was das Burkaverbot im Tessin betrifft, das jetzt angesprochen worden ist. Ich denke man muss sich im Klaren darüber sein, dass Gesetze, die gezielt diskriminierend sind, wie das Burkaverbot im Tessin, und es wird zwar immer als Verhüllungsverbot gehandelt, aber im Abstimmungskampf und in der Polemik, die dazu stattgefunden hat, ging es klar um muslimische Frauen und da muss man dann sich überlegen, ob man bei dieser Art von Gesetzen nicht zivilen Ungehorsam dann auch mal walten lassen muss, um sich klar zu positionieren, um zu sagen, so nicht. (Janina Rashidi, SRF Club 12.07.2016)

Diese Explikationen zeigt die starke Diskrepanz zwischen der wiederholten Fremdpositionierung der muslimischen Diskursakteurinnen des *IZRS* als ›provokant‹ und deren Selbstpositionierung als ›Aktivistinnen‹ gegen Diskriminierung oder lediglich als Musliminnen, die eine muslimische Kopfbedeckung tragen.[32] Dabei bleibt die diesen Sequenzen zu entnehmende Selbstpositionierung in den analysierten massenmedialen Publikationen relativ marginal. Anders verhält es sich in den

---

32 Der Vorwurf von Provokation wird auch von Ferah Ulucay in einem Interview in der *Aargauer Zeitung* abgewehrt: »Es wird aus etwas ein Problem gemacht, das keines ist. Dasselbe Phänomen gibt es beim Kopftuch, von dem sich auch viele provoziert fühlen.« (Aargauer Zeitung 18.10.2016)

Online-Auftritten des *IZRS* sowie in Äußerungen von Nora Illi und Ferah Ulucay auf Twitter und Instagram (mehr dazu siehe Kapitel 8).[33]

Darüber hinaus relativiert Janina Rashidi in ihrer Aussage auch die ihr zugeschriebene ›Devianz‹ im Sinne eines Gesetzesverstoßes, indem sie gewisse Gesetze als diskriminierend und daher illegitim rahmt. Die ihr und insbesondere Nora Illi zugeschriebene ›Devianz‹ bezieht sich zu einem großen Teil auf die ihnen aufgrund des Verhüllungsverbotes verhängten Bußen. Gleichzeitig werden Nora Illi und Ferah Ulucay wiederholt explizit als ›terrornah‹ oder ›islamistisch‹ dargestellt.[34] Exemplarisch kann dies in den Mediendokumenten gesehen werden, die auf eine SRF-*10vor10*-Sendung zum Thema »Ausreise nach Syrien – zwei Frauen aus Biel haben sich dem IS angeschlossen« (05.09.2017) verweisen (20 Minuten 06.09.2017, Berner Zeitung 06.09.2017, Zürichsee-Zeitung 12.09.2017). Darin wird angesprochen, dass zumindest eine der zwei Frauen aus Biel Ferah Ulucay gekannt habe und auf einem Foto des *IZRS* zu sehen war. Ferah Ulucay kommt in der *10vor10*-Sendung und in den darauffolgenden Mediendokumenten wiederholt zu Wort. So erklärt sie, die Beweggründe der Frauen seien einerseits auf den Einfluss der »IS-Propaganda« und andererseits auf die »Islam-Feindlichkeit in der Schweiz« (20 Minuten 06.09.2017) zurückzuführen. Dabei weist sie auf diskriminierende Erfahrungen als sichtbar muslimische Frauen in der Schweiz hin:

> Man wird blöd angemacht, man wird beleidigt, man wird bespuckt. Das sind unsere Realitäten als muslimische Frauen, die sie auch erlebt hat. (SRF 10vor10 05.09.2017)[35]

Dieser und ähnlichen Aussagen Ferah Ulucays wird in anderen Mediendokumenten explizit Legitimation abgesprochen. So erklärt Saïda Keller-Messahli in einem Interview mit der Zürichsee-Zeitung (12.09.2017):

---

33 Ein weiteres illustratives Beispiel ist die Darstellung der verstorbenen Nora Illi an ihrer Beerdigung. Die Gedenkfeier wurde 2020 aufgrund der Covid-19-Pandemie online über einen Youtube-Livestream abgehalten und öffentlich gemacht. Dabei wurden verschiedene Muslim*innen aus der ganzen Welt eingeschaltet, die über Nora Illi als Mensch und als Aktivistin für Muslim*innen und gegen Islamophobie, Ausgrenzung und Diskriminierung gesprochen haben. Ein Video des Livestreams ist auf der öffentlichen *IZRS*-Facebook-Seite zu finden, https://www.facebook.com/islamrat/videos/3753512258023231, Stand 28.04.2021.

34 Ein Beispiel findet sich in der folgenden Textstelle der *Zürichsee-Zeitung*: »Nora Illi, sogenannte Frauenbeauftragte des Islamischen Zentralrates, wusste ihre Provokationen geschickt an den Mann und die Frau zu bringen. Hart an der Grenze zum illegalen Aufruf zur Gewalt verteidigte sie die krude Logik ihrer Sicht des Jihadismus.« (08.11.2016)

35 Original: »Mer wird blöd agmacht, mer wird beleidigt, mer wird bespuckt. Das sind Realitäte vo ois muslimische Fraue wo sie au erlebt hät.« (Ferah Ulucay, SRF 10vor10 05.09.2017)

Interviewer*in: Ferah Ulucay, die Frauenbeauftragte des *IZRS*, hat die beiden Frauen offenbar sehr gut gekannt, aber anscheinend von den Ausreiseplänen nichts mitbekommen.

Saïda Keller-Messahli: Von dem, was die Salafisten des *IZRS* sagen, glaube ich kein Wort. Ulucay begründet die Radikalisierung der Frauen unter anderem auch mit der »Islamophobie« in der Schweiz. Das ist der Opferdiskurs. Es ist der Diskurs aller Islamisten. Sie muss sich selbst hinterfragen und nicht nur die Schuld bei den anderen suchen.

In ähnlicher Weise schreiben zwei Artikel des *Zofinger Tagblatts* Ferah Ulucay und dem *IZRS* zumindest eine gewisse Tendenz zu, nicht alles preiszugeben (18.10.2016, 15.05.2018).[36] Auf einer impliziteren Ebene wird Ferah Ulucays Versicherung, dass nicht der *IZRS* die Frauen radikalisiert habe, wiederholt im Konjunktiv und in indirekter Rede zitiert (z.B. 20 Minuten 06.09.2017: Der *IZRS* habe die Frau nicht radikalisiert). Solche Sequenzen können als Teil einer Argumentationsstruktur gesehen werden, in welcher (zumindest gewissen) Muslim*innen Authentizität abgesprochen und »Doppelzüngigkeit« zugewiesen wird (Wäckerlig 2019, 274).

Darüber hinaus wird Ferah Ulucay auch unabhängig von Aussagen und Aktivitäten, die direkt mit dem *IZRS* zu tun haben, als ›deviant‹ dargestellt. So befasst sich ein Artikel in der Pendlerzeitung *20 Minuten* mit einer verspätet bezahlten Rechnung für eine Hüpfburgmiete und ihren finanziellen Schulden:

> Die Generalsekretärin des IZRS hat für einen Jugendanlass Hüpfburgen bestellt. Die Rechnung beglich sie lange nicht. Tanner besorgte sich einen Betreibungsauszug von Ulucay. Auf fünf Seiten sind 38 Verlustscheine von insgesamt 44'436.85 Franken aufgeführt. (20 Minuten 29.01.2018)

Im Rahmen des kurzen Artikels wird zudem darauf hingewiesen, dass auch andere Personen des *IZRS* Schulden hätten.[37] Inhaltlich beschränkt sich der Artikel auf das Aufzeigen finanzieller Verstöße von Ferah Ulucay und weiteren *IZRS*-Mitgliedern. Diese Hervorhebung gesellschaftlicher Devianz wirkt somit als Delegitimation der aufgeführten Personen.

Neben Darstellungen als ›provokant‹ und ›deviant‹ gibt es letztlich zwei delegitimierende Mediendiskursstränge, in denen muslimische Diskursakteurinnen,

---

36 Darstellungen von Ferah Ulucay als etwas versteckend finden sich in den *Zofinger-Tagblatt*-Artikeln, die von einem vom *IZRS* organisierten IT-Seminar berichteten (15.05.2018, 18.10.2016).

37 Siehe »Im *IZRS* ist Ulucay nicht die Einzige mit Schulden. Auch Präsident Nicolas Blancho beglich seine Rechnungen nicht und wurde gebüsst, weil er Vorladungen des Konkursamtes nicht folgte« (20 Minuten 29.01.2018).

die als ›konservativ‹ und ›streng-praktizierend‹ positioniert werden, Selbstbestimmung abgesprochen wird. *Einerseits* wird in einigen Artikeln, die Nora Illis Protestaktion gegen die Vollverschleierung im Kanton Tessin behandeln, impliziert, dass sie dazu angestiftet worden sei:

> Der Mann wurde mit 230 Franken gebüsst, weil er die Frau [Nora Illi] dazu angestiftet haben soll. Die Konvertitin ist beim Islamischen Zentralrat Schweiz (IZRS) für Frauenangelegenheiten zuständig. (Neue Luzerner Zeitung 02.07.2016, Südostschweiz 03.08.2016)

Andererseits wird im *NZZ-Folio*-Porträt von Blerta Kamberi der Imam ihrer Moschee, Bekim Alimi, in einem großen Teil des Artikels in den Vordergrund gerückt. Dabei wird er als umstrittene Persönlichkeit dargestellt, der einen autoritären Einfluss auf Blerta Kamberi ausübe.[38] Diese Darstellungen konzipieren muslimische Frauen und insbesondere als ›konservativ‹ markierte muslimische Frauen als ›nicht selbstbestimmt‹ und reproduzieren das in hegemonialen Diskurslinien ersichtliche Bild problematisierter Geschlechterverhältnisse bei Muslim*innen.

7.4 Subjekte oder Objekte des Diskurses?

Neben Legitimationen anhand von Partizipationsrollen sowie normativen Einschätzungen der Akteurinnen wird im Folgenden die Häufigkeit, mit welcher verschiedene muslimische Diskursakteurinnen als Sprech- bzw. als Objektakteurinnen in den analysierten Mediendokumenten vorkommen, als mögliches Indiz dafür angefügt, welche Subjekt- bzw. Sprecherpositionen als legitime Sprechakteurinnen gelten. Dabei wird wie folgt zwischen Sprech- und Objektakteur*innen unterschieden: Beides sind mediale Partizipationsrollen, wobei Sprechakteur*innen aktiv am Diskurs beteiligt sind, indem sie selbst Medieninhalte verfassen oder in direkten oder indirekten Zitationen zu Wort kommen (Wallner, Gruber und Herczeg 2012, 41). Die Partizipation von Objektakteur*innen ist hingegen passiver Art; so kommen sie als Objekte des Diskurses vor, indem sie im Diskurs adressiert werden oder über sie gesprochen wird (siehe auch Kapitel 4.3.1). Die Identifikation von Sprech- und Objektakteur*innen erlaubt es, herauszuarbeiten, welche

---

38 Original Textstelle zu Bekim Alimi: »Uneingeschränkte Autorität scheint er auch in der islamischen Gemeinschaft von Wil zu geniessen. Ein weiterer Gesprächstermin mit Blerta Kamberi, diesmal bei ihr zu Hause im Kreis der Familie, fällt ins Wasser. Der Imam habe angerufen und seine Tochter kurzfristig zur Vorbereitung des Ramadans in die Moschee beordert, erklärt ihr Vater dem vergebens angereisten Besucher unter der Haustür. Da sei sie gleich losgefahren.« (NZZ Folio 02.08.2016)

Akteurinnen im Diskurs zwar als Objektakteur*innen vorkommen, jedoch nicht als legitime Sprecherpositionen gelten.

7.4.1 Sprech- und Objektakteurinnen

Die Häufigkeit, mit welcher muslimische Diskursakteurinnen als Sprech- bzw. Objektakteurinnen in den analysierten Mediendokumenten erscheinen, wurde auf der Grundlage des Printmediensamples herausgearbeitet.[39] Die angebrachten Ergebnisse basieren also auf den insgesamt 506 von der Datenbank Factiva ausgewählten Printmedienartikeln zwischen 2016 und 2019.[40] Einzelne Artikel wurden als Kodiereinheit gewertet und daraufhin durchsucht, ob die jeweiligen muslimischen Diskursakteurinnen darin aktiv (direkt oder indirekt) zu Wort kommen oder lediglich als Objekt des Diskurses angesprochen werden. Sprechakteurin und Objektakteurin wurden dabei als binäre Kodiervariablen operationalisiert.[41] Wenn ein Artikel also Aussagen einer muslimischen Diskursakteurin in Form einer indirekten oder direkten Rede aufweist, dann wurde er mit dem Kode Sprechakteurin kodiert. So wurde das folgende Beispiel mit Sprechakteurin = 1, Objektakteurin = 0 versehen.

> ›Die Burka steht für einen Islam, der die Frau vernichtet‹, so die Politologin [Elham Manea]. Klar, dass sie für ein Burkaverbot votiert, wenn auch nicht auf Verfassungsebene. (Tages Anzeiger 08.08.2017)

Wenn aber lediglich auf eine muslimische Diskursakteurin verwiesen wurde, dann erhielt der Artikel den Kode Sprechakteurin = 0, Objektakteurin = 1. So beispielsweise der NZZ-Artikel *Böser Konvertit, guter Konvertit; Schweizerinnen und Schweizer, die zum Islam übertreten, haben ein schlechtes Image – zu Unrecht*, in welchem wie folgt auf Nora Illi referiert wird:

> Keine Schweizer Mutter wünscht sich, dass sich die Tochter eine Ganzkörperverhüllung zulegt wie Illis Frau Nora. (NZZ 22.05.2018)

---

39 Dieselbe Unterscheidung macht für Fernseh- und Radiodokumente wenig Sinn, denn dort wurden nur jene Publikationen ausgewählt, in welchen muslimische Diskursakteurinnen aktiv auftreten und somit immer aktiv zur Sprache kommen. Es gibt jedoch Momente, in denen in den analysierten Fernseh- und Radiosendungen auf nicht anwesende muslimische Frauen verwiesen wird. Diese Instanzen sind in der hier erfolgten Aufzählung nicht berücksichtigt.
40 Siehe Kapitel 4.2.
41 Die im Folgenden erläuterten Kodierungsregeln für die Sprech- bzw. Objektakteurin wurde dem Inter-Rater-Reliabilitätstest (siehe Kapitel 4.3) hinzugefügt. Die Übereinstimmung zwischen Forscherin und Kodiererin war ausreichend (Cohen's Kappa ≥ 0.61).

Es bestand bei der Kodierung auch die Möglichkeit, dass eine Diskursakteurin in einem Artikel sowohl mit einem eigenen inhaltlichen Beitrag als auch als Objekt des Diskurses vorkommt. Doppelt kodiert wurde ein Artikel in dieser Weise jedoch lediglich, wenn der Textteil, in welchem die muslimische Diskursakteurin als Objekt vorkommt, inhaltlich über eine Einführung der Person als Sprechakteurin hinausging. Ein Beispiel hierfür ist der Artikel der Welt *Skandal bei ›Anne Will‹; ›Nikab- Nora‹ liebt die Provokation* (10.11.2016), in welchem Nora Illi einerseits direkt zitiert wird[42] und andererseits in großen Teilen über sie gesprochen wird, sie also zum Objekt des Diskurses wird.[43] Insgesamt gab es 11 Artikel, die doppelt kodiert wurden.

Es kann nicht angenommen werden, dass Vorkommnisse als Objektakteurinnen per se als delegitimierende Momente gewertet werden können. So werden muslimische Diskursakteurinnen als Objektakteurinnen auch positiv eingeschätzt. Solche Momente können dann sogar zur Legitimation der Diskursakteurinnen beitragen. In einem NZZ-Artikel über Seyran Ateş wurde beispielsweise positiv auf Jasmin El-Sonbati verwiesen:

> So erscheint es nur logisch, dass Ateş auch hiesige liberale Moscheeprojekte unterstützt. Etwa [...] die »Offene Moschee Schweiz«, mit der die Basler Gymnasiallehrerin ägyptischer Herkunft Jasmin El-Sonbati hierzulande einen genderoffenen, sakralen Raum für Muslime schaffen will. (NZZ 13.10.2017)

Gleichzeitig können auch Auftritte als Sprechakteurinnen nicht per se als legitimierend gewertet werden, so wenn beispielsweise die Aussagen von Akteurinnen in den jeweiligen Medienpublikationen als negativ dargestellt werden. Die Häufigkeit, mit der muslimische Diskursakteurinnen als Sprech- bzw. als Objektakteurinnen in den Printmedienpublikationen vorkommen, wird daher in dieser Studie lediglich als ein Indikator für potenzielle Legitimität gewertet, der durch die vorangegangenen Erläuterungen legitimierender und delegitimierender medialer Darstellungen ergänzt werden muss.

7.4.2 Häufigkeit und Verteilung

In den insgesamt 506 Printmedienartikeln wurden 544 Auftritte muslimischer Diskursakteurinnen identifiziert. In diesen Erscheinungen kommen sie in 350 (64 %) direkt oder indirekt zu Wort und werden 198 Mal (36 %) lediglich als Objektakteu-

---

42 Siehe z.B. »›Mein Schleier gibt mir ein Gefühl von Freiheit‹, erklärte sie 2010 in der Talksendung ›Club‹ des Schweizer Fernsehens« (Welt 10.11.2016).
43 Siehe z.B. »Schleier als Freiheitssymbol: Die junge Frau ist [...] unter ›Nikab-Nora‹ bekannt.« (Welt 10.11.2016)

rinnen erwähnt.[44] Auf die muslimischen Frauen verteilt sich die Häufigkeit der Auftritte als Sprech- bzw. Objektakteurinnen wie folgt:

Tabelle 7: Häufigkeit Sprech- und Objektakteurin

Akteurinnen	Auftritte	Sprechakteurin		Objektakteurin	
Amira Hafner-Al Jabaji	17 (3 %)	12	70 %	1	6 %
Blerta Kamberi	2 (0,05 %)	2	100 %	0	–
Elham Manea	77 (14 %)	55	71 %	24	31 %
Ferah Ulucay	42 (8 %)	31	31 %	13	74 %
Funda Yilmaz	4 (0,1 %)	1	25 %	3	75 %
Janina Rashidi	8 (1,5 %)	4	50 %	4	50 %
Jasmin El-Sonbati	25 (4,6 %)	21	84 %	5	20 %
Naïma Serroukh	10 (1,8 %)	7	70 %	3	30 %
Nora Illi	101 (19 %)	17	17 %	86	85 %
Rifa'at Lenzin	12 (2,2 %)	12	100 %	0	–
Saïda Keller-Messahli	246 (45 %)	188	78 %	59	24 %
Total	**603**	**378**		**236**	

Ein erstes Ergebnis, welches die Häufigkeitstabelle aufzeigt, ist, dass die verschiedenen Diskursakteurinnen unterschiedlich oft in Medienpublikationen vorkommen. Dabei treten insbesondere Saïda Keller-Messahli (246) und Nora Illi (101) in einer großen Anzahl Publikationen auf oder werden erwähnt.

Die beiden Akteurinnen können in ihren Selbstpositionierungen und Meinungsäußerungen als oppositionell gewertet werden und treten oft in einem teilweise emotional konnotierten Konflikt zueinander auf. Der Umstand, dass Saïda Keller-Messahli und Nora Illi im Vergleich zu anderen Akteurinnen häufig Platz in den analysierten Medien gewährt wird, könnte daher unter anderem mit der medienwissenschaftlichen Tendenz zusammenhängen, dass Medien Konflikte und Spannungen hervorheben (Chong und Druckman 2007; De Vreese 2005; Price und Tewksbury 1997). Diese Beobachtungen finden sich in verschiedenen Studien

---

44 Bei 8 Artikeln (1 %) handelte es sich um Werbung für bevorstehende Veranstaltungen, in denen muslimische Diskursakteurinnen auftreten. Diese Artikel wurden als Events kodiert und weder der Kategorie Sprech- noch der Kategorie Objektakteurin zugewiesen.

im Bereich Framing-Theorie[45], welche die Häufigkeit des Vorkommens des sogenannten »conflict frame« in verschiedenen Medienausgaben untersuchen (De Vreese 2005). Der »conflict frame referred to the journalistic practice of reporting stories of clashing interpretation« und unterstreicht »conflict between individuals, groups, institutions or countries« (De Vreese 2005, 56). Verschiedene Studien identifizierten dabei den »conflict frame« als einen der fünf Hauptframes in ihren untersuchten Medienpublikationen (De Vreese 2005). In diesem Sinne weist die Häufigkeit, in welcher der konfliktbehafteten Auseinandersetzung zwischen Saïda Keller-Messahli und Nora Illi Aufmerksamkeit geschenkt wird und sie als Gegenpositionen inszeniert werden, darauf hin, dass auch in den untersuchten Mediendokumenten Konflikte und Spannungen hervorgehoben werden.[46]

In ihrem Buch »The Attention Economy: Understanding the New Currency of Business« sehen Davenport und Beck (2001) die Hervorhebung von Konflikten, Spannungen und Emotionen als spezifische Mittel der Medien, Aufmerksamkeit zu generieren. Ihre Erklärung geht dabei auf die prominenten Theorien von Georg Franck zur »Ökonomie der Aufmerksamkeit« (1993, 1998, 2007) zurück. Franck beschreibt darin die begrenzte Verfügbarkeit von Aufmerksamkeit und erklärt die menschliche Aufmerksamkeit als »knappste Ressource der Informationsverarbeitung« (2007, 8). Auf die Ökonomisierung dieser Ressource baut sein Verständnis der Medien; so steht der Wert der von Medien bereitgestellten Informationen gemäß Franck in direkter Abhängigkeit von der diesen Informationen zugeteilten Aufmerksamkeit, denn: »Information, die keine Beachtung findet, hat keinen ökonomischen Wert.« (2007, 9) Auf dieser Grundlage erklärt Franck, dass Medien Informationen auswählen und kanalisieren mit dem Ziel, »Aufmerksamkeit aus ihnen herauszuholen« (1993, 749). In diesem Sinne soll an dieser Stelle für die Erklärung der auffälligen Verteilung der Häufigkeit der Medienauftritte mit Fokus auf zwei tendenziell polarisierende Positionalitäten auf die ökonomischen Bedingungen des Mediensystems hingewiesen werden, welches zum Ziel hat, Aufmerksamkeit zu generieren.[47]

---

45 Zu einer vertieften Auseinandersetzung mit der medienwissenschaftlichen Framing Theory siehe z.B. Chong und Druckman (2007) und De Vreese (2005).

46 Es soll hier darauf hingewiesen werden, dass in der vorliegenden Untersuchung keine systematische und quantifizierbare Herausarbeitung des Konflikt-Frames stattgefunden hat und sich der Hinweis auf die konfliktbehafteten Auftritte der beiden Medienakteurinnen auf die qualitative Inhaltsanalyse der Mediendokumente bezieht.

47 In der vorliegenden Studie werden weitere wirtschaftliche Aspekte in der Medienproduktion nicht systematisch untersucht. Es soll an dieser Stelle darauf hingewiesen werden, dass es in weiterführenden Arbeiten sinnvoll sein könnte, die ökonomische Perspektive einzubeziehen, die gerade auch hinsichtlich der Frage, welche thematischen Diskurse in den Medien erscheinen und welchen von ihnen wie viel Gewicht gegeben wird, von Relevanz sein könnte.

Vor dem Hintergrund dieser Überlegungen kann ein häufiges Vorkommen per se noch nicht als Anzeichen für den Akteurinnen zugeschriebene Legitimität gewertet werden, sondern könnte unter Umständen auch aus dem Versuch, Aufmerksamkeit zu generieren, resultieren. Die Unterscheidung der Auftritte in solche als Sprech- und solche als Objektakteurinnen, die Art und Weise also, in der die Akteurinnen in den Medien vorkommen, könnte jedoch als ein solches Indiz gewertet werden. So kommen die beiden Akteurinnen in substanziell unterschiedlicher Weise zu Wort: Saïda Keller-Messahli tritt in 78 % der Artikel, in denen sie erwähnt wird, als Sprechakteurin auf, während Nora Illi in lediglich 17 % direkt oder indirekt zu Wort kommt. In diesem Sinne kann eine Akteurin in den Medien auftauchen, um Aufmerksamkeit zu erregen, jedoch nicht selber zu Wort kommen. Wenn eine geringe Anzahl an Auftritten als Sprechakteurin als Indikator einer geringen Legitimität der Akteurin gewertet wird, weisen diese Daten darauf hin, dass Nora Illi in den analysierten Debatten zwar eine hohe Aufmerksamkeit zukommt, ihr jedoch möglicherweise wenig Legitimität zugesprochen wird. Die qualitative Inhaltsanalyse der Artikel bestätigt diesen Eindruck, denn in einem großen Teil der Publikationen, in denen Nora Illi genannt wird, wird explizit die Frage ihrer Legitimität als Sprechakteurin verhandelt. Die Thematisierung konzentriert sich dabei insbesondere auf einen Fernsehauftritt Nora Illis in der deutschen ARD-Talkshow *Anne Will* am 6. November 2016, der in der Folgezeit und bis Ende Januar 2017 eine Reihe von Printmedienpublikationen auslöste. Darin wurde die Talkshow stark kritisiert und Nora Illis Auftritt als unzulässig gewertet. Wiederholt wurde von »Irritation« darüber, »dass dem IZRS im öffentlich-rechtlichen Fernsehen eine Plattform geboten wurde« (z.B. Der Bund 09.11.2016, NZZ 10.11.2016), gesprochen und es wurde explizit die folgende Frage gestellt: »Darf man im Fernsehen einer einschlägig bekannten Propagandistin wie Nora Illi eine solche Plattform bieten?« (Zürichsee-Zeitung 08.11.2016).[48] Somit ist im Falle Nora Illis die große Zahl an Artikeln, in welchen sie als Objektakteurin vorkommt, auch inhaltlich als Indiz einer geringen ihr zugewiesenen Legitimität zu werten.

7.5 Abschließende Bemerkungen

Im vorliegenden Kapitel wurde aufgezeigt, wie die im Fokus stehenden Diskursakteurinnen in unterschiedlicher Weise als legitim bzw. als illegitim dargestellt werden. Dabei hat die Datenanalyse ergeben, dass die Einführung der Akteurinnen via

---

48 Die Debatte bezog sich dabei ausschließlich auf den Auftritt Nora Illis im deutschen Fernsehen und ging nicht auf zurückliegende Sendungen im Schweizerischen Radio und Fernsehen (SRG) ein, in denen sie sowie weitere Vertreter*innen des *IZRS* als Diskussionsteilnehmer*innen auftraten.

Partizipationspositionen mit der ihnen zugeschriebenen Legitimität zusammenhängt. Die Einführung einer Akteurin über Beruf oder Ausbildung hat potenziell bereits eine gewisse legitimierende Implikation. Die Darstellung einer Akteurin als Expertin kann sehr direkt als legitimierend bewertet werden, wobei der Fall Saïda Keller-Messahli aufgezeigt hat, dass die Zuschreibung von Expertise kontinuierlich verhandelt wird. Letztlich hängen auch Positionierungen via Subjektpositionen mit Legitimationsprozessen zusammen. In den analysierten Daten wirkt dabei die Darstellung von muslimischen Diskursakteurinnen als migrantisch einerseits direkt legitimierend, so wenn den Akteurinnen eine ›authentische Binnenperspektive‹ zugeschrieben wird. Andererseits kann dieselbe Markierung einer Akteurin als migrantisch potenziell delegitimierend wirken, wenn als Folge von einer ›Verlorenheit zwischen den Kulturen‹ gesprochen wird.

Darüber hinaus wird Legitimität via normativer Bewertungen zu- bzw. abgesprochen. Exemplarisch ersichtlich sind solche Bewertungen in den Darstellungen von gewissen Akteurinnen als ›aktivistisch‹ in einem positiv gewerteten Sinne und anderen Akteurinnen als ›provokant‹ und ›deviant‹. Damit geht jeweils die Zuschreibung oder Anzweiflung von gesellschaftlicher ›Kompatibilität‹ einher. In diesem Sinne wird gewissen Akteurinnen durch eine negativ bewertende Darstellung ihrer Aktivitäten als ›provokant‹ und ›deviant‹ nicht nur Legitimität abgesprochen, sondern sie werden auch als potenziell in der Schweiz ›problematisch‹ bzw. als mit der Schweizer Gesellschaft ›inkompatibel‹ etabliert. In der vorliegenden Untersuchung werden insbesondere die Frauen rund um den *IZRS* (Nora Illi, Ferah Ulucay etc.) in dieser Weise bewertet. Auch dem *IZRS* selbst wird eine geringe organisationale Legitimität zugesprochen, was als weiterer delegitimierender Faktor auf die mit ihm verbundenen Diskursakteurinnen wirkt. Die Häufigkeit, mit der Nora Illi lediglich als Objekt- anstatt als Sprechakteurin in den analysierten Mediendokumenten auftaucht, kann letztlich als weiteres Indiz dafür gewertet werden, dass ihr in den analysierten Mediendebatten wenig oder eine zumindest umstrittene Legitimität zugeschrieben wird.

Zusammenfassend werden die als ›fortschrittlich‹, ›säkular‹ oder ›liberal‹ markierten muslimischen Diskursakteurinnen im Fokus als eher legitim und andere Akteurinnen, insbesondere die Frauen rund um den IZRS (Nora Illi, Ferah Ulucay etc.) sowie die durch das Kopftuch sichtbar praktizierende Blerta Kamberi, als eher nicht legitime Sprecherinnen dargestellt. Der Blick auf die in hegemonialen Diskurslinien vorhandenen normativen Bewertungen der ›Art von Religion‹, anhand derer die Akteurinnen positioniert werden oder sich selbst positionieren (z.B. ›säkulare Musliminnen‹, ›fortschrittliche Musliminnen‹, ›konservative Musliminnen‹), könnte dabei helfen, die Unterschiede zwischen den verschiedentlich legitimierenden bzw. delegitimierenden Darstellungen zu erklären. Insbesondere die Diskrepanz zwischen legitimierenden bzw. delegitimierenden Einschätzungen einer gleichsam als migrantisch markierten Subjektposition legt nahe, dass normative Vorstellungen von ›akzeptablen‹ bzw. ›problematischen‹ Muslim*innen grundlegend auf die Legitimation der im Fokus stehenden Diskursakteurinnen wirken. Die entsprechende Zuschreibung bzw. Anzweiflung von Legitimität verfestigt wiederum die hegemonialen Diskurslinien.

8 Ein- und Ausschluss: Alternative Diskurslinien in Online-Öffentlichkeiten

Im vorangegangenen Kapitel wurde aufgezeigt, dass verschiedentlich markierte muslimische Diskursakteurinnen in der massenmedialen Öffentlichkeit als mehr oder weniger legitime Sprechakteurinnen auftreten. In dem vorliegenden Kapitel liegt der Fokus auf der öffentlichen Präsenz derselben Akteurinnen in sozialen Medien und auf Online-Plattformen (z.B. Blogs, Webseiten etc.), die nicht massenmedial institutionalisierten Zugangsbeschränkungen unterliegen (siehe Kapitel 2.3). Das Erkenntnisinteresse liegt darin, ob die Akteurinnen in Online-Öffentlichkeiten die gleichen oder ähnliche Inhalte wie in massenmedialen Publikationen äußern oder ob unterscheidende Diskurslinien zutage treten. Die Analyse der Online-Daten weist darauf hin, dass gewisse Äußerungen nur selten in massenmedialen Medienpublikationen erscheinen und teils ausschließlich auf sozialen Medienplattformen und in Online-Publikationen zu finden sind. Dabei wird im Folgenden analytisch zwischen in der massenmedialen Öffentlichkeit *marginalisierten* und *alternativen* Diskurslinien unterschieden; alternative Diskurslinien kommen in der analysierten massenmedialen Öffentlichkeit nicht vor (siehe Kapitel 5 und 6). Marginalisierte Diskurslinien sind in Abgrenzung zu hegemonialen Diskurslinien (siehe Kapitel 1) wie folgt definiert:

(1) Sie sind in übergreifenden Medienrepräsentationen, also in Titelsetzungen, Einleitungen oder Schlusssetzungen massenmedialer Publikationen, *nicht* ersichtlich.
(2) Sie werden *nicht* wiederholt von institutionalisierten Medienakteur*innen (z.B. Moderator*innen, Interviewer*innen, an Medieninstitute gebundenen Expert*innen wie SRF-Religionsexpert*innen, etc.) in Fragestellungen eingebracht – oder sie laufen den eingebrachten Fragestellungen sogar entgegen (z.B. wenn Fragestellungen hinterfragt, relativiert o.Ä. werden).
(3) Die Diskurslinien werden als subjektive Meinungen und nicht als Wissen oder Tatsachen dargestellt.

Durch das Aufzeigen marginalisierter und insbesondere alternativer Diskurslinien weist dieses Kapitel auf strukturelle Ausschlussmomente der massenmedialen Öffentlichkeit hin.

8.1 Online-Medienpräsenz muslimischer Diskursakteurinnen

Der diesem Kapitel zugrunde liegende Datensatz beruht auf den öffentlichen Publikationen der im Fokus stehenden muslimischen Diskursakteurinnen auf Online-Plattformen und in sozialen Medien. Diese Dokumente werden als Teil von medialen Teilöffentlichkeiten ohne Zugangsbeschränkungen gewertet, in denen potenziell alternative, in der komplexen, massenmedialen Öffentlichkeit nicht vorkommende Diskurslinien geäußert werden können. Sieben der elf Akteurinnen, die zwischen 2016 und 2019 in der Deutschschweizer massenmedialen Öffentlichkeit namentlich und wiederholt als muslimische Diskursakteurinnen auftraten, haben auch eine öffentliche Medienpräsenz online. Die öffentliche Medienpräsenz der Akteurinnen außerhalb massenmedialer Publikationen zeigt sich wie folgt:

Tabelle 8: Online-Präsenz muslimischer Diskursakteurinnen

Akteurin	Soziale Medien	Webseiten
Amira Hafner-Al Jabaji	–	*Interreligiöser ThinkTank*
Elham Manea	Twitter (136), Facebook (81)[1]	*Persönlicher Blog*
Ferah Ulucay	Twitter (63), Instagram (1)	–
Jasmin El-Sonbati	Twitter (0)[2]	–
Nora Illi	Twitter (162), Instagram (29)	–
Rifa'at Lenzin	–	*Interreligiöser ThinkTank*
Saïda Keller-Messahli	Twitter (99), Facebook (3)[3]	*Forum für einen fortschrittlichen Islam (FFI), Säkulare Muslime*

---

[1] Die Zahl in Klammern gibt die Anzahl thematisch relevanter Social-Media-Posts an, die aus dem jeweiligen Profil im Datensatz aufgenommen wurden.
[2] Jasmin El-Sonbati hat einen Twitter-Account, der jedoch nur sporadisch benutzt wird und unter welchem für die vorliegende Studie keine relevanten Inhalte publiziert wurden.
[3] Unter dem Namen Saïda Keller-Messahli ist ein Instagram-Account zu finden, der jedoch bisher keine Publikationen verzeichnet.

Zur Online-Medienpräsenz zählen *erstens* die öffentlichen Profile der Akteurinnen und die damit verbundenen Publikationen auf sozialen Medienplattformen.[4] Zu öffentlich zugänglichen Plattformen gehören Profile auf Twitter und Pages auf Facebook[5] sowie Profile auf Instagram.[6] *Zweitens* gehören zu der Online-Öffentlichkeitspräsenz der Diskursakteurinnen Webseiten und Blogs, in denen sie unter ihrem Namen Beiträge publizieren.[7]

Die (beinahe) unlimitierten Zugangsvoraussetzungen dieser mit eigenen Beiträgen der Diskursakteurinnen befüllten Webseiten und ihren individuellen Profilen auf sozialen Medienplattformen erlauben es, potenziell institutionalisierte Ein- und Ausschlussmechanismen der komplexen, massenmedialen Öffentlichkeit zu umgehen. Daher liegt im Folgenden der Fokus auf den aus den Online- und Social-Media-Daten herausgearbeiteten Diskurslinien, die in der analysierten massenmedialen Öffentlichkeit nur vereinzelt vorkommen oder gänzlich fehlen.

8.2 Diskurslinien in sozialen Medien und auf Webseiten

Aus den analysierten Online-Daten konnten drei Diskurslinien herausgearbeitet werden, die in den massenmedialen Publikationen selten bis nie vorkommen. *Erstens* (8.2.1) äußern sich Nora Illi und Ferah Ulucay zur Thematik religiöser Praxis im öffentlichen Raum und wenden sich explizit gegen Darstellungen von ›Säkularität‹ als Differenzmarkierung und als Bedingung ›nationaler Zugehörigkeit‹ zur Schweiz (siehe Kapitel 6). Darüber hinaus schalten sich Nora Illi und Ferah Ulucay mit ihren Twitter- und Instagram-Publikationen *zweitens* (8.2.2) in Debatten rund um Zugehörigkeit und Ausschluss ein, indem sie einerseits generell das Thema antimuslimischer Diskriminierung aufbringen und andererseits spezifisch Debat-

---

4   Zu den neusten sozialen Medien, in denen Publikationen öffentlich zugänglich sind, gehört seit 2020 TikTok, diese Plattform gab es jedoch im Untersuchungszeitraum noch nicht.
5   Auf Facebook gibt es die Möglichkeit, anstatt eines privaten Personenprofils eine öffentliche Page zu unterhalten. In diesem Rahmen publizierte Inhalte sind öffentlich zugänglich. Die Daten beschränken sich auf die zwei öffentlichen Pages der in dieser Studie im Zentrum stehenden muslimischen Diskursakteurinnen Elham Manea und Saïda Keller-Messahli. Private Facebook-Personenprofile wie jenes von Blerta Kamberi und Jasmin(a) El-Sonbati wurden nicht berücksichtigt.
6   Instagram hat sich erst während der Laufzeit der Forschungsarbeit als Kanal etabliert, so unterhalten Ferah Ulucay und Nora Illi beide erst seit 2017 ein Instagram-Profil und Elham Manea erst seit Mai 2019. Das Profil von Elham Manea liegt nicht mehr im Untersuchungszeitraum und wurde daher nicht im Datensatz aufgenommen.
7   Zur Übersicht über die analysierten Social-Media-Profile und Webseiten siehe Anhang 3.

ten und Verbote muslimischer Kopfbedeckungen als diskriminierend darstellen.[8] Dieses Thema knüpfen sie ihrerseits an das Fortschrittsnarrativ individueller Freiheit an, indem sie die Verbote als ›freiheitseinschränkend‹ darstellen und die in den massenmedialen Debatten marginal präsente Interpretation des Tragens einer Kopfbedeckung als ›selbstbestimmte Wahl‹ und ›befreiende Praxis‹ wiederholen und bekräftigen. Und *drittens* (8.2.3) nutzen Amira Hafner-Al Jabaji und Rifa'at Lenzin ihre Online-Präsenz auf der Plattform des Interreligiösen ThinkTanks unter anderem dazu, die Frage der ›Zugehörigkeit‹ von Muslim*innen zu der Schweiz explizit zu hinterfragen sowie differenzierter aufzugleisen, indem sie die Vielfalt muslimischer Lebensweisen in den Vordergrund rücken und die Komplexität von Identitätszuschreibung und Identitätsfindung hervorheben. Diese drei Diskurslinien werden im Folgenden exemplarisch erläutert.

8.2.1 »Betet, freie Schweizer, betet«: öffentliche, muslimische Religion als Teil der Schweiz

In hegemonialen Diskurslinien wird ›Säkularisierung‹ als ›fortschrittlich‹ und ›Säkularität‹, verstanden als Trennung von Staat und Religion sowie Religionsausübung im privaten Bereich, als Voraussetzung ›nationaler Zugehörigkeit‹ konzipiert (siehe Kapitel 6.2.2). Die Frage, wie ›säkular‹ Muslim*innen seien, wird dabei zum normativen Referenzrahmen in der Unterscheidung zwischen als ›akzeptabel‹ und als ›problematisch‹ wahrgenommenen Muslim*innen. Die Selbstpositionierung muslimischer Diskursakteurinnen als ›säkulare‹ und ›privat gläubige‹ Musliminnen in massenmedialen Debatten kann als Konsequenz und (Re-)Produktion dieses Diskurses gewertet werden. Die Darstellung von ›Säkularität‹ als positiv gewertete Differenzkategorie zwischen ›kompatiblen‹ und ›problematischen‹ Muslim*innen in der Schweiz wird in den analysierten massenmedialen Daten nie grundlegend hinterfragt. Auf Twitter und Instagram widersprechen Nora Illi und Ferah Ulucay jedoch diesem Narrativ und bieten eine alternative Darstellung von ›Schweizerisch-Sein‹, welches ›nicht-säkulare‹, öffentliche muslimische Religionseinübung einbezieht. Dies ist auf dreierlei Weise ersichtlich:

Erstens setzen sich Nora Illi und Ferah Ulucay in ihren Social-Media-Publikationen gegen einzelne gesetzliche Vorstöße zur Wehr, die Religion und insbesondere explizit muslimische Religionsausübung in der Öffentlichkeit verbieten möchten. Solche Ansätze und deren Konsequenzen problematisieren sie als diskriminierend. Ein Beispiel ist das im Februar 2019 in Genf vom Stimmvolk angenommene Laizismus-Gesetz, welches es unter anderem kantonalen Angestellten bei der Studie ver-

---

8   Die Themen Diskriminierung und Islamophobie waren in den analysierten massenmedialen Debatten zwar präsent, sie waren jedoch im analysierten Zeitraum nicht in hegemonialen Diskurslinien präsent.

bietet, sichtbare religiöse Symbole zu tragen.[9] Diese Gesetzesänderung wird von Ferah Ulucay und Norah Illi als diskriminierend, insbesondere vis-à-vis muslimischen Frauen problematisiert; so publizieren sie zum Thema Tweets wie:

> Meine KV-Ausbildung mit #Hijab durfte ich bei der Stadtverwaltung Bern absolvieren. Hätten wir in Bern auch ein #Laizismus-Gesetz gehabt wie in #Genf jetzt, wäre ich nun ohne Ausbildung und wohl auf dem Sozialamt. #islamophobie schadet.
> #Kopftuchverbot
> @20min @islamrat
> (Ferah Ulucay, Twitter 10.02.2019)[10]

> Konsequente Trennung von Staat & Religion... Doch wo beginnt Religion? Mit der Annahme des #Laizismus-Gesetz in #Genf werden muslimische #Frauen aus der #politik & anderen wichtigen Bereichen ausgeschlossen.
> (Nora Illi, Twitter 10.02.2019)

Darüber hinaus erklärt Nora Illi, dass das Gesetz sie in ihrer ›individuellen Freiheit‹ angreift:

> Was ich zu tragen habe und was nicht entscheide einzig und allein ich. Nicht der Staat und nicht die Gesellschaft, die dieses extrem laizistisches Gesetz [sic!] angenommen hat.
> (Twitter 10.02.2019)

Durch Hashtags, die insbesondere in Ferah Ulucays Publikationen (Tweets und Retweets) auftauchen, wird der Genfer Laizismusvorstoß als islamfeindlich (#islamophobie oder #islamophob), intolerant (#intoleranz) und teils als extrem (#extremismus) dargestellt.[11]

---

9   Zur Berichterstattung siehe z.B. Swissinfo Artikel 2019, *Genf stimmt über umstrittenes Laizitätsgesetz ab*, https://www.swissinfo.ch/ger/trennung-von-kirche-und-staat_genf-stimmt-ueber-umstrittenes-laizitaetsgesetz-ab/44733826, letzter Zugriff 27.04.2021.

10 Ein weiterer, beispielhafter Retweet ist jener von Ferah Ulucay mit dem Text »Switzerland's #Geneva is once more writing history – this time not for religious #freedom & not for #Geneva_Convention minded ideas but for leading the caravan of #Discrimination #intolerance & #Islamophobia – shame on you !!« (Twitter 10.02.2019)

11 So retweetet beispielsweise Ferah Ulucay einen Post des *IZRS* mit dem Text: »[hijabi-emoji] [stop-zeichen emoji] IZRS-Generalsekretärin @ferahulucay könnte unter dem neuen Laizismus-Gesetz in #Genf keine Lehrstelle mehr antreten. [Link zu einem Video mit den »official statement« von Ferah Ulucay] #Hijab #Islamophobie #Laizismus #Extremismus #Intoleranz« (Twitter 11.02.2019).

Neben der Auseinandersetzung mit einzelnen expliziten Vorstößen werden *zweitens* Darstellungen von ›Säkularität‹ als Bedingung für ein konfliktfreies Zusammenleben hinterfragt. Dies ist beispielsweise in folgender Reaktion von Nora Illi (Retweet Qaasim Illi) auf Elham Maneas Worte »Das kulturelle Gedächtnis unserer Gesellschaft ist voll von Konflikten und die Gegenwart ebenso. Dagegen helfen nicht noch mehr Kreuze und Kopftücher. Dagegen helfen nur Ruhe, Vernunft – und Neutralität. Denn das ist die Tür zur Zukunft« zu sehen:

> Das ist die eigennützige Lesart der Säkulariban. Erstens sind vor allem sie es, die diese Konflikte herbeidiskutieren u. zweitens ist die These falsch. Es gibt genügend historische Evidenz für friedliche Koexistenz der Religionen – ganz ohne Säkularismus. (Nora Illi Retweet Qaasim Illi, Twitter 09.05.2018)

Dieser Tweet wehrt sich gegen die Darstellung, Konfliktpotenzial sei in Religionen inhärent und dieses Potenzial sei nicht mit und durch Religionen (»noch mehr Kreuze und Kopftücher«), sondern nur durch Säkularisierung (hier »religiöse Neutralität«) zu bewältigen. So wird das friedliche Zusammenleben von Religionen »ohne Säkularismus« als möglich dargestellt. Der Tweet geht sogar noch weiter und schreibt die eigentliche Konfliktursache dem ›Säkularismus‹-Diskurs zu. Durch die Wortschöpfung »Säkulariban« wird der Diskurs rund um islamischen Extremismus der Taliban evoziert und dieser Extremismus den säkularistischen Vorstößen zugewiesen. Damit sind in den Online-Äußerungen von Nora Illi und Ferah Ulucay direkte Gegendiskurse zu öffentlichen und politischen Debatten ersichtlich.

Zu guter Letzt liefern Nora Illi und Ferah Ulucay eine alternative Interpretation dessen, was es bedeutet, ›Schweizer*in‹ zu sein. Auslöser sind Artikel zu einem geplanten Vorstoß des SVP-Nationalrates Andreas Glarner Anfang Februar 2019, in welchem ein öffentliches Betverbot für Muslim*innen gefordert wurde.[12] Ferah Ulucay tweetet daraufhin folgenden Text mit einem Link zum *20 Minuten*-Artikel »Glarner will öffentliches Betverbot für Muslime«:

> »Betet, freie Schweizer, betet!«
> Schweizer Landeshymne
> @SVPch #Glarner würde selbst die Schweizerische Bundesverfassung hintergehen, um Muslimen sämtliche Rechte zu verbieten. Von wegen Patriot und so.
> Glarner will öffentliches #Betverbot für Muslime

---

12 Der Vorstoß wurde in diversen Artikeln diskutiert, so beispielsweise in den *20 Minuten* mit dem Titel *Glarner will öffentliches Betverbot für Muslime* (14.02.2019), https://www.20min.ch/story/glarner-will-oeffentliches-betverbot-fuer-muslime-285126057790, letzter Zugriff 27.04.2021, oder im *Tagblatt*-Artikel *Gegen ein »Ticinistan«: Burka-Bekämpfer will ein Betverbot für Muslime* (13.02.2019). Der Vorstoß wurde vom Kantonsparlament schließlich abgelehnt (*Burkabekämpfer Ghiringhelli blitzt ab*, Tagblatt 19.02.2019).

[Link zum 20 Minuten-Artikel]
(Ferah Ulucay, Twitter 13.02.2019)

In diesem Tweet stellt Ferah Ulucay dem Vorstoß, Muslim*innen öffentliches Beten zu verbieten, ein Zitat aus der Schweizer Nationalhymne gegenüber.[13] Drei Tage später publiziert Nora Illi den folgenden Post (einen Retweet), in welchem sie ein ähnliches, jedoch nicht vorstoßspezifisches Argument anbringt:

Abb. 4: *Tweet Nora Illi*

Neben dem Zitat aus der Nationalhymne »Betet, freie Schweizer, betet!« beinhaltet der Tweet ein Bild, auf welchem, unter Berücksichtigung von Kontextwissen, das Schweizer Parlamentsgebäude in Bern sowie betende Muslim*innen

---

13   Zur Schweizer Nationalhymne siehe die Webseite des Bundesrates 2015, *Schweizer Landeshymne (Schweizerpsalm)*, https://www.admin.ch/gov/de/start/bundesrat/geschichte-des-bundesrats/schweizer-landeshymne.html, letzter Zugriff 27.04.2021. Der religionsbezogene Charakter der Hymne wurde in den letzten Jahren hinterfragt, so gab es beispielsweise 2014 einen Vorstoß der Schweizerischen Gemeinnützigen Gesellschaft SGG, die Hymne zu erneuern, um die »Schweiz in ihrer heutigen politischen und kulturellen Vielfalt ab[zubilden]« (Nationalmuseums Blog 2019, *Das Kreuz mit der Hymne*, https://blog.nationalmuseum.ch/2019/03/das-kreuz-mit-der-hymne/, letzter Zugriff 27.04.2021).

ersichtlich sind. In dieser Publikation eröffnet der Text »betet, freie Schweizer, betet« den Referenzrahmen ›Religion‹ bzw. religiöses Gebet.[14] Im Zusammenhang mit dem Kontext der Schweizer Nationalhymne, die im Ursprung als Psalm komponiert wurde,[15] scheint der Text spezifisch die christliche Religion bzw. das christliche Gebet zu evozieren. Im Tweet wird der Referenzrahmen jedoch visuell durch betende Muslime spezifiziert. In diesem Sinne weist der Tweet auf zwei Dinge hin: *Erstens*, ›Schweizer*innen‹ beten oder werden sogar dazu aufgerufen. Und *zweitens*, ›Schweizer*innen‹ beten auf muslimische Weise. Damit wird öffentliches, muslimisches Beten als Teil der Schweiz dargestellt bzw. öffentlich betende Muslim*innen werden zu in der Nationalhymne aufgerufenen ›freien Schweizer*innen‹.

8.2.2 #NichtOhneMeinKopftuch: (Weibliche) Selbstbestimmung in der Religionsausübung

In der massenmedialen Präsenz muslimischer Diskursakteurinnen sind Momente ersichtlich, in denen Individualisierung als Differenzkategorie im Sinne ›individueller Rationalität‹ und ›Selbstbestimmung‹ angeeignet wird. Bereits innerhalb der massenmedialen Öffentlichkeit haben muslimische Diskursakteurinnen die eigene Religionsausübung als selbstbestimmt hervorgehoben. Gleichzeitig ist in wiederholten hegemonialen Diskurslinien das Bild gewisser geschlechtsspezifischer Religionspraktiken, insbesondere das Tragen einer Kopfbedeckung (vor allem Burka und Niqab, aber auch Hijab) als Zeichen von ›nicht-selbstbestimmter‹, ›problematischer‹ Religion weiterhin präsent. Stimmen wie jene Nora Illis oder Janina Rashidis, die die Selbstbestimmung der Frauen als Norm innerhalb des Islams darstellen oder das Tragen der Kopfbedeckung als Selbstbestimmung und individuelle Freiheit interpretieren, bleiben in den analysierten massenmedialen Daten marginal (siehe Kapitel 6.4.3).

Vor diesem Hintergrund steht die zentrale Präsenz genau dieser Narrative in den Publikationen von Nora Illi und Ferah Ulucay auf den Plattformen Twitter und Instagram in einem Spannungsverhältnis zu der relativ vernachlässigbaren Gewichtung derselben Diskurslinien in der massenmedialen Öffentlichkeit. Die Ausprägung der Diskurslinien in den sozialen Medien wird im Folgenden entlang

---

14 In der vorliegende Studie wurden Text und Bild entlang verschiedener Kodierungsschritte in Beziehung zueinander gelesen (mehr dazu siehe Kapitel 4), um das Zusammenspiel verschiedener semiotischer Modi in diesem kontextspezifischen Interpretationszusammenhang zu verstehen (Fraas et al. 2014, 112). Eine separate detaillierte Bildanalyse wurde im Rahmen dieser Untersuchung nicht vorgenommen. Da sich aber gerade auch die öffentliche Visibilität der untersuchten Diskursakteurinnen maßgeblich unterscheidet, plädiere ich für den systematischen Einbezug medialer Bildpraktiken in weiterführenden Studien.

15 Siehe Nationalmuseum Blog. 2019. Das Kreuz mit der Hymne, https://blog.nationalmuseum.ch/2019/03/das-kreuz-mit-der-hymne/, letzter Zugriff 27.04.2021.

exemplarischer Twitter- und Instagram-Publikationen sowie anhand von Einblicken in die plattformübergreifenden Hashtagdiskurse rund um #WorldHijabDay sowie #NichtOhneMeinKopftuch erläutert.

Am 24. Dezember 2018 veröffentlichte Nora Illi ein Bild von sich, im Niqab gekleidet, vor einem See auf Instagram zusammen mit einem Text in Gedichtform. Dieser zeigt beispielhaft verschiedene thematische Aspekte der von ihr publizierten Social-Media-Inhalte auf:

> Du starrst mich an und nennst mich unterdrückt,
> Nur wegen einem Kleidungsstück.
> Du fragst nicht was ich dazusage [sic!],
> beurteilst alleine was ich mit Stolz trage.
> Mein Körper trage ich nicht zur Schau für deine Triebhaftigkeit.
> Betrachte meinen Verstand nicht meine Weiblichkeit.
> Ich bin eine Individuum und kein Sklave der Ehre
> Einzig Allahs Gefallen ist's, das ich begehre.
> Niemand soll bestimmen, was ich trage
> Es ist Allahs Gebot, das ich befolge.
> Ich kann meine Stimme erheben,
> sein Wort in meinem Herzen.
> Unterdrückt bin ich bestimmt nicht,
> Freiheit ist es, auf die ich nicht verzicht.
> Ich kann Berge besteigen und Ozeane überqueren,
> Mein Geist ist frei von Vorurteilen.
> Freiheit ist es, die der Islam gibt,
> und die es zu verteidigen gibt!

Ein erstes Thema des Gedichtes ist die Selbstdarstellung als selbstbestimmt (»unterdrückt bin ich bestimmt nicht, Freiheit ist es, auf die ich nicht verzicht«) und frei innerhalb des Islams (»Freiheit ist es, die der Islam gibt«). Diese Darstellung der Wahl, eine Kopfbedeckung zu tragen, als nicht nur ›selbstbestimmt‹, sondern auch als ›Freiheit‹, wird in anderen Publikationen verschiedentlich wiederholt. So schreibt Nora Illi in weiteren Instagram-Posts »Hijab – meine selbstbestimmte Freiheit« (15.04.2018) und »Mein Niqab ist meine Freiheit! #proudniqabi« (01.10.2017).

Diese Hervorhebung der eigenen, weiblichen Selbstbestimmung richtet sich dabei meist explizit gegen Narrative, die Frauen ›im Islam‹ und insbesondere eine Kopfbedeckung tragende Frauen als ›unterdrückt‹ porträtieren. Nora Illis Gedicht verweist auf eine solche Vorstellung gleich zu Beginn. Mit den Worten »du starrst mich an und nennst mich unterdrückt, nur wegen einem Kleidungsstück« rahmt sie das Gedicht als explizit an und gegen Personen gerichtet, die ›Frauen im Islam‹ wegen ihrer muslimischen Kleidungspraxis als unterdrückt wahrnehmen. Nora Illi wehrt sich auch explizit gegen die Darstellung der Kopfbedeckung als ›Zwang‹, so beispielsweise im Artikel der *Basler Zeitung* online mit dem Titel *Die Zwangsjacke namens Burka* (17.09.2018). Auf diesen Artikel verweist sie in folgendem Tweet:

> Nicht muslimischer Mann meint mal wieder besser zu wissen, dass wir Musliminnen unterdrueckt seien & uns eine individuelle Entfaltung nicht möglich sei. [3x Dizzy Face Emoji]
> Sprecht mit uns, anstatt ueber uns! [Hijabi Emoji]
> #burkaverbot #burka #hijab #wertediktatur #islamophobie
> [Link Basler Zeitung online: Bild dreier Frauen im Niqab, Titel *Die Zwangsjacke namens Burka*, ersichtlicher Text: ›Burka und Kopftuch sind keine Symbole einer Religion, sondern einer repressiven Ideologie des Islamismus […]‹]

Dabei ruft Nora Illi dazu auf, den Dialog mit ihr als niqabtragender Muslimin zu suchen, anstatt über ihre Situation zu urteilen. Dieses Spannungsverhältnis zwischen Selbstdarstellung als selbstbestimmt und Fremdzuschreibungen als unterdrückt wird in einem weiteren Retweet Nora Illis direkt angesprochen:

> Da ist eine erwachsene Frau, die Kopftuch trägt, für ihr Kopftuch einsteht, klar demonstriert, dass sie es freiwillig trägt und dann kommt eine #AliceSchwarzer und sagt ihr: Du wirst unterdrückt. Wie wenig Respekt kann man eigentlich vor der Selbstbestimmung einer Frau haben? (Retweet Nora Illi, Twitter 09.05.2019)[16]

Diese Publikationen weisen dabei nicht nur darauf hin, dass ›individuelle Freiheit‹ und ›Selbstbestimmung‹ als normativer Referenzrahmen in der Problematisierung von zumindest gewissen Arten des Islams funktioniert, sondern zeigen auf, dass die Wahrnehmung von Akteurinnen als ›selbstbestimmt‹ von kontinuierlichen Aushandlungsprozessen abhängt. ›Individuelle Freiheit‹ ist damit nicht gegeben, sondern eine diskursiv etablierte Größe.

Nora Illi und Ferah Ulucay richten sich in ihren Online-Äußerungen zudem gegen jegliche Vorstöße, das Tragen einer Burka, eines Niqabs oder eines Hijabs zu verbieten. Solche Verbote werden dabei als diskriminierend sowie die Freiheit muslimischer Frauen einschränkend dargestellt. So reagiert Nora Illi auf die Verschleierungs- bzw. Verhüllungsverbote (in der breiten medialen Öffentlichkeit häufig als ›Burkaverbote‹ gehandhabt) in Dänemark und (im analysierten Zeitraum) später in St. Gallen mit den folgenden Tweets:

---

16 Alice Schwarzer ist Journalistin, Germanistin und Herausgeberin der Frauenzeitschrift *Emma* und gilt als eine der bekanntesten Feministinnen des deutschsprachigen Raumes. Sie gilt zudem als »Islamkritikerin« und stand in den letzten Jahrzehnten wiederholt durch ihre problematisierenden Aussagen hinsichtlich Muslim*innen sowie anderer Minoritäten in der Kritik (siehe z.B. Dietze 2016).

Mit #Dänemark entschied sich ein weiteres Land gegen die #Toleranz und dafür #Frauen die #Freiheit zu nehmen über sich selbst bestimmen zu können. #niqabverbot #Burkaverbot (Twitter 31.05.2018)

Der Kanton #StGallen bestimmt ab nun, wie sich #Frauen zu kleiden haben und diskriminiert mit dem neu eingefuehrten #Burkaverbot #Muslimas #islamophobie #lovemyniqab (Twitter 23.09.2018)

Darüber hinaus ruft Nora Illi wiederholt dazu auf, sich gegen solche Verbote zur Wehr zu setzen. Dieses Sich-zur-Wehr-Setzen rahmt sie teils als ›Kampf‹, so beispielsweise in einem Instagram-Post, in welchem ein kurzes Video einer Frau im Hijab mit Boxhandschuhen und Boxsack in einem Sportstudio von folgendem Text begleitet wird:

[Herzchen Emoji] We love Hijab [Herzchen Emoji] Niemand hat das Recht uns zu zwingen ihn auszuziehen, nur damit wir uns bilden können[17] [Emoji Hijab tragender Frauenkopf]
#wertedidktatur #hijab #hijabi #schoolgirl #beactive #boxing #fight #islam #dawah (Nora Illi, Instagram 25.09.2018)

In diesem Tweet werden Diskussionen darüber referiert, das Tragen eines Hijabs bei Schülerinnen zu verbieten. Das als Reaktion publizierte Bild einer boxenden Frau im Hijab mit den Hashtags #beactive #boxing #fight fordert einen ›Kampf‹ gegen die #wertediktatur. Auch im eingangs erwähnten Gedicht ist das Thema des Sich-zur-Wehr-Setzens ersichtlich: »Freiheit ist es, die der Islam gibt, und die es zu verteidigen gibt! Niemand soll bestimmen, was ich trage« (Nora Illi, Instagram 24.12.2018).[18]

Dieses Sich-zur-Wehr-Setzen wird von Nora Illi als dringlich dargestellt. Dies wird in einer Äußerung auf Instagram besonders deutlich, in welcher auf den Nationalsozialismus des Zweiten Weltkriegs verwiesen wird. Im Bild steht Nora Illi im Niqab neben einer Gittertür mit der Aufschrift »Arbeit macht frei«, begleitet vom Text:

---

17 Das Weglassen oder Anpassen von Satzzeichen ist auf Twitter aufgrund der Zeichenrestriktionen relativ üblich. Fehlende Kommas wurden deshalb nicht jedes Mal mit [sic!] markiert.

18 In einem Instagram-Post stellt Nora Illi dar, dass die Verbote des Tragens des Niqabs und der Burka bei weiterem Tragen des Kleidungsstückes in buchstäblicher ›Unfreiheit‹ im Sinne von Gefangenschaft resultieren können. Der Post beinhaltet ein Bild von Nora Illi mit einem Blatt Papier, welches auf das Verbot der Gesichtsverhüllung in Österreich hinweist. Begleitet wird das Bild von Nora Illis Text: »Alhamdulilah, wieder frei! Weil ich mit ein paar Schwestern #Wien besichtigen wollte, wurden wir verhaftet. Dies nur weil wir nicht bereit sind unseren Din – den Islam – aufzugeben und unseren Niqab auszuziehen.« (Nora Illi, Instagram 19.11.2017)

›Wenn Unrecht zu Recht wird, wird Widerstand zur Pflicht.‹ Nicht erst wenn es soweit ist. #dachau #neveragain #standup (Nora Illi, Instagram 20.11.2017)

Eingebettet in den Kontext ihrer übergreifenden Social-Media-Präsenz, die den Anliegen von Muslim*innen in der Schweiz und Europa gewidmet ist, wird damit indirekt ein Link zwischen der heutigen Situation von Muslim*innen und den Jüd*innen in Deutschland während des Nationalsozialismus hergestellt. In einem gesamtgesellschaftlichen Diskurs, der die nationalsozialistischen Taten im Zweiten Weltkrieg als unmenschlich ablehnt, gibt dieser Vergleich dem aktivistischen Anliegen Nora Illis eine hohe Gewichtung.

Die exemplarisch entlang von Online-Publikationen Nora Illis erläuterten Diskurslinien, in denen das Tragen einer Kopfbedeckung als selbstbestimmte Wahl etabliert wird und Verbote solcher Kleidungspraktiken als diskriminierend dargestellt werden, sind an die crossmedialen und transnationalen Hashtagdiskurse #WorldHijabDay und #NichtOhneMeinKopftuch angeknüpft. Auf Twitter ermöglichen Hashtags die Organisation von Kommunikation zu spezifischen Events oder Themen (Bruns und Moe 2014, 17). Dabei markieren Hashtags die Publikationen auf Twitter als relevant hinsichtlich eines spezifischen Ereignisses oder Themas und machen sie öffentlich such- und findbar für andere Nutzer*innen (Bruns und Moe 2014, 17). In plattformübergreifenden Diskursen werden dieselben Hashtags auf mehreren Plattformen verwendet und ermöglichen es so, an einem Social-Media-übergreifenden, crossmedialen Kommunikationsprozess teilzunehmen. Gefördert durch die geringe Zugangsbeschränkung kann die Bündelung von Kommunikation in den sozialen Medien durch das Verwenden spezifischer Hashtags genutzt werden, um sich in öffentliche Diskurse einzuschalten. So erklärt Konnelly in ihrer Studie zu Twitter das Potenzial der Hashtags als »a new form of resistance and challenge in the technological world« (2015, 14).

Sowohl Nora Illi als auch Ferah Ulucay sind aktiv an den zwei Hashtagdiskursen #WorldHijabDay und #NichtOhneMeinKopftuch beteiligt. *Erstens* verwendet Ferah Ulucay in einigen ihrer Social-Media-Posts den Hashtag #WorldHijabDay. Dieser Hashtag bezieht sich auf den jährlichen World Hijab Day, der 2013 via Facebook und Webseite[19] von Nazma Khan aufgrund ihrer eigenen Diskriminierungserfahrungen als hijabtragende Schülerin in Amerika ins Leben gerufen wurde. Ihr Ziel damit war es, eine Plattform für *hijabis* zu kreieren, als »a support system where Muslim women could share their hijab experience« und als »tool to promote greater awareness and an exercise on empathy for the dignity of being a hijabi« (Raihanah 2017, 98–99). In diesen transnationalen Diskurs reiht sich auch Ferah Ulucay ein, indem sie den Hashtag in folgenden zwei Tweets verwendet:

---

19   Webseite World Hijab Day, https://worldhijabday.com/, letzter Zugriff 27.04.2021.

Trotz Ablehnung unserer islamischen Identität, trotz der gezielten Diskriminierung Muslimas mit #Hijab, trotz der #islamophobie. Ich liebe es mit meinem Hijab Allah dienen zu dürfen das ist das was für mich zählt. Der ganze Hass ändert daran nichts. #WorldHijabDay #NoHijabDay (Ferah Ulucay, Twitter 03.02.2019)
Und du siehst nur mein Kopftuch – Proud Hijabi [Hijabi Emoji, ok Fingerzeig Emoji] #worldHijabDay #NoHijabDay #nofreeinhijab
Link Retweet IZRS Tweet: All the Hashtags #Nohijabday #nofreeinhijab und Du bist immer noch nicht am Ziel – #Hijab still on! [Praise Emoji] #worldhijabday #freeinhijab #empowered #hijabi #muslimah #halal #freedom #feminismus #kopftuch (Ferah Ulucay, Twitter 03.02.2019)

Dabei stellt sie das Tragen des Hijabs nicht nur als mit Stolz (»Proud Hijabi«) selbstgewählt dar, sondern stellt es auch in den Kontext von Diskriminierung insbesondere kopfbedeckungstragender muslimischer Frauen.

Neben dem #WorldHijabDay sind Nora Illi und Ferah Ulucay *zweitens* am deutschsprachigen, transnationalen Diskurs rund um den Hashtag #NichtOhneMeinKopftuch beteiligt. Dieser wurde 2018 auf Twitter eingeführt und war anfangs spezifisch gegen einen Vorstoß der Landesregierung von Nordrhein-Westfalen gerichtet, in welchem diskutiert wurde, ein »Kopftuchverbot« für Mädchen unter 14 Jahren einzuführen. Seither hat sich der Hashtag plattformübergreifend und transnational im deutschsprachigen Raum insbesondere rund um die Gruppen *Generation Islam* in Deutschland und den *IZRS* in der Schweiz verbreitet. Inhaltlich werden einerseits verschiedene Kopfbedeckungsverbote und -problematisierungen als diskriminierend dargestellt und es wird direkt dagegen protestiert. Andererseits haben verschiedene muslimische Frauen den Hashtag verwendet, um von diskriminierenden Situationen aufgrund ihrer Kopfbedeckung zu berichten und ihre Wahl, eine Kopfbedeckung zu tragen, als selbstbestimmt zu unterstreichen. Der Hashtag wird dabei aktiv als Mittel verstanden, öffentlich zu Wort zu kommen; so publiziert Nora Illi auf Instagram ein kurzes Video mit dem Text:

Die Zeit des Desinteresse und Schweigens ist vorbei! Unser Din, unser Hijab, unsere Entscheidung! Jetzt die online Petition unterschreiben und heute Abend um 20:30 Uhr euer Statement unter #nichtohnemeinkopftuch veröffentlichen. #hijab #proudmuslimah (Nora Illi, Instagram, 15.04.2018)

Die Aktivität rund um den Hashtag ist auch mit Protestaktionen verbunden; so haben sich im Laufe von 2018 in verschiedenen Städten Deutschlands und der Schweiz (mehrheitlich hijabtragende) Musliminnen zusammengetan, um mit farbigen Ballons durch die Straßen zu gehen und damit ein Zeichen gegen Forderungen nach Kopfbedeckungsverboten zu setzen. In den gefilmten und online geposteten Aktionen mit dem Hashtag #NichtOhneMeinKopftuch wurden jeweils muslimische Frauen in anderen Städten nominiert, mitzumachen, »um ein Zeichen zu setzen«.[20] An dieser Aktion nahmen auch muslimische Frauen in der Schweiz teil; so publizierte Ferah Ulucay am 9. Juli 2018 den folgenden Tweet mit Link zum *IZRS*-Video eines Ballon-Umzuges:

> #NichtohnemeinKopftuch #sisterunited [Herz Emoji, Blumenemoji]
> Link zu Tweet des IZRS: »[Video Emoji, Handzeig Emoji] So reagieren Musliminnen [3x Hijabi Emoji] in #Zürich auf die Kopftuchverbotsforderungen in Deutschland & Österreich #NichtohnemeinKopftuch #Kopftuchverbot #Islamophobie #Islam #Schweiz
> [Link zum IZRS-Video des Umzuges mit Frauen im Hijab, Kindern und farbigen Ballons.][21]
> (Ferah Ulucay, Twitter 09.07.2018)

Im verlinkten Video wurde der Umzug hijabtragender Frauen mit Ballons explizit mit Aussagen verschiedener Politiker*innen kontrastiert, die ein »Kopftuchverbot« fordern. Damit akzentuieren die Akteurinnen ihre Positionalität als dem hegemonialen Diskurs entgegengesetzt.

Abschließend können die erläuterten Diskurslinien in Nora Illis und Ferah Ulucays Social-Media-Präsenz wie folgt zusammengefasst werden; die Diskriminierung gegen Muslim*innen und spezifisch gegen durch verschiedene Arten der Kopfbedeckung sichtbare muslimische Frauen steht im Zentrum der Publikationen. Beide Akteurinnen positionieren sich selbst wiederholt als von diskriminierenden Situationen betroffen und beide rufen dazu auf, sich dagegen zur Wehr zu setzen. Dabei beschränken sich die von ihnen kritisierten Narrative und Vorstöße nicht auf die Schweiz, sondern es werden Ereignisse in verschiedenen europäischen und

---

20 Ein Beispiel hiervon ist das Video von Musliminnen der Gruppe *Realität Islam* aus Dietzenbach mit dem Text »Auf dem Weg zu Allah erheben wir unsere Stimmen, bis in den Himmel hinein. Wir sind gegen das Kopftuchverbot. Denn das Kopftuch ist unsere Pflicht, unser Recht und unser Wille. Der Islam unterdrückt uns dabei nicht. Die wahre Unterdrückung kommt von denjenigen, die uns nicht mit unserem Kopftuch in die Schule lassen wollen. Wir wollen, dass man uns akzeptiert, und zwar so, wie wir sind. Man soll nicht über uns reden, man soll nicht von uns reden, man soll mit uns reden. Ja zum Kopftuch, ja zum Islam und ja zu unserer Identität. Ich nominiere meine Schwestern aus Frankfurt, Köln, Stuttgart uns zu unterstützen und uns nachzumachen, um eine friedliche Botschaft zu verschicken.« (Realität Islam, Schwesterngruppe aus Dietzbach. Facebook. 14.05.2018. *#Kopftuchchallenge*, https://www.facebook.com/realitaetislam/videos/schwesterngruppe-aus-dietzenbach-kopftuchchallenge/1724205377657669/, letzter Zugriff 27.04.2021).
21 Das Video ist auf der Facebook-Seite des *IZRS* zu finden mit dem Titel *Starkes Zeichen gegen Kopftuchverbot #nichtohnemeinkopftuch*, https://www.facebook.com/watch/?v=1754579141297951, letzter Zugriff 19.04.2021.

angelsächsischen Ländern aufgenommen, so vorgeschlagene und eingeführte Verbote muslimischer Kopfbedeckungen in Dänemark, Deutschland, Österreich und der Schweiz. Auch vergangene Ereignisse werden als Beispiele der Diskriminierung von Muslim*innen angebracht; so behandeln Ferah Ulucay und Nora Illi den 29. November als Gedenktag der 2009 angenommenen Minarettverbotsabstimmung in der Schweiz. Ein Beispiel hierfür ist der folgende Tweet von Ferah Ulucay, den auch Nora Illi retweetet hat:

> Remember, remember the 29th of November.
> Am 29. Nov. 2009 stimmte die Schweizer Bevölkerung für ein #Minarettverbot in der Schweiz. Ich bin weiterhin überzeugt, dass dieses Ja an der Urne eigentlich dem Islam allgemein galt. Eine Schande für unser Land [Minarett Emoji, Verbot Emoji, Schweizerkreuz Emoji] #Schweiz #Minarett (Ferah Ulucay, Twitter 29.11.2018)

Die wiederholte Selbstdarstellung via Diskriminierungserfahrungen, die Erinnerungskultur rund um das Minarettverbot und der Aufruf zum gemeinsamen ›Sich-zur-Wehr-Setzen‹ etablieren die Vorstellung einer gemeinsamen Identität von Muslim*innen in der Schweiz und anderen europäischen Ländern, die durch Diskriminierung und Ausschluss konzipiert wird.

Darüber hinaus nehmen Selbstdarstellungen von Nora Illi und Ferah Ulucay als selbstbestimmte, niqab- bzw. hijabtragende muslimische Frauen einen großen Stellenwert in ihren Social-Media-Publikationen ein. In Anbetracht von Diskurslinien, die das Tragen muslimischer Kopfbedeckung als potenziell unterdrückend problematisieren, kann diese Hervorhebung der Selbstbestimmung als Gegendiskurs gewertet werden, der diese Form religiöser Praxis als legitime Wahl positioniert. Die Setzung einer Kopfbedeckung als legitime Wahl ermöglicht es Nora Illi, sich selbst als niqabtragende Frau als der Schweiz ›zugehörig‹ darzustellen. So schreibt sie auf Instagram: »Ich sehe mich als Teil einer offenen pluralistischen Gesellschaft und fordere von dieser auch meine Freiheit zu wahren! Mein Niqab ist meine Freiheit!« (01.10.2017)

8.2.3 »Muslim*innen in der Schweiz, Schweizer Muslim*innen, muslimische Schweizer*innen«: Identität jenseits von Komplexitätsreduktion

Auf der Webseite des Interreligiösen ThinkTanks publizieren Amira Hafner-Al Jabaji und Rifa'at Lenzin eigene Texte, die sie teils zusätzlich als Kolumnen in Zeitungen publizierten und teils als Vorträge im Rahmen von diversen Veranstaltungen gehalten haben.[22] Darin behandeln sie eine Reihe von Themen rund um Religion, Islam und interreligiösen Dialog mit Blick auf die Schweiz. Im vorliegenden Kapitel liegt der Fokus auf zwei Texten: einem Vortragstext von Rifa'at Lenzin beim Deutschen Evangelischen Kirchentag 2015 mit dem Titel *Wie Christen und Muslime zusammenleben: Eine Utopie aus theologischer Sicht*[23] sowie einem Vortragstext von Amira Hafner-Al Jabaji zum Thema *Muslime in der Schweiz oder Schweizer Muslime?* an der Fachtagung von mission21 zu »interreligiöser Friedensarbeit und Religion als Ressource für den gesellschaftlichen Frieden«.[24] In den Texten wird die Komplexität der Kategorie ›Muslim*innen‹ hervorgehoben und es werden verschiedene Darstellungen des Verhältnisses zwischen ›nationaler‹ und ›religiöser Identität‹ thematisiert. ›Religion‹ wird dabei sowohl von Rifa'at Lenzin als auch von Amira Hafner-Al Jabaji vor dem Hintergrund vermehrter Problematisierung von als muslimisch markierten Personen als positive Ressource dargestellt.

Rifa'at Lenzin beginnt ihren Text mit einer Relativierung bzw. Komplexifizierung ihres Vortragsthemas *Wie Christen und Muslime Zusammenleben: Eine Utopie aus theologischer Sicht*:

> Wie Christen und Muslime zusammenleben, lautet der Titel des Referats, zu welchem Reinhold Bernhardt und ich angefragt wurden. Nun, sie leben eigentlich ganz gut zusammen, würde ich meinen. Ich müsste aber eigentlich nachfragen: Welche Christen? Welche Muslime? Die real existierenden oder die idealtypischen? Die deutschen und die türkischen oder die katholischen und die salafistischen? Europäische Christen oder Muslime oder nahöstliche Christen und Muslime?
> Eine Utopie aus theologischer Sicht, lautet der zweite Teil des Titels. Also doch eher die idealtypischen. Aber auch da würde meine Antwort lauten: eigentlich ganz gut – zumindest aus islamischer Sicht. (Rifa'at Lenzin 2015, 1)

---

22 Insbesondere von Amira Hafner-Al Jabaji ist ein großer Teil der online verfügbaren Texte auch in verschiedenen Zeitungen publiziert worden. Jene Texte, die als Kolumnen in Deutschschweizer Zeitungen veröffentlicht wurden, sind bereits Teil des für diese Studie erhobenen massenmedialen Datensatzes und wurden im vorliegenden Kapitel nicht weiter berücksichtigt.

23 Rifa'at Lenzin, Vortragstext. 2015. *Wie Christen und Muslime zusammenleben: Eine Utopie aus theologischer Sicht*, Deutscher Evangelischer Kirchentag, https://www.interrelthinktank.ch/index.php/texte/texte-der-einzelnen-mitglieder/texte-rifa-at-lenzin/item/40-wie-christen-und-muslime-zusammenleben, letzter Zugriff 26.04.2021.

24 Amira Hafner-Al Jabaji, Vortragstext. 2015. *Muslime in der Schweiz oder Schweizer Muslime?*, Fachtagung mission21, https://www.interrelthinktank.ch/index.php/texte/texte-der-einzelnen-mitglieder/texte-amira2/item/26-muslime-in-der-schweiz-oder-schweizer-muslime, letzter Zugriff 26.04.2021.

In diesem Abschnitt wird die scheinbar vom Deutschen Evangelischen Kirchentag vorgegebene Titelsetzung auf zweifache Weise verkompliziert: *Erstens* weist Rifa'at Lenzin auf eine Heterogenität der Kategorien »Christen« und »Muslimen« hin, so explizit hinsichtlich Nationalität (deutsch, türkisch), religiöser Ausprägung (katholisch, salafistisch) und geografischer ›Herkunft‹ (europäisch, nahöstlich). Diese Heterogenität stellt sie den idealtypischen Muslim*innen und Christ*innen auf theologischer Ebene gegenüber.

Zweitens erklärt Rifa'at Lenzin, dass das Zusammenleben von »Christen und Muslimen« sowohl auf der Ebene »real existierender« Menschen als auch aus islamisch theologischer Perspektive »eigentlich ganz gut« sei.[25] In diesem Sinne relativiert und verneint sie eine potenzielle Problematisierung des Verhältnisses zwischen Christ*innen und Muslim*innen, welches sie in der vorgegebenen Titelsetzung impliziert sieht. Die Wiederholung des ›unproblematischen‹ Charakters des Zusammenlebens zwischen Christ*innen und Muslim*innen auf zwei Ebenen unterstreicht dabei, dass religiöse Zugehörigkeit gemäß Rifa'at Lenzin nicht relevant hinsichtlich der Problematisierung gesellschaftlichen Zusammenlebens sei. Eine ähnliche Argumentationsweise äußert Rifa'at Lenzin auch in den analysierten massenmedialen Auftritten, so wenn sie in einer SRF-Sternstunde-Religion-Sendung auf die Frage »inwiefern können denn jetzt diese Zahlen [des demografischen Wachstums am Anteil an Muslim*innen in der Schweiz] Grund zur Sorge sein?« mit den Worten »ich sehe eigentlich keinen Anlass zur Sorge« (18.01.2015) reagiert.[26] In diesem Sinne ist die Diskurslinie nicht per se neu, sondern als marginalisierte Diskurslinie in der massenmedialen Öffentlichkeit präsent.[27]

Letztlich etabliert Rifa'at Lenzin in ihrem Text ›Religion‹ per se als positive Ressource für gesellschaftliches Zusammenleben und Engagement und verschiebt dabei die Unterscheidungskategorie von ›Christ*innen‹ vs. ›Muslim*innen‹ zu ›religiös‹ vs. ›nicht-religiös‹:

---

25 Im darauffolgenden Text wird die Möglichkeit des guten Zusammenlebens aus theologischer Sicht mit Rückgriff auf Suren, Stellen im Qur'an sowie Verweisen auf Philosophen und Theologen abgehandelt. Rifa'at Lenzin verweist dabei auf eine Vielfalt verschiedener Inhalte in Suren und Textstellen sowie verschiedene Möglichkeiten der Interpretation. Die Kernaussagen belaufen sich dabei darauf, dass die islamisch theologischen Grundlagen und Interpretationen zum Verhältnis zwischen verschiedenen Religionen vielfältig sind, ein gutes Zusammenleben aber durchaus zulassen. Hier stellt sich Rifa'at Lenzin gegen eine problematisierende Differenzdarstellung aufgrund muslimischer Religionszugehörigkeit (Rifa'at Lenzin 2015, 1).

26 Siehe auch Kapitel 6.4.1.

27 Der marginalisierte Charakter der Diskurslinie ist in diesem Fall insbesondere daran ersichtlich, dass sie den eingebrachten Fragestellungen entgegenläuft.

> Müssen wir das Gleiche glauben, um gemeinsam handeln zu können? Haben wir, die wir hier und heute leben, ungeachtet unserer Gottesvorstellung, nicht eine gemeinsame Verantwortung? Gehen Fragen nach sozialer Gerechtigkeit oder Partizipation, ökologische Fragen nach Bewahrung der Schöpfung [...] oder Fragen um die im Mittelmeer oder im Pazifik herumirrenden Migranten oder Flüchtlinge uns nicht alle etwas an? Und wenn wir uns aus einer religiösen Verantwortung für die Menschen, die Erhaltung der Schöpfung und für Gerechtigkeit einsetzen, wäre es dann nicht sinnvoll, unsere Anliegen und Einsichten gemeinsam in der Gesellschaft zu vertreten – einer Gesellschaft, die religiös begründeten Argumenten, je länger desto mehr, verständnislos, wenn nicht abweisend gegenübersteht? (Rifa'at Lenzin 2015, 4)

Einerseits wird hier eine gemeinsame soziale Verantwortung, unabhängig vom Glauben und Religionszugehörigkeit, dargestellt. Andererseits spricht Rifa'at Lenzin explizit von einer »religiösen Verantwortung«, entlang derer sie von gemeinsamen Anliegen und Einsichten aus religiösen Beweggründen spricht. In dieser Weise wird die Unterscheidung zwischen ›Christ*innen‹ und ›Muslim*innen‹ jener zwischen ›religiösen‹ und ›nicht-religiösen‹ Menschen untergeordnet. Zugleich wird ›Religion‹ zu einer positiven Ressource hinsichtlich gesellschaftlicher Anliegen wie Gerechtigkeit und Nachhaltigkeit. Diese Ansicht, dass ›religiöse‹ Argumente gesellschaftlich anbringbar und anzubringen sind, äußert Rifa'at Lenzin in den analysierten massenmedialen Dokumenten nie so explizit. Dieses Fehlen könnte darin begründet sein, dass sie in der Gesellschaft eine gewisse Abneigung gegenüber »religiös begründeten Argumenten« sieht und diese möglicherweise in ihren massenmedialen Auftritten nicht aktivieren möchte. Die in dem online publizierten Vortragstext etablierte Darstellung von ›Religion‹ als positive Ressource für gesellschaftliche Anliegen sowie von ›Religionen‹ als in diesen Anliegen miteinander verbunden ist somit eine alternative Diskurslinie, mit der ›religiöse Differenz‹ als potenziell problematischer Faktor für gutes Zusammenleben und somit als Kriterium nationalisierender Identitätsprozesse hinterfragt wird.

Die Darstellung von ›Religion‹ als positive Ressource ist auch in Amira Hafner-Al Jabajis Vortrag an der Fachtagung zum Thema »Interreligiöse Friedensarbeit: Religion als Ressource für den gesellschaftlichen Frieden« zu sehen. Während der Titel der Fachtagung das Thema expliziert, bringt Amira Hafner-Al Jabaji die Diskurslinie wie folgt mit ihrer eigenen Person und Biografie in Verbindung:

> Der Erhalt der Bürgerrechte 1996 war die Voraussetzung, dass ich mich im Weiteren zur muslimischen Schweizerin entwickelte. Die rechtliche Erlaubnis, mich auch politisch in dieser Gesellschaft gestaltend einzubringen, und das Gefühl, endlich ein volles Mitglied dieser Gesellschaft geworden zu sein, verknüpfte sich zunehmend mit dem *religiösen Imperativ, für eine gerechte Gesellschaft, die Gleichheit*

der Menschen und für die Wahrung der Schöpfung einzustehen. (Amira Hafner-Al Jabaji 2015, 6)

In dieser Textstelle wird ›Religion‹ nicht nur zur Ressource, sondern zu einem treibenden Faktor für positiv markiertes, gesellschaftliches Engagement (z.B. Gerechtigkeit, Gleichheit, Nachhaltigkeit). Insbesondere der Verweis auf die Gleichheit der Menschen als »religiösen Imperativ« stellt dabei eine Alternative zu Diskurslinien bereit, die Religion(en) und insbesondere ›den Islam‹ als eine Ungleichheit zwischen den Geschlechtern fördernd darstellen (siehe Kapitel 6). Auch Amira Hafner-Al Jabaji weist auf einen ›nicht-religiösen‹ Kontext in der Schweizer Öffentlichkeit hin, den sie als treibenden Faktor in einem von ihr teils problematisierten gesellschaftlichen Islam-Diskurs sieht.[28]

Darüber hinaus fasst Amira Hafner-Al Jabaji im Text spezifisch Identitätsdiskurse ins Auge und positioniert sich gleich zu Beginn des Textes selbst in diesem Themenfeld, indem sie erläutert, dass sie »von reflektierten Erfahrungen aus irakisch-deutschen-muslimisch-schweizerischen Schnittpunkten« (2015, 1) berichte. In der Aufzählung verschiedener ›nationaler‹ und ›religiöser Zugehörigkeiten‹ als Teil ihrer persönlichen Perspektive ist die Möglichkeit einer gewissen Identitätspluralität inhärent. Während dies bereits implizit teils dualistische Vorstellungen von ›Muslimisch-Sein‹ und ›Schweizerisch-Sein‹ als einander gegenübergestellt relativiert, bricht Amira Hafner-Al Jabaji damit auch explizit:

> Ja, ich bin eine der rund 450'000 *Muslime in der Schweiz*. Und: Ja, ich bin auch *Schweizer Muslimin*. Zwischen diesen beiden Aussagen steht kein »Oder«, wie im Titel des Vortrags, sondern ein »Und«.
> Ich bin aber noch etwas, das nicht im Titel steht und in Ihren Ohren vielleicht seltsam klingt.
> Ich bin auch *muslimische Schweizerin*.
> (Amira Hafner-Al Jabaji 2015, 1, Hervorhebung im Original)

Im Text definiert Amira Hafner-Al Jabaji »Muslime in der Schweiz« als »Gesamtheit der in der Schweiz lebenden Muslime«. Ähnlich wie Rifa'at Lenzin weist auch sie darauf hin, dass diese Gesamtheit nicht von Homogenität geprägt ist und die Katego-

---

28   Siehe »Ich ärgerte mich andauernd über falsche, tendenziöse, undifferenzierte Berichterstattung. [...] Und stets dreht sich alles um den Islam und die Muslime, die sie besser glaubten über die Berichterstattung zu kennen als ich aus meinem persönlichen Erleben und der Kenntnis der Geschichtsschreibung aus der anderen als der europäischen Brille« (Vortragstext 2015, 5). Sowie »Die eigene Religion nie richtig praktiziert, an religiösen Fragen nicht interessiert und dennoch ständig über den Islam und die Muslime urteilen: Dieser Widerspruch ist bis in diese Tage ein wesentlicher Motor im gesellschaftlichen Islam-Diskurs« (Vortragstext 2015, 5).

rie keinen Aufschluss darauf zulässt, »wie sich dieses Muslimsein für die einzelnen Personen auswirkt und gestaltet, wie sie ihr eigenes Muslimsein leben und umsetzen« (2015, 1). Mit der Kategorie »Schweizer Muslime« sei häufig eine qualitative Beschreibung gemeint; so sei »ein Schweizer Muslim ein Muslim, der vorwiegend in der Schweiz sozialisiert wurde. Dabei liegt die Hauptidentität auf dem Religiösen und das Attribut ›Schweizer‹ oder ›schweizerisch‹ beschreibt diese religiöse Identität näher« (2015, 2).

Für Amira Hafner-Al Jababji ist der Begriff »Schweizer Muslime« dabei nicht an Staatsbürgerschaft gebunden, sondern markiert, dass Muslim*innen zur Schweiz gehören, unabhängig von ihrer Staatsbürgerschaft. Die Verknüpfung von ›Schweizerisch-Sein‹ und ›Muslimisch-Sein‹ »findet in vielen Köpfen, die den öffentlichen Diskurs über den Islam und die Muslime in der Schweiz führen, noch kaum statt«[29] (2015, 2). Um die Verknüpfungen zwischen religiöser und nationaler Zugehörigkeit differenzierter wiedergeben zu können, führt sie daher den Begriff »muslimische Schweizer« ein:

> Beim Begriff ›muslimische Schweizer‹ liegt die Hauptidentität auf der nationalen Zugehörigkeit, also auf der Schweizerischen Staatsbürgerschaft. Das Attribut ›muslimisch‹ beschreibt diese ›Schweizerische Nationalität‹ näher. (Amira Hafner-Al Jabaji 2015, 2)

Amira Hafner-Al Jabaji verweist in ihrem Text darauf, dass diese Kategorie »vor dem Hintergrund, dass Muslime in diesem Land großmehrheitlich Ausländer und Ausländerinnen sind« (2015, 2), schwer etablierbar sei.[30] Sie spricht in diesem Vortrag 2015 noch von ca. 15 % muslimischen Schweizer*innen. Gemäß der Erhebung des Bundesamtes für Statistik liegt der Anteil der Schweizer Staatsbürger*innen unter der muslimischen Wohnbevölkerung in der Schweiz für den Zeitraum von 2015 bis 2018 bei ca. 35% (Bundesamt für Statistik 2020a, b, mehr dazu siehe Kapitel 3.3.1). Gleichzeitig etabliert sie die Kategorie nicht nur als potenzielle Möglichkeit, sondern zeigt anhand ihrer Selbstpositionierung als gleichzeitig »Muslimin in der Schweiz«, »Schweizer Muslimin« und »muslimische Schweizerin«, dass Schweizer*innen mit muslimischer Religionszugehörigkeit Realität sind.[31]

---

29 Siehe »Allgemein wird davon ausgegangen, dass Schweizer Muslime immer noch Ausländer sind.« (Vortragstext Amira Hafner-Al Jabaji, 2015, 2)

30 »Zur Zeit schätzt man den Anteil der muslimischen SchweizerInnen auf ca. 15 %. Das sind gebürtige SchweizerInnen aus Schweizer Elternhaus, welche zum Islam konvertiert haben, sowie eingebürgerte immigrierte MuslimInnen und deren Kinder.« (Amira Hafner-Al Jabaji 2015, 2)

31 Sie spricht hier vor allem von »gebürtigen SchweizerInnen aus Schweizer Elternhaus, welche zum Islam konvertiert haben, sowie eingebürgerte immigrierte MuslimInnen und deren Kinder« (Vortragstext Amira Hafner-Al Jabaji 2015, 2), wobei vor dem Hintergrund der lang-

Zudem weist sie in ihrer Selbstdarstellung als allen drei Kategorien gleichzeitig angehörig auf die Komplexität individueller Positionalitäten hin, in denen ›nationale‹ und ›religiöse Identität‹ auf unterschiedlichen Ebenen gleichzeitig wirken. Darüber hinaus erklärt sie, dass sich Identität nie lediglich auf eine oder zwei Identitätskategorien beschränkt:

> Natürlich bin ich wie jeder Mensch noch vielmehr als bloss meine religiöse und nationale Identität. Ich bin auch noch Ehefrau, Mutter, Tochter, Berufsfrau, Freundin, Konsumentin usw. Je nach Kontext und Augenblick rückt eine der Identitäten in den Hintergrund zugunsten einer anderen. (Amira Hafner-Al Jabaji 2015, 1)

Indem Amira Hafner-Al Jabaji individuelle Identitätskonstruktionen kontextuell und facettenreich, über ›religiöse‹ und ›nationale Zugehörigkeiten‹ hinausreichend beschreibt, zeichnet sie ein komplexeres Bild von ›Muslim*innen in der Schweiz‹, ›Schweizer Muslim*innen‹ oder ›muslimischen Schweizer*innen‹.

Letztlich geht Amira Hafner-Al Jabaji in ihrem Text auf potenzielle Spannungsverhältnisse zwischen Fremd- und Selbstzuschreibungen in Identitätsprozessen ein, denn »keine Identität [wird] ausschliesslich von der betreffenden Person selbst bestimmt, sondern immer auch von aussen zugeschrieben« (2015, 1). Diese Zuschreibungen müssen, so Amira Hafner-Al Jabaji, einerseits nicht übereinstimmen und andererseits können damit vereinfachende und realitätsverzerrende Darstellungen zusammenhängen. Explizit widersetzt sie sich der Annahme, ›Religion‹ sei eine relevante Differenzkategorie in Bezug auf ›nationale Identität‹:

> In der politischen und medialen Islamdiskussion wird implizit immer die Loyalität von Muslimen gegenüber diesem Land und seiner Gesellschaft angezweifelt oder direkt infrage gestellt. Religiöse Identität und nationale Identität stehen aber auf einer völlig anderen Ebene, auch wenn es bei beiden um Zugehörigkeiten geht. Die Frage zu stellen, ob man gleichzeitig guter Muslim und loyaler Staatsbürger sein kann, ist so unsinnig als würde man fragen, ob man gleichzeitig gute Schweizerin und gute Mutter sein kann. (Amira Hafner-Al Jabaji 2015, 6)

Während Amira Hafner-Al Jabaji auch in den analysierten massenmedialen Auftritten die Relevanzzuschreibung muslimischer Religionszugehörigkeit in Bezug auf Fragen ›nationaler Identität‹ relativiert,[32] fehlt in der massenmedialen Öffentlich-

---

jährigen Präsenz von Muslim*innen, zumindest seit der ersten Einwanderungswelle in den 60er Jahren (Gianni und Lathion 2010, 17), in der Schweiz vermehrt auch gebürtige Schweizer*innen aus muslimisch-schweizerischem Elternhaus hinzukommen dürften (mehr dazu siehe Kapitel 3.3.1).

32 Zum Beispiel wenn sie auf die Frage der SRF-Kulturplatz-Moderatorin »Würdest du denn sagen, der Islam und die moderne Gesellschaft ist kompatibel?« mit »Selbstverständlich.

keit die komplette Negierung der grundlegenden Fragestellung, »ob man gleichzeitig guter Muslim und loyaler Staatsbürger sein kann«, wie es in dieser Textstelle evident ist. Die Darstellung ›religiöser Zugehörigkeit‹ als explizit *kein* Kriterium, welches in nationalisierenden Identitätsprozessen als relevant erachtet werden solle, ist somit im analysierten Zeitraum als alternative Diskurslinie in der Online-Medienpräsenz von Rifa'at Lenzin und Amira Hafner-Al Jabaji identifizierbar.

8.3 Abschließende Bemerkungen

Die Online-Präsenz der im Fokus stehenden muslimischen Frauen zeigt auf, dass gewisse Akteurinnen auf Webseiten und auf sozialen Medienplattformen Diskurslinien äußern, die in den analysierten massenmedialen Dokumenten selten bis nie vorzufinden sind. Als in den Printmedien-, Fernseh- und Radiopublikationen nur marginal vorkommende Diskurslinien sind besonders die von Nora Illi und Ferah Ulucay geäußerten Darstellungen vom Tragen einer Kopfbedeckung als selbstbestimmte Wahl zu nennen. Die Selbstdarstellung als ›individuell‹ und ›selbstbestimmt religiös‹ wird dabei von Nora Illi explizit als Argument dafür angebracht, dass sie als niqabtragende muslimische Frau in der Schweiz akzeptiert werden solle.

Darüber hinaus konnten zwei Diskursstränge identifiziert werden, die in keinem der massenmedialen Dokumente ersichtlich waren. Als potenziell alternative Diskurslinien kommt dabei *erstens* die Darstellung von öffentlich sichtbarer, muslimischer Religiosität als ›schweizerisch‹ in den Blick. Hier haben sowohl Nora Illi als auch Ferah Ulucay mit Verweisen auf die Schweizer Nationalhymne ›Muslim*innen‹ als ›Schweizer*innen‹ adressiert. *Zweitens* weisen Rifa'at Lenzins und Amira Hafner-Al Jabajis Online-Publikationen ihrer Vortragstexte auf die Komplexität des Verhältnisses zwischen ›nationalen‹ und ›religiösen‹ Identitätsdarstellungen hin, etablieren ›Religion‹ als positive Ressource für ein gesellschaftliches Zusammenleben und hinterfragen Darstellungen von ›religiöser Zugehörigkeit‹ als relevant in nationalisierenden Unterscheidungen zwischen ›fremd‹ und ›eigen‹. Die Identifikation der aufgezeigten alternativen und marginalisierten Diskurslinien in Online-Öffentlichkeiten macht deutlich, dass in massenmedialen Debatten jeweils nur eine finite Anzahl an Inhalten und Interpretationsvarianten vorhanden sind und dass in diesen dabei sehr spezifische Identitätsdarstellungen konstituiert und (re)produziert werden.

Das zeigen natürlich erste, zweite, dritte Generation inzwischen täglich« (SRF Kulturplatz 03.06.2015) antwortet.

Schluss

9 Fazit

Die vorliegende Untersuchung beschäftigte sich mit nationalisierenden Identitätsprozessen im zeitgenössischen Mediendiskurs zu Muslim*innen in der Schweiz mit einem akteurinnenspezifischen Fokus auf muslimische Frauen. Abschließend gehe ich im Folgenden auf die wichtigsten Erkenntnisse der empirischen Analyse ein. Dabei werden *erstens* die wichtigsten medialen Differenzdarstellungen sowie deren Adaptionen und Aneignungen durch muslimische Diskursakteurinnen zusammengebracht. Der Fokus in diesen abschließenden Ausführungen liegt insbesondere auf der Hervorhebung der spezifischen Wechselwirkungen zwischen hegemonialen Diskurslinien und individuellen Identitätskonstruktionen. *Zweitens* werden die strukturellen Machteffekte des massenmedialen Diskurses anhand der Pluralisierung muslimischer Positionalitäten sowie deren Bewertungen und Legitimitätszuschreibungen diskutiert und durch die identifizierten marginalisierten sowie ausgeschlossenen Diskurslinien noch einmal verdeutlicht. In der Synthese der Ergebnisse zeige ich dabei auf, wie gewisse nationalisierende Differenzdarstellungen in der massenmedialen Öffentlichkeit als hegemonial etabliert werden. Der Rückblick auf die Positionierung und Legitimierung individueller muslimischer Diskursakteurinnen zeigt letztlich, dass die hegemonialen Darstellungen nationaler Differenz innerhalb des Mediendiskursraumes hierarchisierend und legitimierend wirken, was die hegemonialen Diskurslinien wiederum strukturell verfestigt.

9.1 Nationalisierende Differenzdarstellungen und ihre Verhandlung

In der vorliegenden Studie wurde aufgezeigt, dass in zeitgenössischen, massenmedialen Diskursen zu Muslim*innen in der Schweiz nationalisierende Identitätsprozesse erkennbar sind. Dabei werden Muslim*innen wiederholt als in der Schweiz zumindest potenziell ›fremd‹ dargestellt. So wird beispielsweise danach gefragt, wie viel Islam die Schweiz vertrage (NZZ Folio 02.08.2016) oder ob Muslim*innen mit der Schweiz ›kompatibel‹ seien (SRF Kulturplatz 03.06.2015). Die Auftritte und Äußerungen muslimischer Frauen, die aktiv am Mediendiskurs teilhaben, müssen in diesem Diskurskontext interpretiert werden. Allen analysierten Fremd- und Selbstpositionierungen muslimischer Diskursakteurinnen ist eines gemeinsam: Die grundlegenden problematisierenden Differenzdarstellungen vis-à-vis Muslim*innen in der Schweiz müssen relativiert werden, damit die Akteurinnen als Musliminnen legitim in Schweizer Massenmedien auftreten können. In diesem Sinne werden alle muslimischen Diskursakteurinnen entweder als ›Schweizer Musliminnen‹ dargestellt oder aber positionieren sich selbst in der einen oder anderen Weise als Musliminnen, die ›akzeptabler‹ Teil der Schweiz sind.

Dies wird durch die Aneignung und Adaption von Differenzdarstellungen erreicht. In diesen Momenten positionieren sich muslimische Diskursakteurinnen beispielsweise selbst als eine spezifisch charakterisierte Art von Muslimin (z.B. ›fortschrittlich‹, ›moderat‹, ›offen‹). Diese Positionierungen durchbrechen die jeweiligen problematisierenden Darstellungen von muslimischen Personen als different. Gleichzeitig bleiben dabei die zugrunde liegenden Differenzkategorien aber intakt. Andererseits geschehen Selbstpositionierungen als in der Schweiz ›akzeptable‹ Musliminnen, indem Differenzdarstellungen grundlegend relativiert und hinterfragt werden. Diese Wechselwirkungen – Aneignung, Adaption, Subversion – zwischen hegemonialen Diskurslinien und individuellen Identitätskonstruktionen werden nachvollziehbar, wenn sie durch die zwei spezifischen Schlüsselkategorien verdeutlicht werden, anhand derer Muslim*innen als ›fremd‹ sowie Darstellungen eines schweizerischen ›Selbst‹ im analysierten Diskurs etabliert werden, und zwar: geografische und geschichtliche Differenz.

Die *erste* identifizierte Schlüsselkategorie, entlang welcher Muslim*innen in hegemonialen Diskurslinien als ›fremd‹ markiert werden, ist die Darstellung *geografischer Differenz*. Verfestigt wird diese Differenzdarstellung, wenn beispielsweise Muslim*innen als Migrant*innen oder aber Migrant*innen als Muslim*innen dargestellt werden. Auch wenn einzelne muslimische Diskursakteurinnen anhand ihrer Migrationsgeschichte sowie, wenn eine solche nicht direkt vorhanden ist, durch die Migrationsgeschichte ihrer Eltern positioniert werden, wird geografische Differenz markiert. Die Darstellungen geografischer Differenz gehen dabei mit ethnisierenden Vorstellungen geografisch determinierter Charakteristiken, so beispielsweise einer ›westlichen Kultur‹, einher. Auf dieser Grundlage wird geografische Differenz mit, zumindest potenzieller ›Fremdheit‹ verbunden. Innerhalb solch hegemonialer Diskurslinien gibt es Nuancen, in welchen beispielsweise institutionalisierte Medienakteur*innen zwischen unterschiedlichen geografischen Räumen differenzieren oder verschiedentlich Konzepte von ›Religion‹ und/oder ›Kultur‹ als geografisch geprägte Einheiten anbringen. Die grundlegende Vorstellung von Muslim*innen in der Schweiz als geografisch ›von woanders‹ wurde in den analysierten Daten jedoch als frage- und diskussionsleitend identifiziert. ›Muslimisch‹ wird dabei nicht lediglich als religiöses Identitätsmerkmal gehandhabt, sondern vielmehr zu einer sozialen Identitätskategorie, die migrantisierende und ethnisierende Differenz umfasst. Behlouls Beobachtung eines diskursiven Wandels vom »›Ausländer‹ zum ›Muslim‹« (2010, 44) weist dabei nicht lediglich auf eine Fokusverschiebung auf einen anderen Aspekt der Identität in Fremdheitsdarstellungen hin, sondern auf ein Ineinandergreifen und eine Gleichzeitigkeit geografisch-ethnisierender und religiöser Identität in der diskursiven Konstitution von Muslim*innen.

Mit diesen hegemonialen Differenzdarstellungen wird auf der Ebene individueller muslimischer Diskursakteurinnen verschiedentlich umgegangen.[1] *Erstens* wird die Darstellung geografischer Differenz angeeignet, jedoch deren Bewertung umgedeutet. In diesem Sinne positionieren sich beispielsweise Saïda Keller-Messahli und Elham Manea als migrantische Musliminnen und sprechen dieser Positionierung positive Eigenschaften zu. So erklärt Saïda Keller-Messahli, der migrantische Hintergrund sei der Grund dafür, dass sie nicht ›extreme‹ Auslegungen des Islams verfolge, wie dies beispielsweise Konvertit*innen täten. Elham Manea wiederum positioniert sich anhand ihres Migrationshintergrundes als eine authentische muslimische Binnenperspektive innehabend. *Zweitens* wehren sich gewisse Diskursakteurinnen, die selbst keine Migration erfahren haben, gegen eine migrantisierende Fremdheitszuschreibung. So erklärt beispielsweise Funda Yilmaz, sie kenne »kein anderes Leben« (Zofinger Tagblatt 28.09.2017) als jenes in der Schweiz. *Letztlich* gibt es Momente, in denen muslimische Diskursakteurinnen ethnisierende und auf Migrantisierung basierende Fremdheitszuschreibungen insgesamt verwerfen. So sieht sich beispielsweise Amira Hafner-Al Jabaji als migrantische Schweizer Muslimin nicht als »etwas Besonderes« (SRF 2 Kultur Musik mit einem Gast 18.11.2015), sondern erklärt, Menschen mit Migrationshintergrund seien in der Schweiz keine Ausnahme; vielmehr seien sie die Norm. Alle diese Selbstpositionierungen muslimischer Diskursakteurinnen verhalten sich in Wechselwirkung mit der hegemonialen Diskurslinie, die Muslim*innen als geografisch divergierend und daher ›fremd‹ problematisiert.

Als *zweite* Schlüsselkategorie hat die vorliegende Studie aufgezeigt, dass Muslim*innen in der Schweiz in hegemonialen, massenmedialen Diskurslinien anhand *geschichtlicher Differenz* als potenziell ›fremd‹ problematisiert werden. Konkretisiert wird die übergreifende Darstellung geschichtlicher Differenz durch drei Fortschrittsnarrative: Säkularisierung, Individualisierung und die Etablierung von Geschlechtergleichstellung. Alle drei Narrative inszenieren eine zeitlich voranschreitende Entwicklung von etwas in der Schweiz über eine gewisse Zeit Gewordenes bzw. Erreichtes. Das Heranziehen von Geschlechter(un)gleichheit als Differenzkategorie zwischen einem Schweizer ›Selbst‹ und einem muslimischen ›Anderen‹ rückt geschlechtlich markierte Muslim*innen in spezifischer Weise in den Fokus.

---

1 Die im folgenden Abschnitt zitierten Beispiele und mehr zum Thema finden sich in Kapitel 5.

Insgesamt hat die vorliegende Studie aufgezeigt, dass muslimische Frauen auf verschiedentliche Weise als Marker kollektiver Identität dargestellt werden. Während in der zeitgenössischen Schweizer Medien- und Politöffentlichkeit die Tendenz nachgezeichnet werden kann, dass der Bildtopos der vollverschleierten Muslimin kollektive Differenz visualisiert, markieren explizit als ›fortschrittlich‹, ›säkular‹, ›liberal‹ oder anderweitig positiv positionierte muslimische Frauen die Möglichkeit einer potenziellen Ko-Habitation von Muslim*innen in der Schweiz. Muslimische Männer hingegen werden wiederholt als ›öffentlich religiös‹, ›dogmatisch‹ und tendenziell ›frauenfeindlich‹ dargestellt. In diesem Sinne sind die Differenzsemantiken ›säkular vs. religiös‹, ›individuell-frei vs. gemeinschaftlich‹, ›geschlechtergleichberechtigt vs. frauenfeindlich‹ in hegemonialen Diskurslinien geschlechtsspezifisch kodiert. Kurz gesagt: In einem Diskurs, in welchem Geschlechterverhältnisse innerhalb des Islams zentral thematisiert und problematisiert werden, markieren muslimische Männer problematisierte muslimische Positionalitäten und muslimische Frauen markieren aufgrund ihres Frauseins eine andere, potenziell eher ›akzeptable‹ Positionalität. Zusammen mit der Tendenz, dass Frauen als Marker kollektiver Differenz im Diskurs herangezogen werden, markieren muslimische Frauen in der Schweizer Medienöffentlichkeit verschiedentlich ›problematische Fremdheit‹ sowie als ›akzeptabel‹ markierte muslimische Positionalitäten.

Die Äußerungen und Identitätskonstruktionen muslimischer Diskursakteurinnen müssen in Wechselwirkung mit solch hegemonialen Diskurslinien verstanden werden. Während bei der Darstellung geografischer Differenz Adaptionen und Aneignungen nur relativ vereinzelt beobachtbar waren, eröffnen die Darstellung geschichtlicher Differenz sowie konkreter Fortschrittsnarrative, die als Differenzkategorien herangezogen werden, eine Vielzahl an Möglichkeiten für Selbst- und Fremdpositionierungen als in der Schweiz ›akzeptable‹ Musliminnen. In diesem Sinne eröffnet die Darstellung geschichtlicher Differenz vis-à-vis Muslim*innen einen Diskursraum, in welchem muslimische Diskursakteurinnen auf die spezifischen Fremdheitsdarstellungen eingehen sowie diese aneignen und adaptieren können, um sich als in der Schweiz ›akzeptable‹ Musliminnen zu positionieren. Dies geschieht in mehrfacher Weise:

Erstens hat die vorliegende Studie aufgezeigt, dass gewisse muslimische Diskursakteurinnen die Fortschrittsnarrative aktiv aufnehmen und in ihrer Selbstdarstellung integrieren. So stellt sich beispielsweise Saïda Keller-Messahli als ›fortschrittliche Muslimin‹ dar und Jasmin El-Sonbati und Elham Manea positionieren sich unter anderem als Musliminnen, die den Islam ›zeitgenössisch‹ auslegen. Solche Selbstpositionierungen untergraben generalisierende Darstellungen von Muslim*innen als ›rückschrittlich‹. Gleichzeitig halten Aneignungen von Attributen wie ›fortschrittlich‹, ›säkular‹ oder ›liberal‹ die ihnen zugrunde liegenden Differenzdarstellungen gegenüber anderen Muslim*innen aufrecht. Die sich als ›säkular‹, ›liberal‹ oder ›fortschrittlich‹ positionierenden Musliminnen werden durch diese explizite Markierung zu einer spezifischen ›Art von Musliminnen‹, zu einer Ausnahme. Und selbst wenn diese Ausnahmeerscheinung als Mehrheit in der Schweiz dargestellt wird,[2] bleibt die Benutzung der Differenzkategorie gegenüber Muslim*innen insgesamt bestehen.

Zweitens eignen sich muslimische Diskursakteurinnen hegemoniale Differenzdarstellungen nicht nur in expliziten Selbstdarstellungen mittels der verschiedenen Fortschrittsnarrative, sondern auch in impliziterer Weise an, so z.B. in Selbstdarstellungen muslimischer Frauen als ›individuell‹, ›spirituell‹ oder ›privat religiös‹. In solchen Momenten greifen muslimische Diskursakteurinnen auf verschiedene Aspekte hegemonialer Fremdheitsdarstellungen anhand geschichtlicher Differenz zurück, nehmen sie auf und adaptieren sie, um sich als muslimische Frauen in der Schweiz als legitim zu etablieren. Ein Beispiel hierfür ist die wiederholte Selbstdarstellung von kopfbedeckungstragenden Diskursakteurinnen wie Nora Illi, Janina Rashidi oder Blerta Kamberi als selbstbestimmte Frauen, die ihre religiöse Praxis selbst und aus freiem Willen gewählt haben. Das Auftreten der Akteurinnen als selbstbestimmte muslimische Frauen steht dabei bereits in einem gewissen Spannungsverhältnis zu der hegemonialen Diskurslinie, die Muslim*innen potenzielle Geschlechterungleichheit zuschreibt und insbesondere muslimische Frauen als unterdrückt positioniert.

Vor dem Hintergrund der geschlechtsspezifischen Kodierung hegemonialer Differenzdarstellungen muss erwartet werden, dass die erläuterten Aneignungen und Adaptionen durch muslimische Diskursakteurinnen sich bei muslimischen Männern unterscheiden könnten. So ist beispielsweise anzunehmen, dass die wiederholte Hervorhebung ›individueller Freiheit‹ geschlechtsspezifisch ist, also insbesondere bei muslimischen Frauen vorkommt. Auf der Basis der vorliegenden Daten kann jedoch nicht abschließend herausgearbeitet werden, ob ein ähnlicher Diskurs bei muslimischen Männern nicht auch substanziell vorzufinden wäre. Für zukünftige Forschungen wäre es ein Anliegen, spezifisch die Auftritte muslimischer Männer zu untersuchen, um herauszuarbeiten, welche Gemeinsamkeiten und Unterschiede sich empirisch nachvollziehen lassen und ob verschiedene Aneignungen von Differenzdarstellungen ersichtlich sind. Zu erwarten wäre z.B., dass muslimische Männer vermehrt hervorheben, dass sie für die Gleichberechtigung der Geschlechter seien und Frauen nicht ›unterdrücken‹. Zudem könnte ein vermehrter Rechtfertigungsdruck hinsichtlich des ihnen zugeschriebenem Gewaltpotenzials bei muslimischen Männern die individuellen Identitätskonstruktionen beeinflussen.

---

2 So z.B. in Formulierungen wie »die schweigende Mehrheit« (SRF Arena 01.04.2016). Mehr dazu siehe Kapitel 7.2.

Und letztlich gibt es neben impliziten und expliziten Aneignungen und Adaptionen auch hinsichtlich geschichtlicher Differenzdarstellungen Relativierungen von hegemonialen Diskurslinien oder zumindest gewisser Aspekte davon. So hat Rifa'at Lenzin beispielsweise einen Aspekt des Fortschrittsnarrativs der Individualisierung, die ›individuelle Rationalität‹, als normatives Unterscheidungskriterium relativiert. Dabei stellte sie ›individuelle Rationalität‹ als etwas vielleicht gar nicht für alle Erstrebenswertes dar und schrieb fehlende Rationalität explizit Gruppen wie den »Trump-Anhängern« zu. Damit wird einerseits die normative Geltungskraft von ›individueller Rationalität‹ hinterfragt und andererseits wird es auch zu einem Merkmal nicht-muslimischer Menschen und damit als Differenzkategorie vis-à-vis Muslim*innen relativiert. Darüber hinaus wird die Darstellung von ›problematischen‹ Geschlechterverhältnissen ›im Islam‹ nicht nur in individuellen Selbstdarstellungen muslimischer Diskursakteurinnen als selbstbestimmt relativiert, sondern auch direkt konfrontiert. So beispielsweise, wenn Amira Hafner-Al Jabaji oder Blerta Kamberi zu verstehen geben, dass Geschlechtergleichstellung und weibliche Selbstbestimmung im Islam angelegt sind. Letztlich kann Rifa'at Lenzins Zurückweisung der Attribuierung ihrer muslimischen Identität als ›liberal‹ oder ›moderat‹ als eine Problematisierung des diskursiven Machteffekts gewertet werden, welcher in einem Rechtfertigungs- und Positionierungsdruck auf Muslim*innen mündet.

Neben den inhaltlichen Spezifika der nationalisierenden Identitätsprozesse hat die Analyse gezeigt, dass die Problematisierungen von Muslim*innen entlang geografischer und geschichtlicher Differenzdarstellungen im größeren, historischen und situativen Kontext von Fremdheitsdiskursen in der Schweiz verstanden werden müssen (siehe Kapitel 3). Dieser Kontext verdeutlicht, dass die konkreten Differenzkategorien keineswegs per se neu sind, jedoch in zeitgenössischen Diskursen auf eine spezifische Weise neu konfiguriert werden. So hat sich beispielsweise gezeigt, dass religiöse Identität bereits in kolonialen ›Völkerschauen‹ in der Schweiz zusammen mit rassifizierenden Differenzdarstellungen in der Konstitution von ›fremd‹ und ›eigen‹ mitgewirkt hat. Spezifisch für den derzeitigen Diskurs ist die Etablierung einer religiösen Identität (muslimisch) als primärer Marker von ›Fremdheit‹, der durch geografisch-ethnisierende sowie rassifizierende Differenzdarstellungen ko-konstituiert wird. Eine zweite Kontinuität kann im Fokus auf Geschlechterverhältnisse gesehen werden. So ist die Instrumentalisierung der *Frauenfrage* bereits in kolonialistischen Projekten nachvollziehbar, und die Darstellung von ›fremden‹ Frauen als unterdrückt und von ›fremden‹ Männern als (sexuelle) Aggressoren ist auch in den schweizerischen Überfremdungsdiskursen gegenüber ›Südländern‹ in der Nachkriegszeit dokumentiert. Neu ist jedoch der derzeitige explizite Fokus auf Geschlechtergleichstellung als erstrebenswerte Norm der Geschlechterverhältnisse und als Schweizer Charakteristik. Im Vergleich zu anderen europäischen Differenzdarstellungen vis-à-vis Muslim*innen bleibt in den analysierten Mediendiskursen die Referenz auf Homophobie als problematisierende Differenzkategorie jedoch relativ marginal. In diesem Sinne können die herausgearbeiteten Differenzdarstellungen gegenüber Muslim*innen als historisch und situativ spezifische Ausprägung transnationaler Fremdheitsdiskurse in (West-)Europa gewertet werden.

Im Lichte der Erkenntnis, dass Geschlechterverhältnisse in diskursiven Fremdheitsdarstellungen in Europa und in der Schweiz eine lange Geschichte haben, stellt sich die Frage, wie die jetzige Thematisierung von Geschlechterverhältnissen bei Muslim*innen, sowie in Religionen generell, einzuordnen ist. Wie kommen Geschlecht und Geschlechterverhältnisse und weiter gefasst auch Sexualität in Differenzdarstellungen spezifisch normativ in den Blick? Wie zeigen sich diese Problematisierungen in Momenten, in denen ›Religion‹ als Marker von Differenz politisiert wird? Und wie wird ›Religion‹ dabei als Identitätsmerkmal, als kollektive Differenzkategorie, geschlechtsspezifisch kodiert? Für Forschung im Bereich von Gender und Religion heißt dies, dass der Fokus in Zukunft nicht nur darauf liegen sollte, wie Geschlechterverhältnisse innerhalb einer Religion konstituiert sind oder waren, sondern auch, wann und wo der Frage nach den Geschlechterverhältnissen in Religionen in der Gesellschaft, aber auch in der Wissenschaft Relevanz zugeschrieben wird. Wann fragen wir danach? Und warum? Mit Blick auf einen historisch nachvollziehbaren, diskursiven Kontext, in dem ›Fremdheit‹ geschlechtsspezifisch markiert sowie anhand der Frage nach Geschlechterverhältnissen konkretisiert wird, könnte man fragen: In welchem Verhältnis steht der momentan starke Fokus auf die Frage nach ›Geschlecht‹ und ›Religion‹ zu der Relevanz, welche religiöser (und spezifisch muslimischer) Identität in der Verhandlung von ›fremd‹ und ›eigen‹ zugesprochen wird? Auf dieser Grundlage möchte ich für eine systematische Aufarbeitung der Momente plädieren, in denen die Frage nach Geschlechterverhältnissen in Religionen öffentlich aufgeworfen wurde und wird, um herauszuarbeiten, mit welchen politischen Diskurskontexten sie einhergingen und gehen. Die vorliegende Studie könnte diesem Forschungsvorhaben als ein konkretes Fallbeispiel zugrunde liegen.

Abschließend kann gesagt werden, dass der Blick auf die muslimischen Diskursakteurinnen im Schweizer massenmedialen Diskurs ein nuancierteres Bild von nationalisierenden Identitätsprozessen als diskursiv und historisch situiert zeigen konnte. Diese Prozesse sind dabei nicht nur historisch wandelbar, sondern auch in sich umstritten, mit mehreren unterschiedlichen, gleichzeitig präsenten Darstellungen nationaler Identität. Dabei hat diese Studie aufgezeigt, dass innerhalb eines massenmedialen Diskurses gewisse Darstellungen, die wiederholt und in übergreifenden Fragestellungen vorkommen, hegemonialisiert werden. Es kann auf Grundlage der vorliegenden Daten zudem gesagt werden, dass die Aneignung hegemonialer Differenzdarstellungen in der diskursiven Positionierung muslimischer Diskursakteurinnen ein relativ häufig ersichtlicher Mechanismus ist, der zu einer Pluralität muslimischer Positionalitäten führt. Diese Selbst- und Fremdpositionierungen lassen muslimischen Diskursakteurinnen eine Öffentlichkeitspräsenz zukommen, anhand welcher sie am Diskurs substanziell teilnehmen können. Dabei bleibt aber im größten Teil der analysierten, massenmedialen Daten eine (Re-)Produktion grundlegender Differenzdarstellungen bestehen. Dass die individuellen Aneignungen und ein Sich-Einschreiben in hegemoniale Diskurslinien in den massenmedialen Dokumenten am häufigsten beobachtet werden kann, verweist auf den Machteffekt des Diskurses. Dieser etabliert normative Differenzkategorien als hegemonial und bewirkt, dass sich Muslim*innen in einer bestimmten Art und Weise zu ihnen positionieren müssen, um sich als Schweizer Muslim*innen oder als in der Schweiz ›akzeptable‹ Muslim*innen zu situieren.

9.2 Diskursive Machteffekte und strukturelle Verfestigungen

Auf die inhaltliche Erläuterung der identifizierten Schlüsselkategorien in nationalisierenden Diskurslinien und die Aufarbeitung der spezifischen Art und Weise, wie sich muslimische Frauen in Bezug auf diese Diskurslinien positionieren und äußern, folgte im zweiten Teil der Studie der Blick auf den Mediendiskurs als vermachtete Struktur. Der Fokus dabei lag darauf, wie der Mediendiskurs durch die Pluralisierung muslimischer Positionalitäten, deren diskursive Legitimationszuschreibungen und Bewertungen sowie durch strukturelle Ein- und Ausschlussmomente ein ganz spezifisches Wissen hervorruft sowie dieses als hegemonial etabliert und verfestigt.

Der Blick auf die muslimischen Frauen zeigt, dass sie verschiedentlich positioniert und in unterschiedlicher Weise als legitim gewertet werden. So werden beispielsweise die zum *Islamischen Zentralrat der Schweiz* (IZRS) gehörenden Akteurinnen als ›provokant‹ und ›deviant‹ situiert und als ›offen‹, ›liberal‹ oder ›säkular‹ positionierte Akteurinnen als ›aktivistisch‹ bewertet. Insgesamt hat die Analyse gezeigt, dass die Legitimität, welche muslimischen Diskursakteurinnen in den Medienpublikationen zugesprochen wird, jeweils mit ihren Fremd- und Selbstpositionierungen entlang nationalisierender Differenzkategorien zusammenhängt. Dabei werden explizit als ›fortschrittlich‹, ›säkular‹ oder ›liberal‹ markierte Akteurinnen tendenziell eher als legitim dargestellt, während die Legitimität der anderen muslimischen Akteurinnen umstritten scheint. In dieser Weise verfestigen die medialen Legitimationsprozesse hegemoniale Darstellungen von ›akzeptablen‹ und ›problematischen‹ muslimischen Positionalitäten.

Insbesondere Momente, in welchen die gleichen Charakteristiken bei verschiedenen Diskursakteurinnen unterschiedlich hinsichtlich ihrer Legitimität bewertet werden, bezeugen, dass Legitimationsprozesse eng mit normativen Differenzdarstellungen zusammenhängen. Ein migrantischer Hintergrund wird beispielsweise bei häufig als ›fortschrittlich‹ markierten Akteurinnen wie Elham Manea oder Saïda

Keller-Messahli als legitimierender Faktor dargestellt. Derselbe migrantische Hintergrund kann jedoch bei Akteurinnen wie Blerta Kamberi als delegitimierendes Argument in der Darstellung einer ›Verlorenheit zwischen den Kulturen‹ angebracht werden. Eine ähnliche Diskrepanz kann auch in der Thematisierung und Legitimierung verschiedener Vereine identifiziert werden. So wird beispielsweise die organisationale Legitimität des *IZRS* mit Verweis auf seine geringe Vereinsgröße angezweifelt. Eine kleine Anzahl Mitglieder wird jedoch bei der *offenen Moschee Schweiz* nicht gleichsam als delegitimierend gewertet. Diese Momente zeigen, dass Legitimitätszuschreibungen nicht per se auf den jeweiligen Charakteristiken wie Vereinsgröße oder Migrationshintergrund beruhen, sondern möglicherweise mit zugrunde liegenden Darstellungen normativer Differenz zusammenhängen.

In diesem Sinne ist ausschlaggebend, in welcher Weise die muslimischen Diskursakteurinnen positioniert sind und mit welchen normativen Differenzattributen (z.B. ›fortschrittlich‹, ›strenggläubig‹ etc.) sie in Verbindung gebracht werden. In diesem Sinn führen hegemoniale Differenzdarstellungen zu einer Hierarchisierung der muslimischen Positionalitäten innerhalb des massenmedialen Mediendiskurses; in positiver Weise entlang der nationalisierenden Differenzkategorien positionierten Musliminnen wird tendenziell mehr Legitimität und mehr Raum für Äußerungen zugesprochen. Gleichzeitig wirken die Legitimitätszuschreibungen wiederum verfestigend auf die hegemonialen Diskurslinien; so ist bereits die Darstellung der spezifisch attribuierten muslimischen Positionalitäten (z.B. ›säkulare Musliminnen‹, ›fortschrittliche Musliminnen‹ etc.) als legitime Akteurinnen eine (Re-)Produktion der Differenzkategorien. Zudem eignen sich die entsprechend positionierten Musliminnen die Differenzkategorien zwar an und adaptieren sie, sie hinterfragen sie jedoch selten in den analysierten Dokumenten.

Neben der diskursintern ersichtlichen Hegemonialisierung und Verfestigung von Diskurslinien hat die Analyse von Online-Öffentlichkeiten, insbesondere der Online-Präsenz von muslimischen Diskursakteurinnen auf Webseiten und sozialen Medien gezeigt, dass im massenmedialen Diskurs bestimmte Diskurslinien nur sehr selten oder gar nicht vorkommen. Als alternative Diskurslinien in den Blick kamen Darstellungen von öffentlich praktizierenden, ›nicht-säkularen‹ Muslim*innen als Schweizer*innen, wie dies Nora Illi und Ferah Ulucay in ihren Soziale-Medien-Publikationen etablieren. In Kontrast mit der Häufigkeit, mit welcher sie zudem in Tweets und Instagram-Posts die geschlechtsspezifische religiöse Praktik des Tragens einer Kopfbedeckung als selbstbestimmt und als ›individuelle Freiheit‹ darstellen, kommt die Marginalisierung dieser Diskurslinie im massenmedialen Diskurs zur Geltung. So unterstreicht die Häufigkeit der Darstellung muslimischer Kleidungspraxis als selbstbestimmt oder auch als ›befreiend‹ in den sozialen Medien, wie selten diese Diskurslinie in den massenmedialen Dokumenten geäußert wird. Letztlich lehnen Rifa'at Lenzin und Amira Hafner-Al Jabaji in ihren Online-Publikationen die Darstellung religiöser Identität als eine nationalisierende Differenzkategorie ab. In diesem Sinne verwerfen sie die in der Schweizer Medien- und Politöffentlichkeit beobachtbare Fragestellung, »ob man gleichzeitig guter Muslim und loyaler Staatsbürger sein kann« (Amira Hafner-Al Jabaji 2015, 6), als irrelevant.

Die zwei Perspektiven auf den massenmedialen Diskurs als vermachtetes Bedingungsgefüge haben in zweifacher Weise gezeigt, wie der institutionalisierte, massenmediale Diskursraum auf die Hegemonialisierung konkreter Fremdheitsdarstellungen wirkt:

Erstens weisen alternative Diskurslinien in Online-Öffentlichkeiten darauf hin, dass in der massenmedialen Öffentlichkeit durch strukturelle Ein- und Ausschlüsse nur gewisse Differenzdarstellungen in den Blick kommen. *Zweitens* werden diese Diskurslinien durch den Raum, der ihnen gegeben wird, sowie durch die Legitimationszuschreibungen der mit ihnen verbundenen Akteurinnen als hegemonial verfestigt.

Die vorliegende Studie hat somit in einer akteurinnenspezifischen Analyse des zeitgenössischen Mediendiskurses zu Muslim*innen in der Schweiz aufgezeigt, dass massenmedial hegemonialisierte Differenzkategorien etablieren, welche muslimischen Positionalitäten innerhalb eines als national konzeptualisierten Raumes als ›akzeptabel‹ markiert werden. Gleichermaßen wirken dieselben Differenzkategorien im medialen Raum, um Akteurinnen und Diskurslinien ein- und auszuschließen und zu verhandeln, wer zu Wort kommt und wer als legitim gilt. Kurz gesagt: Nationalisierende Differenzdarstellungen wirken nicht nur gegen außen, sondern strukturieren auch die diskursinterne Hierarchisierung muslimischer Positionalitäten in den Massenmedien. Diese Hierarchisierung verfestigt in den Massenmedien hegemoniale Darstellungen davon, wer zu der Schweiz ›gehört‹ bzw. in der Schweiz als ›akzeptabel‹ gilt.

Angesichts des fluiden und sich beständig wandelnden Charakters nationalisierender Identitätsprozesse ist ein konsequenter Blick auf die Wirkweisen massenmedialer Diskurse entscheidend, um zu verstehen, wie darin spezifische Wissensformen als hegemonial etabliert werden. Die in dieser Studie nachgezeichnete historische Unbeständigkeit konkreter Darstellungen von ›Fremdheit‹ in der Schweiz verweist nicht nur auf die Konstruiertheit von Identität in historisch und situativ spezifischen Kontexten, sondern unterstreicht zugleich die Bedeutung von massenmedialen Diskursmechanismen in der diskursiven Konstitution, Verfestigung und Verbreitung von Darstellungen nationaler Identität.

Daher ist es meiner Meinung nach für Medienforschende und Medienschaffende unerlässlich, sich sowohl der sozialen Konstruiertheit von Identität als auch des möglichen Einflusses von Medienöffentlichkeiten auf diese Konstruktion bewusst zu sein. In diesem Bewusstsein eröffnet der Blick auf soziale Medien die Möglichkeit, mit alternativen und in den massenmedialen Öffentlichkeiten nur marginal präsenten Perspektiven und Identitätsdarstellungen in Kontakt zu kommen. Einblicke in Online-Narrative bieten das Potenzial, durch die Kenntnisse von Alternativen zu bekannten Darstellungen neue Erkenntnisse zu gewinnen, potenzielle Ausschlüsse zu erkennen und einen gesamtgesellschaftlichen Dialog zu erleichtern.

10 Epilog: (Un)masking Change: Wenn Pandemie auf Islamdiskurs trifft

Maskenpflicht, Grenzschließung, Verhüllungsverbot: Seit dem Abschluss der strukturierten Datensammlung hat sich einiges getan. 2020 konzentrierten sich die Schlagzeilen der Deutschschweizer Medieninstitutionen mehrheitlich auf die Covid-19-Pandemie. Von einigen Momentaufnahmen abgesehen erreichte die Berichterstattung rund um Islam und Muslim*innen in der Schweiz einen seit langer Zeit unerreichten Tiefpunkt. Dann folgt die Annahme des Verhüllungsverbotes am 7. März 2021. Mit 51,2 % fiel die Zustimmung für die Initiative jedoch relativ tief aus, insbesondere gemessen an den ersten Umfragen, die von ca. 63 % ausgingen,[1] aber auch im Vergleich zu der 2009 mit 57,5 % angenommenen Minarett-Initiative, in der mit einem ähnlichen Argumentarium politisiert wurde. Könnte sich etwas verändert haben? Ein erster, beobachtender Blick auf die Berichterstattung zeigt: Es wird zwar auf diverse Diskurslinien zurückgegriffen, die in der vorliegenden Studie herausgearbeitet wurden, aber: Nicht alles ist, wie es war.[2]

Nicht unbekannt sind Darstellungen von Muslim*innen als ›fremd‹, als geografisch ›von woanders‹. Diese sind für die Initiative eine grundlegende Prämisse, um, wie einleitend erwähnt, muslimische Kleidungspraxis in einem Verhüllungsverbot, welches unter anderem die Ausnahme »einheimischer Bräuche« vorsieht, überhaupt anvisieren zu können. Wie im analysierten Zeitraum zwischen 2016 und 2019 werden hier normative Fortschrittsnarrative herangezogen, um muslimische Kleidungspraktiken zu problematisieren und als in der Schweiz ›fremd‹ darzustellen. Der Fokus liegt auf muslimischen Frauen, auf verschleierten muslimischen Frauen. Sie symbolisieren als Marker kollektiver Differenz die problematisierten Geschlechterverhältnisse im Islam, die wiederum mit einer Geschlechtergleichberechtigung in der Schweiz kontrastiert werden. Im Initiativ-Argumentarium geht es um ›individuelle Freiheit‹, um ›Zwang‹, um ›Sicherheit‹ und um das »Gebot

---

1 *Burka-Initiative startet fulminant – 63 Prozent begrüssen Verhüllungsverbot*, Tagesanzeiger 22.01.2021.
2 Der Epilog basiert nicht auf einer systematischen Analyse der Mediendebatten seit Ende 2019, vielmehr soll er als essayistischer Gedanke der Autorin verstanden werden.

der Gleichstellung« in »westlichen Demokratien«.³ Damit finden sich im Argumentarium der Verhüllungsverbotsinitiative viele der in den Mediendokumenten identifizierten Differenzkategorien wieder, entlang derer Muslim*innen in der Schweiz problematisiert werden.

Gleichzeitig zeigen sich in den medialen Debatten rund um das Verhüllungsverbot Änderungen: Unter anderem rücken Diskurslinien, die in den analysierten Mediendebatten zwischen 2016 und 2019 nicht zentral aufkamen, nun mehr ins Zentrum. So wurde im *Tagesanzeiger* beispielsweise eine Studie von Religionsforscher Andreas Tunger-Zanetti diskutiert, welche die bisher in massenmedialen Diskursen nur marginal von Diskursakteurinnen wie Nora Illi oder Ferah Ulucay geäußerte Darstellung der muslimischen Kleidungspraktik als selbstbestimmt unterstreicht: »Frauen mit Gesichtsverhüllungen haben sich grossmehrheitlich aus eigener Überzeugung dafür entschieden« (Tagesanzeiger 29.01.2021).⁴

Auch sticht eine SRF 2-Kultur-Kontext-Radiosendung ins Auge, in welcher eine anonymisierte Schweizer Muslimin, die den Niqab trägt, zu Wort kommt und erklärt, »weshalb sie sich für einen Gesichtsschleier entschieden hat« (14.02.2021).⁵ Ihre Aussage »Ich liebe meinen Niqab« steht im Titel der Sendung und wird in dieser Weise hervorgehoben. Anders als bei Nora Illi, der bisher einzigen niqabtragenden Frau in der Schweizer Öffentlichkeit, die oft als ›provokant‹ und ›deviant‹ delegitimiert wurde, wird die Muslimin in der SRF 2-Kultursendung als unbestritten legitime Sprechakteurin etabliert.

Auch im Legitimationsprozess rund um die muslimischen Frauen, die in der Dissertationsschrift im Fokus standen, können Änderungen verzeichnet werden. Hervorzuheben ist hier insbesondere die Position Saïda Keller-Messahlis, die in der jüngeren Berichterstattung teils hinsichtlich ihrer Expertise und Legitimität angezweifelt wird. Ausgangspunkt für die vermehrte Thematisierung ihrer Legitimität war ihr Auftritt als Initiativbefürworterin in der SRF-»*Abstimmungs-Arena« zur Initiative Verhüllungsverbot* (29.01.2021). Unter anderem für Kritik sorgte Saïda Keller-Messahlis direkte Frage an Fathima Ifthikar, wieso diese mit ihrem Hijab »im öffentlichen Raum so ein Statement abgeben müsse« (SRF Arena 26.02.2021). Für Schlagzeilen sorgte ein Kommentar mit dem Titel *Ausser Kontrolle*, den Amira Hafner-Al Jabaji auf der Webseite des *Interreligiösen ThinkTanks* veröffentlichte (01.02.2021).⁶ Die dort verfasste Kritik an Saïda Keller-Messahli, so beispielsweise,

---

3   Argumentarium Verhüllungsverbot. 2020. *Ja zum Verhüllungsverbot*, https://verhuellungsverbot.ch/argumente/, letzter Zugriff 27.04.2021.
4   *Die Reizfigur der Burka-Gegner*, Tagesanzeiger 29.01.2021.
5   *Schweizer Muslimin: »Ich liebe meinen Niqab«*, SRF 2 Kultur Kontext 14.02.2021.
6   Webseite Interreligiöser ThinkTank, https://www.interrelthinktank.ch/index.php/texte/texte-der-einzelnen-mitglieder/texte-amira2/item/116-ausser-kontrolle, letzter Zugriff 28.04.2021.

dass sie »sich in den letzten Jahren zunehmend radikalisiert« habe und nun keine »Gemässigte«, sondern eine »extremistische Muslimin« sei, wurde in Zeitungen wie dem *Tagesanzeiger*[7] sowie der *NZZ*[8] aufgegriffen und diskutiert. Während also Zweifel an der Legitimität Saïda Keller-Messahlis im analysierten Zeitraum zwischen 2016 und Anfang 2019 nur sehr vereinzelt in Leser*innenkommentaren und Repliken sichtbar waren, werden sie nun in einer breiteren Öffentlichkeit diskutiert. Gleichzeitig bleibt Saïda Keller-Messahli in substanzieller Weise als Sprechakteurin in den Mediendebatten präsent.

In ihrem Kommentar äußerte Amira Hafner-Al Jabaji jedoch nicht nur Kritik an Saïda Keller-Messahli, sondern auch an Schweizer Medieninstitutionen wie der *Schweizerischen Radio- und Fernsehgesellschaft* (SRG), die es Keller-Messahli gewähre, »Hasstiraden, pauschale Behauptungen und unbelegte Äußerungen von sich zu geben. Überhaupt fällt auf, dass sie überdurchschnittlich oft in SRF-Gefässen zu Wort kommt.« (Amira Hafner-Al Jabaji, Kommentar 01.02.2021). Damit nimmt Amira Hafner-Al Jabaji eine doppelte Rolle im Mediendiskurs ein: Sie wird einerseits als Kritikerin des Mediensystems wahrgenommen, nimmt aber andererseits selbst als Moderatorin der SRF-*Sternstunde Religion* eine aktive, institutionalisierte Rolle darin ein. Es ist möglicherweise diese Doppelrolle, die dazu führte, dass ihre Kritik in verschiedenen Medienpublikationen aufgenommen und diskutiert wurde.

Amira Hafner-Al Jabaji hat aber nicht nur durch diese Kritik zu einer Änderung im medialen Islamdiskurs beigetragen. In der von ihr moderierten SRF-Sternstunde-Religion-Sendung zum Thema *Ist der Islam in der Krise?* (15.11.2020) wurden z.B. Diskurslinien angebracht, die vorher noch relativ selten Gehör fanden. So erklärt dort der eingeladene Islamwissenschaftler Reinhard Schulze, das für ihn wichtigste Mittel gegen Radikalisierung sei »religiöse Integration. Den Menschen das Gefühl zu geben, dass sie auch in ihren religiösen Anliegen Teil einer Zivilgesellschaft sind, einer demokratischen, freien und offenen Gesellschaft […] und ihre religiöse Tradition durchaus nutzen können, um zu rechtfertigen, in einer solchen Gesellschaft zu leben« (SRF Sternstunde Religion 15.11.2020). Diese Darstellung von ›Religion‹ als positive Ressource, die als solche gesellschaftlich wahrgenommen werden soll, beschränkte sich in den analysierten Daten auf Online-Öffentlichkeiten (siehe Kapitel 8.2.3).

Darüber hinaus wird in der *Sternstunde Religion* der Begriff des antimuslimischen Rassismus eingeführt, der in der medialen Öffentlichkeit zwischen 2016 und 2019 weitgehend ausblieb. Der in wissenschaftlichen Arbeiten bereits verwendete Begriff[9] wird in einer anschließenden SRF-Publikation zum Thema »Ausgrenzung

---

7 *Muslimin gegen Muslimin*, Tagesanzeiger 06.02.2021.
8 *Vor ihrem heiligen Zorn ist niemand sicher; In der Nikab-Debatte ist Saïda Keller-Messahli omnipräsent – ihre Methoden sind jedoch hoch umstritten*, NZZ 08.03.2021.
9 Mehr dazu siehe Shooman (2014).

kann junge Muslime radikalisieren« von der Erziehungswissenschaftlerin Asmaa Dehbi wie folgt erklärt: »Von antimuslimischem Rassismus wird dann gesprochen, wenn Menschen bestimmte negative, ›islamische‹ Eigenschaften zugewiesen werden, die sie von ›uns Schweizern‹ unterscheiden und trennen. Durch diesen Prozess der Homogenisierung und Polarisierung kann die Benachteiligung von Musliminnen und Muslimen legitimiert werden, ›weil sie halt einfach anders sind‹.« (SRF 2 Kultur 18.11.2020)[10] Mit dem Einbezug dieser Begrifflichkeit in der medialen Öffentlichkeit könnte eine vertiefte Thematisierung und ein Bewusstwerden der nationalisierenden Differenzdarstellungen gegenüber Muslim*innen angestoßen werden.

Über die genauen Ursachen, die zu den Änderungen im Legitimitätsdiskurs sowie in der Sichtbarkeit neuer und vorher marginalisierter Diskurslinien geführt haben, kann hier nur spekuliert werden. Dieses letzte Jahr inmitten der Covid-19-Pandemie könnte aber einen Wandel begünstigt haben, und zwar in zweifacher Weise: *Erstens* könnte die weitgehende Absenz der Thematisierung und damit auch der problematisierenden Darstellungen von Muslim*innen in Massenmedien durch die Dominanz der Pandemieberichterstattung geholfen haben, die Berichterstattung neu anzugehen. *Zweitens* könnte auch die vermehrte Thematisierung von Diskriminierung und Marginalisierung durch die Berichterstattung rund um die *Black-Lives-Matter*-Bewegung dazu beigetragen haben, dass marginalisierte Perspektiven vermehrt beachtet werden. So könnte beispielsweise die große Gegenwehr gegen die *Arena*-Sendung *Jetzt reden wir Schwarzen* (12.06.2020), die sowohl in Bezug auf die eingeladenen Gäste als auch inhaltlich stark kritisiert wurde und die zu zahlreichen Beanstandungen geführt hat, zu einer erhöhten Aufmerksamkeit hinsichtlich Repräsentationspraktiken im Schweizer Mediendiskurs geführt haben. Die Sendung wurde von der SRG-Ombudsstelle als nicht sachgerecht eingeordnet[11] und in angepasstem Format, mit neuer Gastauswahl und mit dem Titel *Jetzt sitzen wir an einem runden Tisch* (19.06.2020) wiederholt. Die Debatte könnte es begünstigt haben, dass generalisierende und marginalisierende Diskurslinien sowie Repräsentationen in der hegemonialen Öffentlichkeit vermehrt hinterfragt werden und beispielsweise muslimische Frauen, die einen Niqab tragen, zumindest vereinzelt als legitime Sprechakteurinnen auftreten. Ein dadurch verstärktes Bewusstsein der massenmedialen

---

10   »Es werden verschiedene Begriffe verwendet, um die Diskriminierung und Ausgrenzung von Musliminnen und Muslime in der Öffentlichkeit zu beschreiben, wie zum Beispiel Islamophobie, Muslim- oder Islamfeindlichkeit. Die Bezeichnung ›antimuslimischer Rassismus‹ ist meiner Meinung nach deshalb vorzuziehen, weil damit besser aufgezeigt werden kann, wie eine ganze Bevölkerungsgruppe entlang von bestimmten Vorstellungen von Kultur, Religion und Herkunft als ›anders‹ konstruiert wird.« (Asmaa Dehbi, SRF 2 Kultur 18.11.2020).

11   SRG Deutschschweiz. 20.07.2020. *Ombudsfall: ›Arena‹ war nicht sachgerecht*, https://www.srgd.ch/de/aktuelles/news/2020/07/20/ombudsfall-arena-war-nicht-sachgerecht/, letzter Zugriff 14.04.2021.

Diskurslinien als spezifische Repräsentationspraktik könnte möglicherweise auch dazu führen, dass alternative Diskurslinien aus dem Online-Medienraum vermehrt Eingang in eine ›traditionelle‹, massenmediale Öffentlichkeit finden.

Letztlich unterstreichen diese Hinweise auf Veränderungen, dass Identitätsdiskurse wandelbar und umstritten sind. Die Ergebnisse dieser Dissertationsschrift werfen also einen Lichtkegel auf historisch und kontextuell kontingente Differenzdarstellungen, wie sie spezifisch innerhalb eines massenmedial institutionalisierten Diskurses in der Deutschschweiz ermöglicht wurden. Es wird nicht immer die Wucht einer Pandemie oder anderer weltweiter Krisen sein, die Veränderungen hervorbringt, aber es ist und bleibt klar: Darstellungen von ›Fremdheit‹ bleiben nie dieselben. Wichtig ist, sich mit den jeweils gegenwärtigen und langfristig vorherrschenden Differenzdarstellungen auseinanderzusetzen und sich ihrer Wirkweise bewusst zu werden. Denn ›fremd‹ ist nur, wer in diesen Darstellungsprozessen zu ›fremd‹ gemacht wird.

11 Bibliografie

Abu-Lughod, Lila. 2002. »Do Muslim Women Really Need Saving? Anthropological Reflections on Cultural Relativism and Its Others.« *American anthropologist* 104 (3):783-790.
Aeschbach, Mirjam. 2017. »#Whatbritishmuslimsreallythink: Negotiating Religious and National Identity on Twitter.« *Zeitschrift für junge Religionswissenschaft* (12):1-6. doi: 10.4000/zjr.896.
Aeschbach, Mirjam. 2018. *Negotiating British Muslim Identity on Twitter: #Whatbritishmuslimsreallythink: Investigating a Hashtag Discourse, Reihe Geisteswissenschaften*. Berlin: AkademikerVerlag.
Aeschbach, Mirjam. 2020. »Invoking the Secular: Gendered Delineations of Muslim Belonging in Switzerland.« *Entangled Religions* 11 (1):1-23. doi: 10.13154/er.11.2020.8645.
Aeschbach, Mirjam. 2021. »Politisierung Von Kultur, Religion, Und Geschlecht: Die Kulturalisierungen Eines Verweigerten Handschlags in Deutschschweizer Medien.« *Zeitschrift für Religionswissenschaft* 29 (1):1-13. doi: 10.1515/zfr-2019-0015.
Ahmed, Layla. 1992. *Women and Gender in Islam: Historical Roots of a Modern Debate*. Connecticut: Yale University Press.
Allenbach, Brigit, und Martin Sökefeld. 2010. *Muslime in Der Schweiz*: Seismo Zürich.
Altheide, David L. 1987a. »Ethnographic Content Analysis.« *Qualitative Sociology* 10 (1):65-77.
Altheide, David L. 1987b. »Reflections : Ethnographic Content Analysis.« *Qualitative Sociology* 10 (1):65-77.
Altheide, David L, und Christopher J Schneider. 2013. *Qualitative Media Analysis*. Vol. 38, *Qualitative Research Methods*. London: Sage.
Amir-Moazami, Schirin, Christine M Jacobsen, und Maleiha Malik. 2011. »Islam and Gender in Europe: Subjectivities, Politics and Piety.« *feminist review* 98:1-8.
Anderson, Benedict. 2006 (1983). *Imagined Communities*. London: Verso.
Asad, Talal. 2003. *Formations of the Secular: Christianity, Islam, Modernity*. Stanford: Stanford University Press.
Auga, Ulrike, Lukas Bormann, Ciprian Burlacioiu, Marion Grau, Judith Gruber, Klaus Hock, Claudia Jahnel, Sabine Jarosch, Michael Nausner, und Sigrid Ret-

tenbacher. 2017. *Postkoloniale Theologien Ii: Perspektiven Aus Dem Deutschsprachigen Raum*. Stuttgart W. Kohlhammer Verlag.

Baghdadi, Nadia. 2010. »Die Muslimin« Im Spannungsfeld Von Zuschreibung, Abgrenzung Und Umdeutung.« In *Muslime in Der Schweiz*, Hg. Brigit Allenbach und Martin Sökefeld, 213–240. Zürich: Seismo.

Barras, Amélie. 2013. »›Muslim Women‹ marking Debates on Islam.« In *Debating Islam: Negotiating Religion, Europe, and the Self*, Hg. Samuel M Behloul, Susanne Leuenberger und Andreas Tunger-Zanetti, 81–98. Bielefeld: transcript Verlag.

Barthes, Roland. 1984. »La Mort De L'auteur.« In *Le Bruissement De La Langue. Essais Critiques Iv*, 63–69. Paris : Seuil.

Baumann, Gerd, und André Gingrich. 2005. *Grammars of Identity/Alterity: A Structural Approach*. Vol. 3: Berghahn Books.

Beck, Klaus. 2010. »Soziologie Der Online-Kommunikation.« In *Handbuch Online-Kommunikation*, Hg. Wolfgang Schweiger und Klaus Beck, 15–35. Wiesbaden: Springer.

Behloul, Samuel M. 2010. »Religion Und Religionszugehörigkeit Im Spannungsfeld Von Normativer Exklusion Und Zivilgesellschaftlichem Bekenntnis. Islam Und Muslime Als Öffentliches Thema in Der Schweiz.« In *Muslime in Der Schweiz*, Hg. Brigit Allenbach und Martin Sökefeld, 43–65. Zürich: Seismo.

Behloul, Samuel M. 2011. »Vom Öffentlichen Thema Zur Öffentlichen Religion? Probleme Und Perspektiven Des Islam Im Westen Am Beispiel Der Schweiz.« In *Religionspolitik-Öffentlichkeit-Wissenschaft: Studien Zur Neuformierung Von Religion in Der Gegenwart*, Hg. Martin Baumann und Frank Neubert, 127–150. Zürich: Pano.

Behloul, Samuel M. 2012. »Negotiating the ›Genuine‹ religion: Muslim Diaspora Communities in the Context of the Western Understanding of Religion.« *Journal of Muslims in Europe* 1 (1):7-26.

Behloul, Samuel M. 2013. »Introduction.« In *Debating Islam: Negotiating Religion, Europe, and the Self*, Hg. Samuel M Behloul, Susanne Leuenberger und Andreas Tunger-Zanetti, 11–38. Bielefeld: transcript Verlag.

Behloul, Samuel M, und Stéphane Lathion. 2007. »Muslime Und Islam in Der Schweiz: Viele Gesichter Einer Weltreligion.« In *Eine Schweiz-Viele Religionen*, 193–207. Bielefeld: transcript Verlag.

Behloul, Samuel M, Susanne Leuenberger, und Andreas Tunger-Zanetti. 2013. *Debating Islam: Negotiating Religion, Europe, and the Self*. Bielefeld: transcript Verlag.

Behrendt, Richard Fritz. 1932. *Die Schweiz Und Der Imperialismus: Die Volkswirtschaft Des Hochkapitalistischen Kleinstaates Im Zeitalter Des Politischen Und Ökonomischen Nationalismus*. Zürich: Rascher.

Bieber, Christoph. 2016. »Öffentlichkeit.« In *Handbuch Medien- und Informationsethik*, 67–73. Wiesbaden: Springer.

Bitter, Jean-Nicolas, und Angela Ullmann. 2018. »Swiss Experiences in Addressing Religion in Conflict.« *CSS Analyses in Security Policy* 229:1-4.

Boatcă, Manuela. 2010. »Multiple Europas Und Die Interne Politik Der Differenz.« *Globale, multiple und postkoloniale Modernen* 7:1-17.
Bormann, Inka, und Steffen Hamborg. 2016. »Wissenssoziologische Diskursanalyse: Rekonstruktion Gesellschaftlicher Wissensverhältnisse Des Bne-Transfers.« In *Governance-Regime Des Transfers Von Bildung Für Nachhaltige Entwicklung*, 89–107. Wiesbaden: Springer.
Boulila, Stefanie Claudine. 2019. »Race and Racial Denial in Switzerland.« *Ethnic and Racial Studies* 42 (9):1401-1418.
Brighenti, A Mubi. 2010. *Visibility in Social Theory and Social Research*. New York: Palgrave Macmillan.
Brubaker, Rogers. 2013. »Categories of Analysis and Categories of Practice: A Note on the Study of Muslims in European Countries of Immigration.« *Ethnic and Racial Studies* 36 (1):1-8.
Brunotte, Ulrike. 2007. »›Große Mutter‹, GräBer Und Suffrage. Die Feminisierung Der Religion(Swissenschaft) Bei J.J. Bachofen Und Jane E. Harrison.« In *Männlichkeiten Und Moderne*, Hg. Ulrike Brunotte und Rainer Herrn, 219–240. Bielefeld: transcript Verlag.
Bruns, Axel, und Jean E Burgess. 2011. »The Use of Twitter Hashtags in the Formation of Ad Hoc Publics.« Proceedings of the 6th European Consortium for Political Research (ECPR) General Conference 2011, Reykjavik.
Bruns, Axel, und Hallvard Moe. 2014. »Structural Layers of Communication on Twitter.« In *Twitter and Society*, Hg. Katrin Weller, Axel Bruns, Jean Burgess, Merja Mahrt und Cornelius Puschmann, 15–28. New York: Peter Lang.
Bucholtz, Mary, und Kira Hall. 2003. »Language and Identity.« In *A Companion to Linguistic Anthropology*, Hg. Alessandro Duranti, 369–394. Oxford: Blackwell.
Bucholtz, Mary, und Kira Hall. 2005. »Identity and Interaction: A Sociocultural Linguistic Approach.« *Discourse Studies* 7 (4–5):585-614.
Bundesamt für Statistik, BFS. 2019. Religiöse Und Spirituelle Praktiken Und Glaubensformen in Der Schweiz: Erste Ergebnisse Der Erhebung Zur Sprache, Religion Und Kultur 2019. In *Statistik der Schweiz*. Neuchâtel: Eidgenössisches Departement des Innern (EDI).
Bundesamt für Statistik, BFS. 2020a. »Religionen: Reliigonszugehörigkeit Nach Schweizer Oder Ausländischer Nationalität, 2014–2018 Kumuliert.« letzter Zugriff 10.03.2021. https://www.bfs.admin.ch/bfs/de/home/statistiken/bevoelkerung/sprachen-religionen/religionen.html.
Bundesamt für Statistik, BFS. 2020b. »Religionszugehörigkeit Nach Nationalität: Dargestellter Zeitraum 2014–2018.« letzter Zugriff 10.03.2021. https://www.bfs.admin.ch/bfs/de/home/statistiken/bevoelkerung/sprachen-religionen/religionen.assetdetail.12127060.html.
Bundesamt für Statistik, BFS. 2021. »Religionszugehörigkeit in Der Schweiz: Ständige Wohnbevölkerung Ab 15 Jahren, Zeitraum 2019.« letzter Zugriff

10.03.2021. https://www.bfs.admin.ch/bfs/de/home/statistiken/kataloge-datenbanken/tabellen.assetdetail.15384761.html.

Bundesrat. 1967. »Bericht Des Bundesrates an Die Bundesversammlung Über Das Volksbegehren Gegen Die Überfremdung.« 5–119.

Bürgin, Martin. 2019. »Theologische Tribes and Territories: Die Revue Internationale De théOlogie Als Medium Multipler Allianzbildungen.« *IKZ* 109:309-339.

Bürgin, Martin. 2020. »Konfessionalismus Und Konvivenz: Die Surbtaler Juden Und Ihr Umfeld Vom 17. Jahrhundert Bis Zu Den Anfängen Des Kantons.«

Bürgin, Martin. 2021. »Kulturkampfnarrative Im Gesetzgebungsprozess: Gebrauchsgeschichtliche Topoi Im Kommentar Zur Geplanten Änderung Der Basellandschaftlichen Verfassung Im Nachgang Zum Fall Therwil.« *Zeitschrift für Religionswissenschaft* 29 (1):1-22. doi: 10.1515/zfr-2019-0021.

Butler, Judith. 1997. *Excitable Speech: A Politics of the Performative*. London: Routledge.

Butler, Judith. 2011. *Gender Trouble: Feminism and the Subversion of Identity*. London: Routledge.

Chakrabarty, Dipesh. 1992a. »Postcoloniality and the Artifice of History: Who Speaks for ›Indian‹ Pasts?« *Imperial Fantasies and Postcolonial Histories*((37):1-26. doi: 10.2307/j.ctt7rsx9.6.

Chakrabarty, Dipesh. 1992b. »Provincializing Europe: Postcoloniality and the Critique of History.« *Cultural studies* 6 (3):337-357.

Chakrabarty, Dipesh. 2000a. *Provincializing Europe: Postcolonial Thought and Historical Difference (New Edition)*. Princeton: Princeton University Press.

Chakrabarty, Dipesh. 2000b. »Subaltern Studies and Postcolonial Historiography.« *Nepantla: views from South* 1 (1):9-32.

Chakrabarty, Dipesh. 2002. »Europa Provinzialisieren. Postkolonialität Und Die Kritik Der Geschichte.« In *Jenseits Des Eurozentrismus. Postkoloniale Perspektiven in Den Geschichts- Und Kulturwissenschaften*, Hg. Sebastian Conrad und Shalini Randeria, 283–312. Frankfurt a.M.: campus.

Charmaz, Kathy. 2014. *Constructing Grounded Theory*. London: Sage.

Chin, Rita, Heide Fehrenbach, Geoff Eley, und Atina Grossmann. 2009. *After the Nazi Racial State. Difference and Democracy in Germany and Europe*. Ann Arbor: University of Michigan Press.

Cho, Sumi, Kimberlé Williams Crenshaw, und Leslie McCall. 2013. »Toward a Field of Intersectionality Studies: Theory, Applications, and Praxis.« *Signs: Journal of Women in Culture and Society* 38 (4):785-810.

Chong, Dennis, und James N Druckman. 2007. »Framing Theory.« *Annu. Rev. Polit. Sci.* 10:103-126.

Couldry, Nick, und Andreas Hepp. 2016. *The Mediated Construction of Reality*. Cambridge: John Wiley & Sons.

Crenshaw, Kimberle. 1989. »Demarginalizing the Intersection of Race and Sex: A Black Feminist Critique of Antidiscrimination Doctrine, Feminist Theory and Antiracist Politics.« *University of Chicago Legal Forum*:57-80.

Dahinden, Janine, Carolin Fischer, Joanna Menet, und Anne Kristol. 2018. «Gendernationalismus« Als Neue Spielform Eines Politischen Nationalismus?« *NCCR on the move*.

Dahinden, Urs, und Vinzenz Wyss. 2009. Die Darstellung Von Religionen in Schweizer Massenmedien: Zusammenprall Der Kulturen Oder Förderung Des Dialogs?: Ein Projekt im Rahmen des Nationalen Forschungsprogramms »Religionsgemeinschaften, Staat und Gesellschaft (NFP 58)«.

Davenport, Thomas H., und John C. Beck. 2001. *The Attention Economy: Understanding the New Currency of Business*. Boston: Harvard Business Press.

De Cillia, Rudolf, Martin Reisigl, und Ruth Wodak. 1999. »The Discursive Construction of National Identities.« *Discourse & Society* 10 (2):149-173.

De Vreese, Claes H. 2005. »News Framing: Theory and Typology.« *Information design journal+ document design* 13 (1):51-62.

Deacon, David, und James Stanyer. 2014. »Mediatization: Key Concept or Conceptual Bandwagon?« *Media, Culture & Society* 36 (7):1032-1044.

Degele, Nina, und Gabriele Winker. 2007. Intersektionalität Als Mehrebenenanalyse. 1–16. letzter. doi:https://doi.org/10.15480/882.382.

Degenhard, J. 2021. »Twitter Users in Switzerland 2017–2025.« https://www.statista.com.

Diaz-Bone, Rainer. 2006. »Zur Methodologisierung Der Foucaultschen Diskursanalyse.« *Historical Social Research/Historische Sozialforschung* 31 (2):243-274.

Diaz-Bone, Rainer. 2010. *Kulturwelt, Diskurs Und Lebensstil*. Wiesbaden: Springer.

Diehl, Paula. 2015. »Zum Zusammenhang Von Legitimität, Legitimation Und Symbolischer Repräsentation.« In *Legalität Ohne Legitimität?*, 281–296. Wiesbaden: Springer.

Dietze, Gabriele. 2008. »Intersektionalität Und Hegemonie (Selbst) Kritik.« In *Transkulturalität. Gender Und Bildungshistorische Perspektiven*, Hg. Wolfgang Gippert, 27–45. Bielefeld: transcript.

Dietze, Gabriele. 2016. »Das ›Ereignis Köln‹.« *FEMINA POLITICA: Zeitschrift für feministische Politikwissenschaft* 1:93-102. doi: https://doi.org/10.3224/feminapolitica.v25i1.23412.

Dreesen, Philipp, Łukasz Kumięga, und Constanze Spieß. 2012. *Mediendiskursanalyse: Diskurse-Dispositive-Medien-Macht*. Wiesbaden: Springer.

Edensor, Tim. 2002. *National Identity, Popular Culture and Everyday Life*. Oxford: Berg.

EKR, Eidgenössische Kommission gegen Rassismus. 1996. »Stellungnahme Der Eidg. Kommission Gegen Rassismus Zum Drei-Kreise-Modell Des Bundesrats Über Die Schweizerische Ausländerpolitik.« 1–8.

El-Tayeb, Fatima. 2011. *European Others: Queering Ethnicity in Postnational Europe, Difference Incorporated*. Minneapolis: University of Minnesota Press.

El-Tayeb, Fatima. 2015. *Anders Europäisch: Rassismus, Identität Und Widerstand Im Vereinten Europa*. Münster: Unrast Verlag.

El-Tayeb, Fatima. 2016. *Undeutsch: Die Konstruktion Des Anderen in Der Postmigrantischen Gesellschaft*. Bielefeld: transcript Verlag.

Emmer, Martin. 2017. »Soziale Medien in Der Politischen Kommunikation.« In *Handbuch Soziale Medien*, 81–99. Wiesbaden: Springer.

Ettinger, Patrik. 2017. »Muslime in Den Medien Zunehmend Problematisiert: Studie Zur Qualität Der Berichtersattung Über Muslime in Der Schweiz.« In *Muslimfeindlichkeit: Gesellschaft, Medien Und Politik*, 69–76. Fribourg: Eidgenössische Kommission gegen Rassismus EKR.

Ettinger, Patrik, und Kurt Imhof. 2011. Ethnisierung Des Politischen Und Problematisierung Religiöser Differenz. In *NFP 58 »Religionsgemeinscahften, Staat und Gesellschaft«*. Zürich: Forschungsbereich Öffentlichkeit und Gesellschaft/ Universität Zürich.

Falk, Francesca, und Franziska Jenni. 2012. »Indien Im Blick: Schweizerische Imaginationen in Vier Konfigurationen.« In *Postkoloniale Schweiz: Formen Und Folgen Eines Kolonialismus Ohne Kolonien*, Hg. Patricia Purtschert, Barbara Lüthi und Francesca Falk, 379–412. Bielefeld: transcript Verlag.

Fassin, Éric. 2010. »National Identities and Transnational Intimacies: Sexual Democracy and the Politics of Immigration in Europe.« *Public culture* 22 (3):507-529.

Fassin, Éric. 2012. »Sexual Democracy and the New Racialization of Europe.« *Journal of Civil Society* 8 (3):285-288.

Fassin, Eric, und Manuela Salcedo. 2015. »Becoming Gay? Immigration Policies and the Truth of Sexual Identity.« *Archives of sexual behavior* 44 (5):1117-1125.

Fernando, Mayanthi. 2009. »Exceptional Citizens: Secular Muslim Women and the Politics of Difference in France.« *Social Anthropology* 17 (4):379-392.

Fischer, Carolin, und Janine Dahinden. 2016. Changing Gender Representations in Politics of Belonging: A Critical Analysis of Developments in Switzerland. Université de Neuchâtel.

fög, Forschungsinstitut Öffentlichkeit und Gesellschaft der Universität Zürich. 2018. *Jahrbuch: Qalität Der Medien*. Basel: Schwabe.

fög, Forschungsinstitut Öffentlichkeit und Gesellschaft der Universität Zürich. 2019. *Qualität Der Medien Schweiz – Suisse – Svizzera*. Basel: Schwabe.

Foucault, Michel. 1982. »The Subject and Power.« *Critical inquiry* 8 (4):777-795.

Fraas, Claudia, und Michael Klemm. 2005. »Diskurse–Medien–Mediendiskurse. Begriffsklärungen Und Ausgangsfragen.« In *Mediendiskurse. Bestandsaufnahme Und Perspektiven*, Hg. Claudia Fraas und Michael Klemm, 1–8. Frankfurt a.M.: Peter Lang.

Fraas, Claudia, Stefan Meier, und Christian Pentzold. 2014. *Online-Diskurse: Theorien Und Methoden Transmedialer Online-Diskursforschung*. Köln: Herbert von Halem Verlag.

Fraas, Claudia, Stefan Meier, Christian Pentzold, und Vivien Sommer. 2014. »Diskursmuster–Diskurspraktiken. Ein Methodeninstrumentarium Qualitativer Diskursforschung.« In *Online-Diskurse. Theorien Und Methoden Transmedialer Online-Diskursforschung*, Hg. Claudia Fraas, Stefan Meier und Christian Pentzold, 102–135. Köln: Herbert von Halem Verlag.

Franck, Georg. 1993. »Ökonomie Der Aufmerksamkeit.« *Merkur* 534 (535):748-761.

Franck, Georg. 1998. *Ökonomie Der Aufmerksamkeit*. München: Hanser.

Franck, Georg. 2007. »Jenseits Von Geld Und Information–Zur Ökonomie Der Aufmerksamkeit.« In *Handbuch Unternehmenskommunikation*, 159–168. Springer.

Gaffney, Devin, und Cornelius Puschmann. 2014. »Data Collection on Twitter.« In *Twitter and Society*, Hg. Katrin Weller, Axel Bruns, Jean Burgess, Merja Mahrt und Cornelius Puschmann, 55–67. New York: Peter Lang.

Gianni, Matteo, und Stéphane Lathion. 2010. Muslime in Der Schweiz: Identitätsprofile, Erwartungen Und Einstellungen, Eine Studie Der Forschungsgruppe »Islam in Der Schweiz« (Gris). In *Materialien zur Migrationspolitik*. Bundespublikationen, Bern: Eidgenössische Kommission für Migrationsfragen EKM.

Gianni, Matteo, Mallory Schneuwly Purdie, Stéphane Lathion, und Magali Jenny. 2005. Muslime in Der Schweiz. Bern: Eidgenössische Kommission für Migrationsfragen EKM.

Gilman, Sander L. 1985. »Black Bodies, White Bodies: Toward an Iconography of Female Sexuality in Late Nineteenth-Century Art, Medicine, and Literature.« *Critical Inquiry* 12 (1):204-242.

Glaser, Barney G, und Anselm L Strauss. 1967. *The Discovery of Grounded Theory: Strategies for Qualitative Research*. New York: Aldine.

Goldberg, David Theo. 2008. »Racisms without Racism.« *PMLA* 123 (5):1712-1716.

Hall, Stuart. 2001. »Foucault: Power, Knowledge and Discourse.« In *Discourse Theory and Practice: A Reader*, Hg. Margaret Wetherell, Stephanie Taylor und Simeon Yates, 72–81. London: Sage.

Hasebrink, Uwe, und Andreas Hepp. 2017. »How to Research Cross-Media Practices? Investigating Media Repertoires and Media Ensembles.« *Communicative Figurations* 2:1-22.

Heelas, Paul. 1996. *The New Age Movement: The Celebration of the Self and the Sacralization of Modernity*. Oxford: Blackwell.

Heelas, Paul, Linda Woodhead, Benjamin Seel, Karin Tusting, und Bronislaw Szerszynski. 2005. *The Spiritual Revolution: Why Religion Is Giving Way to Spirituality*. Oxford: Blackwell.

Hepp, Andreas. 2013. »The Communicative Figurations of Mediatized Worlds: Mediatization Research in Times of the ›Mediation of Everything‹.« *European Journal of Communication* 28 (6):615-629.
Hjarvard, Stig. 2008. »The Mediatization of Society.« *Nordicom review* 29 (2):102-131.
Hjarvard, Stig. 2011. »The Mediatisation of Religion: Theorising Religion, Media and Social Change.« *Culture and Religion* 12 (02):119-135.
Hjarvard, Stig. 2013. *The Mediatization of Culture and Society*. Oxfordshire: Routledge.
Ichijo, Atsuko, und Gordana Uzelac. 2005. *When Is the Nation?: Towards an Understanding of Theories of Nationalism*. London: Routledge.
Janetzko, Dietmar. 2017. »The Role of Apis in Data Sampling from Social Media.« In *The Sage Handbook of Social Media Research Methods*, Hg. Luke Sloan und Anabel Quan-Haase, 146–160. Los Angeles: Sage.
Jost, Hans Ulrich. 1988. »Geschichtsschreibung Und Politische Kultur: Zur Nationalen Gründerhochzeit Und Deren Folgen.« In *Liber. Internationales Jahrbuch Für Literatur Und Kultur*, Hg. Pierre Bourdieu, 127–131. Konstanz: Universitätsverlag Konstanz.
Katzenbach, Christian. 2010. »Weblog-Öffentlichkeiten Als Vernetzte Gespräche. Zur Theoretischen Verortung Von Kommunikation Im Web 2.0.« In *Politik 2.0? Die Wirkung Computervermittelter Kommunikation Auf Den Politischen Prozess*, Hg. Jens Wolling, Markus Seifert und Martin Emmer, 187–211. Baden-Baden: Nomos Verlagsgesellschaft.
Katzenbach, Christian. 2016. Von Kleinen Gesprächen Zu Großen Öffentlichkeiten? Zur Dynamik Und Theorie Von Öffentlichkeiten in Sozialen Medien. Bielefeld: transcript Verlag.
Keller, Reiner. 2011. *Wissenssoziologische Diskursanalyse: Grundlegung Eines Forschungsprogramms*. 3 ed. Wiesbaden: VS Verlag für Sozialwissenschaften.
Keller, Reiner. 2012. »Der Menschliche Faktor.« In *Diskurs–Macht–Subjekt*, 69–107. Wiesbaden: Springer.
Kilomba, Grada. 2009. »Das N-Wort.« letzter Zugriff 30.04.2021. https://www.bpb.de/gesellschaft/migration/afrikanische-diaspora/59448/das-n-wort.
Klaus, Elisabeth. 2001. »Das Öffentliche Im Privaten—Das Private Im Öffentlichen.« In *Tabubruch Als Programm*, 15–35. Wiesbaden: Springer.
Klinger, Cornelia. 2003. »Ungleichheit in Den Verhältnissen Von Klasse, Rasse Und Geschlecht.« In *Achsen Der Differenz. Gesellschaftstheorie Und Feministische Kritik*, Hg. Gudrun-Axeli Knapp und Angelika Wetterer, 14–48. Münster: Westfälisches Dampfboot.
Klinger, Ulrike. 2013. »Mastering the Art of Social Media: Swiss Parties, the 2011 National Election and Digital Challenges.« *Information, Communication & Society* 16 (5):717-736.
Knapp, Gudrun-Axeli. 2005. »Race, Class, Gender: Reclaiming Baggage in Fast Travelling Theories.« *European Journal of Women's Studies* 12 (3):249-265.

Knoblauch, Hubert. 2010. »Vom New Age Zur Populären Spiritualität.« In *Neue Religiöse Bewegungen Im Wandel*, Hg. Dorothea Lüddeckens und Rafael Walthert, 149–174. Bielefeld: transcript Verlag.

Knoblauch, Hubert. 2012. »Der Topos Der Spiritualität.« In *Diskurs–Macht–Subjekt*, Hg. Reiner Keller, Werner Schneider und Willy Viehöver, 247–264. Wiesbaden: Springer.

Koch, Carmen. 2009. »Das Politische Dominiert. Wie Schweizer Medien Über Religionen Berichten.« *Communicatio Socialis* 42 (4):365-381.

Koch, Sascha. 2018. »Legitimität, Legitimation Und Legitimierung Von Organisationen–Zur Ausarbeitung Eines (Neo) Institutionalistischen Begriffsinventars.« In *Die Legitimität Der Organisation*, 193–233. Wiesbaden: Springer.

Konerding, Klaus-Peter. 2005. »Diskurse, Themen Und Soziale Topik.« In *Mediendiskurse. Bestandsaufnahme Und Perspektiven*, Hg. Claudia Fraas und Michael Klemm, 9–38. Frankfurt a.M.: Peter Lang.

Konnelly, Alexah 2015. »#Activism: Identity, Affiliation, and Political Discourse-Making on Twitter.« *The Arbutus Review* 6 (1):1-16.

Korteweg, Anna C. 2008. »The Sharia Debate in Ontario: Gender, Islam, and Representations of Muslim Women's Agency.« *Gender & Society* 22 (4):434-454.

Korteweg, Anna C, und Gökçe Yurdakul. 2014. »Feeling at Home in the Nation.« In *The Headscarf Debates: Conflicts of National Belonging*, Hg. Anna C Korteweg und Gökçe Yurdakul, 1–13. Stanford: Stanford University Press.

Krüger, Oliver. 2012. *Die Mediale Religion: Probleme Und Perspektiven Der Religionswissenschaftlichen Und Wissenssoziologischen Medienforschung.* Vol. 1, Religion Und Medien. Bielefeld: transcript Verlag.

Krüger, Oliver. 2016. »Media.« In *The Oxford Handbook of the Study of Religion*, Hg. Michael Stausberg und Steven Engler, 382–400. New York: Oxford University Press.

Krüger, Oliver. 2018. »The ›Logic'of Mediatization Theory in Religion.« *Marburg Journal of Religion* 20 (1):1-31.

Künzler, Matthias. 2013. *Mediensystem Schweiz.* Konstanz: UVK Verlagsgesellschaft.

Kury, Patrick. 2003a. »Der ›Ostjude‹ Als Zeichen Des ›Ganz Anderen‹.« *Comparativ* 13 (3):98-113.

Kury, Patrick. 2003b. *Über Fremde Reden: Überfremdungsdiskurs Und Ausgrenzung in Der Schweiz 1900-1945.* Vol. 4, Veröffentlichungen Des Archivs Für Zeitgeschichte Des Instituts Für Geschichte Der Eth Zürich. Zürich: Chronos.

Kury, Patrick. 2006. »Wer Agiert? Der Überfremdungsdiskurs Und Die Schweizerische Flüchtlingspolitik.« In *Historische Diskursanalysen*, 205–221. Wiesbaden: Springer.

Kury, Patrick. 2010. »Vom Überfremdungsantisemitismus Zur Islamfeindlichkeit: Der Umgang Mit Fremdheit Und Differenz in Der Schweiz Von 1900 Bis in Die

Gegenwart.« Leben mit kultureller Differenz und Fremdheit, Schweizerische Gesellschaft zum Schutz der Minderheiten, Zürich.

Landis, J Richard, und Gary G Koch. 1977. »The Measurement of Observer Agreement for Categorical Data.« *Biometrics* 33:159-174.

Leuenberger, Susanne. 2013a. »›I Have Become a Stranger in My Homeland‹: An Analysis of the Public Performance of Converts to Islam in Switzerland.« In *Debating Islam: Negotiating Religion, Europe and the Self*, Hg. Samuel Behloul, Susanne Leuenberger und Andreas Tunger-Zanetti, 181–202. Bielefeld: transcript Verlag.

Leuenberger, Susanne. 2013b. »I Have Become a Stranger in My Own Homeland.« The Symbolic Stakes of Swiss Converts to Islam in Shaping Muslim Selves in Public and Muslim Arenas. A Performative Reconstruction of the Swiss Muslim Debate.« Dissertationsschrift, Universität Bern.

Lüddeckens, Dorothea. Unpubliziertes Manuskript. »Methodische Herangehensweisen.«

Lüddeckens, Dorothea, Christoph Uehlinger, und Rafael Walthert. 2010. Sichtbar Gemachte Religiöse Identität, Differenzwahrnehmung Und Konflikt. In *Nationales Forschungsprogramm NFP 58: Religionsgemeinschaften, Staat und Gesellschaft*. Zürich: Religionswissenschaftliches Seminar, Universität Zürich.

Lüddeckens, Dorothea, und Rafael Walthert. 2010. »Fluide Religion: Eine Einleitung.« In *Neue Religiöse Bewegungen Im Wandel*, Hg. Dorothea Lüddeckens und Rafael Walthert, 9–17. Bielefeld: transcript Verlag.

Lüddeckens, Dorothea, und Rafael Walthert. 2013. »Religion Als Religiös-Ethnische Gemeinschaft. Das Beispiel Der Parsi Zoroastrier in Indien.« *KZfSS Kölner Zeitschrift für Soziologie und Sozialpsychologie* 65 (1):333-357.

Lüthi, Barbara, Francesca Falk, und Patricia Purtschert. 2016. *Colonialism without Colonies: Examining Blank Spaces in Colonial Studies*. Oxfordshire: Taylor & Francis.

Mahmud, Tayyab. 1998. »Colonialism and Modern Constructions of Race: A Preliminary Inquiry.« *U. Miami l. Rev.* 53:1219.

Maiolino, Angelo. 2011. *Als Die Italiener Noch Tschinggen Waren. Der Widerstand Gegen Die Schwarzenbach-Initiative*. Zürich: Rotpunktverlag.

Maletzke, Gerhard. 1998. »Psychologie Der Massenkommunikation.« In *Kommunikationswissenschaft Im ÜBerblick: Grundlagen, Probleme, Perspektiven*, Hg. Gerhard Maletzke. Opladen: Westdeutscher Verlag.

Malinar, Angelika. 2009. *Hinduismus*. Göttingen: Vandenhoeck & Ruprecht.

Mamdani, Mahmood. 2002. »Good Muslim, Bad Muslim: A Political Perspective on Culture and Terrorism.« *American anthropologist* 104 (3):766-775.

Mamdani, Mahmood. 2005. *Good Muslim, Bad Muslim: America, the Cold War, and the Roots of Terror*. New York: Harmony.

Marchand, Suzanne. 2001. »German Orientalism and the Decline of the West.« *Proceedings of the American Philosophical Society* 145 (4):465-473.
Mayr, Philipp, und Katrin Weller. 2017. »Think before You Collect: Setting up a Data Collection Approach for Social Media Studies.« In *The Sage Handbook of Social Media Research Methods*, Hg. Luke Sloan und Anabel Quan-Haase, 107–124. Los Angeles: Sage.
Mayring, Philipp. 2000. »Qualitative Content Analysis.« *Forum: Qualitative Social Research* 1 (2): http://nbn-resolving.de/urn:nbn:de:0114-fqs0002204.
Mayring, Philipp. 2014. *Qualitative Content Analysis: Theoretical Foundation, Basic Procedures and Software Solution*. Klagenfurt: Institute of Psychology and Center for Evaluation and Research.
McCall, Leslie. 2005. »The Complexity of Intersectionality.« *Signs: Journal of women in culture and society* 30 (3):1771-1800.
McClintock, Anne. 2013. *Imperial Leather: Race, Gender, and Sexuality in the Colonial Contest*. Oxfordshire: Routledge.
Meer, Nasar, Claire Dwyer, und Tariq Modood. 2010. »Embodying Nationhood? Conceptions of British National Identity, Citizenship, and Gender in the ›Veil Affair‹.« *The Sociological Review* 58 (1):84-111.
Mepschen, P., J. W. Duyvendak, und E. H. Tonkens. 2010. »Sexual Politics, Orientalism and Multicultural Citizenship in the Netherlands.« *Sociology-the Journal of the British Sociological Association* 44 (5):962-979. doi: 10.1177/0038038510375740.
Metag, Julia, und Adrian Rauchfleisch. 2016. »Agenda-Building Durch Twitter? Eine Analyse Der Nutzung Politischer Tweets Durch Schweizer Journalistinnen Und Journalisten.« In *Politische Online-Kommunikation: Voraussetzungen Und Folgen Des Strukturellen Wandels Der Politischen Kommunikation*, Hg. Philipp Henn und Dennis Frieß. Berlin: Digital Communication Research.
Michel, Noémi. 2015. »Sheepology: The Postcolonial Politics of Raceless Racism in Switzerland.« *Postcolonial Studies* 18 (4):410-426.
Michel, Noémi, und Manuela Honegger. 2010. »Thinking Whiteness in French and Swiss Cyberspaces.« *Social Politics* 17 (4):423-449.
Miczek, Nadja. 2014. *Biographie, Ritual Und Medien: Zu Den Diskursiven Konstruktionen Gegenwärtiger Religiosität*. Vol. 2, *Religion Und Medien*. Bielefeld: transcript Verlag.
Midden, Eva. 2018. »Rethinking ›Dutchness‹: Learning from the Intersections between Religion, Gender and National Identity after Conversion to Islam.« *Social Compass* 65 (5):684-700.
Minder, Patrick. 2006. »Comment Les Images Coloniales Ont Influencé La Suisse Esquisse Pour Une Analyse Historique De La Représentation Des Africains Dans L'iconographie Helvétique (1880–1939).« *Corps* (1):67-72.
Minder, Patrick. 2009. »La Suisse Coloniale. Etude Sur Les Représentations De L'afrique Et Des Africains En Suisse Au Temps Des Colonies (1880–1939).« Université de Neuchâtel, Faculté des lettres et sciences humaines.

Minder, Patrick. 2011. *La Suisse Coloniale: Les Representations De L'afrique Et Des Africains En Suisse Au Temps Des Colonies (1880–1939)*. Frankfurt a.M.: Peter Lang.

Minder, Patrick. 2016. »Le Continent Noir«: Images Et Imaginaire De L'afrique Dans La Presse Suisse (1870–1945).« *Le Temps des medias* (1):40-56.

Modood, Tariq. 1994. »Establishment, Multiculturalism and British Citizenship.« *The Political Quarterly* 65 (1):53-73.

Modood, Tariq, und Pnina Werbner. 1997. *The Politics of Multiculturalism in the New Europe: Racism, Identity and Community*. London: Palgrave Macmillan.

Moors, Annelies, und Ruba Salih. 2009. »›Muslim Women‹ in Europe: Secular Normativities, Bodily Performances and Multiple Publics.« *Social Anthropology* 17 (4):375-378.

Murthy, Dhiraj. 2013. *Twitter: Social Communication in the Twitter Age, Digital Media and Society Series*. Cambridge: Polity Press.

Nay, Yv. 2019. »Homonormative Und Nationalistische Politiken Des Fortschritts in Debatten Um Nicht-Hegemoniale Familien Und Verwandtschaft.« *GENDER* 2:41-55. doi: 10.3224/gender.v11i2.04.

Nordhus, Lotte. 2012. »Die Schweizer Minarett-Initiative Im Spiegel Von Facebook: Eine Analyse Der Diskussionen Vor Der Abstimmung 2009.« *kommunikation@gesellschaft* 13 (Sonderausgabe):1-22.

Ozkirimli, Umut. 2000. *Theories of Nationalism: A Critical Introduction*. New York: St. Martin's Press.

Pieper, Marianne. 2006. »Diskursanalysen—Kritische Analytik Der Gegenwart Und Wissenspolitische Deutungsmusteranalyse.« In *Foucault: Diskursanalyse Der Politik*, 269–286. Wiesbaden: Springer.

Pinto, Jovita dos Santos. 2013. »Spuren: Eine Geschichte Schwarzer Frauen in Der Schweiz.« *Terra Incognita? Der Treffpunkt Schwarzer Frauen in Zürich*:143-185.

Plaß, Christine, und Michael Schetsche. 2001. »Grundzüge Einer Wissenssoziologischen Theorie Sozialer Deutungsmuster.« *Sozialer Sinn* 2 (3):511-536.

Price, Vincent, und David Tewksbury. 1997. »News Values and Public Opinion: A Theoretical Account of Media Priming and Framing.« *Progress in communication sciences*:173-212.

Purdie, Mallory Schneuwly, Matteo Gianni, und Magali Jenny. 2009. *Musulmans D'aujourd'hui: Identités Plurielles En Suisse*. Vol. 4. Genève: Labor et fides.

Purtschert, Patricia. 2016. »Aviation Skills, Manly Adventures and Imperial Tears: The Dhaulagiri Expedition and Switzerland's Techno-Colonialism.« *National Identities* 18 (1):53-69.

Purtschert, Patricia, Francesca Falk, und Barbara Lüthi. 2016. »Switzerland and ›Colonialism without Colonies‹ Reflections on the Status of Colonial Outsiders.« *Interventions* 18 (2):286-302.

Purtschert, Patricia, und Harald Fischer-Tiné. 2015. *Colonial Switzerland: Rethinking Colonialism from the Margins*. Wiesbaden: Springer.

Purtschert, Patricia, Barbara Lüthi, und Francesca Falk. 2012. »Eine Bestandesaufnahme Der Postkolonialen Schweiz.« In *Postkoloniale Schweiz: Formen Und Folgen Eines Kolonialismus Ohne Kolonien*, 13–63. Bielefeld: transcript Verlag.

Purtschert, Patricia, und Katrin Meyer. 2010. »Die Macht Der Kategorien. Kritische Überlegungen Zur Intersektionalität.« *Feministische Studien* 28 (1):130-142.

Raihanah, MM. 2017. »›World Hijab Day‹: Positioning the Hijabi in Cyberspace.« In *Seen and Unseen: Visual Cultures of Imperialism*, 97–117. Brill.

Rohrer, Marius. 2013. »Basel's ›Swimming Refuseniks‹ a Systemic Study on How Politics Observe Muslim Claims to Diversity in State Schools.« In *Debating Islam: Negotiating Religion, Europe and the Self*, Hg. Samuel Behloul, Susanne Leuenberger und Andreas Tunger-Zanetti, 263–283. Bielefeld: transcript Verlag.

Rommelspacher, Birgit. 2009. »Islamkritik Und Antimuslimische Positionen Am Beispiel Von Necla Kelek Und Seyran Ateş.« In *Islamfeindlichkeit*, Hg. Thorsten Gerald Schneiders, 433–455. Wiesbaden: Springer.

Saïd, Edward. 1978. *Orientalism*. London: Pantheon Books.

Salloum, Said A, Mostafa Al-Emran, Azza Abdel Monem, und Khaled Shaalan. 2017. »A Survey of Text Mining in Social Media: Facebook and Twitter Perspectives.« *Advances in Science and Technology Engineering System Journal* 2 (1):127-133.

Schranz, Mario, und Kurt Imhof. 2002. »Muslime in Der Schweiz – Muslime in Der Öffentlichen Kommunikation.« *Medienheft* 18:1-7.

Schrape, Jan-Felix. 2017. »Wechselseitige Irritationen: Social Media, Massenmedien, ›Öffentlichkeit‹.« Geschlossene Gesellschaften-38. Kongress der Deutschen Gesellschaft für Soziologie.

Selfe, Lauren. 2019. *Representations of Muslim Women in German Popular Culture, 1990–2015*. Oxford: Peter Lang.

Shooman, Yasemin. 2014. »*... Weil Ihre Kultur So Ist*«: *Narrative Des Antimuslimischen Rassismus*. Bielefeld: transcript Verlag.

Speich Chassé, Daniel. 2012. »Verflechtung Durch Neutralität: Wirkung Einer Schweizer Maxime Im Zeitalter Der Dekolonisation.« In *Postkoloniale Schweiz*, Hg. Patricia Purtschert, Barbara Lüthi und Francesca Falk, 225–244. Bielefeld: transcript Verlag.

Spielhaus, Riem. 2013. »Vom Migranten Zum Muslim Und Wieder Zurück–Die Vermengung Von Integrations- und Islamthemen in Medien, Politik Und Forschung.« In *Islam Und Die Deutsche Gesellschaft*, 169–194. Wiesbaden: Springer.

Spivak, Gayatri Chakravorty. 1988. »Subaltern Studies: Deconstructing Historiography.« In *Selected Subaltern Studies*, Hg. Gayatri Chakravorty Spivak und Ranajit Guha, 3–32. New Delhi: Oxford University Press.

Spivak, Gayatri Chakravorty. 1994. »Can the Subaltern Speak?« In *Colonial Discourse and Post-Colonial Theory: A Reader*, Hg. Patrick Williams und Laura Chrisman, 66–111. Hertfordshire: Harvester Wheatsheaf.

Stadler, Peter. 1984. *Der Kulturkampf in Der Schweiz : Eidgenossenschaft Und Katholische Kirche Im Europäischen Umkreis 1848–1888*. Frauenfeld: Huber.
Stahel, Lea. 2018. »Refusing a Handshake Shakes the World: How Collapsing Contexts Complicate Legitimacy Construction in Networked Publics.« International Conference on Social Media & Society, Copenhagen, Denmark.
Stahel, Lea. 2021. »Ein Lokales Ereignis Im Globalen Fokus: Das Zusammenfallen Geografischer, Zeitlicher Und Sozialer Räume in Der Medialen Verbreitung Einer Handschlagverweigerung.« *Zeitschrift für Religionswissenschaft* 29 (1):1-21. doi: 10.1515/zfr-2019-0016.
Statista. 2020. »Führende Social-Media-Kanäle in Der Schweiz Nach Anzahl Der User Im Jahr 2020.« Statista. http://www.statista.com.
Statista. 2021. »Anteil Der Seitenabrufe Von Social Media-Plattformen in Der Schweiz Im Jahr 2020.« http://www.statista.com.
Staub, Jamina. 2016. »Das Kopftuch in Der Schweiz: Ein Hindernis Zur Integration?« Maturaarbeit, Kantonsschule Ausserschwyz.
Stolcke, Verena. 1995. »Talking Culture: New Boundaries, New Rhetorics of Exclusion in Europe.« *Current anthropology* 36 (1):1-24.
Stoler, Ann Laura. 1995. *Race and the Education of Desire: Foucault's History of Sexuality and the Colonial Order of Things*. Durham and London: Duke University Press.
Straus, Anselm, und Juliet Corbin. 1990. Basics of Qualitative Research: Grounded Theory Procedures and Techniques. Newbury Park, CA: Sage.
Strübing, Jörg. 2008. *Grounded Theory: Zur Sozialtheoretischen Und Epistemologischen Fundierung Des Verfahrens Der Empirisch Begründeten Theoriebildung*. Wiesbaden: Springer.
Taddicken, Monika, und Jan-Hinrik Schmidt. 2017. »Entwicklung Und Verbreitung Sozialer Medien.« In *Handbuch Soziale Medien*, Hg. Jan-Hinrik Schmidt und Monika Taddicken, 3–22. Wiesbaden: Springer.
Tascón, Sonia, und Jim Ife. 2008. »Human Rights and Critical Whiteness: Whose Humanity?« *International Journal of Human Rights* 12 (3):307-327.
Troeltsch, Ernst. 2003 (1911). »Das Stoisch-Christliche Naturrecht Und Das Moderne Profane Naturrecht.« In *Ernst Troeltsch, Ernst Troeltsch Lesebuch*, 237–267. Tübingen: Mohr Siebeck.
Tunger-Zanetti, Andreas. 2013. »›against Islam, but Not against Muslims‹ Actors and Attitudes in the Swiss Minaret Vote.« In *Debating Islam: Negotiating Religion, Europe and the Self*, Hg. Samuel Behloul, Susanne Leuenberger und Andreas Tunger-Zanetti, 285–312. Bielefeld: transcript Verlag.
Wäckerlig, Oliver. 2014. *Das Fanal Von Wangen. Der Schweizer Minarettdiskurs–Ursachen Und Folgen*. Saarbrücken: Akademikerverlag.
Wäckerlig, Oliver. 2019. *Vernetzte Islamfeindlichkeit: Die Transantlantische Bewegung Gegen ›Islamisierung‹, Events – Organisationen – Medien*. Bielefeld: transcript Verlag.

Wallner, Cornelia, Oliver Gruber, und Petra Herczeg. 2012. »Kommunikative Partizipation Als Sprecher: Zum Standing Unterschiedlicher Akteure in Mediatisierten Öffentlichen Diskursen.« In *Ungleichheit*, 37–56. Wiesbaden: Springer.
Warner, Michael. 2002. »Publics and Counterpublics.« *Public culture* 14 (1):49-90.
Weber, Beverly. 2013. *Violence and Gender in the »New« Europe: Islam in German Culture*. New York: Palgrave Macmillan.
Weber, Beverly. 2016. »The German Refugee »Crisis« after Cologne: The Race of Refugee Rights1.« *English Language Notes* 54 (2):77-92.
Weber, Max. 1972. *Wirtschaft Und Gesellschaft: Grundriss Der Verstehenden Soziologie. 1920*. Tübingen: J.C.B. Mohr.
Weedon, Chris. 2004. *Identity and Culture: Narratives of Difference and Belonging: Narratives of Difference and Belonging*. Hg. Allan Stuart, *Cultural and Media Studies*. Maidenhead (UK): Open University Press.
Welker, Martin, und Carsten Wünsch. 2010. »Methoden Der Online-Forschung.« In *Handbuch Online-Kommunikation*, 487–517. Wiesbaden: Springer.
Winker, Gabriele, und Nina Degele. 2015. *Intersektionalität: Zur Analyse Sozialer Ungleichheiten*. Bielefeld: transcript Verlag.
Witschi, Beat. 1987. *Schweizer Auf Imperialistischen Pfaden: Die Schweizerischen Handelsbeziehungen Mit Der Levante 1848–1914*. Vol. 39. Stuttgart: Steiner.
Wodak, Ruth, Rudolf De Cillia, Martin Reisigl, und Karin Liebhart. 2009. *The Discursive Construction of National Identity*. Edingburgh: Edinburgh University Press.
Wodak, Ruth, und Michael Meyer. 2009. »Critical Discourse Analysis: History, Agenda, Theory, and Methodology.« In *Methods for Critical Discourse Analysis*, Hg. Ruth Wodak und Michael Meyer, 1–33. Los Angeles and London: Sage.
Youdell, Deborah. 2006. »Subjectivation and Performative Politics—Butler Thinking Althusser and Foucault: Intelligibility, Agency and the Raced–Nationed–Religioned Subjects of Education.« *British Journal of Sociology of Education* 27 (4):511-528.
Yuval-Davis, Nira. 1993. »Gender and Nation.« *Ethnic and Racial Studies* 16 (4):621-632.
Yuval-Davis, Nira. 1997. »Theorizing Gender and Nation.« In *Gender and Nation*, 1–23. London: Sage.
Yuval-Davis, Nira. 2006. »Intersectionality and Feminist Politics.« *European Journal of Women's Studies* 13 (3):193-209.
Yuval-Davis, Nira. 2011. *The Politics of Belonging: Intersectional Contestations*. London: Sage.
Zeller, Frauke. 2017. »Soziale Medien in Der Empirischen Forschung.« In *Handbuch Soziale Medien*, Hg. Jan-Hinrik Schmidt und Monika Taddicken, 389–407. Wiesbaden: Springer.
Zubrzycki, Geneviève. 2010. »Religion and Nationalism.« In *The New Blackwell Companion to the Sociology of Religion*, Hg. Bryan Turner, 606–625. Oxford: Wiley-Blackwell.

Anhänge

Anhang 1: Quellenverzeichnis Printmedien

Zeitung	Titel	Datum	Akteurin
20 Minuten	Sind 44 Prozent der Muslime radikal?	01.02.16	Rifa'at Lenzin
	»Der Händedruck gehört zur Schweizer Kultur«	04.04.16	Saïda Keller-Messahli
	Händedruck-Affäre: Vater der Schüler predigt in Moschee	06.04.16	Elham Manea
	Schüler postete IS-Videos – Kollegium berät über Verweis	07.04.16	Elham Manea
	»Integrationsunwillige sollen das Land verlassen müssen«	11.04.16	Elham Manea
	Therwil: Hass-Plakat gegen Händedruck-Verweigerer	13.04.16	Ferah Ulucay
	IZRS-Mitglied hortete Pornobilder	22.04.16	Ferah Ulucay
	Islam-Kurse in Schulen sollen Radikalisierung vorbeugen	25.08.16	Saïda Keller-Messahli
	Radikale Muslime organisieren IT-Kurse gegen Überwachung	26.09.16	Ferah Ulucay
	»Das ist kein harter Schlag gegen die Salafisten-Szene«?	03.11.16	Saïda Keller-Messahli
	»Viele radikale Imame reisen mit dem Touristenvisum ein«	04.11.16	Saïda Keller-Messahli
	Brauchts ein Verbot für ausländische Imame?	04.11.16	Saïda Keller-Messahli
	Nora Illi sorgt in Deutschland für einen TV-Skandal	08.11.16	Nora Illi
	Bundesanwalt warnte ARD vor Illi	09.11.16	Nora Illi
	Salafisten: »Es sind schöne Geschichten für Kinder«	17.11.16	Saïda Keller-Messahli
	Lies-Korane sollen eingesammelt werden	05.12.16	Saïda Keller-Messahli
	»Müssen das Untertauchen von Asylbewerbern stoppen«	27.12.16	Saïda Keller-Messahli
	Musliminnen müssen schwimmen – »wegweisend«	11.01.17	Ferah Ulucay
	Islamisten wollen sich in Zürich treffen	24.04.17	Ferah Ulucay
	Burkaverbot in Glarus klar abgelehnt	08.05.17	Nora Illi & Saïda Keller-Messahli

Anhang 1: Quellenverzeichnis Printmedien 291

»Für junge Muslime ist das religiöse Angebot zu einseitig«	10.08.17	Ferah Ulucay & Saida Keller-Messahli
»Unverständlich, warum Politiker Hassprediger decken«	28.08.17	Saida Keller-Messahli
Zwei junge Frauen aus Biel sind zum IS nach Syrien gereist	06.09.17	Ferah Ulucay
Bringt das Kebabverbot die Burka-Initiative zu Fall?	15.09.17	Saida Keller-Messahli
»Ein starkes Signal für ein nationales Verhüllungsverbot«	19.09.17	Nora Illi
Feministinnen-Streit: Riesenzoff um die Burka	22.09.17	Saida Keller-Messahli
IZRS will mit Werbe-Video junge Leute ködern	31.10.17	Saida Keller-Messahli
Mann namens Jihad will Schweizer Pass – SVP tobt	16.11.17	Saida Keller-Messahli
Islam als Landesreligion: Die SP wagt sich an ein »heisses Eisen«	20.11.17	Saida Keller-Messahli
Mit Schulbüchern und Kursen gegen Radikalisierung	05.12.17	Saida Keller-Messahli
»Der nationale Anti-Terror-Plan ist zahnlos«	05.12.17	Saida Keller-Messahli
Was taugt Sommarugas Anti-Terror-Plan?	05.12.17	Saida Keller-Messahli
Verstösst das Kopftuchverbot gegen die Religionsfreiheit?	18.12.17	Saida Keller-Messahli
IZRS-Frau mietete Hüpfburgen – und zahlte monatelang nicht	29.01.18	Ferah Ulucay
Der IZRS-Führungsriege drohen bis zu 5 Jahre Haft	12.04.18	Saida Keller-Messahli
»Hier werden Kinder für Propaganda missbraucht«	07.05.18	Saida Keller-Messahli
Angeklagte rechtfertigen sich vor IZRS-Prozess	15.05.18	Elham Manea
Sommarugas Burka-Plan freut Nora Illi	28.06.18	Nora Illi
Burka-Verbot: Bleibt das Gesetz wirkungslos?	24.09.18	Nora Illi
»Bereits 4-Jährige tragen ein Kopftuch«	05.11.18	Saida Keller-Messahli

Aargauer Zeitung	So ticken extreme 17- und 18-Jährige	07.11.18	Saida Keller-Messahli
	»Meine Töchter lassen sich das Kopftuch nicht verbieten«	05.12.18	Saida Keller-Messahli
	Muslimverband will jetzt die Polizei zur Rede stellen	07.01.19	Saida Keller-Messahli
	Umstrittener Imam nennt Tötung von Ilias (7) Terrorakt	01.04.19	Saida Keller-Messahli
	Der verweigerte Handschlag	05.04.16	Elham Manea
	Händedruck-Debatte: Muslime sollen Schulen beraten	06.04.16	Jasmin El-Sonbati
	Was zu tun ist und was nicht	07.04.16	Jasmin El-Sonbati
	»Der Händedruck ist für mich nicht verhandelbar«	07.04.16	Jasmin El-Sonbati
	Eine Vertretung sorgt für Aufregung	12.04.16	Ferah Ulucay & Janina Rashidi
	Händedruck: Die Experten sind sich völlig uneins	27.05.16	Jasmin El-Sonbati & Saida Keller-Messahli
	Burka-Verbot: Polizisten verteilen Flyer statt Bussen	09.07.16	Nora Illi
	Kritik am ersten Islam-Museum wegen Erzählart des Korans	13.07.16	Elham Manea
	»Wir zeigen die Vielfalt des Islams«	13.07.16	Elham Manea
	Nachrichten	21.07.16	Saida Keller-Messahli
	Nachgefragt: »Die Muslime fühlen sich unter Generalverdacht«	18.10.16	Ferah Ulucay
	Beten zu Allah in der Offenen Kirche Elisabethen: Eingeladen waren alle, unabhängig von ihrem Glauben; Muslime luden zum Gebet in der Kirche	04.11.16	Elham Manea
	Wochenkommentar über die Forderung, Muslime sollen sich von Extremisten distanzieren; Wer sich dazugehörig fühlt, engagiert sich lieber	05.11.16	Rifa'at Lenzin
	Nachrichtendienst-Chef Markus Seiler: »Wir haben schon einen Anschlag...	08.11.16	Nora Illi

Nachrichten	09.11.16	Nora Illi
Beten zu Allah in der Offenen Kirche Elisabethen	14.11.16	Jasmin El-Sonbati
AKW-Showdown: Abstimmung spitzt sich auf sechs Kantone zu	21.11.16	Elham Manea
Radikale Prediger: Der Imam von Aarburg bestreitet Vorwürfe	23.11.16	Saïda Keller-Messahli
Die heikle Aktion des Experten	03.12.16	Saïda Keller-Messahli
2016 verschwanden so viele Asylsuchende wie noch nie	01.01.17	Saïda Keller-Messahli
Gastkolumne zu 500 Jahren Reformation, religiösen Minderheiten und christlichen Werten; Selbst denken!	11.01.17	Amira Hafner Al-Jabaji
»Wir müssen reden, nicht die Islamisten«	17.01.17	Elham Manea
Radikalisierung geht uns alle an	20.01.17	Elham Manea
Unterschätzte Gefahr von Mobilfunk und WLAN	27.03.17	Nora Illi & Saïda Keller-Messahli
Gastkolumne zu Lethargie und Desinteresse gegenüber der Demokratie; Grenchen schafft sich selbst ab	04.05.17	Amira Hafner Al-Jabaji
Granges Mélanges; Wichtige Arbeit im Bereich Integration	23.05.17	Amira Hafner Al-Jabaji
Islam; Schweizer Imamin weicht auf Berlin aus	20.06.17	Elham Manea
HEUTE; Der Blattmacher empfiehlt	20.06.17	Elham Manea
Die Schweiz muss die Preise senken	28.07.17	Funda Yilmaz
Gastkolumne zur Schwierigkeit, auf schwierige Fragen einfache Antworten geben zu müssen; Bitte kurz und bündig!	09.08.17	Amira Hafner Al-Jabaji
Hinweise	06.09.17	Amira Hafner Al-Jabaji
Unzulässiger Vergleich verlagert den Fokus	02.10.17	Funda Yilmaz

	»Es geht um mehr als um Religion«	03.11.17	Amira Hafner Al-Jabaji
	Religionen; Freude über Grenchner Moschee	03.11.17	Amira Hafner Al-Jabaji
	Gastkolumne zur Schwierigkeit, auf schwierige Fragen einfache Antworten geben zu müssen; Alle Jahre wieder: Rettet uns!	21.11.17	Amira Hafner Al-Jabaji
	Demnächst	29.11.17	Saida Keller-Messahli
	Da müssen die Journalisten noch etwas tiefer graben	24.01.18	Saida Keller-Messahli
	Gastkolumne zum Islam, Vorurteilen und Verbindungen zu anderen Religionen; So nah sind wir uns	28.06.18	Amira Hafner Al-Jabaji
Appenzeller Zeitung	Aktiv	19.09.18	Amira Hafner Al-Jabaji
	Wegen Nikab: Lugano büsst IZRS-Frau Nora Illi	08.02.17	Nora Illi
AWP Swiss News	Burka hat nichts mit Religion zu tun	12.09.17	Saida Keller-Messahli
	Die Schlagzeilen der Sonntagspresse vom Sonntag, 1. Oktober	01.10.17	Saida Keller-Messahli
Basellandschaftliche Zeitung	Es braucht eine gute Kennzeichnung	11.01.19	Saida Keller-Messahli
Basler Zeitung	»Der Mann herrscht und geniesst Freiheiten«; Saida Keller-Messahli über das Frauenbild junger Moslems aus Macho-Kulturen und über Aufklärungskurse	12.01.16	Saida Keller-Messahli
	Aufklärung für Migranten; Saida Keller-Messahli begrüsst Kurse für junge Muslime	12.01.16	Saida Keller-Messahli
	Eine »geistig gefährliche Nutzung« der Pfarrei; Katholik wirft der Kirche vor, bei der Koranschule falsch verstandene Toleranz zu	02.03.16	Saida Keller-Messahli
	Die Schweiz muss gegenüber militanten Muslimen die Rechtsordnung mit aller Kraft durchsetzen; Toleranz für Intolerante?	18.03.16	Jasmin El-Sonbati

Anhang 1: Quellenverzeichnis Printmedien

Moschee im Visier des Bundesnachrichtendienstes; Die König-Faysal-Moschee sorgte schon mehrfach für Negativschlagzeilen – zu Unrecht, sagt	07.04.16	Elham Manea & Saïda Keller-Messahli
Einspruch; Was kommt als Nächstes?	12.04.16	Saïda Keller-Messahli
Der IZRS: Die radikalen Berater der Familie S.	16.04.16	Nora Illi
Einspruch; Vorwärts in die Vergangenheit	25.04.16	Elham Manea & Jasmin El-Sonbati & Saïda Keller-Messahli
Nachrichten; Neue Fischgattung...Menschenrechtspreis für Saïda Keller-Messahli	21.07.16	Saïda Keller-Messahli
»Lass dich nicht erpressen«; Marco Solari, Präsident des Filmfestivals Locarno, über das Tessin, sein Festival und die Rolle der Kultur	04.08.16	Nora Illi
Agenda; Lieber Burka statt islamophob?	16.08.16	Elham Manea
Basel im Sog der Islamisten; Die Geschichte eines jungen, mutmasslichen Jihad-Reisenden und die Spuren in die Basler Islamisten-Szene	21.09.16	Jasmin El-Sonbati
Politiker fordern mehr Härte gegen »Lies«-Aktivisten; Parlamentarier aus der Region wollen auf kantonaler und nationaler Ebene Massnahmen	22.09.16	Jasmin El-Sonbati
Islamexpertin fordert härteres Vorgehen; Kein Aufenthaltsrecht ohne Integrationswillen	12.01.17	Saïda Keller-Messahli
»Wir sind auf dem Toleranztrip«; Saïda Keller-Messahli geisselt die hiesige Untätigkeit gegen integrationsunwillige Muslime und hetzerische Prediger.	10.02.17	Saïda Keller-Messahli
Saïda Keller-Messahli	10.02.17	Saïda Keller-Messahli
Spricht Klartext. Rund 40 000 Muslime in der Schweiz stehen gemäss Saïda	10.02.17	Saïda Keller-Messahli
»Die Burka ist eine politische Botschaft«; Saïda Keller-Messahli will gemässigte Muslime stärken und den Salafismus eindämmen	10.02.17	Saïda Keller-Messahli

Liberale Muslime sollten das Terrain nicht länger den wertkonservativen überlassen; Wie rückständige Praktiken verteidigt werden	28.02.17	Saïda Keller-Messahli
»Mir schwimme witters«; Gelterkinder Bänke feiern das Hallenbad und ziehen über Präsident Trump her	07.03.17	Nora Illi
»Bei uns zeigt man das Gesicht.« Walter Wobmann (SVP) und Nora Illi vom	10.03.17	Nora Illi
Kämpferin für einen offenen Islam; Jasmin El-Sonbati, Gymnasiallehrerin und Muslimin, will liberale Moscheen	28.07.17	Elham Manea & Jasmin El-Sonbati
Für ein Verbot im Gesetz	14.09.17	Elham Manea
Bieler Imam reicht Klage ein; Saïda Keller-Messahli erhebt schwere Vorwürfe	02.10.17	Saïda Keller-Messahli
Diskussion Unterwandert	05.12.17	Saïda Keller-Messahli
Bund zieht positive Bilanz; Muslimische Seelsorger	17.02.18	Saïda Keller-Messahli
»Die meisten Moscheen sind problematisch«; Saïda Keller-Messahli, Präsidentin des Forums für einen fortschrittlichen Islam, fordert von der Politik Taten	21.02.18	Saïda Keller-Messahli
Buchautorin, Menschenrechtsaktivistin. Die Tunesier-Schweizerin Saïda	21.02.18	Saïda Keller-Messahli
Replik auf ein Interview mit Saïda Keller-Messahli; Populistische Stereotypen	27.02.18	Saïda Keller-Messahli
»Die meisten Moscheen sind problematisch«	19.03.18	Saïda Keller-Messahli
»Der Imam hat zwei Gesichter«; Muslime in der Stadt Wil sagen, dass Bekim Alimi einen radikalen und rückständigen Islam vertritt	13.04.18	Saïda Keller-Messahli
Massive Vorwürfe gegen Imam; Der Vorbeter der Wiler Moschee ist auch in der muslimischen Gemeinde umstritten	13.04.18	Saïda Keller-Messahli
Der Handschlag gehört zur Integration; Laut Baselbieter Politikern müssen Einbürgerungswillige die Schweizer Sitten respektieren	24.04.18	Saïda Keller-Messahli

Anhang 1: Quellenverzeichnis Printmedien 297

	Symbol der Unfreiheit. Abdel Azziz Qaasim Illi und Nora Illi	23.05.18	Nora Illi
	Fall Ramadan zieht Kreise; Verdacht auf Verleumdung: Verfahren gegen Islamkritikerin	29.05.18	Saïda Keller-Messahli
	Briefe; Was Schawinski erklären kann; Wann wachen wir in Europa auf? Grüne fordern mehr Wohnungsbau	08.06.18	Saïda Keller-Messahli
	Imam-Kritiker geben nicht auf, Der Streit um die Einbürgerung des Wiler Imam geht in eine neue Runde	21.06.18	Saïda Keller-Messahli
	Kommentar; Gnadenlos realitätsfremd	25.06.18	Saïda Keller-Messahli
	Baslerin lanciert Wertedebatte in der SP; Sozialdemokratin Stephanie Siegrist ist fürs Burkaverbot und gegen den Islam als Landeskirche	25.06.18	Saïda Keller-Messahli
	Schimpf und Lob aus der SP; Islamdebatte um Stephanie Siegrist polarisiert im ganzen Land	28.06.18	Elham Manea
	Replik auf den Artikel »Dunkelkammer Islam-Verbände« (BaZ vom 28. Juni); Wir Muslime sind Schweizer Meister, wenn es um Transparenz geht	04.07.18	Saïda Keller-Messahli
	Briefe; Mitmachen lohnt sich auf jeden Fall; Wie begrenzt unsere Zeit doch ist; Fragen und Zweifel zur Fahrtauglichkeit; Provokation für uns.	26.07.18	Saïda Keller-Messahli
	Seltene Wortmeldungen; Muslime wenig berücksichtigt	04.09.18	Saïda Keller-Messahli
	Senn-Sation; Die Zwangsjacke namens Burka	27.09.18	Elham Manea
	Briefe; Ein Kompromiss, kein Kuhhandel; Spitalfusion: Das Gelbe vom Ei? Steuerhinterziehung als Volkssport? Fundamentalisten den Boden ebnen	11.01.19	Saïda Keller-Messahli
	»... flieg uffe Mond und nimm dr Wessels mit«; Eine Hampfle Schnitzelbängg. Unter anderem über die Polizei-Teslas und die Negro-Rhygass	12.03.19	Nora Illi
Beobachter	Leserforum	13.05.16	Saïda Keller-Messahli
	Türkei; Ankaras Arm reicht bis zu uns	05.08.16	Saïda Keller-Messahli

Berner Zeitung	Prix Courage 2016; Den Mutigen sei Dank	06.09.16	Saida Keller-Messahli
	Prix Courage 2016; Wer ist am mutigsten?	14.10.16	Saida Keller-Messahli
	»Diese Aufgabe nimmt uns niemand ab«; Biel/Nidau Die Islamwissenschafterin Amira Hafner-Al Jabaji begrüsst die Ideen von Erich Fehr zur Imam-Ausbildung.	25.08.17	Amira Hafner Al-Jabaij
	Aus Biel zum IS; Region Biel Zwei Frauen aus Biel haben sich dem IS angeschlossen. Die Freundinnen standen	06.09.17	Ferah Ulucay
	Schweiz im Fokus der Islamisten?; Religion Autorin Saida Keller-Messahli fordert in der Schweiz ein Islamgesetz, wie Österreich es hat. Und nimmt im Interview kein Blatt vor den Mund	12.09.17	Saida Keller-Messahli
	Die 1957 in Tunesien geborene Saida Keller-Messahli	12.09.17	Saida Keller-Messahli
	Ausgaben vom 27. und 30. September zu »Gerangel um unverhofften Geldsegen«	03.10.17	Saida Keller-Messahli
	Gipfeli statt Cervelats; Frutigen Der Islamische Zentralrat Schweiz (IZRS) lud zur Wanderung rund um das Elsighorn	17.09.18	Ferah Ulucay
	Islamische Wanderung polarisiert	17.09.18	Ferah Ulucay
	Mit Wort und Klang für Würde eintreten	29.05.19	Elham Manea
Berner Zeitung Online	Stadt Bern verbietet Grosskundgebung des IZRS	22.04.16	Janina Rashidi
	Konvertitin Nora Illi wegen Niqab gebüsst	01.07.16	Nora Illi
	»Von gewissen Koranversen muss man sich verabschieden«	04.11.16	Jasmin El-Sonbati
	Ein Propaganda-Lehrstück	08.11.16	Nora Illi
	Muslime lancieren Präventionsprojekt	23.11.16	Naima Serroukh
	IZRS in Istanbul unerwünscht	12.05.17	Janina Rashidi
	»Man darf nicht alles mit Glaubensfreiheit begründen«	12.09.17	Ferah Ulucay & Naima Serroukh & Saida Keller-Messahli

	Ramadan ist auch in Libyen ein Thema	07.10.17	Saïda Keller-Messahli
	Islamischer Zentralrat verteidigt die Beschneidung von Mädchen	19.02.18	Ferah Ulucay
	Das Kopftuch als Marketing der Islamisten	11.04.18	Elham Manea
Blick	Auf bestem Weg zum Extremisten; Sind die Handschlag-Verweigerer aus Therwil BL Anhänger des IS?	06.04.01	Saïda Keller-Messahli
	Datenschutzkurs vom Zentralrat	04.03.16	Ferah Ulucay
	»Wir wussten nicht, was wir tun sollten«; Die Therwiler Schulratspräsidentin über den Handschlag-streit mit muslimischen Schülern	04.04.16	Saïda Keller-Messahli
	Am IS interessiert ihn nur die Musik; Jetzt wehrt sich der Handschlag-Verweigerer	09.04.16	Saïda Keller-Messahli
	Der lange Arm der Saudis; Was der Prinz mit dem verweigerten Händedruck zu tun hat	11.04.16	Saïda Keller-Messahli
	Die Schule holt sich radikale Muslime selbst ins Haus; Völlig überfordert im Handschlag-Streit	12.04.16	Ferah Ulucay & Nora Illi
	IZRS will wegen Porno-Bericht klagen	22.04.16	Ferah Ulucay
	Schweizer Ober-Muslim spielt mit dem Feuer; Farhad Afshar (72) hält Küssen und Schmusen in der Öffentlichkeit für anti-islamisch	17.06.16	Saïda Keller-Messahli
	»Der IZRS hat keine Freude daran«	04.08.16	Nora Illi
	»Frauen für Burkaverbot dankbar«, Islam-Kennerin Saïda Keller-Messahli	04.08.16	Saïda Keller-Messahli
	Die meistgelesenen Storys gestern auf Blick.ch	05.08.16	Saïda Keller-Messahli
	Schnäppchenjagd am Schleierbasar; Wenn der Islamische Zentralrat eine Fashion Show macht	03.10.16	Janina Rashidi
	Wo gehen die Islamisten hin?; An'Nur-Moschee wird geschlossen	28.10.16	Saïda Keller-Messahli
	Polizei löscht An'Nur das Licht; Grossrazzia in Winterthurer Skandal-Moschee	03.11.16	Saïda Keller-Messahli
	»Das Netzwerk der Extremisten zieht sich durchs ganze Land« Islam-Kennerin Saïda Keller-Messahli über Problem-Moscheen	04.11.16	Saïda Keller-Messahli

Source	Headline	Date	Person
	Die kennen wir doch!; Burka-Trägerin gegen erleichterte Einbürgerung	10.01.17	Nora Illi
	»Der IZRS missbraucht uns«; Kritik liberaler Muslime an neuer Website	01.02.17	Saïda Keller-Messahli
	Gemeinden sollen »Lies!« verbieten	06.05.17	Saïda Keller-Messahli
	Im Würgegriff der Islamisten; 23 000 Dschihadisten auf der Insel	08.06.17	Elham Manea
	Imame made in Switzerland; Mehrheit der Muslime will, dass ihre Prediger in der Schweiz ausgebildet werden	03.01.18	Elham Manea
	Schweizer Muslime bestreiten Frauenproblem; Trotz Kopftuch, Zwangsehen, Handschlag-Verweigerung	05.01.18	Elham Manea
	Muslime haben ein Frauenproblem, Musliminnen auch; Mehrheit der Schweizer Muslime findet, dass Frauen im Islam gleichberechtigt seien	05.01.18	Elham Manea
	Südkanton soll kein »Ticinistan« werden; Burka-Jäger (66) fordert öffentliches Betverbot für Muslime	13.02.19	Nora Illi
Blick am Abend	Exklusive Studie enthüllt · Jeder zweite Muslim fühlt sich diskriminiert	02.01.18	Elham Manea
	Muslime in der Schweiz fühlen sich bedroht	03.01.18	Elham Manea
Blick Online	Südkanton soll kein »Ticinistan« werden; Burka-Jäger (66) fordert öffentliches Betverbot für Muslime	12.02.19	Nora Illi
	Tausende Neuseeländerinnen trugen es heute; Schweizer Muslimin kritisiert Kopftuch-Solidarität	22.03.19	Saïda Keller-Messahli
Bündner Tagblatt	Leute; Menschenrechtspreis für Zürcherin	21.07.16	Saïda Keller-Messahli
	Verhüllte Frau aus Kuwait muss Busse zahlen	04.08.16	Nora Illi
	Einreiseverbot gegen 26 Dschihadisten seit Anfang Jahr	21.11.16	Elham Manea
	IZRS präsentiert vor Prozess die Ermittlungsakten; Morgen beginnt der Prozess gegen den Islamischen Zentralrat der Schweiz (IZRS)	15.05.18	Ferah Ulucay

Cash	Die Sonntagszeitungen schreiben über Hassprediger	01.10.17	Saïda Keller-Messahli
	Die Schlagzeilen der Sonntagspresse vom Sonntag, 1. Oktober	01.10.17	Saïda Keller-Messahli
	Muslime diskutieren über ihre Rolle in der Gesellschaft	25.11.17	Naïma Serroukh
Der Bund	»Eine IZRS-Demo wollen wir nicht«	23.04.16	Janina Rashidi & Saïda Keller-Messahli
	Der umstrittene Islamrat tagt in Kehrsatz	30.04.16	Saïda Keller-Messahli
	In Eigenregie hat Naïma Serroukh begonnen, ein Präventionsprojekt aufzubauen, um muslimische Jugendliche besser erreichen zu können	07.05.16	Naïma Serroukh
	»Ich bin Schweizerin, auch wenn mich die Schweiz nicht will.«	07.05.16	Naïma Serroukh
	Gegen Radikale	07.05.16	Naïma Serroukh
	Demoverbot für Islamischen Zentralrat sorgt für Kritik – von feministischer Seite	19.05.16	Saïda Keller-Messahli
	Drehscheibe für salafistische Imame	04.06.16	Saïda Keller-Messahli
	»Er ist im Gefängnis, nur weil er die Meinung sagte. Ist das relativ?«	20.06.16	Elham Manea
	Rechtsprechung dürfe nicht auf Gruppen von Menschen zielen, sagt Elham Manea, »jedes Individuum ist für sich zu betrachten«	20.06.16	Elham Manea
	Menschenrechte, sonst nichts	20.06.16	Elham Manea
	Scharia in der Schweiz?	20.06.16	Elham Manea
	Kurz	21.07.16	Saïda Keller-Messahli
	Entlassene Muslimin gewinnt vor Berner Gericht	24.10.16	Ferah Ulucay
	Kurz	09.11.16	Nora Illi
	Nora Illi, Frauenbeauftragte des sogenannten Islamischen Zentralrats Schweiz, war am 6. Dezember Gast in der ARD-Talkshow »Anne Will«	17.11.16	Nora Illi

	Sargpflicht	13.02.17	Saïda Keller-Messahli
	Islamischer Zentralrat weicht in die Türkei aus	29.04.17	Ferah Ulucay
	Der Supermuslim	23.08.17	Elham Manea & Saïda Keller-Messahli
	»Viele Schweizer haben Angst, Kritik am Islam zu üben«	26.08.17	Elham Manea
	Integration	26.08.17	Naima Serroukh
	Verdächtige Terrorverbindungen	04.12.17	Ferah Ulucay
	IZRS Der Islamrat bereitet den Nährboden für Extremisten	04.12.17	Nora Illi
	Die Jihadisten von Biel	03.02.18	Nora Illi
	Zulauf	08.05.18	Elham Manea
	Motto: Geduldig lächeln	08.05.18	Elham Manea
	Kurz	28.05.18	Saïda Keller-Messahli
	Endstation Syrien	30.06.18	Ferah Ulucay & Nora Illi
Der Bund Online	Der IZRS will im World Trade Center tagen	29.04.16	Saïda Keller-Messahli
	Eine Mutter kämpft gegen Radikalisierung	08.05.16	Naima Serroukh
	Die Muslimin, die in Atheisten Verbündete sieht	20.06.16	Elham Manea
	Politikerinnen fordern Burkaverbot	15.08.16	Nora Illi
	Prominenter Berner Imam begrüsst Burkaverbot	29.09.16	Saïda Keller-Messahli
	Die Angst der Anständigen	04.11.16	Saïda Keller-Messahli
	Nora Illi will die »Bild«-Zeitung verklagen	16.11.16	Nora Illi
	Salafisten-Literatur für muslimische Gefangene	25.11.16	Saïda Keller-Messahli
	Burkaverbot trifft vor allem Schweizerinnen	29.03.17	Nora Illi & Saïda Keller-Messahli

Anhang 1: Quellenverzeichnis Printmedien 303

	Radikale Muslime wollen sich in Zürich treffen	23.04.17	Ferah Ulucay
	IZRS weicht aus nach Istanbul	28.04.17	Ferah Ulucay & Janina Rashidi
	Ist der IZRS in Terrorfinanzierung verstrickt?	10.06.17	Ferah Ulucay
	»No Comment« aus Problemmoschee	25.08.17	Naima Serroukh
	Der Islamrat ist keine Lachtruppe	02.12.17	Nora Illi
	Ramadan: Schon Primarschüler fasten, obwohl sie nicht müssten	27.05.18	Saïda Keller-Messahli
	Wer in der »Arena« am meisten zu Wort kommt	28.04.19	Nora Illi
Der Landbote	In Kürze	15.08.16	Elham Manea
	Stadtrat hält Ghettoverdacht zur Steig für unbegründet	03.10.16	Saïda Keller-Messahli
	»Von gewissen Koranversen muss man sich verabschieden«	04.11.16	Jasmin El-Sonbati
	Import-Imame prägen den lokalen Islam	02.12.16	Rifa'at Lenzin
	»Heute muss sich die Jugend mit dem Islam befassen«	03.12.16	Rifa'at Lenzin
	Zitat des Tages	27.01.17	Elham Manea
	»Säkularisierung und Menschenrechte müssen von Muslimen akzeptiert werden«	27.01.17	Elham Manea
	Klare Ansage an Muslime	27.01.17	Elham Manea
	Burkaverbot: Kaum Bussen	07.02.17	Nora Illi
	Istanbul statt Zürich	29.04.17	Ferah Ulucay
	»Mädchen schon früh stärken«	01.12.18	Saïda Keller-Messahli
Der Standard	»Allmählich etabliert sich eine Parallelgesellschaft«	24.10.17	Saïda Keller-Messahli
Die Südostschweiz	Der Nationalrat muss den Schleier lüften; Heute beginnt im Bundeshaus die Herbstsession der eidgenössischen Räte.	12.09.16	Nora Illi

	Titel	Datum	Autor:in
	»Geldfluss ist mit inhaltlichen Vorgaben verbunden«; Die Pnos schiesst in einem Flugblatt scharf gegen die Nettstaler Moschee	15.12.16	Saïda Keller-Messahli
	Ständeräte überlassen Burka-Entscheid dem Volk; Anders als der Nationalrat will die kleine Kammer kein Verhüllungsverbot in der Verfassung	10.03.17	Nora Illi
	Die Landsgemeinde schützen	29.04.17	Saïda Keller-Messahli
	Nein zum Burkaverbot strahlt medial aus; Die Schweizer Medien schlagen den Bogen vom Nein der Landsgemeinde zum absehbaren eidgenössischen.	09.05.17	Nora Illi
	Österreich wird burkafrei – irgendwie; Nach Frankreich und Belgien hat ab Sonntag auch Österreich sein Burkaverbot	27.09.17	Nora Illi
	Burka-Vignette anstelle Burka-Verbot.	22.12.17	Nora Illi
	Burkaverbot spaltet die Feministinnen; Die Burka als Symbol der Unterdrückung der Frauen ist ein gängiges feministisches Argument	04.09.18	Saïda Keller-Messahli
	Frauen in der Kirche: Die Zeit drängt	30.10.18	Jasmin El-Sonbati
Die Weltwoche	Kultur des Einknickens	12.05.16	Ferah Ulucay
	Ade, Cervelat	26.05.16	Jasmin El-Sonbati & Saïda Keller-Messahli
	Heikle Mission	14.07.16	Saïda Keller-Messahli
	Wie Islamisten die Schweiz erobern Wie Islamisten die Schweiz unterwandern	21.07.16	Saïda Keller-Messahli
	Schleierhaftes Burkaverbot	11.08.16	Nora Illi
	Geheimniskrämerei	11.08.16	Saïda Keller-Messahli
	Anfang	01.09.16	Elham Manea
	Scharia, mitten unter uns	01.09.16	Elham Manea

	Terrornetzwerk der Schweizer Salafisten	24.11.16	Nora Illi
	Die Auffälligen	22.12.16	Elham Manea
	Gehört der Islam zur Schweiz?	12.01.17	Jasmin El-Sonbati
	Widerspenstigkeit unter dem Schleier	17.08.17	Elham Manea
	Frauen des Jahres	21.12.17	Saïda Keller-Messahli
	Dolce Vita im Nahen Osten	08.02.18	Elham Manea
	Frieden, Gerber, Aeppli, Alimi, Keller-Messahli, Azizi, Selimi, Hartmann	05.04.18	Saïda Keller-Messahli
	Lächelnder Imam mit Pass belohnt	12.04.18	Elham Manea
	Ideologe schlichten Zuschnitts	13.09.18	Saïda Keller-Messahli
	Von der Moschee in die Todeszelle	10.01.19	Saïda Keller-Messahli
General Anzeiger Effingermedien	Empörung über Auftritt im Nikab NDR verteidigt	08.11.16	Nora Illi
Luzerner Zeitung	»Der IS ist wie eine Krankheit«; Mit 16 verfiel Elham Manea dem radikalen Islam. Heute ist sie seine schärfste Kritikerin	02.01.16	Elham Manea
	Gotthard-Imam unter Verdacht; Imam Bekim Alimi vertritt die Muslime an der Neat-Eröffnungsfeier. Ihm wird vorgeworfen, Kontakt zu radikalen	21.05.16	Saïda Keller-Messahli
Neue Luzerner Zeitung (NLZ)	Islam-Zentrum stört auch Muslime	29.05.01	Saïda Keller-Messahli
	Flagge zeigen für Religionsfreiheit	18.03.16	Rifa'at Lenzin
	Mehr Wagemut zu heiklen Themen	26.03.16	Saïda Keller-Messahli
	Missionierung in der Zelle?	03.04.16	Saïda Keller-Messahli
	»Man muss aufpassen, dass Gefängnisse nicht zu Orten der Schulung für Islamisten	03.04.16	Saïda Keller-Messahli
	»Bei Imamen ist vieles im Dunkeln«	03.04.16	Saïda Keller-Messahli

Zeitung	Titel	Datum	Autor/in
	Radikaler Islam-Prediger ist zurück	15.04.16	Ferah Ulucay
	Klage über »Schwäche des Christentums«	23.05.16	Saïda Keller-Messahli
	Proteste gegen Verhüllungsverbot	02.07.16	Nora Illi
	Menschenrechte: Preis für Muslimin	21.07.16	Saïda Keller-Messahli
	Im Tessin werden die Schleier gelüftet	08.08.16	Nora Illi
	Guido Graf ist für ein Burkaverbot	12.08.16	Saïda Keller-Messahli
	Kampf Saïda Keller-Messahli setzt sich für einen fortschrittlichen Islam ein	19.08.16	Saïda Keller-Messahli
	»Zentralrat ist eine Art Gewerkschaft«	05.09.16	Nora Illi
	Maturandin organisiert Podium zum Thema Kopftuch	19.11.16	Jasmin El-Sonbati
	Die Burka gehört nicht hierher	31.03.17	Nora Illi
	Wie viel ärmer wäre Weihnachten!	28.12.18	Saïda Keller-Messahli
	Zur Person	31.05.19	Elham Manea
	»Es geht nicht um Religionsfreiheit«	31.05.19	Elham Manea
Neue Zuger Zeitung	Junge Muslime auf der Suche	18.01.17	Saïda Keller-Messahli
Neue Zürcher Zeitung (NZZ)	Die Botschafterin	04.01.16	Blerta Kamberi
	Jihadismus hinter Gefängnismauern; Strafvollzugspersonal soll für Insassen mit islamistischem Hintergrund sensibilisiert werden	30.03.16	Saïda Keller-Messahli
	Die Schule – zu schweizerisch?	03.06.16	Jasmin El-Sonbati
	Im undurchsichtigen Netz der Moscheen; Die Gefahr der schleichenden Ausbreitung eines radikalen Islams in der Schweiz wird unterschiedlich.	11.08.16	Saïda Keller-Messahli
	Salafisten dürfen weiter Korane verteilen; Ein Verbot in Winterthur scheitert erneut	01.10.16	Saïda Keller-Messahli
	Kein Ghetto; Winterthurer Stadtrat nimmt Stellung zur Siedlung Steig	05.10.16	Saïda Keller-Messahli

Anhang 1: Quellenverzeichnis Printmedien

Stadt soll Obdach bieten; Umstrittene Winterthurer An'Nur-Moschee muss schliessen	28.10.16	Saïda Keller-Messahli
Schliessung der An'Nur-Moschee gefordert	03.11.16	Saïda Keller-Messahli
»Das ist nur die Spitze des Eisbergs«; Die Islamexpertin Saïda Keller-Messahli fordert die sofortige Schliessung der Winterthurer An'Nur-Moschee.	04.11.16	Saïda Keller-Messahli
Subtil gepredigter Radikalismus	08.11.16	Saïda Keller-Messahli
ARD-Talkshow von Bern gewarnt; Bundesanwaltschaft irritiert über Fernsehauftritt von verschleierter Schweizerin	10.11.16	Nora Illi
Aushängeschilder des Islams in der Schweiz – und wofür sie stehen	04.01.17	Nora Illi & Saïda Keller-Messahli
Schweizer Muslime kritisieren Bosnien-Reise; Mehr Vertrauen und Objektivität vonseiten der Kirchenvertreter gefordert	17.05.17	Amira Hafner Al-Jabaji
Politik nimmt den IZRS unter Sperrfeuer; Die Schweiz müsse ein Organisations-Verbot nach deutschem Vorbild prüfen	08.06.17	Nora Illi
Schweiz integriert Muslime mit Erfolg; Zuwanderer partizipieren sozial und wirtschaftlich	25.08.17	Amira Hafner Al-Jabaji
Ein Burkaverbot ist nutzlos, aber nicht harmlos	01.10.17	Saïda Keller-Messahli
Das falsche Symbol; Musliminnen sollen das Kopftuch tragen dürfen – aber als Ausdruck der Selbstbestimmung darf es nicht gelten	13.10.17	Elham Manea
Zahl der Muslime in Europa wächst markant; Prognosen für das Jahr 2050	01.12.17	Saïda Keller-Messahli
Angst vor Radikalisierung im Strafvollzug	14.12.17	Saïda Keller-Messahli
CVP legt Forderungskatalog für Muslime vor; Partei spricht sich gegen Kinderehen und Kopftücher in den Schulen aus	19.12.17	Saïda Keller-Messahli
Bundesrat will Burka-Initiative mit Gegenprojekt bodigen	22.12.17	Nora Illi

	Title	Date	Person
NZZ am Sonntag	Burka-Frage bringt Feministinnen ins Dilemma; SP-Frauen lehnen Initiative für ein Verhüllungsverbot ab	30.01.18	Elham Manea
	Böser Konvertit, guter Konvertit; Schweizerinnen und Schweizer, die zum Islam übertreten, haben ein schlechtes Image – zu Unrecht	22.05.18	Nora Illi
	Der »Schweizer Islam« weckt starken Widerstand; Die Linke will den Muslimen den Weg zu einer staatlichen Anerkennung ebnen	06.06.18	Saïda Keller-Messahli
	Koran-Internat versetzt Binningen in Aufruhr	14.01.19	Saïda Keller-Messahli
	Elham Manea	10.04.16	Elham Manea
	Die Schweiz braucht kein Burkaverbot	07.08.16	Elham Manea & Nora Illi
	Muslimische Vereine sollen kontrolliert werden; Politischer Vorstoss will Betreiber von Moscheen in die Pflicht nehmen	06.11.16	Saïda Keller-Messahli
	Arabisches Geld für Schweizer Moscheen; Eine Genfer Organisation ist Drehscheibe für die Finanzierung radikaler Muslime in Europa.	13.11.16	Saïda Keller-Messahli
	Muslime zahlten Armee am meisten	13.11.16	Saïda Keller-Messahli
	Das heisse Geld aus Katar; Islamischer Zentralrat Schweiz hat enge Verbindungen zu umstrittener Organisation im Golfstaat	27.11.16	Saïda Keller-Messahli
	Muslime bekennen sich zum Rechtsstaat	19.03.17	Nora Illi
	Kosovo-Salafisten gründen Schweizer Ableger	23.07.17	Saïda Keller-Messahli
	Pilgerfahrt der Islamisten; Immer mehr radikale Imame bieten Reisen nach Mekka an.	27.08.17	Saïda Keller-Messahli
	»Islamistische Drehscheibe Schweiz«	27.08.17	Saïda Keller-Messahli
	»Man muss alle Moscheen überwachen«; Schweiz; Islamisten unterwanderten unsere Gesellschaft	27.08.17	Saïda Keller-Messahli

Anhang 1: Quellenverzeichnis Printmedien

	Wie viel Emanzipation lässt die Burka zu?	24.09.17	Saïda Keller-Messahli
NZZ Folio	Wie gross ist Allah?	02.08.16	Blerta Kamberi
	Inschallah, so Gott will	02.08.16	Saïda Keller-Messahli
	Muslime in der Schweiz; Wie viel Islam verträgt das Land? Editorial	02.08.16	Saïda Keller-Messahli
Oltner Tagblatt	Gastkolumne über die Erkenntnisse auf einer Zugfahrt nach Zürich; Ins Leben geworfen – und herausgerissen	19.12.18	Amira Hafner Al-Jabaji
Ostschweiz am Sonntag	Die Islamdebatte hat erst begonnen; Einbürgerungsverfahren	01.04.18	Elham Manea & Saïda Keller-Messahli
	»Der Imam toleriert radikale Prediger«	01.04.18	Saïda Keller-Messahli
Schweizer Illustrierte	»Vorurteile führen zur Isolation«	12.01.18	Nora Illi & Saïda Keller-Messahli
Schweizerische Depeschenagentur (SDA)	Medienwirksamer Auftritt von Verhüllungsverbots-Kritikern im Tessin	01.07.16	Nora Illi
	Tagesüberblick – Mittwoch, 20. Juli 2016	20.07.16	Saïda Keller-Messahli
	Verhüllte Frau aus Kuwait muss in Chiasso eine Busse zahlen	03.08.16	Nora Illi
	Schweizer Bundesanwaltschaft warnte ARD vor Auftritt von Nora Illi	08.11.16	Nora Illi
	Einreiseverbot gegen 26 Dschihadisten seit Anfang Jahr	20.11.16	Elham Manea
	Rundfunkrat verurteilt Auftritt von Nora Illi in ARD-Sendung	03.12.16	Nora Illi
	Die schwierige Einbürgerung des Imams von Will	04.04.18	Saïda Keller-Messahli
Solothurner Zeitung	Aktiv	09.01.19	Amira Hafner Al-Jabaij
SonntagsBlick	Sie treffen sich im World Trade Center!; Islamisten-Aufmarsch in Zürich	23.04.17	Ferah Ulucay
	Erdogan-Muezzin hilft Islam-Zentralrat; Unterstützung aus der Blauen Moschee	30.04.17	Ferah Ulucay
	Die Bannerträgerin; Im Fokus: Saïda Keller-Messahli, Kämpferin für einen toleranten Islam	31.07.16	Saïda Keller-Messahli

	Title	Date	Author
SonntagsZeitung	»Der IS ist ein Teil von uns«; Islamexpertin wirft muslimischen Staaten politisches Versagen vor	14.08.16	Elham Manea
	Ein Gespenst geht um	21.08.16	Saida Keller-Messahli
	Jetzt rufen Frauen zum Gebet; Neue Moschee-Initiative in der Schweiz	13.11.16	Elham Manea & Jasmin El-Sonbati
	»Man muss die An'Nur-Moschee sofort schliessen«	20.11.16	Elham Manea
	»Ganz bestimmt, ohne Wenn und Aber«; Antworten zur SonntagsFrage vom 13. November 2016	20.11.16	Elham Manea
	Die andere Sicht von Peter Schneider	12.02.17	Nora Illi
	Sie sind Allahs junge Geiseln; Hassprediger radikalisieren Secondos in der Schweiz	27.08.17	Saida Keller-Messahli
	Islam-Kritikerin von Hassprediger angezeigt; Zoff nach Dschihad-Vorwürfen	01.10.17	Saida Keller-Messahli
	Burka-Ver bot trifft Hooligans; Keine einzige Muslima bestraft	17.06.18	Nora Illi
	Zum Verrücktwerden	17.02.19	Saida Keller-Messahli
	Islamischer Zentralrat unterstützt inhaftierten Islamisten	10.01.16	Nora Illi
	Sexualdelikte und Nationalität – die Zahlen	10.01.16	Saida Keller-Messahli
	Die »Bajonette« und die »Soldaten« Erdogans	17.04.16	Saida Keller-Messahli
	Erdogan unterwandert Schweizer Moscheen	17.04.16	Saida Keller-Messahli
	Vielen Dank, habe mich sehr amüsiert	24.04.16	Saida Keller-Messahli
	»Ein Schwuler ist eine Schande für die ganze Sippe«	19.06.16	Saida Keller-Messahli
	Anlaufstelle für schwule Muslime	19.06.16	Saida Keller-Messahli
	P.S. Der Prolet gilt nichts im eigenen Lande	26.06.16	Nora Illi
	P.S. Liberale Gesichtserkennung	14.08.16	Nora Illi
	Die Burka-Blase	21.08.16	Nora Illi
	Unverhüllte Freude	11.09.16	Saida Keller-Messahli

	P.S. Probieren geht über Studieren	09.10.16	Nora Illi
	Abida hat ihr Kopftuch durchgesetzt	23.10.16	Ferah Ulucay & Saïda Keller-Messahli
	Ein Kopftuch ist kein Grund für eine Kündigung	23.10.16	Saïda Keller-Messahli
	Die Verlierer	01.01.17	Nora Illi
St. Galler Tagblatt	Feindbild der radikalen Moslems; Saïda Keller-Messahli ist die bekannteste und pointierteste Islamismus-Kritikerin der Schweiz. Was treibt die 59jährige Frau an, die ständig Morddrohungen erhält?	27.08.15	Saïda Keller-Messahli
	Fortschrittliche Seite des Islam	08.02.16	Saïda Keller-Messahli
	Heute	09.02.16	Saïda Keller-Messahli
	Heute	10.02.16	Saïda Keller-Messahli
	Empörung wegen Imam	03.03.16	Saïda Keller-Messahli
	Touristinnen legen den Schleier ab; Seit gut einem Monat gilt im Tessin das Verbot der Gesichtsverhüllung	08.08.16	Nora Illi
	Gute Laune dank Phil Bates und ELO	27.08.16	Saïda Keller-Messahli
	Basler Islamisten besuchen ihren Kameraden im Gefängnis	24.09.16	Ferah Ulucay
	Burkaverbot ist ein Schweizerinnen-Problem	29.03.17	Nora Illi
	Bussen fast nur für Schweizerinnen	29.03.17	Saïda Keller-Messahli
	Verlogene Debatte zu Terror und Islam; Ansichten	21.06.17	Saïda Keller-Messahli
	Der Islam in der Schweiz	18.09.17	Saïda Keller-Messahli
	Müller hat nicht unrecht	23.09.17	Saïda Keller-Messahli
Tages Anzeiger	Verhüllungsverbot Erste Burka-Trägerin im Tessin gebüsst	04.08.16	Nora Illi

Burkaverbot entzweit die SP	11.08.16	Nora Illi
Tumult an einer Veranstaltung mit Alice Schwarzer	05.09.16	Saïda Keller-Messahli
Haben Prostituierte den Schwarzer-Abend gestört?	06.09.16	Saïda Keller-Messahli
Ein Kopftuch ist kein Kündigungsgrund	24.10.16	Saïda Keller-Messahli
Muslim-Verband suspendiert An'Nur-Verein	07.11.16	Saïda Keller-Messahli
Kommentare & Analysen	08.11.16	Nora Illi
Die Quotenfreaks	08.11.16	Nora Illi
Nora Illi verklagt die »Bild«-Zeitung	17.11.16	Nora Illi
Islamischer Zentralrat plant Demo an Heiligabend	23.12.16	Janina Rashidi
»Noo de Waale z Amerika«	07.03.17	Nora Illi
Auf der Suche nach der verlorenen Zukunft	03.06.17	Saïda Keller-Messahli
Zweifelhafte Imame betreuen Häftlinge in der Pöschwies	25.07.17	Saïda Keller-Messahli
Fake-Postkarten am Zürichsee	31.08.17	Saïda Keller-Messahli
Bei ihr darf gestritten werden	08.09.17	Jasmin El-Sonbati
Kämpferin gegen den übersexualisierten Islam	18.11.17	Elham Manea & Jasmin El-Sonbati & Saïda Keller-Messahli
Wer nicht will, muss an Weihnachten nicht freimachen	23.12.17	Saïda Keller-Messahli
Swiss Award für Islamkritiker wird umbenannt	10.08.18	Saïda Keller-Messahli
Tages Anzeiger Online	»Wir dürfen den politischen Islam nicht verharmlosen«	06.04.01	Saïda Keller-Messahli
	Bericht: Therwil-Schüler postet IS-Propaganda	06.04.01	Saïda Keller-Messahli
	Studie untersucht Neigung muslimischer Migranten zu Fundamentalismus	31.01.16	Rifa'at Lenzin

Anhang 1: Quellenverzeichnis Printmedien

»Die Frau war vor dem Islam kein Sexobjekt«	06.04.16	Rifa'at Lenzin
»Ursache war ein Streit auf einer Schulreise«	07.04.16	Elham Manea
Zwischen Jungfrau und Hure	11.04.16	Saida Keller-Messahli
Imame mit Staatsauftrag	18.04.16	Saida Keller-Messahli
»Keine Ausnahmen für Touristinnen«	18.06.16	Nora Illi
Die ersten Araber haben ihre Besuche im Tessin bereits storniert	30.06.16	Nora Illi
Medienoffensive wird zum Eigentor	06.07.16	Elham Manea
Die meisten Frauen legen den Schleier problemlos ab	03.08.16	Nora Illi
Jetzt kommen die »Schleierlüfterinnen«	15.08.16	Nora Illi
»Mario Fehr sollte wieder mal den Applaus von links suchen!«	17.08.16	Nora Illi
»Aktion bietet Nährboden für Radikalisierung«	30.09.16	Saida Keller-Messahli
Problem-Moscheen: Schliessen oder eben gerade nicht?	03.11.16	Saida Keller-Messahli
»Eine einmalige Lügenmaschinerie«	16.11.16	Nora Illi
Nora Illis Auftritt bei Anne Will bleibt wohl straflos	26.01.17	Nora Illi
Sechs Burkaträgerinnen im Tessin gebüsst	06.02.17	Nora Illi
Spiel der Provokateure	28.04.17	Janina Rashidi
Extremisten im Schlepptau	29.04.17	Ferah Ulucay
In Zürich ist offiziell kein Platz für den Zentralrat	26.05.17	Nora Illi
Der Reformislam ist weiblich	08.08.17	Amira Hafner Al-Jabaji & Elham Manea & Jasmin El-Sonbati & Saida Keller-Messahli

Thurgauer Zeitung	Fake-Postkarten sorgen für Kopfschütteln am Zürichsee	30.08.17	Ferah Ulucay
	Bieler Jihadisten planten ein Attentat in der Schweiz	03.02.18	Nora Illi
	Schon Siebenjährige sollen sich verschleiern	03.03.18	Elham Manea
	Er wendete sich vom Salafismus ab	17.05.19	Nora Illi
	Stadt soll Obdach bieten; Die umstrittene An'Nur-Moschee muss Ende Jahr schliessen.	29.10.16	Saïda Keller-Messahli
	»Nur die Spitze des Eisbergs«; Die Islamexpertin Saïda Keller-Messahli fordert die sofortige Schliessung der Winterthurer An'Nur-Moschee.	04.11.16	Saïda Keller-Messahli
	Stadt kann Moschee nicht schliessen	05.11.16	Saïda Keller-Messahli
	Salzkorn	08.11.16	Nora Illi
	Das Netzwerk des Hasses; Die umstrittene Winterthurer An-Nur-Moschee ist nur ein Puzzleteil im Umfeld der radikalen Islamisten.	08.11.16	Saïda Keller-Messahli
	Bund verhängt Einreisesperren gegen zehn Hassprediger	19.11.16	Saïda Keller-Messahli
	Imam rief zu Mord auf	31.12.16	Saïda Keller-Messahli
	Junge Moslems auf der Suche	18.01.17	Saïda Keller-Messahli
	Wegen Nikab: Lugano büsst IZRS-Frau Nora Illi	08.02.17	Nora Illi
	Burkas und Geisterjagd	29.03.17	Nora Illi
	Bussen fast nur für Schweizerinnen	29.03.17	Nora Illi & Saïda-Keller Messahli
	Das Massaker des Bischofssprechers	20.05.17	Saïda Keller-Messahli
	»Wir müssen über den Hass sprechen«	22.06.17	Saïda Keller-Messahli
	Die Angst vor den Extremisten	14.07.17	Saïda Keller-Messahli
	Talk zum Islamismus	16.09.17	Saïda Keller-Messahli

Anhang 1: Quellenverzeichnis Printmedien 315

	»Das Kopftuch hat mit Identität zu tun«	09.10.17	Elham Manea
	»Wir haben nichts zu verbergen«	21.10.17	Saïda Keller-Messahli
	Muslime wehren sich gegen Vorwürfe wegen Moschee	21.10.17	Saïda Keller-Messahli
	Schleierhafte Kleiderordnung	15.12.17	Saïda Keller-Messahli
	Nicht zu Ende gedacht; Gastbeitrag zur CVP-Forderung nach einem Kopftuchverbot an Schulen	05.01.18	Saïda Keller-Messahli
	»Ich fühle mich gut integriert«	14.03.18	Elham Manea
	Pfarrer widmen sich dem Islam	10.04.18	Rifa'at Lenzin
	Mit dem Burkaverbot vorgeprescht	07.09.18	Nora Illi
	Ab sofort dürfen Bankräuber keinen Strumpf mehr überziehen	27.09.18	Nora Illi
	Spielerfinder, Schamanen und englische Prinzessinnen	05.10.18	Saïda Keller-Messahli
	Islam – unsere Ängste und Chancen	17.11.18	Elham Manea
Toggenburger Tagblatt	Im Revier der Jihad-Verführer	30.03.16	Saïda Keller-Messahli
Wiler Zeitung	Preis für Saïda Keller-Messahli	21.07.16	Saïda Keller-Messahli
	Touristinnen legen den Schleier ab	08.08.16	Nora Illi
	Feindbild der radikalen Moslems	28.08.17	Saïda Keller-Messahli
Zofinger Tagblatt	Etwas Tadel für den saudischen Freund	05.01.16	Elham Manea
	Essebsi und die Seeräuber	18.02.16	Saïda Keller-Messahli
	Kanton prüft Deutsch-Kenntnisse von Imamen	20.04.16	Saïda Keller-Messahli
	Das Werk von Islamisten? Was taugt das neue Islam-Museum in La Chaux-de-Fonds	13.07.16	Elham Manea
	Der Besuch der kritischen Dame	13.07.16	Elham Manea
	Ein Monat Burkaverbot – eine Busse	03.08.16	Nora Illi

Titel	Datum	Autor·in
»Der Islam ist nicht der Koran«	24.08.16	Rifa'at Lenzin
»Fundamentalistische Ansichten haben keinen Platz im Islam«	23.09.16	Jasmin El-Sonbati
»Zeichen gegen Ultrakonservative«	28.09.16	Saïda Keller-Messahli
»Damit die Behörde nicht mitliest«	18.10.16	Ferah Ulucay
»Sollten die Vorwürfe stimmen, werden wir die Moschee ausschliessen.«	03.11.16	Saïda Keller-Messahli
»Es hat keinen Platz für solche Prediger«	03.11.16	Saïda Keller-Messahli
Die Rechtsstaat-Charta; Der seltsame Pakt der Imame	21.03.17	Saïda Keller-Messahli
Bund weiss seit Monaten von Muslim-Charta	23.03.17	Rifa'at Lenzin & Saïda Keller-Messahli
Islamisten; IZRS-Anlass sorgt für Unbehagen	24.04.17	Ferah Ulucay
Schweizer Imam-Pionierin predigt in Berlin	20.06.17	Elham Manea
Vereinsgründung progressiver Muslime vertagt	15.08.17	Elham Manea & Jasmin El-Sonbati & Saïda Keller-Messahli
Diese Fragen sorgten für Wirbel	28.09.17	Funda Yilmaz
Montagsinterview Gerhard Pfister; »Der Islam als Landeskirche ist abwegig«	04.11.17	Saïda Keller-Messahli
1,5 Millionen Muslime in der Schweiz?	01.12.17	Saïda Keller-Messahli
»Die Schweiz könnte Positives bewirken«	06.12.17	Elham Manea
Burkaverbote auf kantonaler Ebene; Kaum Bussen im Tessin – aber nun wird es strenger	21.12.17	Nora Illi
Kolumne zur Diskriminierung der Frau und kruden Formen ihrer Rechtfertigung; Tanzen für alle!	15.03.18	Elham Manea & Saïda Keller-Messahli
Ein gefährliches Interview	15.05.18	Ferah Ulucay

Anhang 1: Quellenverzeichnis Printmedien 317

	Die meisten neuen Schweizer kommen aus dem Kosovo	28.05.18	Funda Yilmaz
	Burkaverbot sorgt international für Aufsehen	24.09.18	Nora Illi
	»Das brächte mich in die Bredouille«	26.09.18	Jasmin El-Sonbati & Nora Illi
Zürichsee-Zeitung	»Wer hier Jugendliche für den Jihad anwirbt, fliegt ganz schnell auf«	15.04.16	Saïda Keller-Messahli
	In Kürze	15.08.16	Elham Manea
	Namen	01.11.16	Amira Hafner Al-Jabaji
	»Von gewissen Koranversen muss man sich verabschieden«	04.11.16	Jasmin El-Sonbati
	Ein Propaganda-Lehrstück	08.11.16	Nora Illi
	Import-Imame prägen den lokalen Islam	03.12.16	Rifa'at Lenzin
	»Heute muss sich die Jugend mit dem Islam befassen«	03.12.16	Rifa'at Lenzin
	Hallenbäder tolerieren Burkinis	29.12.16	Saïda Keller-Messahli
	Burkinis in hiesigen Bädern	29.12.16	Saïda Keller-Messahli
	Burkaverbot: Kaum Bussen	07.02.17	Nora Illi
	Die SVP der Stadt Bern will ein Verbot für die Koranverteiler	06.04.17	Saïda Keller-Messahli
	Istanbul statt Zürich	29.04.17	Ferah Ulucay
	Überwachung von Hasspredigern gefordert	28.08.17	Saïda Keller-Messahli
	Mysteriöse Postkarte fordert Frauen zum Verschleiern auf	30.08.17	Ferah Ulucay
	Eine üble Kampagne sorgt für Unruhe	30.08.17	Ferah Ulucay & Saïda Keller-Messahli

»Man darf nicht alles mit Glaubensfreiheit begründen«	12.09.17	Ferah Ulucay & Naima Serroukh & Saida Keller-Messahli
»Schweiz als Drehscheibe«	12.09.17	Saida Keller-Messahli
In Kürze	08.08.18	Nora Illi
Verfasser von falschen Islam-Postkarten könnte bald vor Gericht landen	12.10.18	Ferah Ulucay

Anhang 2: Quellenverzeichnis SRF Radio- und Fernsehen

SRF Fernsehdokumente:

Programm	Sendung	Titel	Datum	Akteurin(nen)
SRF1	Aeschbacher	Saïda Keller-Messahli	08.09.16	Saïda Keller-Messahli
	Arena	Burkaverbot: Nötig oder diskriminierend?	27.09.13	Nora Illi und Saïda Keller-Messahli
		Angst vor dem Islam	01.04.16	Jasmin El-Sonbati
	Club	Übergriffe von Köln – Zündstoff der Kulturen	12.01.16	Amira Hafner-Al Jabaji und Saïda Keller-Messahli
		»Toleranz ohne Grenzen?«	12.07.16	Janina Rashidi
	Kulturplatz	(K)ein Clash der Kulturen	03.06.15	Amira Hafner-Al Jabaji
	Reporter	Saïda Keller-Messahli – Von Tunis nach Grindelwald	31.03.19	Saïda Keller-Messahli
	Rundschau	Der Mann, der Burka-Bussen bezahlt	07.09.16	Nora Illi

Anhang 2: Quellenverzeichnis SRF Radio- und Fernsehen 321

Sternstunde Religion	Untergang des Abendlandes? Die Angst vor dem Islam	18.01.15	Rifa'at Lenzin
	Ausbildung für Imame in der Schweiz?	17.04.16	Amira Hafner-Al Jabaji
	Liberale Muslime – das Feld nicht den Konservativen überlassen	19.11.17	Jasmin El-Sonbati
	Saida Keller-Messahli – Von Tunis nach Grindelwald	20.01.19	Saïda Keller-Messahli
10vor10	Studiogespräch mit Saida Keller-Messahli	02.11.16	Saïda Keller-Messahli
	Ausreise nach Syrien – Zwei Frauen aus Biel haben sich dem IS angeschlossen	05.09.17	Ferah Ulucay
	Regelmässige Schlagzeilen – Wie kommt Biel zum Ruf als Dschihadisten-Hochburg?	09.02.18	Ferah Ulucay

SRF Radio Dokumente:

Programm	Sendung	Titel	Datum	Akteurin(nen)
SRF Regionaljournal	Regionaljournal Zürich Schaffhausen	Das Theater Neumarkt erhält weiterhin Geld – weitere Themen Islam Expertin Saida Keller-Messahli fordert...	03.11.16	Saida Keller-Messahli
SRF1	Heute um Vier	Verhüllungsverbot: Nur wenige Frauen im Tessin gebüsst	03.02.17	Nora Illi
	Text zum Sonntag	Jasmin El-Sonbati: Gehört der Islam zur Schweiz?	12.02.17	Jasmin El-Sonbati
SRF2 Kultur	Blickpunkt Religion	Umstrittene Ausbildung für Imame	16.04.16	Amira Hafner-Al Jabaji
		Amira Hafner-Al Jabaji im Gespräch	16.06.16	Amira Hafner-Al Jabaji
		Eine Frau als Vorbeterin	17.09.17	Jasmin El-Sonbati
		Juden und Muslime feiern gemeinsam Pessach (und weitere Themen)	08.04.18	Elham Manea
	Forum	»Burkaverbot – eine Notwendigkeit oder Überreaktion?«	27.09.18	Saida Keller-Messahli
	Gesellschaft & Religion	»Die Debatte um Vollverschleierung ist eine Scheindebatte«	22.08.16	Amira Hafner-Al Jabaji und Nora Illi
	Hörpunkt	Reformieren! Die Macht der Veränderung	02.11.17	Saida Keller-Messahli

Kontext	Hat der Terror eine Religion?	20.11.15	Jasmin El-Sonbati
	Debatte: Bedroht der Islam den freien Westen?	09.09.16	Saïda Keller-Messahli
	Debatte: Welche Werte hat das Abendland?	26.12.16	Rifa'at Lenzin
	Islam – reformieren oder neuinterpretieren?	30.03.17	Jasmin El-Sonbati
	Braucht der Islam eine Reformation?	31.03.17	Jasmin El-Sonbati
	Debatte: Wie gefährlich ist der Islamismus in der Schweiz?	19.09.17	Saïda Keller-Messahli
Kultur Kompakt	Zusammenleben stärken – Strategien zur Deeskalation	09.01.15	Amira Hafner-Al Jabaji
	Der Blick ins Feuilleton mit Patrick Frey	10.05.16	Saïda Keller-Messahli
	»Islamistische Drehscheibe Schweiz, ein neues Buch von Saïda Keller-Messahli, was taugt es?«	01.09.17	Saïda Keller-Messahli
	Blick ins Innere der Figuren – zum 100. Todesjahr Claude Debussys (und weitere Themen)	05.02.18	Saïda Keller-Messahli
	Pathos und Musik: Martin Luther King als begnadeter Rhetoriker (und weitere Themen)	04.04.18	Elham Manea

	Musik für einen Gast	Jasmin El-Sonbati, Gymnasiallehrerin und Muslimin	30.03.14	Jasmin El-Sonbati
		Amira Hafner-Al Jabaji, Islamwissenschaftlerin	08.11.15	Amira Hafner-Al Jabaji
		Saida Keller-Messahli, Menschrenchtsaktivistin	09.04.17 & 27.08.17	Saida Keller-Messahli
		Die Politologin Elham Manea	14.05.17 & 26.11.17	Elham Manea
	Perspektiven	Macker und Paschas – sind Religionen schuld daran?	25.03.18	Amira Hafner-Al Jabaji
	Rendez-Vous	Islamismus in der Schweiz: Behörden wehren sich	04.09.17	Saida Keller-Messahli
SRF4 News	4x4	Attentat auf Flüchtlinge verändert italienischen Wahlkampf	05.02.18	Saida Keller-Messahli
	News	Verhüllte Frau muss in Chiasso Busse zahlen	03.08.16	Nora Illi
		Nora Illi bei Anne Will: So heftig reagiert das Netz	07.11.16	Nora Illi
	Tagesgespräch	Saida Keller-Messahli erhält den CH-Menschenrechtspreis 2016	02.12.16	Saida Keller-Messahli
		Saida Keller-Messahli »Islamistische Drehscheibe Schweiz«	04.09.17	Saida Keller-Messahli

Anhang 3: Quellenverzeichnis Webseiten und Social Media Profile

Facebook

Manea, Elham الهام مانع [@elham.manea.5]. Facebookseite, https://www.facebook.com/elham.manea.5, letzter Zugriff 28.04.2021.

Keller-Messahli, Saïda [@SaidaKeller]. Facebookseite, https://www.facebook.com/SaidaKeller, letzter Zugriff 28.04.2021.

Instagram

Illi, Nora [@nora_illi]. Instagram Account, https://www.instagram.com/nora_illi/?hl=en, letzter Zugriff 28.04.2021.

Ulucay, Ferah [@ferahulucay]. Instagram Account, https://www.instagram.com/ferahulucay/?hl=en, letzter Zugriff 28.04.2021.

Twitter

El-Sonbati, Jasmin [@JasminElsonbati]. Twitterprofil, https://twitter.com/JasminElsonbati, letzter Zugriff 28.04.2021.

Illi, Nora [@NoraIlli]. Twitterprofil, https://twitter.com/NoraIlli, letzter Zugriff 28.04.2021.

Manea, Elham [@ElhamManea]. Twitterprofil, https://twitter.com/ElhamManea, letzter Zugriff 28.04.2021.

Keller-Messahli, Saïda [@KellerSaida]. Twitterprofil, https://twitter.com/KellerSaida, letzter Zugriff 28.04.2021.

Ulucay, Ferah [@ferahulucay]. Twitterprofil, https://twitter.com/ferahulucay, letzter Zugriff 28.04.2021.

Webseiten

Amira Hafner-Al Jabaji. 2015. Vortragstext: Muslime in der Schweiz oder Schweizer Muslime?, Fachtagung mission21, Webseite Interreligiöser ThinkTank, https://www.interrelthinktank.ch/index.php/texte/texte-der-einzelnen-mitgliedr/texte-amira2/item/26-muslime-in-der-schweiz-oder-schweizer-muslime, letzter Zugriff 26. 04.2021.

Amira Hafner-Al Jabaji. 2021. Ausser Kontrolle, Webseite Interreligiöser ThinkTank, https://www.interrelthinktank.ch/index.php/texte/texte-der-einzelnen-mitglieder/texte-amira2/item/116-ausser-kontrolle, letzter Zugriff 28.04.2021.

Blog Elham Manea, https://www.elham-manea.com/, letzter Zugriff 28.04.2021.

Forum für einen fortschrittlichen Islam, https://www.forum-islam.org/de/index.php, letzter Zugriff 28.04.2021.

Interreligiöser ThinkTank. Texte der einzelnen Mitglieder, https://www.interrelthinktank.ch/index.php/texte/texte-der-einzelnen-mitglieder/texte-amira2/item/116-ausser-kontrolle, letzter Zugriff 28.04.2021.

Rifa'at Lenzin, Vortragstext. 2015. https://www.interrelthinktank.ch/index.php/texte/texte-der-einzelnen-mitglieder/texte-rifa-at-lenzin/item/40-wie-christen-und-muslime-zusammenleben, letzter Zugriff 26.04.2021.

Säkulare Muslime. 2016. Gemeinsame Erklärung säkularer Muslime in Deutschland, Österreich und der Schweiz (Freiburger Deklaration), http://saekulare-muslime.org/freiburger-deklaration/index.html, Deklaration heruntergeladen am 08.04.2018, letzter Webseitenzugriff 28.04.2021.

Weitere Quellen

20Minuten. 14.02.2019. *Glarner will öffentliches Betverbot für Muslime*, https://www.20min.ch/story/glarner-will-oeffentliches-betverbot-fuer-muslime-285126057790, letzter Zugriff 27.04.2021.

Argumentarium Verhüllungsverbot. 2020. *Ja zum Verhüllungsverbot*, https://verhuellungsverbot.ch/argumente/, letzter Zugriff 27.04.2021.

Beobachter. 29.01.2021. *Ein Gespräch über Alltagsrassismus: »Ja, aber woher kommst du wirklich?«*, https://www.beobachter.ch/gesellschaft/ein-gesprach-uber-alltagsrassismus-ja-aber-woher-kommst-du-wirklich, letzter Zugriff 27.04.2021.

Bundeskanzlei Volksinitiativen. 2021. *Eidgenössische Volksinitiative ›Ja zum Verhüllungsverbot‹*, https://www.bk.admin.ch/ch/d/pore/vi/vis465t.html, letzter Zugriff 27.04.2021.

Bundesrat Webseite. 2015. *Schweizer Landeshymne (Schweizerpsalm)*, https://www.admin.ch/gov/de/start/bundesrat/geschichte-des-bundesrats/schweizer-landeshymne.html, letzter Zugriff 27.04.2021.

El-Sonbati, Jasmin. 2016. *Gehört der Islam zur Schweiz?: Persönliche Standortbestimmung einer Muslimin*. Basel: Zytglogge Verlag.

Elham Manea. 2018. *Der alltägliche Islamismus. Terror beginnt, wo wir ihn zulassen*. München: Kösel-Verlag.

Frei-denken. 2019. *FreidenkerInnen in Kürze*, www.frei-denken.ch/ueber, letzter Zugriff 27.04.2021.

Hotellerie, Gastronomie, Tourismus Artikel. 2021. *Das Burka-Verbot in Zeiten der Maskenpflicht*, https://www.htr.ch/story/das-burka-verbot-in-zeiten-der-maskenpflicht-30324.html, letzter Zugriff 27.04.2021.

Infosperber. 2016. *Arena: Das Scheitern an der Politik*, https://www.infosperber.ch/politik/schweiz/arena-das-scheitern-an-der-politik/, letzter Zugriff 27.04.2021.

Islamischer Zentralrat Schweiz (IZRS). https://www.izrs.ch/, letzter Zugriff 28.04.2021.

Islamischer Zentralrat Schweiz (IZRS). Facebookseite. 09.06.2018. *Starkes Zeichen gegen Kopftuchverbot #nichtohnemeinkopftuch*, https://www.facebook.com/watch/?v=1754579141297951, letzter Zugriff 19.04.2021.

Islamischer Zentralrat Schweiz (IZRS). Facebookseite. 26.03.2020. *Beerdigung von Nora Illi*, https://www.facebook.com/islamrat/videos/3753512258023231, letzter Zugriff 28.04.2021.

Kollektiv *Vo Da*. 2021. https://mirsindvoda.ch/wieso-vo-da/, letzter Zugriff 27.04.2021.

Nationalmuseum Blog. 2019. *Das Kreuz mit der Hymne*, https://blog.nationalmuseum.ch/2019/03/das-kreuz-mit-der-hymne/, letzter Zugriff 27.04.2021.

Neue Zürcher Zeitung. 08.03.2021. *Vor ihrem heiligen Zorn ist niemand sicher; In der Nikab-Debatte ist Saïda Keller-Messahli omnipräsent – ihre Methoden sind jedoch hoch umstritten*.

Offene Moschee Schweiz [@offenemoscheeschweiz]. Facebookseite, https://www.facebook.com/offenemoscheeschweiz/, letzter Zugriff 28.04.2021.

Realität Islam, Schwesterngruppe aus Dietzbach. Facebook. 14.05.2018. *#Kopftuchchallenge*, https://www.facebook.com/realitaetislam/videos/schwesterngruppe-aus-dietzenbach-kopftuchchallenge/1724205377657669/, letzter Zugriff 27.04.2021.

Rhetorik.ch. 2009. *SVP gewohnt provokativ*, www.rhetorik.ch/Aktuell/09/02_10/index.html, letzter Zugriff 27.04.2021.

Saïda Keller-Messahli. 2017. *Islamistische Drehscheibe Schweiz: Ein Blick hinter die Kulissen der Moscheen*. Basel: NZZ Libro.

Schwarzenbach. https://www.schwarzenbach.ch/, letzter Zugriff 30.04.2020.

SRF Audio Archiv. z.B. https://www.srf.ch/audio/blickpunkt-religion, Zugriff letzter 27.04.2021.

SRF Kultur Gesellschaft & Religion. 15.07.2014. *Sibel Arslan – Politikerin und Alevitin mit Ambitionen*, https://www.srf.ch/kultur/gesellschaft-religion/sibel-arslan-politikerin-und-alevitin-mit-ambitionen, letzter Zugriff 27.04.2021.

SRF Play Archiv. https://www.srf.ch/play/tv/sendungen, letzter Zugriff 27.04.2021.

SRF Sendungsportraits. z.B. https://www.srf.ch/sendungen/club/sendungsportraet-2, letzter Zugriff 27.04.2021.

SRF2 Kultur Kontext. 14.02.2021. *Schweizer Muslimin: »Ich liebe meinen Niqab«.*

SRG Deutschschweiz. 20.07.2020. *Ombudsfall: ›Arena‹ war nicht sachgerecht*, https://www.srgd.ch/de/aktuelles/news/2020/07/20/ombudsfall-arena-war-nicht-sachgerecht/, letzter Zugriff 14.04.2021.

Swissinfo.ch. 2017. *Mit umstrittenem Plakat gegen die Einbürgerung*, https://www.swissinfo.ch/ger/abstimmung-vom-12-februar-2017_mit-umstrittenem-plakat-gegen-die-einbuergerung/42821800, letzter Zugriff 27.04.2021.

Swissinfo.ch. 2019. *Genf stimmt über umstrittenes Laizismus-Gesetz ab*, https://www.swissinfo.ch/ger/trennung-von-kirche-und-staat_genf-stimmt-ueber-umstrittenes-laizitaetsgesetz-ab/44733826, letzter Zugriff 27.04.2021.

Tagblatt 20.03.18, *»Mit einem Gefühl der Demütigung«: Wiler Imam beantwortet unübliche Einbürgerungsfragen*, https://www.tagblatt.ch/ostschweiz/ostschweiz-mit-einem-gefuehl-der-demuetigung-wiler-imam-beantwortet-unuebliche-einbuergerungsfragen-ld.1015242, letzter Zugriff 27.04.2021.

Tagblatt. 13.02.2019. *Gegen ein »Ticinistan«: Burka-Bekämpfer will ein Betverbot für Muslime.*

Tagblatt. 19.02.2019. *Burkabekämpfer Ghirighelli blitzt ab.*

Tagesanzeiger. 22.01.2021. *Burka-Initiative startet fulminant – 63 Prozent begrüssen Verhüllungsverbot.*

Tagesanzeiger. 29.01.2021. *Die Reizfigur der Burka-Gegner.*

Tagesanzeiger. 06.02.2021. *Muslimin gegen Muslimin.*

Watson Online. 2016. *SP-Elite macht TV-Kritik und greift Projer an: »Die ›Arena‹ bewegt sich auf SVP-Gelände«*, https://www.watson.ch/schweiz/medien/824585896-sozialdemokraten-nerven-projer-mit-einmischung-in-arena-themenwahl, letzter Zugriff 27.04.2021.

World Hijab Day. https://worldhijabday.com/, letzter Zugriff 27.04.2021.

Zeit Online. 2015. *Mit Menschenrechten gegen Hetzplakate der NPD*, https://www.zeit.de/politik/deutschland/2015-12/heiko-maas-npd-wahlplakate-gutachten, letzter Zugriff 27.04.2021.

Anhang 4: Tabellen- und Abbildungsverzeichnis

Abbildungen:

Abb. 1: Zeitachse Printdokumente »Islam/Muslim*innen in der Schweiz« | Seite 78
Abb. 2: Eine Auswahl der herausgearbeiteten Kodes und Kategorien | Seite 108
Abb. 3 Häufigkeit der Partizipationspositionierungen in Mediendokumenten | Seite 197
Abb. 4: Tweet Nora Illi | Seite 235

Tabellen:

Tabelle 1: Typologie der Teilöffentlichkeiten | Seite 42
Tabelle 2: Übersicht zentrale SRF Radio und Fernsehformate | Seite 84
Tabelle 3: Übersicht zentrale Printmedienformate | Seite 87
Tabelle 4: Muslimische Diskursakteurinnen in Deutschschweizer Massenmedien 2016–2019 | Seite 91
Tabelle 5: Übersicht Materialkorpus | Seite 99
Tabelle 6: Häufigkeit verschiedener Positionierungen von Diskursakteurinnen | Seite 199
Tabelle 7: Häufigkeit Sprech- und Objektakteurin | Seite 223
Tabelle 8: Online Präsenz muslimischer Diskursakteurinnen | Seite 230

Anhang 5: Kodebuch Partizipation und Sprecher*innenpositionen

Leitfragen:
In welcher Weise partizipiert die muslimische Diskursakteurin?
Wie werden die muslimischen Diskursakteurinnen positioniert?

Kodierungsregeln:
Wenn die Akteurin in einer oder mehreren der aufgeführten Arten positioniert wird, dann gilt der jeweilige Kode: Es ist möglich, dass mehr als ein Kode auf einen bestimmten Artikel zutreffen.

Alle Fragen werden mit 0=nein oder 1=ja beantwortet.

Thema	Code Name	Fragestellung	Beschreibung
Partizipation	Event	*Handelt es sich bei dem Artikel um eine Eventankündigung?*	Beim Artikel handelt es sich um eine Vortrags- oder Podiums-ankündigung etc. In diesem Fall werden Objekt- und Sprechakteurin mit o kodiert.
	Objektakteurin	*Wird über die Akteurin geschrieben, ohne dass sie zu Wort kommt?*	Die Akteurin wird namentlich genannt und es wird über sie geschrieben, sie kommt aber nicht zu Wort.
	Sprechakteurin	*Kommt die Akteurin via direkter oder indirekter Rede zu Wort?*	Die Akteurin kommt zu Wort via direktem oder indirektem Zitat oder durch das Verfassen eines Artikels.
Positionierung	Pos_Subj_Muslima	*Wird die Akteurin als Muslimin positioniert?*	Die Akteurin wird im Artikel als Muslimin (explizit als Muslimin oder Konvertitin oder via religiöser Praxis (z. B. Charakterisierung via Tragen oder nicht-Tragen von Kopftuch, Niqab, fasten während Ramadan, o.ä.) positioniert.

Anhang 5: Kodebuch Partizipation und Sprecher*innenpositionen

Pos_Subj_Herkunft	*Wird die Akteurin via ihrer oder der Herkunft ihrer Eltern positioniert?*	Die Akteurin wird im Artikel via ihrer Herkunft (z.B. tunesisch-schweizerisch) oder der Herkunft ihrer Eltern (z.B. Vater aus dem Irak) positioniert.
Pos_Beruf&Bildung	*Wird der Beruf oder die Ausbildung der Akteurin genannt?*	Die Akteurin wird im Artikel via ihrer Berufsbezeichnung (z.B. Moderatorin, Dozentin etc.) oder via ihrer Ausbildung (z.B. Islamwissenschaft, Romanistik etc.) positioniert.
Pos_Exp	*Wird die Akteurin als Expertin (inkl. Zuschreibung von Expertise oder Kenntnis etc.) positioniert?*	Die Akteurin wird als »Expertin«, oder als »Kennerin der Islamszene« etc. bezeichnet.
Pos_Verein	*Wird die Akteurin im Artikel via ihrer Zugehörigkeit zu einem Verein (z.B. IZRS, Forum für einen fortschrittlichen Islam usw.) positioniert?*	Die Akteurin wird als Teil eines Vereines (z.B. Präsidentin des Forums für einen fortschrittlichen Islams, Generalsekretärin des IZRS etc.) eingeführt.

[transcript]

WISSEN. GEMEINSAM. PUBLIZIEREN.

transcript pflegt ein mehrsprachiges transdisziplinäres Programm mit Schwerpunkt in den Kultur- und Sozialwissenschaften. Aktuelle Beträge zu Forschungsdebatten werden durch einen Fokus auf Gegenwartsdiagnosen und Zukunftsthemen sowie durch innovative Bildungsmedien ergänzt. Wir ermöglichen eine Veröffentlichung in diesem Programm in modernen digitalen und offenen Publikationsformaten, die passgenau auf die individuellen Bedürfnisse unserer Publikationspartner*innen zugeschnitten werden können.

UNSERE LEISTUNGEN IN KÜRZE

- partnerschaftliche Publikationsmodelle
- Open Access-Publishing
- innovative digitale Formate: HTML, Living Handbooks etc.
- nachhaltiges digitales Publizieren durch XML
- digitale Bildungsmedien
- vielfältige Verknüpfung von Publikationen mit Social Media

Besuchen Sie uns im Internet: www.transcript-verlag.de

Unsere aktuelle Vorschau finden Sie unter: www.transcript-verlag.de/vorschau-download